# 조선시대 화폐유통과 사회경제

## 권 인 혁

서울 출생(1946년)
서울대학교 역사교육과
서울대학교 대학원 사학과 석사, 건국대학교 대학원 박사과정 수료
현재 제주대학교 사학과 교수
제주대학교 박물관장, 한국정신문화연구원 전문위원, 제주도사연구회 회장 역임
대표 저서로 『한국근대농민항쟁사』, 『세계화시대의 사회문화 의식』 등이 있음

## 조선시대 화폐유통과 사회경제

초판 1쇄 인쇄 | 2011년  8월  13일
초판 1쇄 발행 | 2011년  8월  23일

저  자 | 권인혁
발행인 | 한정희
발행처 | 경인문화사
편  집 | 신학태 김송이 김우리 김지선 맹수지 문영주 안상준
주  소 | 서울특별시 마포구 마포동 324-3
전화: 718-4831, 팩스: 703-9711
이메일: kyunginp@chol.com
홈페이지: www.kyunginp.co.kr / 한국학서적.kr
등록번호 | 제10-18호(1973. 11. 8)

ISBN : 978-89-499-0801-4   93910
정가 : 24,000원

# 조선시대 화폐유통과 사회경제

권 인 혁 지음

景仁文化社

# 책머리에

　사람이 무엇인가 자취를 남겼을 때에 그 자취에는 혼이 담겨 있기 마련이다. 공자는 자기에 대하여 평가하려거든 그가 저술한 『춘추』를 보라는 뜻으로 말한 일이 있다. 글이란 것은 사람의 남긴 가장 정확한 자취이기에 이러한 말을 하였을 것이다.

　이번 학기로 지난 30여 년간의 교수직을 마무리하는 나는 짧지 않은 세월 동안 이곳 제주대학교에 머물면서 강의실과 연구실, 연구발표회장을 쳇바퀴 돌 듯 오가며 여러 가지 애환을 겪으면서 살아왔다.

　이 책에는 필자가 조선시대의 화폐경제에 관한 연구를 처음으로 시작했던 시기부터 꾸준히 관심을 가지고 써왔던 몇 편의 논문들이 혼재되어 있다. 이들 논문 중 표현을 좀 더 가다듬고, 일부 새로운 학설을 보완하며 수정한 것도 있으나, 대부분은 필자의 不敏으로 인해 최근의 연구 업적을 총괄하지 못하여 논지를 바꾸지 않은 채 그대로 실었다. 이 점에 대해서는 독자의 양해를 구한다.

　이 책의 전반부에서는 여말선초로부터 18세기까지 화폐의 유통과 그에 수반되는 제도적, 사회적 변화상을 살피고자 하였고, 후반부에서는 필자가 머물렀던 제주지역의 조선후기 사회경제사에 대한 탐색을 시도하였다.

　그 동안 내가 다루어 온 것이 대체적으로 조선사회의 화폐정책이었고, 또 글의 내용은 화폐로 인해 파생된 조선사회의 사회경제사적 면모를 부각시키려 했기에 "조선시대 화폐유통과 사회경제"라고 제목을 붙였다. 지금 원고를 앞에 두고 조용히 반성하면, 拙作을 책으로 엮어 출판

vi

하는데 자괴감을 느낀다. 미진함에도 불구하고 본서의 출판을 결심하게 된 데에는, 독자들이 논문을 일일이 찾아보는 불편을 덜게 해야 한다는 제자들의 요청 때문이라고 변명해 본다. 따라서 본서의 책임은 전적으로 내게 있다.

이 책을 묶도록 권유한 제주대학교 사학과의 진영일, 김동전, 정창원, 김영관 교수에게 감사를 드리고, 여러모로 많은 신경을 써야했던 제주대학교 대학원의 임승희에게도 미안하면서도 고맙다는 말씀을 전한다. 또 원고의 선별작업과 편집, 구상, 교정까지 도맡아 주신 경인문화사 한정희 대표와 신학태 편집부장이 아니었다면 이 책이 나오기가 어려웠을 것이어서 다시 감사의 말씀을 드린다.

평생을 곁에서 묵묵히 지켜주었던 아내 김성덕과 사랑하는 두 딸 신영, 하영에게 못난 필자의 자화상으로 이 책을 선물한다.


2011년 8월
한라산 자락 조그만 연구실에서

# 목 차

# 조선시대 화폐정책의 推移와 화폐유통

# 머리말

　지폐는 한 사회의 경제수준이 어느 정도 발전되어 상거래가 활발해지고 또 社會 내의 신용제도가 확립되어 화폐에 대한 인식이 달라질 때 비로소 유통될 수 있는 것이다. 즉 화폐로서의 기능을 발휘할 수 있다면 그것이 무엇으로 되어 있든지 그에 상관하지 않는 상황에서 지폐가 통용될 수 있는 것이다. 주지하다시피 楮貨는 실질가치가 결여되고 명목가치만 지닌 지폐이기 때문에, 그것을 발행하는 정부와 이를 사용하는 백성들 사이에 일종의 약속이 전제되지 않고서는 그것의 자연스런 유통이란 이미 제약받지 않을 수 없는 것이다. 즉 楮貨가 통용될 수 있는 사회·경제적 여건이 선결될 때 가능한 것이다.

　그러나 현재까지 나온 이 방면의 연구들은 주로 개설적이거나 제도사적인 성격의 것이 대부분이어서 앞서의 의문을 해소시켜 주는데 직접적인 도움을 주지 못하고 있는 실정이다. 하지만 李能植, 李鍾英, 崔虎鎭, 元裕漢 교수의 연구 등은 한국화폐사를 파악하는 데 단초를 제공하였다는 점에서 의미가 있다. 이들의 연구를 기반으로 하여 필자의 연구는 麗末과 조선시대 화폐정책의 시행과정과 그에 관련하는 세부적인 논의를 진전시키고자 하였다.

　본서의 제1부는 '조선시대 화폐정책의 推移와 화폐유통'이라는 제하의 연구들이다. 이는 필자가 유념하는 사회경제 상의 중심축인 화폐를 대상으로 시행하였던 조선왕조의 시기별 화폐정책을 다루었다. 조선왕조는 개창 이후부터 국가 안정을 위한 노력을 아끼지 않았다. 태종, 세종대의 국력신장과 찬란한 문화 건설은 사회를 반석 위에 올려놓았을 뿐 아니라, 안정적으로 국가를 운영하는데 큰 기여를 하였다. 이 시기의 화폐에 대한 지대한 관심은 제1장을 구성하고 있는 연구들에 집중되어 있다.

특히 세종대는 楮貨 流通問題를 중심으로 楮貨專用, 銅錢專用, 楮貨復用이라는 화폐정책상의 변화를 가져왔다. 세종 초기의 저화 유통 상황과 興用策 그리고 저화 전용책의 변화와 그에 따른 저화의 지위, 이어서 저화의 복용문제와 그 유통책 등은 當代의 사회·경제적 양상의 일단을 가늠할 수 있는 중요한 단서가 되기에 충분하다. 따라서 화폐 유통상에서 볼 때, 이 시기는 기존의 화폐 역할을 담당했던 米·布 대신에 楮貨·銅錢과 같은 진일보한 명목화폐가 겸용 내지 전용되었던 시대라는 점에서 매우 주목할 만하다.

제2장은 15세기에 전개된 경제적 기초의 확립 노력으로 생각되는 화폐유통의 배경과 저화제의 동요에 대한 연구이다. 이 시기는 저화·동전이라는 국가 주도의 화폐가 민간의 주요 유통 수단으로 강제되었다. 태종·세종 시기에 기존의 유통수단인 포화를 배제하고, 저화·동전 사용을 강제한 까닭은 利權在上(貨權在上)의 명분 때문이었다. 즉 유통매체를 장악함으로써 유통부분에 대한 국가의 통제를 확대하고 나아가 탄탄한 국가재정의 유지가 목적이었다.

15세기에 들어서 농업과 수공업 부문에서 일정한 발전이 있었다 하더라도 그것은 저화, 동전이 유통될 수 있는 조건이 되지 못했다. 그럼에도 15세기 후반의 사정을 보면, 저화에 대한 국가의 관심이 계속되어 歲貢楮貨 징수·新楮貨 발행·國幣의 지정 등이 나타나는 한편, 포화의 지위를 격상시켜 『經國大典』에 국폐로 기재하는 등 유통매체에 대한 여러 변화가 나타났다. 이러한 일련의 변화는 당시의 사회경제적 조건이 어느 정도 수용되면서 저화유통에 대한 국가 입장이 종전과 별로 다름없음을 의미하는 것이기도 하다. 그러나 이 시기에 강제한 저화·동전은 국가가 의도한대로 유통되지 못하고 도리어 유통계에서 사라질 운명에 놓였다. 그 까닭은 생산력 수준과 교환경제의 실상이 그에 상응하지 못했기 때문이다. 화폐가 생산력 발달과 교환 과정의 필연적 산물이고 교환경제의 진전에 따라 물품화폐에서 금속화폐·명목화폐 등으로 그 형태를 바꾸어 간다고 할 때 국가가 의도한 저화·동전의 유통은 당시의 생산력과 교환경제의 실상과 거리가 있음을 시사한다.

제3장은 16세기의 화폐유통과 그에 대한 개혁정책을 주요 논지로 삼았다. 16세기의 화폐는 제도적으로 5승포·저화가 인정되었다. 그러나 실제에 있어서는 惡布라는 布貨가 유통수단으로 널리 이용되었다. 악포의 유통은 이러한 사회적 여건 외에 그러한 결과를 이끌어 낼 수 있는 여러 조건이 존재할 때 그 기반이 더욱 공고해질 수 있다. 더욱이 조선전기에 진전된 면화 생산기술이 늘어만 가는 포화수요를 해결하지 못함에 따라 악포의 유통은 필연적 추세가 되었다.

이러한 상황에서 惡布禁斷을 둘러싼 화폐제 개혁논의가 전개되었다. 그 중 楮·布 兼行論이 채택되었는데, 이것은 『경국대전』과 『대전속록』의 내용을 충실하게 따르는 것으로 제3차까지의 개정을 통하여 악포를 금단시키고자 하였다. 그럼에도 유통계에서의 악포지위는 여전하였고 도리어 악포의 승·척수 감축현상이 더욱 노골화되어 국가에서도 이를 용인하지 않을 수 없었다. 그 결과 布納部間 일부에서 3·4승포 상납이 허용되고 유통수단으로서의 3승포도 허용해야 한다는 의견이 제시되기에 이르렀다. 말하자면 악포금단책이 동요를 일으키고 실제에 있어서도 실패로 돌아갔다. 그래서 내용을 달리하는 楮·布兼行論과 銅錢流通論이 대두되었으며 이것은 당시의 현실조건을 감안한 어쩔 수 없는 선택이었다.

제4장은 화폐유통권 확대와 금납화 과정을 중심으로 본 18세기 화폐

유통에 대한 연구이다. 이 시기는 舊來의 전통적 질서가 동요되고 새로
운 움직임이 발아되던 시기였다. 특히 농업부문에서의 농업경영양식과
토지소유관계의 변화, 상업계에서의 시전상인과 사상인의 도고활동, 그
리고 수공업 분야에서의 선대제현상 등은 구질서의 해체를 주도하였고,
아울러 자생적인 근대자본주의에로의 전환 능력을 보여 주었다.

이러한 개별적인 현상들은 화폐라는 매체에 의해 보다 적극적인 양상
을 띠었고, 상호 긴밀한 유대관계를 맺어 상품유통경제의 발전을 가능케
하였다. 따라서 18세기의 화폐유통 연구는 조선 후기의 사회·경제상의
변질과 깊은 연관성이 있기 때문에 시급히 연구·진척되어야 할 문제 중
의 하나였다. 따라서 이 장에서는 18세기를 중심으로 하여 화폐 유통권
확대와 금납화 및 화폐유통상의 錢賤·錢貴現象을 추출, 구명함으로써
조선후기 사회의 일면을 확인하고자 하였다.

# 제1장 여말선초 화폐유통의 실상과 사회경제

## Ⅰ. 조선 초기 태종대의 저화유통 논의와 현실

### 1. 머리말

여말선초에 논의되고 발행된 저화는 중국 송·원 왕조 때에 유통된 바 있는 會子, 寶鈔와 같은 지폐이다. 지폐는 한 사회의 경제수준이 어느 정도 발전되어 상거래가 활발해지고 또 사회 내의 신용제도가 확립되어 화폐에 대한 인식이 달라질 때 비로소 유통될 수 있는 것이다. 즉 화폐로서의 기능을 발휘할 수 있다면 그것이 무엇으로 되어 있든지 그에 상관하지 않는 상황하에서 지폐가 통용될 수 있는 것이다. 그런데 여말선초의 사회적·경제적 여건은 저화가 통용될 수 있는 그러한 상황이 아니었다. 그렇다면 어떤 연유에서 저화문제가 제기되었고 또 그 결과는 어떠했을까 하는 일련의 의문이 제기될 수 있겠다.

그러나 현재까지 나온 이 방면의 논저들을 접해 보면 주로 개설적이고 제도사적인 성격의 것이 대부분이어서 앞서의 의문을 해소시켜 주는 데 직접적인 도움을 주지 못하고 있다.[1] 하지만 李能植氏와 李鍾英氏의

---

1) 柳子厚, 1940,『朝鮮貨幣考』, 學藝社 ; 李能植, 1949,「麗末鮮初의 貨幣制度」『震檀學報』16 ; 李鍾英, 1962,「朝鮮初 貨幣制의 變遷」『人文科學』7 ; 崔虎鎭, 1974,『韓國貨幣小史』, 瑞文堂 ; 田村專之助, 1937,「高麗末期에 있어서 楮貨制

업적은 여말과 선초의 화폐유통을 파악하는데 풍부한 자료 제공과 유익한 시사를 던져주고 있어 필자가 본 논고를 작성하는데 많은 도움을 주었다. 본고는 兩氏의 업적을 바탕으로 여말과 태종대의 저화논의 배경 그리고 그 유통책과 유통상황, 나아가서 저화가 널리 유통될 수 없었던 요인들을 구명함으로써 여말선초의 화폐유통에 관한 일단을 정리해 보기로 하겠다.

조선 태종대에 유통된 楮貨는 동 10년을 고비로 해서 저화에 대한 태종의 입장이 변화를 일으킨다. 상세한 내용은 뒤에 언급하겠지만 이전에는 단순한 민생안정의 차원에서 그 통용을 기도한 것이 이후에는 강력한 통치기반을 배경으로 보다 적극적인 유통이 추진되게 된다. 그래서 태종대의 저화와 관련된 일련의 사항을 보다 구체적으로 파악하기 위해서는 동 10년 전후의 사실들을 별도로 다루어야 할 필요성이 제기되는 것이다.

## 2. 고려 후기 화폐유통의 실상

楮貨가 유통수단으로 논의된 시기는 고려 말로써 中郞將 房士良이 국정 전반에 걸친 時務十一事를 올리는 과정에서 제기되었다. 총 11조 중 6조의 내용이 그것인데,

> 중랑장 房士良이 시무 11조를 올렸다.
> 여섯째는, 하늘과 땅 사이에 비록 지방이 다르면 풍속도 다르지만, 그 사·농·공·상은 어느 지방이나 각기 그들의 업으로써 그들의 생활을 하게 되어 있는 것입니다. 있는 것을 가지고 없는 것과 교역함에 피차간에 통용하는 것은 돈입니다. 禹가 塗山에서 돈을 주조하여 九府를 설치한 이후로 지금에 이르기까지 통행하는 것은 다름이 아니라, 그 질이 단단하고 그 사용이 간편하여 불에도 타지 않고 물에도 젖지 않으며 이리저리 옮기면 더욱 빛이 나고

---

採用問題」『歷史學硏究』7-3 ; 宮原兎一, 1954,「朝鮮初期의 楮貨에 대하여」『東洋史學論集』3.

먼 곳으로 가져가도 탈이 없으며 쥐도 이를 축내지 못하고 칼날도 이를 상하
지 못하는 것이니 한 번 주조하여 이루어지면 만세토록 전할 수 있으므로 천
하에서 이를 보배로 여깁니다.
　본조에서 麤布를 화폐로 쓰는 법은 東京 등지의 몇몇 주·군에서 시행하였
으나, 이 추포의 폐단은 사용한 지 10년도 되지 않았는데 연기나 습기에 조금
만 닿아도 곧 불에 타고 썩어버리니 비록 공관의 창고에 가득하다 하더라도
쥐가 갉아먹는 손상을 면하지 못할 것입니다. 관청을 설치하여 돈을 주조하
고, 아울러 楮幣도 만들어 화폐로 삼아서, 추포의 통행을 일체 금지하소서.[2]

와 같이 錢貨의 유래와 그 이점 그리고 麤布의 폐단을 열거하는 과정에
서 立官鑄錢과 楮貨印造가 제기됐던 것이다.
　고려시대의 전화는 성종 15년에 철전의 등장을 시발로 해서 贍國用
과 裕民力이란 명분하에 종종 주조되었다. 그러나 여러 종류의 전화가
발행되었던 숙종 때에 '民貧不能興用'이란 현상이 나타나고 이에 대한
유통책[3]이 마련되는 것을 보면 전화를 이용할 만한 여건이 성숙되지 못
한 것 같다. 오히려 여말에 전개된 화폐논의를 보면

　공민왕 5년 9월에 都堂에서 여러 관료들에게 화폐에 대한 논의를 제기하
도록 하였더니 간관들이 제의하기를 "우리나라에서는 近古에 부어서 만든 은
으로 은병의 무게만큼 저울에 달아서 화폐로 썼고 다섯 새 베를 보조 화폐로
썼는데 이 제도가 오래 실시되는 과정에서 폐단이 없을 수가 없었다.[4]

2) 『高麗史節要』卷35, 恭讓王2, 공양왕 3년 3월조. "天下之間 雖方殊而俗異 其士農
　工商 各以其業資其生 以有易無 彼此通用者錢也 自禹鑄塗山用設九府以來 至于今
　通行者無他 其質堅貞其用輕便火不燒水不濕 貿遷而益光 致遠而無咎 鼠不能耗 刃
　不能傷 一鑄之成萬世可傳 故天下寶之 本朝麤布之法 出於東京等處 若干州郡 且
　此布之幣 用無十年之久 乍遭煙濕便爲災朽 縱盈公廩未免鼠漏之傷願立官鑄錢兼
　造楮幣爲貨 一禁麤布之行"
3) 『高麗史』卷79, 食貨2, 貨幣, 숙종 9년 7월조.
4) 『高麗史』卷79, 「食貨」2, 貨幣, 공민왕 5년 9월조. "恭愍王五年九月 都堂令百司
　議幣 諫官獻議曰 本國近古 以唑銀權銀瓶 之重爲幣 而以五升布翼以行之 及其久
　也不能無幣"

숙종 6년부터 만들어진 銀瓶이 오승포와 더불어 유통수단의 한 부분을 담당한 것 같다. 은병은 일명 闊口라고도 하던 것으로 銅과 일정비율로 합금되었는데,[5] 은 12냥 반과 동 2냥 반 즉 5:1의 비율로 합금하여 1근의 은병을 제조한 것이다. 이 때 동 2냥 반에 해당되는 값은 工匠의 공임으로 지급했던 것 같다. 은이라는 것은 그 소재가치가 높은 귀금속이기 때문에 이에 의한 화폐가 나왔을 때는 그것을 모조하는 盜鑄 경향이 나타난다. 이러한 현상은 숙종 6년에 이르러,

　　　6월에 왕이 명령을 내리기를 "金銀은 천지의 정수요 나라의 보배인데 근래에 간사한 백성들이 구리를 넣어서 화폐를 위조하는 일이 있으니 지금부터는 은병을 쓸 때에는 모두 標印을 붙여서 쓰도록 하며 이것을 항구적 법식으로 제정하며 이를 위반한 자는 중한 죄로 다스릴 것이다"라고 하였다.[6]

와 같이 동과 합주하는 도주 현상이 발생한 것이다. 본래 은병이 동과 일정비율(5:1)로 합주된 이상 그러한 도주 은병을 찾아낸다는 것은 그리 쉬운 일이 아니었다. 다만 민간에서 도주한 은병이 국가에서 제조한 그것에 비해 형태면과 품질면에서 차이를 보일 때 식별이 가능해진다.

이때의 도주는 '奸民和銅'이란 사실과 '銀瓶皆標印'의 필요성이 제기된 것으로 보아 품질면에서 문제된 것 같다. 즉 謀利 행위에 따른 도주였던 만큼 동의 합금비율이 높아져 민간거래에 악영향을 미쳤던 것이다. 그래서 충숙왕 8년에는

　　　8년 6월에 도평의사사에서 게시문을 내붙여 이르기를 "백성들 생활의 근본은 미곡에 있으니 白金(銀과 錫의 합금)이 비록 귀한 것이지만 굶주리고 추운 것을 막지 못한다. 그러므로 지금부터 은병 한 개를 쌀과 환산함에 있어서

---

5) 『增補文獻備考』160, 「財用考」7, 附金銀銅. "孫穆鷄林類事云 銀瓶每重一斤 工人製造 用銀十二兩半 入銅二兩半 作一斤 以銅當工匠之直"
6) 『高麗史』卷79, 「食貨」2, 貨幣, 숙종 6년 6월條. "六月詔曰 金銀天地之精 國家之寶也 近來奸民和同盜鑄 自今用銀瓶皆標印 以爲永式 違者重論"

서울(개성)에서는 대개 15, 16석으로 하고 지방에서는 대개 18, 19석으로 하되 京市署에서 그해 그해의 풍흉을 보아서 값을 제정하도록 할 것이다"라고 하였다.[7)

와 같이 은병에 대한 米의 교환율이 개경은 15·6석, 외방은 18·9석으로 높아지게 된다. 이러한 은병가치의 하락은 농작물의 흉작에도 기인하겠지만 은병 자체에도 큰 문제가 있었던 것이다. 충숙왕 15년에 資贍司의 狀申 내용을 보면,

　　충숙왕 15년 12월에 資贍司에서 왕에게 글을 올리기를 "은병의 값이 날로 천해지고 있으니 지금부터는 上品 甁은 實布 10필로 환산하고 貼甁(보충적 병)은 布 8, 9필로 환산하도록 하며 이를 위반한 자는 그가 관직이 있는 자라면 구리를 속죄하는 대가로 징수하며 관직이 없는 자와 천인들은 해당한 등급의 죄를 주도록 합시다"라고 하였더니 왕이 이를 승인하였다. 당시 은병을 만드는 데 있어서 구리를 섞었는데 은은 적고 구리는 많았기 때문에 관청에서 값을 제정하였지만 사람들이 모두 그것을 따르지 않았다.[8)

　은병제조 시 은과 동의 합금비율이 지켜지지 않고 '銀少銅多'라는 현상이 발생하는데 이것이 국가에 의해서도 엄연히 자행되었다는 점이다. 이러한 공사의 銀少銅多의 은병제조는 그 가치를 날로 하락시켜 碎銀으로 유통수단의 기능을 대신하게 되었다. 즉 쇄은은

　　우리나라에서는 近古에 부어서 만든 은으로 은병의 무게만큼 저울에 달아서 화폐로 썼고 다섯 새 베를 보조 화폐로 썼는데 이 제도가 오래 실시되는 과정에서 폐단이 없을 수가 없었다. 은병은 날이 갈수록 변하여 구리병으로

---

7)『高麗史』卷79,「食貨」2, 貨幣(市估), 충렬왕 8년 6월조. "八年六月 都評議使司 榜曰 民生之本在於米穀 白金雖貴不救飢寒 自今銀甁一事折米 京城率十五六石 外方率十八九石 京市署視歲豊歉以定其價"

8)『高麗史』卷79,「食貨」2, 貨幣(市估), 충숙왕 15년 12월조. "忠肅王十五年十二月 資贍司狀申 銀甁之價日賤 自今上品甁折賣布十匹貼甁折布八九匹 違者 有識徵同 白身及賊人科罪判可 時鑄銀甁雜以銅 銀少銅多 故官雖定價 人皆不從"

되기까지에 이르렀고 삼베는 날이 갈수록 그 새가 굵어져서 베 모양이 말이 아니었는데 어떤 사람들은 논의하기를 다시 은병을 쓰자고 하지만 저희들이 생각하건대는 은병 하나는 그 무게가 한 근이요. 그 값은 베 백여 필이나 되는데 지금 민가들에서 베 한 필을 저축해 둔 집이 오히려 적은 편인데 만일 은병을 쓴다면 백성들은 무엇으로써 물품 매매를 하겠습니까? 또 어떤 사람은 논의하기를 '銅錢을 쓰는 것이 좋을 것이다'라고 하지만 우리나라의 풍속에 오랫동안 돈(여기서는 동전, 철전 등을 의미)을 써 오지 않았기에 갑자기 명령을 내려 이것을 쓰게 한다면 백성들이 반드시 비방하게 될 것이요, 혹 어떤 사람은 부어서 만든 은을 쓰면 좋을 것이다'라고 말하지마는 민간에 열어 놓으면서 아무 표식도 없게 한다면 화폐를 장악, 운용하는 권리가 국가에게 있지 않게 될 것이니 역시 편리하다 할 수 없습니다.[9]

은병이 銅瓶으로 변질되고 오승포는 포를 이룰 수 없을 만큼 조악해 졌을 때 유통수단의 총아로 등장한 것이다. 이 쇄은은 파쇄된 은을 지칭하는 것으로 국가에 의해서 충당된 것이 아니라 민간에 산재된 그것이 주로 통용되었던 것이다.

본래 화폐에 대한 위정자들의 인식은 국가재정 補用과 민생의 편리 도모라는 입장[10]에 기반하였는데, 이제 쇄은이 통용되자 화폐발행에 의한 국가재정 보용은 매우 어렵게 되었다. 특히 여말에는 국가기강의 해이와 수취체제의 문란으로 인해 국가 재정이 큰 어려움을 겪고 있었다. 바로 이러한 배경에서 충혜왕 원년에는

　　　충혜왕 원년 4월에 처음으로 새로 만든 작은 은병을 쓰게 하였는데 은병 하나가 다섯 새 베 15필에 해당하는 것으로 쳤으며 이전의 은병은 사용하는 것을 금지하였다.[11]

---

9) 『高麗史』79,「食貨」2, 貨幣, 공민왕 5년 9월조. "本國近古 以碎銀權銀瓶之重爲 幣 而以五升布翼以行之 及其久也不能無幣 銀瓶日變而至于銅 麻縷日麤而不成布 議者欲復用銀瓶(中略) 或曰 宜用碎銀 然散出民間而無標誌 則貨幣之權 不在於上 亦爲未便"

10) 『高麗史』79,「食貨」2, 貨幣, 숙종 7년 12월조 ; 예종 원년 7월조.

11) 『高麗史』79,「食貨」2, 貨幣, 충혜왕 원년 4월조. "忠惠王元年四月 始用新小碎

이라 하여 新小銀瓶이 제조된 것이다. 이 신소은병의 교환가는 五綜布
15필에 해당하는 것으로 그 크기는 舊 은병에 비해 작았지만 그 가치는
충숙왕 때 上品瓶이 賣布 10필인데 비하면 매우 상승한 것이다. 그것은
은 함량의 비율이 상대적으로 높아진데 연유할 것이다. 그런데 왜 신소
은병이라는 작은 은병이 제조되었을까 하는 문제는 그 구체적인 자료가
없어 단정할 순 없지만 공민왕대 은전주조에 관한 논의가 있었을 때

> 그러므로 은이 산출되는 곳이라면 그곳 주민들의 세납과 부역을 면제해
> 주고 은을 캐어 관청에 바치게 하며, 나라 사람들이 간직하고 있는 은그릇들
> 은 모두 관청에 바치도록 명령하여 은전을 만들어 돌려주고 이와 함께 5승포
> 를 사용케 한다면 국가나 개인이 모두 편리할 것입니다.[12]

하였다. 은광을 재개하여 은을 채취하여 官에 납부케 하고 민간 소유의
銀器를 또한 官에 납부하게 하여 그것을 주조하면 될 것이라는 견해가
있었던 것으로 보아, 은이라는 원료가 부족한 데에서 연유한 것이 아닌
가 한다.

하지만 이 신소은병도 날이 갈수록 은병화되어 거래수단으로서의 기
능을 상실한다. 그래서 화폐에 관한 논의가 광범하게 전개되었는데[13]
이 때 은병, 동전, 쇄은, 은전 등이 거론된다. 은병은 이미 숙종 때에 나
타나 麗末에 이르기까지 장기간 존재한 화폐가 되지만 그 하나의 가치
가 布 100여 필에 준하는 이상 1필의 布도 비축하지 못한 대부분의 백성
들에게는 별 의미가 없었던 것이다. 동전은 숙종 7년 이후에 「海東通寶」
등 여러 종류의 것이 발행되지만[14] 그 간의 사정을 본다면 유통수단으

---

銀 一當五綜布十五匹 禁用舊瓶"
12)『高麗史』79,「食貨」2, 貨幣, 공민왕 5년 9월조. "凡產銀之所復其居民令採納官
　其國人所蓄銀器 悉令納官鑄錢以與之 幷用五升布則公私便矣"
13) 위와 같음.
14)『增補文獻備考』159,「財用考」6, 錢貨.

로서의 매력은 일찍이 상실한 것 같다.

한편, 쇄은은 앞에서도 언급한 바와 같이 민간에서 산출되는 것인 만큼 국가재정 보충에 하등의 도움을 줄 수 없는 것이었고, 아울러 은전은 주전원료의 부족으로 인해 당초부터 실현성이 매우 희박했던 것이다. 그래서 포를 국가의 화폐로 채택하자는 건의가 개진되는데,

> 또 그 布子(베)도 정유년(공민왕 6년, 1357)부터 관청에 가져다가 標印을 찍은 후에야 그것으로써 매매하는 것을 허락하고 그 표인을 주관하는 관청으로서는 서울에서는 京市署에서 주관하고 어사대에서 검열하며, 지방에서는 知官(지주, 부, 군사 '知州府郡事') 이상이 주관하고 存撫使, 안렴사가 때때로 규찰하게 하고 만일 표인이 없는 베를 사용한 자가 있거나 또 표인을 주관하는 자가 보고도 본체만체하여 그대로 내버려 두는 자가 있다면 모두 법으로 다스리게 한다면 수년 이내에 사기, 위조 행위가 없어지고 물가가 안정되는 것을 보게 될 것입니다"라고 하였다.15)

고 한 바와 같이 일반 민간의 布子를 관에서 거두어 그 升數 등을 살펴 표인하고, 이 표인된 것만을 매매수단으로 허용하면 유통질서가 회복되리라는 것이다. 이 때 掌印之官으로서 개경은 京市署가 담당하고 御史臺가 그것을 고핵하며 외방은 知官이상이 주장하고 存撫按廉使가 수시로 규찰케 하며 만약 관인이 없는 포필을 사용한다거나 장인을 看循任縱한 자가 있으면 모두 법으로 다스리며 이러기를 수년간 지속하면 물가도 안정시킬 수 있다는 것이다. 이러한 견해는 채택된 것 같지 않다. 도리어 여러 의견들이 합일점을 찾지 못하고 있을 때에,

> 신우 7년 8월에 서울(개성)의 물가가 등귀하였는데 장사하는 자들이 조그마한 이익을 가지고 서로 다투므로 崔瑩이 이를 미워하여 무릇 시장에 나오

---

15) 『高麗史』卷79, 「食貨」2, 貨幣, 공민왕 5년 9월조. "且其布子 自丁酉爲始納官標印 然後方許賣買 其掌印之官 內則京市署主之御史臺考之 外則知官以上主之 存撫按廉以時糾察 如有用無印布及掌印看循任縱者 並理以法 則數年之間 將見詐僞絶而物價平矣"

는 물건은 모두 경시서로 하여금 그 물건의 값을 평가하고 세를 바쳤다는 도
장을 찍게 하고 난 뒤에 비로소 매매하게 하였고 도장을 찍지 않은 물건을
매매하는 자는 잔등의 힘줄을 갈구리로 꿰어서 죽이겠다고 하였다. 그리 하여
경시서에다가 큰 갈구리를 걸어 두고 지나는 사람들에게 보이었더니 장사하
는 자들이 벌벌 떨었다. 그러나 이 일은 마침내 실행되지 못하였다.16)

고 표현될 정도로 물가의 앙등과 상인들의 모리행위가 잇따르게 된다.
이 시기의 물가상승은 유통수단의 주종을 차지했던 오승포가 교환수단
으로서 자기 가치를 상실했다는 데에 기인한 것이다. 다음은 공양왕 3년
7월 도평의사사의 上奏 내용이다.

　　근세에 와서는 또 은병을 만들어서 화폐로 삼고(저러한 돈과 은병을) 모두
　　布匹와 함께 화폐로 써서 크고 작은 화폐가 균형 있게 통용되도록 하였는데
　　그 후에 법이 시행되지 않게 되어 銅錢과 은병이 둘 다 폐지되어 통용하지
　　못하고 드디어 오로지 5승포만을 화폐로 쓰게 되었습니다. 그런데 근년에 와
　　서 5승포가 점점 더 거칠어져서 2, 3승포로까지 질이 낮아졌으니 여자들이
　　이것을 짜느라고 힘은 들였지마는 민간에서 쓰기에는 불편해졌습니다. 이것
　　을 운반하자니 소등에 땀이 흠뻑 밸 지경이요, 이것을 쌓아 두자니 쥐가 쏠아
　　서 못 쓰게 됩니다. 다섯 새 베로 하는 매매가 없어지고 쌀, 곡식 값이 올라가
　　게 된 이유가 대개 여기에 있는 것입니다.17)

　　오종포가 2·3승포로 麤疎해짐을 볼 수 있는데 이러한 자체 가치의 하
락은 그 존재마저 위태롭게 했던 것이다. 따라서 교환수단으로서 오직
통용될 수 있는 것은 미곡과 같은 곡물류일 것이고 자체의 실용성으로
인해 그 가치는 더욱 상승되었을 것이다. 곡물은 그 존재 가치가 사람의

---

16) 『高麗史』卷79, 「食貨」 2, 貨幣(市估), 신우 7년 8월조. "辛禑七年八月 京城物價
　　踊貴 商賈爭利雖刀 崔瑩疾之 凡市物令京市署 評定物價 識以稅印 始許賣買 無印
　　識者 將鉤脊筋殺之 於是 懸大鉤於署以示之 市人震慄 事竟不行"

17) 『高麗史』卷79, 「食貨」 2, 貨幣, 공양왕 3년 7월조. "近古又造銀瓶爲貨 皆與布匹
　　子母相權 後因法弊 銅錢銀瓶俱廢不行 遂專用五綜布爲貨 近年以來 布縷麤疎漸
　　至於二三升 女功雖勞而民用不便 輪之則牛汗 積之則鼠耗 商賈不行 米穀踊貴 盖
　　由於此"

생존을 본질적으로 가능케 해준다는 점에서 중시될 수 있는데 당시의 농업생산력이 대내외적인 여러 요인에 의해 제약받고 있다는 사실을 감안한다면 곡물의 교환수단 기능은 이미 제한된 성격을 갖게 되는 것이다. 바로 이 점으로 미곡과 같은 물품화폐 대신에 다른 화폐가 구상되었던 것으로 추측된다.

공양왕 3년 3월에 접어들면 전화와 저화의 겸용론[18]이 나오고 동년 7월에 보다 구체화되는데 그 내용은,

> 7월에 도평의사사에서 왕에게 의견을 제기하기를 "弘福都監을 폐지하고 資贍楮貨庫를 설치하여 종이돈을 만들자"고 하였다. 그 글에 이르기를 "저희들이 듣건대 禹임금은 9년간 장마와 湯(중국 은나라 시조)임금은 7년간 가물이 있을 때에 歷山, 庄山의 金(금속)을 모두 화폐로 만들어 백성들의 곤란을 구제하였다고 하며 주나라 때에 와서는 太公이 또 九府圜法을 제정하였다 하니 이것이 돈의 시초입니다.
>
> 한나라 때부터 지금까지 역대에 각기 돈이 있었습니다. 송나라의 會子와 원나라의 寶鈔는 비록 돈 법은 고쳤다 할지라도 사실상 옛돈 법의 뜻을 계승한 것이니 그것들은 역시 재난을 방비하고 백성들이 쓰기에 편리하게 하려고 한 것입니다.[19]

였다. 弘福都監을 혁파하여 資贍楮貨庫를 만들고 저화를 印造하자는 것이다. 이에 의하면 전화는 재환에 대비하고 민용을 편하게 하는 것으로 宋의 會子, 元의 寶鈔가 이 범주에 포함된다는 것이다. 즉 지폐인 저화도 '備災患 便民用'이라는 목적으로 발행할 수 있다는 것이다. 그리고 기존의 은병과 동전에 대해서는

---

18) 『高麗史』卷79,「食貨」2, 貨幣, 공양왕 3년 3월조.
19) 『高麗史』卷79,「食貨」2, 貨幣, 공양왕 3년 7월조. "都評議使司秦 罷弘福都監爲 資贍楮貨庫 請造楮幣曰 窃聞禹九年水湯七年旱 以歷山莊山之金 並鑄幣以救民困 至周太公又立九府圜法 此錢貨之始也 自漢至今代各有錢 若宋之會子元之寶鈔 則 雖變錢法 實祖其遺意 盖亦莫非備災患而便民用也"

　　은과 구리가 본래 우리나라에서 산출되는 것이 아닌 만큼 돈, 은병은 마침
내 다시 실용하기가 어려울 것이니 해당 기관에 명령하여 고금의 화폐법을
참작하여 會子, 寶鈔의 법을 따라서 고려에서 통용할 종이돈(楮貨)을 만들어
서 5승포와 함께 통용시키도록 하여 민간에서 온갖 물건들을 매매하는 데 있
어서나 중앙과 지방의 창고가 있는 곳들에 가서 여러 가지 米貢物貨를 바치
는데 이 종이 돈 등을 가지고 환산, 납부하는 것을 허용하도록 할 것이며 성
기고 거친 布는 일체로 금지한다면 대개 편리하고 유익하게 될 것입니다"라
고 하였다.[20]

이라 한 바와 같이 그 원료의 求得難으로 갑작스런 復行이 어렵고 대신
에 고금의 전법과 會子, 寶鈔之法을 참작해 '高麗通行楮貨'를 발행하고
종전의 오종포와 겸행하면 유통질서가 회복될 것이라는 것이다. 이는 동
3월 방사량의 건의에서 나타난 추포의 통용을 일체 금하자는 내용과 달
리 오종포의 유통을 제시하고 있는 것이다.

　　양자 간의 차이는 저화와 병용할 유통수단을 전화로 할 것이냐 아니
면 오종포로 할 것이냐에 있었던 것이다. 사실 포는 자체에 문제가 있긴
하나 당시 제반 여건으로 보아서 민간의 織布를 엄격히 관리하여 유통
시키기만 한다면 錢貨鑄造보다는 훨씬 현실적인 방법이라 하겠다.

　　한편 양자 간에 공통적으로 제시된 저화통용 문제는 여말의 정치적
상황을 감안해서 元의 寶鈔 유입과 관련해 살펴야 할 것 같다. 고려사회
는 元의 압력이 가중되는 상황에서 직·간접적인 여러 영향을 받게 된다.
그 중 고려의 화폐경험을 증가시킨 보초는 충렬왕 2년 때

　　낭장 李仁을 원나라에 파견하여 行宮 비용을 청구하였고 또 은을 가져다
가 鈔(원나라의 화폐)와 바꾸게 하였다.[21]

20) 『高麗史』卷79,「食貨」2, 貨幣, 공양왕 3년 7월조. "銀銅旣非本國所產 錢甁之貨
卒難復行 宜令有司參酌古今 依倣會子寶鈔之法 高麗通行楮貨印造流布 與五綜
布相兼行 使聽民間買賣諸物 及赴京外倉庫場所折納諸色米貢物貨 其疎縷之布日
切禁之 庶爲便益"
21) 『高麗史』卷28,「世家」28, 충렬왕 2년 3월조. "遣郞將李仁加元 請行宮料 且齎銀

郞將 李仁이 은으로 그것을 교역해 온 이후로 사료에 곧잘 나타난다. 이 때 보초를 교역해 온 까닭은 알 수 없으나 동년 윤3월에

> 갑자일에 원나라에서 楊仲信을 파견하여 폐백(예물)을 가져왔는바 이것은 歸附軍(항복한 송나라 군대) 5백 명을 위하여 처를 얻어주려 함이었다.[22]

元 使臣 楊仲信이 歸附軍들의 혼사를 위한 자금으로 幣·帛을 가져온 사실과 결부시켜 본다면 고려사회 일각에서는 이들 楮幣[寶鈔]에 대한 인식과, 그리고 그것을 수용할 수 있는 여건이 어느 정도 서 있음을 알 수 있다. 이러한 사실은 원이 일본을 정벌하기 위한 준비 작업에서[23] 확인되는데 즉 고려로 하여금 일본 정벌에 필요한 軍船을 수리토록 하였을 때 거기에 쓰이는 자금을 저폐로 지급했다는 사실에서 입증된다. 한편

> 여름 4월 경인일에 왕과 공주, 그리고 세자가 원나라를 향하여 떠났는바 호위하여 따라 간 臣僚들이 1천 2백여 명이었고 또 은 6백 30여 근과 모시 2천 4백 40여 필, 楮幣 1천 8백여 錠을 가지고 갔다.[24]

와 같이 저폐를 가지고 간 동기가 불분명하긴 하지만 화폐로써 상품을 구입한다는 기본적 입장에서 본다면 이 당시 저폐 보유는 다분히 상품구입과 관련되었을 것이다. 저폐를 통한 元에서의 상품구입은 비단 이 시기에만 국한된 것은 아니고 비교적 장기간 계속되었을 것이다. 그래서 元으로 하여금 고려를 보초유통권 내에 포함시키려는 의도를 낳게 한 것이 아니었을까 추측된다. 즉 충렬왕 13년에

---

換鈔"
22) 『高麗史節要』卷19, 충렬왕 2년 윤3월조. "元遣楊仲信 齎幣帛來 爲歸附軍五百人 聘妻"
23) 『高麗史節要』卷20, 충렬왕 9년 2월조.
24) 『高麗史』卷29, 「世家」29, 충렬왕 10년 4월조. "王及公主世子如元 扈從臣僚一 千二百餘人 齎銀六百三十餘斤紵布二千四百十餘匹 楮幣一千八百餘錠"

　　　이 달 원나라에서 사신을 보내 황제의 조서로 '至元寶鈔'와 '中統寶鈔'를
　　　가지고 와서 통용케 하였는데 '지원보초'한 꿰미를 '중통보초' 다섯 꿰미로
　　　쳐서 子母로서 쓰게 하였다.[25)]

　위 사료에 따르면 至元寶鈔와 中統寶鈔를 고려에 頒賜하여 子母用으
로 통용케 했는데 이것이 그러한 추측을 가능케 한다. 실제 세계 제국으
로 등장한 원의 입장에서 본다면 그들의 정치적·경제적 영향력과 함께
그들의 저폐 또한 국제적 성격을 지닐 수 있는 것이었다. 그러나 이러한
성격의 저폐라 할지라도 내적 발전이 상이한 고려에 있어서는 일방적 수
탈수단으로서 작용하게 되는데 즉, 화폐의 실질가치를 중시하는 고려에
서는 그것이 전국적으로 통용될 수는 없는 것이고 오직 대외무역을 통해
이익을 추구하는 일부 계층에게만 사용되었을 것이다. 이들에 의해서 전
개되는 무역의 실상은 金·銀·苧布와 같은 실질가치가 있는 토산품으로
저들의 저폐와 교환하여 백성들과 관련 없는 사치품류들을 들여옴으로써
이중적 차익을 꾀하는 모리행위를 펼쳤을 것이다. 바로 이 과정에서 고려
의 유용한 자원이 유출되고 무용한 상품이 유입되는 결과가 나타난다. 이
점이 보초의 수탈적 기능이라고 할 것이다. 그리고 충렬왕 18년 정월에
원의 관리가 고려의 役牛를 수탈한 것에 대한 변상으로 보초를 지급해
주었다든가[26)] 동 21년에 세자의 혼사비용을 충당하기 위해서 다량의 麻
布를 저폐와 교역해야[27)] 했다든가 한 사실은 보초의 지위가 고려사회 일
각에서 그 영향력을 강력히 행사하고 있음에 시사해 준다. 그러기에 보초
를 낙타 3마리에 가득 실어 가져오는 현상이[28)] 빚어질 수 있었던 것이다.

---

25) 『高麗史』卷79,「食貨」2, 貨幣, 충렬왕 13년 4월조. "元遣使詔頒至元寶鈔與中統
　　寶鈔通行 以至元鈔一貫當中統鈔五貫 使爲子母用"
26) 『高麗史節要』卷21, 충렬왕 18년 정월조. "元賜鈔一千錠 闍梨帖木兒之還也 取諸
　　牛以去 帝聞賜鈔償之"
27) 『高麗史節要』卷21, 충렬왕 21년 4월. "遣大將軍劉福和祗候金之廉等 送錢幣于世
　　子 時世子請婚其費不貨 科歛七品以上白金 (中略) 又遣中郎將宋瑛等 航海往益都
　　府 以麻布一萬四千匹市楮幣"

그런데 여기서 유의할 사실은 보초가 반드시 무역을 통해서 또는 변상의 대가로만 유입된 것은 아니란 점이다. 여러 사료에서 산견되지만 일방적인 사여 형식으로 대량 유입되기도 하는데 충렬왕 27년에

> 계묘일에 李白超가 원나라로부터 돌아왔는데 황제가 楮幣 1만 錠을 왕에게 보내 주었으므로 사신을 파견하여 감사하다는 표문을 보냈다.[29]

라 한 바와 같이 元帝가 저폐 1만 정을 하사했다든가, 연회비용의[30] 충당금 등으로 유입되기도 했던 것이다. 이렇게 유입된 저폐는 원 사신에 대한 뇌물로 나가기도 하고 그리고 신하들에게 나누어 주는 형태로 지급되기도[31] 한다.

이러한 보초사용의 경험이 麗末 화폐논의가 진행되던 과정에 저화인조를 거론케 했던 것이다. 그런데 공양왕 3년 7월에 결정되었던 저화인조는 이듬해에 중단되게 되는데 이 사실은

> 4년 4월에 시중 沈德符 등이 왕에게 말을 올렸는바 그 첫째는 "資瞻楮貨庫를 폐지하고 이미 인쇄한 종이돈은 다시 모아서 종이를 만들고 그 印板을 부셔서 태워 버리도록 합시다"라고 하였고…[32]

와 같이 侍中 심덕부 등의 上奏에 의한 것으로 資瞻楮貨庫를 혁파하고 인조된 저화는 모두 환수해서 作紙하며 그 印版은 소각토록 하자는 데

---

28) 『高麗史』卷36,「世家」36, 충혜왕 후4년 9월조.

29) 『高麗史』卷32,「世家」32, 충렬왕 27년 3월조, "李白超還自元 帝賜王楮幣一萬錠 遺使表謝". 이와 같은 사실은 『高麗史』卷38「世家」38, 공민왕 3년 정월에도 보임.

30) 『高麗史』卷38,「世家」38, 공민왕 3년 2월. "王與公主幸延慶宮 與元使宴耆老及六品已上官 帝賜楮幣所辨也"

31) 『高麗史』卷35,「世家」35, 충숙왕 후7년 8월조 ; 『高麗史節要』卷25, 충혜왕 후5년 8월조.

32) 『高麗史』卷79,「食貨」2, 貨幣, 공양왕 4년 4월조. "四年四月 侍中沈德符等上言 一曰 革資瞻楮貨庫 其已印楮貨還令作紙 其印版則令燒毀之"

에 연유한 것이다. 실제 이 내용은 신진사대부인 裵克廉과 더불어 제도 전반에 대한 개혁을 요구할 때 제기된 것으로

> 문하시중 심덕부와 수시중 배극렴이 여러 도의 관찰사를 폐지하고 안렴사를 회복할 것이며, 절제사와 경력도사를 폐지하고 掌務錄事를 회복하기를 청하였다. 또 새로 정한 감무, 여러 역승, 여러 道의 유학 교수, 官資贍楮貨庫…33)

新 왕조 개창에 필요한 준비 작업이 진행되는 중에 나온 것이다. 실제 저화 발행 문제는 신진사대부에 있어 그리 시급한 문제는 아니었다. 따라서 저화문제는 미결상태로 조선왕조에 넘어 가게 된다.

## 3. 조선 초기 저화의 발행과 유통책

조선왕조는 고려 말의 각종 혼란을 안은 채 개창하였다. 그래서 중앙의 위정자들은 우선 민심수습과 민생안정에 착안하여 여러 시책을 전개하게 된다. 그러나 이러한 노력은 실효를 거두기도 전에 오히려 지방 관리들의 농간 기회만을 제공하였고,34) 그리고 천재지변에 따른 농산물의 흉작과 축성 등 각종 토목공사에 따른 노동력 징발은 농민들의 생활을 더욱 궁핍케 하여 유민의 대량 발생을35) 낳게 하였다.

이러한 상황에서 戶曹典書 李敏道는 전폐의 통용을 청하게 되는데 이는 당시의 사회적·경제적 여건으로 보아서 그 실현성이 매우 희박한

---

33) 『高麗史節要』 卷35, 공양왕 4년 4월조. "門下侍中沈德符守侍中裵克廉請 罷諸道 觀察使復按廉使 罷節制使經歷都事 復堂務錄事 且罷新定監務諸驛丞諸道儒學 教 授官資贍楮貨庫(下略)"

34) 『太祖實錄』 卷2, 태조 원년 10월 기유, "侍中 趙浚 所啓 臣聞今年田穀不登 宜薄 其斂 然徒令而未有實效 則反爲猾吏竊弄 民未受利"

35) 『太祖實錄』 卷5, 태조 3년 4월 경진, "都評議使司 所啓 且前年早早晚水 禾穀大 損 加以築城之役 民失秋耕 今春又因其役 流移失業者頗多"

것이었다.36) 오직 節用足食만이 왕정의 선결문제로 인식되고37) 굶주린 백성들에 대한 구휼책도 세울 수 없는 마당에서38) 전폐의 유통이란 전후가 전도된 것이라 아니할 수가 없는 것이었다.

바로 이러한 시기에 태종이 즉위하게 되는데 그에게 있어서 시급한 문제는 강력한 통치체제의 확립이었다. 왕을 중심으로 한 통치기구의 정비야말로 선초의 불안한 민심을 수습하는데 있어서, 그리고 왕권의 기반을 다지는데 있어서 최우선책이라 간주했던 것이다. 그래서 정종 2년에 관제개혁을 주도한 것이고 즉위하고서는 司贍署와 같은 기구를 설치하게 되는 것이다.

> 門下注書·三司都事·中樞院堂後를 혁파하고 처음으로 司贍署 令 1인, 丞 2인, 直長 2인, 注簿 2인을 두어 楮貨를 맡게 하였으니, 河崙의 의논에 좇아 鈔法을 행하고자 함이었다.39)

즉, 사섬서는 河崙의 청에 따라 설치한 것으로 저화를 관장하는 임무를 맡고 令 1, 丞 2, 直長 2, 注簿 2명으로 편성되었다. 그러나 저화발행이란 문제는 그리 단순한 문제는 아니었다. 즉 明과의 미묘한 입장에서 이해했기40) 때문에 도리어 '布幣' 사용이 거론되는데 이는

> 우리 동방에서 포필을 쓴 것은 그 유래가 오랩니다. 원컨대 布로 鈔法을 모방하여 화폐를 만들되, 正五升布를 써서 淡靑色으로 물을 들이고, 길이는 3척, 너비는 폭대로 하고 위와 아래를 시치고[縫], 네 가[邊]에 그림을 그리고,

---

36) 『太祖實錄』 卷6, 태조 3년 7월 을묘조. "戶曹典書李敏道 請行錢幣"
37) 『太祖實錄』 卷12, 태조 6년 10월 신묘. "諫官 上言 節用足食 王政之先務 安不忘危 有國之長慮 苟於錢穀 徒務一時之用 昧於不虞之變 實非爲國之良策也"
38) 『定宗實錄』 卷1, 정종 원년 정월 무인, "御經筵 余思之中外民貧 不能齋糧國無所儲, 又不能給"
39) 『太宗實錄』 卷1, 태종 원년 4월 갑자, "革門下注書三司都事中樞院堂後 初置司贍署令一丞二直長二注簿二以掌楮貨 從河崙之議 欲行鈔法也"
40) 『太宗實錄』 卷1, 태종 원년 4월 정축조.

本署와 土地·財穀을 맡은 司의 印을 찍어서 그 안[內]을 채우고, 그 글에는 '朝鮮布貨'라 하여, 나라 안에서만 행하게 하고, 길이가 2척, 1척되는 것도 또한 이 예를 본떠 만들어서, 길이가 3척인 것은 3畵를 그려서 그 값을 糙米 3두로 하고, 길이가 2척인 것은 2획을 그려서 그 값을 2두로 하고, 길이가 1척인 것은 1획을 그려서 그 값을 1두로 하면, 백성들이 그 획을 보고 그 값을 알아서, 백 가지 물건을 무역하는 데 있어 그 값을 높이고 낮추기가 진실로 어렵지 않을 것입니다.[41]

종전의 포필을 중국 鈔法에 맞게 만들어 사용하면 된다는 것이었다. 즉 정오승포를 淡靑色으로 염색해서 사섬서와 掌土地財穀之司의 印을 찍고 '朝鮮布貨令'이란 문자를 넣어서 국내에서만 통용하자는 것이다. 종류는 3尺, 2尺, 1尺으로 하되, 3척은 3畵를 2척은 2畵, 1척은 1畵를 그려 놓고, 그 가치는 각각 糙米 3斗, 2斗, 1斗로 정하면 민간거래가 원활히 이루어질 수 있다는 것이다. 나아가 포폐를 사용할 적에 네 가지의 이점이 생긴다고 하여 올린 상소는 다음과 같았다.

이것은 본토 布貨의 이름이 그대로 있어, 중국의 鈔에 혐의될 것이 없고, 그 이름은 초와는 다르나, 그 쓰임은 鈔와 같고, 종이는 쉽게 해지지만 포는 오래 보존되니, 그 이익이 훨씬 낫습니다. 무릇 賞給이 있더라도 또한 모두 이것을 쓰고, 쌀과 콩을 쓰지 않으면, 나라에서는 허비하여 내[費出]는 걱정이 없을 것이고, 1척의 값이 쌀 1두이면, 백성들이 輕便한 이익을 얻고, 1백 두의 값을 한 사람이 가지게 되면, 또 소[牛]로 싣고 말[馬]로 싣는 노고를 덜게 됩니다. 布幣로 한번 바꾸면 그 이익이 너덧 가지나 되고, 公私가 겸하여 이로와서, 폐단이 없다는 것을 보증할 수 있습니다. 다만 튼튼하게 행하지 못할까 두려울 뿐입니다. 또 일찍이 쓰던 常布는 금하지 않을 수 없사오니, 月日로 限하여 백성이 고쳐 짜서 官家에 바치는 것을 들어주고, 관가에서는 正五升布 1필에 대하여 3尺짜리 한 端, 2척짜리 두 단, 1척짜리 다섯 단을 주면

---

41) 『太宗實錄』 卷1, 태종 원년 4월 정축, "司憲府 大司憲柳觀等 上疏 (中略) 吾東方用布匹 其來尙矣 願以布倣鈔法而作幣 用正五升布染淡靑長三尺廣終幅縫上下畵四邊 用本署及掌土地財穀之司之印 共塡其內其文曰 朝鮮布貨令 只行境內 其長二尺一尺者亦倣此例爲之 長三尺者則畵三畵其直糙米三斗 長二尺者畵二畵其直二斗 長一尺者畵一畵其直一斗則民見其畵而知其價 貿易百物高下其直 固不難矣"

백성은 그 本價를 잃지 않을 것이고, 관가에서는 그 布를 쓰되, 끊어서 3척짜리 셋, 2척짜리 여섯, 1척짜리 열 넷을 만들면, 관가에서는 3배의 이익을 얻을 것입니다. 신 등의 어리석은 소견이 이와 같사오니, 엎드려 바라옵건대, 聖鑑이 혹시 採納할 것이 있거든, 都堂에 내리시어 의논하여 시행하게 하소서.42)

즉, ① 명칭은 중국의 초와는 다르지만 그 효과는 같다. ② 종이는 쉽게 軟破하나 포필은 구존할 수 있다. ③ 상급에 있어 이를 사용하면 비용 마련에 걱정할 필요가 없다. ④ 포폐 1필의 가치가 米 1두에 해당되기 때문에 이를 사용하는 백성은 輕便之利를 얻을 수 있다고 역설하였지만 이 견해는 채택 시행된 것 같지 않다.

실제로 포폐가 유통되기 위해선 민간에 통용되는 常布를 희생시키지 않으면 안되었는데, 民間의 상포는 그 소재가치에 따라 명목가치의 변동이 가능하지만, 포폐는 국가수익을 꾀한43) 이상 명목가치가 실질가치보다는 높이 책정될 수밖에 없는 것이다. 따라서 상포가 유통된다면 포폐에 대한 불신은 물론 유통수단으로서의 기능도 제대로 발휘할 수 없는 것이었다.

동 10년에 이르면 사헌부에서 저화인조 작업의 정지와 사섬서 혁파를 청하게 된다.

疏의 대략은 이러하였다. "우리 동방은 옛날부터 楮貨를 쓰지 않고 布貨를 習用하였기 때문에, 사람마다 저화를 싫어하니, 원컨대, 저화 만드는 역사

---

42) 『太宗實錄』卷1, 태종 원년 4월 정축. "是則仍本土布貨之名, 而無嫌於中國之鈔, 其名與鈔異, 而其用與鈔同, 紙易壞而布久存, 則其利勝矣。凡有賞給, 亦皆用此而不用米豆, 則國無費出之患; 一尺之直米一斗, 則民得輕便之利; 百斗之價, 一人可持, 則又省牛載馬駄之勞。布幣一易, 而其利數四, 公私兼濟, 可保無弊, 但恐行之不甚堅固耳。且曾用常布, 不可不禁。限以月日, 聽民改織納官。官於正五升布一匹, 給三尺者一端, 二尺者二端, 一尺者五端, 則民不失其本價; 官用其布, 斷作三尺者三, 二尺者六, 一尺者十四, 則官得三倍之利矣。臣等愚見如是, 伏望聖鑑或有可採, 令下都堂, 擬議施行。

43) 『太宗實錄』卷1, 태종 원년 4월 정축, 司憲府 大司憲柳觀等 上疏

를 정지하고, 司贍의 官司를 파하소서."[44]

라고 한 바와 같이 우리나라는 예부터 포화만을 습용했기 때문에 사람들
이 저화를 즐겨하지 않을 것이라는 점이다. 이에 태종은 '楮貨用之輕便'
이라 하여 저화유통만을 강력히 시사하고 아울러 저화발행이 중국에 미
치는 영향에 대해서는 저화가 국내에서만 유통될 것인데 중국과 무슨 상
관이 있느냐하는 태도를[45] 취하게 된다. 그런데 사헌부의 掌令 朴翺는
저화유통의 불가함을 고집하면서

　　"신들이 어찌 감히 백성들에게 이롭지 못한 일로써 말하겠습니까? 백성들
　이 중하게 여기는 것은 쌀과 布뿐입니다. 전하께서 저화의 법을 행하고자 하
　시어 5승포의 사용을 금하시고, 또 경상·전라 두 도에서 바치는 포를 모두 쌀
　로 바꾸시니, 백성의 폐단이 이보다 더 클 수 없습니다. 신들은 알지 못하거
　니와 저화로 生財의 문을 삼은 연후에야 국가의 재용이 어찌 넉넉하겠습니
　까?"하였다.[46]

　백성들이 소중히 여기는 것은 미, 포뿐인데 이제 저화를 유통시키려
고 오승포 사용을 금하고, 경상·전라지방의 所貢之布까지 쌀로써 납부
케 하는 것은 민폐만을 유발시키는 것이니 굳이 저화를 통용하려 한다면
국가재용이 裕足한 후에 함이 가할 것이라고 주장하게 된다. 그러나 태
종은 그의 당초 입장을 견지하면서 저화를 계속 통용하면 그 원활한 유
통이 언젠가 이루어질 것이고 민폐가 발생하면 곧 시정하겠다는 태도

---

44) 『太宗實錄』 卷2, 태종 원년 10월 병자, "疏略曰 吾東方自古不用楮貨而習用布貨
　　人人惡楮貨 願停造楮貨之役 罷司贍之官"
45) 『太宗實錄』 卷2, 태종 원년 10월 병자, "召大司憲李至掌令朴翺命曰 卿等以利民
　　之事上言 予固悅之 楮貨用之輕便 予欲行之 卿等以不可聞於上國言之 然楮貨但
　　行境內 上國雖知 何罪之有"
46) 『太宗實錄』 卷2, 태종 원년 10월 병자조. "臣等安敢以不利於民之事言之 人民所
　　重, 米布而已。 殿下欲行楮貨之法, 禁用五升布, 又慶尙, 全羅兩道所貢之布, 皆易
　　以米, 民之弊莫大於此。 臣等不知以楮貨爲生財之門, 然後國家之財用足乎."

를[47] 보이게 된다.

어떻든 찬·반의 논의가 많았던 저화발행 문제는 태종의 확고한 저화 유통 의지로 말미암아 동 2년 정월에 2천 장의 발행을[48] 보게 되고, 이 저화는 조신들의 반록에 병용토록 지시가[49] 내려지며 백성들에게는 국고미와 교환할 수 있도록 조처가 취해진다. 이 때 저화 1장의 등가는 상오승포 1필, 直米 2두로[50] 정해졌다. 그러나 저화를 보다 적극적으로 유통시키기 위해서는 지방민까지 이를 이용해야 하는데 그 방법으로

> 의정부에서 저화의 通行法을 올렸다. 의정부에서 아뢰기를, "외방의 민간에는 楮貨가 流布되지 못한다고 들었습니다. 쌀로 외방의 저화를 사고 綿紬·木綿을 사서 상납하게 하면 백성들이 저화를 사용하게 될 것입니다."하여 윤허하였다.[51]

와 같이 저화로 민간의 綿紬, 木棉을 구입하고 米로써 외방의 저화를 흡수하는 시책이 전개되었다. 그 상세한 것은 호조가 민간의 金·銀·木棉·麻布·苧布를 저화로 구입하고 豊儲倉의 米, 그리고 경상도 米 2천 석, 전라도 米穀 1천 석으로 산포된 저화를 거두어들인다는 것이다.[52] 그러나 사섬서의 혁파를 거론하고 나선 사헌부의 견해와[53] 같이 민간에서는 米를 구입할 필요에서만 저화를 이용했던 것이고 그 외에는 계속 추포

---

47) 『太宗實錄』 卷2, 태종 원년 10월 丙子, "上曰 卿等之言然矣 雖然持之悠久 楮貨之法行矣 若楮貨之法行 而有弊於民 則予不待言而改之"

48) 『太宗實錄』 卷3, 태종 2년 정월 기축, "司瞻署 新進造楮貨二千張"

49) 『太宗實錄』 卷3, 태종 2년 정월 경인, "命頒祿 並用楮貨"

50) 『太宗實錄』 卷3, 태종 2년 정월 임진, "命民庶 以楮貨貿易國庫米 從議政府之請也 楮貨一張 準常五升布一匹者 直米二斗"

51) 『太宗實錄』 卷3, 태종 2년 2월 을축조. "議政府上通行楮貨之法 啓曰 聞外方民間 楮貨未得流布 以米買得外方楮貨 買綿紬木綿上納 民用楮貨矣 允之"

52) 『太宗實錄』 卷3, 태종 2년 2월 정묘, "請罷司瞻署 仍舊用麤布 不報楮貨之行 民不信用 乃令戶曹出楮貨 買金銀木綿麻布苧布 豊儲倉出米買楮貨 又以慶尙道米穀二千石買楮貨 民之欲買米於豊儲及兩道者 爭納綿布於戶曹而受楮貨"

53) 『太宗實錄』 卷3, 태종 2년 2월 정묘, 司憲府 上疏.

를 사용했던 것이다. 그래서 국가에서는 저화와 교환할 수 있는 현물의
폭을 넓히기 위해서

> 豊儲倉의 米豆와 司宰監의 魚肉으로 민간의 저화를 바꾸었으니, 저화를
> 통용케 하고자 함에서였다. 임금이 河崙에게 일렀다. "일반 백성들이 무역을
> 할 때에 포목만을 쓰려 하고, 저화는 쓰려 하지 아니한다. 이것은 아마도 습
> 속이 포목만을 쓸 줄 알고, 저화가 쓰기에 편하다는 것을 모르기 때문일 것이
> 다. 저화를 가지고 민간의 五綜布를 바꾸어 모두 公家로 들여오면 백성들이
> 어쩔 수 없이 저화를 사용할 것이다. 하지만 저화가 민가에 아직 두루 돌지
> 못했는데 갑자기 포목의 사용을 금하면 백성들이 반드시 이를 원망할 것이다.
> 저화를 제조할 板을 더 만들어서 인쇄해 내어 사람마다 모두 저화를 얻을 수
> 있게 한 뒤에 기한을 정하여 포목의 사용을 금하는 것이 옳겠다."[54]

풍저창의 미두와 사재감의 어육까지 포함시키게 되었다. 한편 저화지
위를 상승시키고 오승포 사용을 억제하기 위해서 저화에 의한 무제한의
포 매입이 강구되고 이 때 오승포 구입에 소요되는 저화를 마련하기 위
해 저화의 다량 인조가 이루어진다. 그러나 이와 같은 적극적인 저화 확
산책은 內書舍人 李之直과 左正言 田可植이 상소에서 확인되는데,

> 삼가 얕은 소견을 아래와 같이 조목별로 열거합니다.
> 1. 軍需는 갖추지 않을 수 없습니다. 오늘날 京中이나 외방의 창고에 묵어
> 가는 곡식도 없사온데, 저화를 무역함으로써 군량이 모두가 장사치의 집으로
> 들어가게 하오니, 識者들이 유감으로 여기옵니다. 바라옵건대, 전하께서 무역
> 을 하지 말도록 하시어 軍資를 갖추게 하소서. (…) 임금이 李之直과 田可植
> 을 부르고, 지신사 박석명을 시켜 전지하기를, "나의 過失을 비밀히 아뢰어도
> 내 어찌 안 듣겠는가? 이제 글[狀]을 이루어 史册을 쓰게 하니, 내 매우 가슴
> 아프다."하고, 마침내 의정부에 내려 보내어 사평부·승추부와 함께 의논하게

---

54) 『太宗實錄』 卷3, 태종 2년 3월 경인조. "以豊儲倉米豆, 司宰監魚肉, 易民間楮
貨。欲楮貨之通行也。上謂河崙曰: "凡民當貿易之際, 以布爲可用, 以楮貨爲無用,
是蓋習俗惟知用布, 不知楮貨之爲便也。以楮貨換民間五綜布, 盡入於公, 則民不
得已而用楮貨矣。但楮貨未遍民戶, 而遽禁用布, 則民必怨之。加造楮貨板印出,
使人人皆可以得楮貨, 然後定期限禁用布可也"

하였다. 이에 다음과 같이 아뢰었다.

    "쌀로써 저화를 바꾸는 것은 저화가 민간에 유행하게 하려는 것이며, 이
미 숫자를 정하여 바꾸오니, 그 쌀이 서울의 장사치의 집에 들어가지 아니할
것이오며, 각각 그곳의 失農한 민가에서 포화와 잡물로써 바꾸는 까닭에 민
간에게 유리합니다.55)

  중앙과 지방의 陳陳之粟마저 남기지 않을 정도로 잘 이루어졌으나 이
미곡이 민간에 고루 산포되지 않고 일부 상인 수중에만 집중되는 현상이
발생하였다. 이는 1차적으로 저화를 획득하기 위한 교환 대상품이 金·
銀·木棉 등과 같은 물품에 국한되었다는 것과 관련된다. 이러한 물품들
은 대다수의 백성과는 거리가 먼 것이기 때문에 자연히 일부 상인들이
국고미를 교환할 수 있었던 것이다. 따라서 이러한 현상을 불식하고 저
화의 확산과 유통을 효율적으로 기하기 위해서 국고미의 교환량을 제한
하고 민간의 포화, 잡물과도 교역할 수 있는 방법이 채택된 것이다. 그리
고 시장에서의 저화 이용도를 높이고자

    楮貨通行法을 폈다. 사평부에서 아뢰기를, "모든 저자[市]안에서 저화와
常布 반반씩으로 하여 서로 사고팔게 하되, 파는 사람이 저화를 받지 않거나,
사는 사람이 저화를 가지고 다니지 않는 자는 매매한 물건을 모두 官에 몰수
하소서."하여, 그대로 따른 것이었다.56)

는 기록으로 볼 때 태종은 모든 상거래에 저화를 이용하도록 하였다. 그
러나 외방에서 상경한 甲士가 저화로 미곡을 살 수 없는 형편이고57) 이

---

55) 『太宗實錄』卷3, 태종 2년 4월 계축조. "謹以淺見條列于後。一, 軍需不可不備
  也。今中外倉廩, 未有陳陳之粟, 而以貿易楮貨, 使軍食皆入於商賈之家, 識者憾
  焉。願殿下勿令貿易, 以備軍資. (中略) 上召之直·可植, 使知申事朴錫命傳旨曰:
  "予之過失, 密啓以言, 予何不聽! 今乃成狀, 使書史册, 予甚痛焉." 遂下議政府, 與
  司平府承樞府同議。乃啓: 以米易楮貨, 欲楮貨流行於民間, 已定數而貿易, 且其米
  非入於京中商賈之家, 各於其處失農人戶, 易布貨雜物, 故有利於民間."
56) 『太宗實錄』卷3, 태종 2년 4월 무오조. "申楮貨通行之法 司平府啓 凡市裏楮貨常
  布爲半 交幷貿賣 買者不受楮貨 賣者不持楮貨者 貿賣之物竝皆沒官 從之"

역시 준행된 것 같지 않다. 그래서

> 경시서에서 저화로 常五升布 3천 6백 필을 사서 '호조에 납입하니, 그 포
> 를 1필마다 끊어서 3端으로 만들어 궐내의 差備와 창고·宮司의 노비에게 나
> 누어 주었다. 포의 사용을 금하고 저화를 홍용케 하기 위함이었다.[58]

京中은 7월 15일, 외방 近道는 8월 15일, 遐道는 9월 15일을 시한으로 해서 오승포 사용을 일체 금하고 이를 어겼을 시는 엄벌에 처하도록 하였다.

한편 저화와 오승포의 등가는[59] 처음에 1:1이었다가 중간에 여러 변동을 거쳐 다시 1:1로 고정된다. 이 때 백성들은 오승포를 저화로 교환한다 해도 포필을 三端하여 되돌려 주고, 그리고 저화만을 유통수단으로 채택하겠다는 국가의 강력한 입장에 따라 다량의 오승포를 저화와 교역해 가는데 이러한 과열 교역현상은 저화 대 오승포의 등가비를 1:3으로 상승시키는 결과를 나타나게 한다. 그러나 이러한 현상은 동년 9월 '准一匹楮貨'를 각 도에 분사했다는 사실과[60] 各品의 녹봉화폐를 '准四匹楮貨'로 대급했다는[61] 내용이 있고 보면 오랫동안 지속되지 못한 것 같다. 도리어 '兼用楮貨常五升布'의 슈이[62] 있는 것을 보아서 오승포의 유

---

57) 『太宗實錄』 卷3, 태종 2년 4월 신미, "定日禁用五升布 甲士等聞于上曰 臣等皆自外方而來 買糧於市 市人不用楮貨 願以楮貨易粟於官"

58) 『太宗實錄』 卷3, 태종 2년 5월 임인조. "京市署出牓 刻日禁用五升布 全用楮貨 京中七月十五日 外方近道八月十五日 遐道九月十五日爲限 民間五升布畢貿易 限後隱用現露 無職者籍沒家產依律決杖 有識者職牒收取依律決杖 公私常五升布 一皆痛禁"

59) 『太宗實錄』 卷3, 태종 2년 6월 임술, "命戶曹 以楮貨貿得民間五升布二萬四千六百匹 初以楮貨一張 準五升布四匹 民皆不用 上聞之 命戶曹以五升布一匹 準楮貨一張 不日而貿得二萬餘張 乃以五升布三匹 準楮貨一張 三斷其布而與之 民爭易之"

60) 『太宗實錄』 卷4, 태종 2년 9월 기사, "分賜准一匹楮貨于各道有差"

61) 『太宗實錄』 卷4, 태종 2년 9월 갑진, "司憲府司諫院交章上言 近因國家財用匱乏 各品祿俸布貨 代以準四匹楮貨"

62) 『太宗實錄』 卷4, 태종 2년 9월 갑진, "命兼用楮貨常五升布 復慶尙道紬布之稅"

통엄금을 통한 저화통용의 확대는 일단 실패한 것이 아닌가 싶다. 같은
시기, 사헌부와 사간원의 상소내용을 보면

　　　하물며 지금 곡식이 이미 마당에 올랐으니, 米粟의 값은 마땅히 떨어져야
　　될 것인데, 거리[委巷]의 가난한 백성들이 한 張의 저화를 가지고 한 말[斗]의
　　쌀을 사려고 하여도 살 수가 없어, 굶주림에 부대끼어 원망이 막심하니, 염려
　　하지 않을 수 없습니다. (…) 지금 저화를 쓰는 것이 원망을 살 뿐이고, 이익
　　은 백성에게 미치지 못하니, 민정에 거슬리는 바를 환하게 알 수 있습니다.
　　처음에 저화를 좋은 법이라고 하였다가, 행한 뒤의 폐단이 이와 같으
　　니, 어찌 고치기를 꺼릴 것이 있겠습니까?63)

　　直米 2두에 해당되어야 할 저화 1장의 가치가 추수기를 맞이해서 보
다 많은 양의 곡식을 구득할 수 있어야 하는데도 불구하고 1두의 쌀도
구하지 못하는 현상이 발생하고 있다. 이는 저화를 무용지물로 여겼기
때문에 결과된 것이라고 하겠다. 결국 실질가치를 지니지 못하고 또 교
환매체로서의 기능을 상실한 저화는 그가 설 자리를 잃고 만 셈이 되었
다. 저화가 얼마나 매력이 없었는가에 대해서는 당시 지방 관리의 부정
행위에서도 엿볼 수 있는데,

　　　사헌부에서 左獻納 金益精의 죄를 탄핵하여 청하였다. 처음에 橫川 사람
　　이 와서 익정에게 告하기를, "監務 위덕해가 魚鹽과 布物을 강제로 民戶에다
　　나누어 주고 쌀·보리·삼[麻]을 거두니, 백성들이 심히 괴롭게 여긴다."
　　하였다.64)

에서와 같이 백성들에 魚, 塩, 布物을 강제로 분급해 주고, 받아들일 때는

---

63) 『太宗實錄』 卷4, 태종 2년 9월 갑진, "司憲府 司諫院又交章上言 況今穀已登場
　　米粟之價宜其賤矣 委巷窮民特一張楮貨 售索一斗之米 尙不能得 迫於飢饑 怨讟
　　莫甚 不可不慮也. (中略) 今楮貨之用 適以斂怨利不及民 其拂民情炳炳可見 初以
　　楮貨爲良法 而及其行也其弊若此 尙何憚於更改耶"
64) 『太宗實錄』 卷5, 태종 3년 6월 임신조. "司憲府劾請左獻納金益精罪 初橫川人
　　來告益精曰 監務魏德海以魚鹽布物 强分民戶 收米麥與麻 民甚苦之"

米麥, 麻로 하는 것을 보면 저화의 가치를 가히 짐작할 수 있는 것이다.

일단 저화와 상오승포의 겸용이 결정되자 이에 대한 반대의견이 제기되게 된다. 즉 저화와 오승포의 득실을 열거하면서까지 저화의 통용만을 강조하게[65] 되는데 그 내용은 대략 다음과 같다. 포는 三難과 三不可用이 있는데, 三難으로는 ① 흉작 시 원료 구득난 ② 방직상의 어려움 ③ 운반상의 애로가 있고, 三不可用에는 ① 필을 이룰 수 없을 만큼 짧거나 ② 또는 너무 길거나 ③ 파결되면 가히 통용할 수 없다는 것이다. 이에 반해서 저화는 三便과 三可行이 있는데 三便으로는 ① 紙는 雜用의 편함 ② 板은 인용의 편함 ③ 貫은 隨用의 편함이 있고, 三可行으로는 ① 破爛되어도 ② 賤直이어도 ③ 遐方이어도 가히 통용할 수 있다는 것이다. 아울러 楮, 布의 겸용을 강행한다면 저화는 통용계에서 사라지고 오직 '奪民財 負民債, 傷民財 罔民利'의 현상만을[66] 낳게 될 것이라고 강변하게 된다. 이러면 사헌부의 극력 반대에도 불구하고 태종은 저화에 대한 집착을 버리고 사섬서를 혁파하게[67] 되는데 그 연유는

> 임금이 朴錫命에게 이르기를, "저화를 행하려면 사섬서를 혁파하지 않는 것이 옳고, 저화를 행하지 않는다면 쓸데없는 官司가 되니, 혁파하는 것이 옳다. 나는 저화를 행하지 않으려고 한다. 만일 나라에 利가 있다면, 내 身後를 기다려서 다시 사섬서를 세워도 어렵지 않을 것이다. 백성에게 원망을 들어가며 나라에 利가 되게 하면, 또한 무슨 소용이 있는가? 금후로는 크게 나라에 이익이 있고 百世라도 변치 않을 일이 아니면 새 법을 세우지 말라. (…) 또 스스로 탄식하기를, "처음에 저화를 만든 것은 나의 허물이다. 누구를 탓하랴?"하였다. 尙書少尹 金科에게 명하기를, "鈔를 쓴 이래로 원망이 자꾸 일어나므로, 지난번에 臺諫의 청을 따라 鈔를 파하고 다시 布를 썼는데, 中外의

---

65) 『太宗實錄』 卷6, 태종 3년 9월 경진, "司憲府 復上疏"

66) 『太宗實錄』 卷6, 태종 3년 9월 경진. "楮幣之始行也 國家欲示信於民 收民金銀銅鐵布帛 納之於官府 出楮幣以償之 旣而楮幣不行 民欲還楮幣 則納府之物 已支國用矣 官欲以布幣償之 則已毁之矣 是奪民財也 負民債也 民之素畜布幣者 使輸之於官 而廢楮幣 使商夫販婦 殆盡貿易之資 是傷民財也 罔民利也"

67) 『太宗實錄』 卷6, 태종 3년 9월 을유조.

> 백성들이 鈔法을 부활시킬까 두려워하니, 내가 사섬서를 혁파하여 백성에게
> 信을 보이고자 한다.[68]

와 같이 저화가 백성들의 원성만을 불러일으킨다면 그것이 국가의 이익
이 된다 해도 무슨 소용이 있겠냐는 것이다. 또한 민심이 저화에서 떠난
이상 저화통용의 강행은 있을 수 없는 것이라고 피력하고 楮貨印造에
대해 깊은 자책을 하게 된다. 여기서 태종 원년의 저화발행 의도를 간취
할 수 있게 된다. 즉 저화유통에 의한 민생안정을 기도했기 때문에 이에
의해 민심이 불안해지고 민생이 곤경에 처한다면 저화에 대한 자신의 입
장을 포기할 수 있다는 것이다.

이후 동 10년 5월에 이르기까지 저화문제는 크게 제기되지 않은 것
같다. 이 기간에 태종은 六曹 기능을 강화하고 양전사업을 전개하여 여
말보다 2배나 증가한 120만결의 농작지를 확보하게 된다. 또한 한양 재
천도를 단행하여 조선왕조의 국기를 다지게 된다.

## 4. 저화의 復用과 유통책

태종 2년 9월에 저화와 상오승포가 겸용되면서부터 그리고 동 3년 9
월에 사섬서혁파에 따른 저화인조의 중단으로 인해 유통계에서 저화지
위는 급락해 갔다. 더욱이 국가에서 그 유통을 강행하기 위해 실시했던
국고의 米, 豆 등과의 교환이 중단된 상황에서 저화는 국가로부터 발기
된 바와 다름없는 입장이 되어 무용지물이 되고 말았다.

---

68) 『太宗實錄』 卷6, 태종 3년 9월 을유. "上謂朴錫命曰 欲行楮貨 不革司贍署可矣
不行楮貨 則爲冗官革之可也 予欲不行楮貨 若有利於國 待予身後 復立司贍署亦
不難矣 取怨於民 以利於國 亦何益之有哉 今後非大有利於國 而百世不變之事 毋
立新法 (中略) 且自嘆曰 初作楮貨 吾之過也 尙誰咎哉 命尙書少尹金科曰 自用鈔
以來 怨咨方興 向因臺諫之請 罷鈔而復用布 中外之民 猶懼其復鈔法 欲革司贍 示
信於民."

그런데 태종 10년 5월에 접어들면 단순히 布 자체의 문제와 그에 따른 여러 폐단이 거론되면서[69] 저화의 復用이 가능해지게 된다. 이러한 사정의 변화에는

> 金汝知가 아뢰기를, "신이 계미년에 일찍이 臺員이 되어, 대사헌 李詹 등과 더불어 저폐를 행하기를 청하여 글을 다섯 번이나 올렸으나, 兪允을 받지 못하였습니다. 대저 楮幣의 법은 銅錢·皮幣·貨貝·交子가 代마다 각각 같지 않으나, 그 요점은 대개 사람마다 利柄을 잡지 않게 하려고 한 것입니다. 전하께서 일찍이 上國에 조회하여 저화의 법을 밝게 아셨으니, 지금 만약 사용하지 않으면 뒤에 반드시 행하기 어려울 것입니다."하였다. 임금이 옳게 여기었다.[70]

金汝知의 啓와 같이 '不令人操利柄'이라는 貨權在上의 논리와 그리고 국가 저화기반이 어느 정도 확립된 이후였기 때문에 가능한 것이었다.

이제 저화가 재통용됨에 따라 종전의 저화와는 다른 새 모습을 드러내게 되는데 '三司', '建文'의 印文이 '戶曹', '永樂'이라는 내용으로 바뀌게 된 것이[71] 그것이다. 또한 저화업무를 담당할 司贍庫를 설치하여 使·副使·丞, 각 1인과 注簿 2인을 두고[72] 그리고 이들을 감독할 提調官 監察을 새로이 마련하여 저화인조에 들어간다.[73] 이 때 호조의 청을 받

69) 『太宗實錄』卷19, 태종 10년 5월 신사, "議政府 所啓 前朝貨以綾羅瓶 後世代以布貨 非特有違於古 其紡績之功 轉輸之重 豈可忍哉 況今上國 方行鈔法 惟我國家 泥於前朝末流之弊 仍用麤布 深爲未便"

70) 『太宗實錄』卷19, 태종 10년 6월 갑자, "金汝知啓曰 臣於癸未年 嘗爲臺員 與大司憲李詹等 請行楮幣 書五上而未蒙兪允 夫楮幣之法 銅錢皮幣貨貝交子 代各不同 其要蓋欲不令人操利柄也 殿下曾朝上國 明知楮貨之法 今若不用 後必難行 上然之."

71) 『太宗實錄』卷19, 태종 10년 6월 계묘, "改印楮貨 戶曹啓請將建文年間所造楮貨 改印永樂年號頒行 許之"; 『太宗實錄』卷22, 태종 11년 10월 계묘조 참조.

72) 『太宗實錄』卷20, 태종 10년 7월 신미, "置司贍庫 使副使丞各一人 注簿二人"

73) 『太宗實錄』卷20, 태종 10년 7월 병인, "復楮貨通行之法 傳旨議政府舍人金孝孫曰楮貨 古昔美法 中廢而不行 予之過也 令司贍庫 專掌出入 以兩府爲提調官監察監之 又令印出頒行"

아들여 추포(오승포)도 겸용하기로 했으나[74] 뒤이어 민간의 오승포 직조
를 금하고[75] 각도 민호의 세포를 저화로 수납하는[76] 등 일련의 저화통
용책을 전개하게 된다. 그리고 사간원도 저화유통을 위한 몇 가지의 상
소를[77] 올리게 되는데 모든 포는 관아에 납부케 하고 그 포수에 따라
저화를 지급하며 納布期限 외에 사사로이 포필을 은익한 자는 엄히 다
스리자는 것이다. 그리고 無布之民을 위해서는 그들이 前年에 낸 人戶
米數에 따라 저화를 분급하여 모든 사람이 이를 소지케 하자는 것이었
다. 이 제안은 후자의 내용만 채택된다. 한편 포 사용자에 대한 강력한
규제가 동 10월에 공포되는데 그 내용을 보면 위법자는 3일간 '立布於
街 決杖一百'하고 저화 30장을 징수하는[78] 것이다. 그러나 법령을 엄히
한다 해도 저화가 통용되는 것은 아니고 그것이 자연스럽게 유통될 수
있는 여건 즉 국가의 공신력 부여가 1차적으로 해결돼야 하는 것이다.
사헌부의 상소와 같이

> 지금 各司會計에 붙여진 잡물 중에 국용에 합당치 않고 민생에 수요되는
> 물건이 묵고 묵어서, 그 썩은 것이 무려 萬으로 계산됩니다. 청컨대, 和賣所
> 를 세워 호조로 하여금 국용에 맞지 않는 물건을 상고하여 가려서 화매소에
> 붙이어, 넉넉하게 값을 정하여 저화를 사들여서 通行하는 신용을 보이면, 국
> 용에 손해될 것이 없고, 立法에 이익됨이 있을 것입니다."[79]

---

74) 위와 같음.
75) 『太宗實錄』 卷20, 태종 10년 8월 병진, "禁民織常五升布"
76) 『太宗實錄』 卷20, 태종 10년 9월 무자, 命各道民戶 以楮貨代稅布
77) 『太宗實錄』 卷20, 태종 10년 9월 임진조.
78) 『太宗實錄』 卷20, 태종 10년 10월 甲午, "禁用常五升布 公私貿易 皆用楮貨 用
  布者 以判旨不從論 三日立示於街 決杖一百 徵楮貨三十張 先是 令五升布與楮貨
  通行 於是民間 不用楮貨 全用布 物價湧貴 乃下是令"
79) 『太宗實錄』 卷20, 태종 10년 10월 정사, "司憲府上疏。 疏曰: 今各司會計付雜物
  內, 不合國用, 而民生所須之物, 陳陳而腐者, 無慮萬計。 請立和賣所, 令戶曹考不
  中國用之物, 擇付和賣所, 從優定價, 收買楮貨, 以示通行之信, 則無損於國用, 而
  有益於立法矣。"

국고에 있는 것으로써 민생에 필요한 것을 저화와 교환해 주면 되는 것이었다. 바로 이러한 필요성에서 和賣所가 운위되고 결국 한양과 개성에 세워지게 되는 것이다.[80] 아울러 저화의 유통을 위해 '時散二品及各司西班大護軍' 이상자에게 그 방도를 올리도록[81] 하였는데 그 중 시행 가능한 것이 몇 가지 채택된다. 그 내용은

① 各司寺社田及功臣田科田受賜田은 收租時에 每5結 當 楮貨1張을 米·太時價로 계산해서 받는다.
② 祿俸稅布의 1/3은 楮貨로 지급한다.
③ 京中의 工商稅는 漢城府 留後司에서 每月 楮貨1張을 받고 各道의 行商稅는 漢城府에서 6個月마다 楮貨 3張을 받고 行狀을 발급한다.
④ 才人, 禾尺의 身貢과 魚染船稅의 國用魚物 외는 楮貨로 수납한다.
⑤ 漢陽, 開城의 工商人은 반드시 出市하여 楮貨로써 貿易한다와 같은 내용으로 되어 있다.

이 때 太宗은 저화 유통량 조절과 收贖 시 저화이용 가능성을 제시하면서 그 유통책을 강구토록 지시하였지만,[82] 이 시기에 민간에 산재된 저화가 적어 窮民들이 그것을 이용하기가 매우 어려웠던 것 같다. 그래서 이들의 소납물량에 따라 저화를 교환해 주도록 하고 그것으로 국고 米, 豆를 무역할 수 있도록 조치하게 된다. 아울러 '不用布之意'를 강력히 보이기 위해서 국가의 포필을 모두 切斷토록 하기도 하였다.[83]

이처럼 태종은 저화를 유통시키기 위한 시책으로 국고의 현물과 교환해주는 방법 즉 저화에 대한 가치보장을 통해서 저화에 대한 백성들의 인식을 바로잡기 위한 제반 노력을 기울였다. 아울러 기존 교환매체인

---

80) 『太宗實錄』 卷20, 태종 10년 10월 신유, "上曰 楮貨之設 歷代良法 今欲行之 以代麤布 可發倉廩貿易 以示信於民 乃於新舊都 各立和賣所"
81) 『太宗實錄』 卷20, 태종 10년 11월 갑자조.
82) 『太宗實錄』 卷20, 태종 10년 11월 갑자, "楮貨 仍將國庫米豆貿易 從之."
83) 위와 같음.

상오승포에 대해서는 강력한 禁用策을 고수하였고 외방의 세포에 대해
서는 저화로 대치하도록 하여 저화유통의 확산을 도모하였다. 또한 저화
贖罪法을 마련해서 이의 강제 통용을 기도하고 양경과 경기지방에 한해
서는 戶米例에 따라 大·中·小戶로 구분하여 저화를 기한부로 받아들이
도록 하였다.[84] 그러나 저화의 강제통용을 위해 실시한 저화속죄법은
그 시행과정에서 많은 문제를 노정하게 되는데

> 京城 안으로 말하면 濟用監에다 和賣하는 곳을 설치하여 죄 있는 사람으
> 로 하여금 무역하여 납부하게 하였으니, 이것은 손 한 번 들고 발 한 번 옮기
> [一擧手一投足]는 노고에 지나지 않으니, 무엇이 어려움이 있겠습니까? 그러
> 나 군현으로 말하면 경성과의 거리가 혹 천여 리나 떨어져 있으니, 비록 金과
> 玉을 가지고 저화를 구하려 하더라도 오히려 얻을 수가 없는데, 하물며 궁하
> 고 가난한 무리들이야 말해 무엇하겠습니까? 비록 붙잡혀 갇히기를 여
> 러 날 동안 하더라도 어찌 저화가 얻어질 이치가 있겠습니까?[85]

중앙에는 화매소가 있어서 저화를 쉽게 교역하여 속죄할 수 있지만
지방은 비록 金, 玉을 가지고 있다 할지라도 이를 구할 수 없는 실정이
었다. 이에 중앙의 화매소와 같은 것을 지방에 설치하여 백성들의 소유
물과 교환토록 하면 국가재정도 유족해질 것이고 저화도 널리 통용될 수
있을 것이라는 상소가[86] 있게 된다. 그렇지만 태종은

> 贖罪하는 데 저화로서 하는 것은 영구한 법이 아니고, 一時의 權道로서
> 행하는 일이다. 사람들로 하여금 저화를 얻기가 어려운 줄 알게 한다면, 죄를
> 범하는 것도 쉽지 아니한 줄 알 것이니, 刑罰이 없게 될 날을 기약함이

---

84) 『太宗實錄』卷21, 태종 11년 정월 갑술, "又令兩京與京畿依戶米例 分大中小戶
限三年收楮貨"
85) 『太宗實錄』卷21, 태종 11년 6월 경인, "京城之內, 則立濟用監和賣之所, 令有罪
者貿易而納之, 是一擧手一投足之勞耳, 何難之有! 郡縣則距京城或至千餘里, 雖以
金玉求楮貨, 猶不可得, 矧窮乏之徒乎? 雖囚繫累日, 寧有得楮貨之理乎?"
86) 『太宗實錄』卷21, 태종 11년 6월 경인, "願依京中和賣之例 酌郡縣戶口多少 頒
布楮貨 勿問穀帛 以其所有而易之 則國有財産之豐 民有楮貨之利矣"

다. 만약 2·3년을 경과한다면 贖法을 제거할 수 있을 것이다."[87]

贖罪法이란 영구적인 것이 아니라 일시적인 것이어서 '楮貨之難得'을 알아야만 범죄도 저지르지 않을 것이라고 그의 입장을 밝히게 된다. 이러한 그의 입장은 서북면 도순문사인 柳廷顯이 저화속죄법을 발기해 달라는 청이[88] 있을 때에 재천명되었다.

여기에서 저화에 대한 태종의 입장이 처음과 달라졌음을 간취할 수 있다. 始造 시에는 그것이 민심을 동요시키고 민원을 유발한다 해도 사섬서마저 革罷했는데 이제는 백성들이 다소의 불편을 겪더라도 그 유통을 강조하고 있는 것이다. 이러한 차이는 조선왕조의 통치체제 확립과정과 직결될 것이다. 전자는 여말선초의 혼란이 아직 극복되지 못한 상황이었기 때문에 확고한 통치체제 수립과 민생안정이 중요한 과제였다. 이러한 시대적 배경에서 저화의 발행 통용이라는 것은 자연히 민생안정과 연결되지 않을 수가 없는 것이다.

한편, 후자 경우에는 선초의 혼란이 어느 정도 극복되고 조선왕조의 통치기반도 다소 확립된 상황이기 때문에 전보다 강력한 저화통용책을 구사할 수가 있는 것이다. 물론 이 시기의 저화유통은 민생안정과도 관련되지만 貨權在上 즉 '不令人操利納'이라는 인식이 보다 강하게 작용하여 이를 위협하는 오승포에 대해 매우 강력한 태도를 표명한 것이 아닌가 생각된다.

저화가 어느 정도 통용되자 이제는 저화 자체의 문제가 발생하였다. 즉 저화의 신·구를 간택하는 현상이 나타나는데 이는 市人 이외에 관리

---

87) 『太宗實錄』卷21, 태종 11년 6월 경인, "上曰: "贖罪楮貨, 非永久之法, 是一時權宜之事也. 使人知楮貨之難得, 則亦知犯罪之不易, 期于無刑矣. 若經二三歲, 可除贖法也."

88) 『太宗實錄』卷21, 태종 11년 6월 戊戌, "西北面都巡問使柳廷顯 請除楮貨贖罪之法不允 上曰 以楮貨贖罪 非特要行楮貨也 亦禁其犯法也 若以爲難得 則庶乎犯法者鮮矣"

에게도 나타났던 것이다.89) 이러한 간택현상은 이후에도 종종 발생되어
많은 말썽을90) 빚는다. 동 11년 9월에 접어들어서는 이제까지 완고하게
고집해 왔던 저화속죄법이 다소 완화되어 자원수납으로91) 변하게 되는
데 이는 백성들의 저화부담을 경감시키는 조치였지만 저화유통면에서
본다면 일보 후퇴한 처사가 되는 것이다.

　이러한 일련의 현상은 결국 저화가치의 상대적 하락을 초래시켜

　　　지금 저화가 심히 천하여 쌀로 바꾸는 자가 없어서 閭里에서 곤란을 봅니
　　다. 일찍이 外官에 보낸 저화가 官府에 쌓여 있어서, 만일 죄를 범한 자
　　가 있으면 綿布 따위의 물건을 거두는 것으로 계산하여서 저화로 충당
　　하고…92)

와 같이 米와 교역되지 못하는 실정을 야기시키게 되었다. 이리하여 태
종은 저화유통책을 다시 강화하는 입장을 취하게 된다. 이에 부응해서
나온 동 12년 6월 의정부 저화흥용책을93) 보면

---

89) 『太宗實錄』卷21, 태종 11년 6월 경인, "禁擇楮貨 上曰 楮貨之紋 若有印信 則不
　　須校其軟簿 今聞不但市人 雖官吏 亦擇善惡 憲府刑曹漢城府 宜痛禁 如有犯者 重
　　論"
90) 『太宗實錄』卷23, 태종 12년 6월 무진, 임신조와 『太宗實錄』卷29, 태종 15년
　　6월 임술, 병자, 신사, 임오조 참조.
91) 『太宗實錄』卷22, 태종 11년 9월 경신, "西北面都巡問使柳廷顯 復請除楮貨贖
　　罪之法 從之 廷顯上言 民之犯罪者 皆贖以楮貨 有賣田宅以納之 至有逃避失所者
　　請聽自願"
92) 『太宗實錄』卷23, 태종 12년 6월 무오, "今楮貨甚賤, 無有以米易之者, 閭里困
　　之。曾送外官楮貨積官府, 如有犯罪者, 計收綿布等物, 以其楮貨充之."
93) 『太宗實錄』卷23, 태종 12년 6월 무진, "議政府上書條陳楮貨興行之法: 其一, 京
　　中五部, 以五家爲比, 定爲掌管。不用楮貨, 而以米布貿易, 則卽拿付官, 以爲恒
　　式。若有容隱, 則非特掌管, 幷罪比隣。有能捕告者, 將犯人家產, 一半充賞。又令
　　漢城府五部, 暗行考察論罪, 其斗升以下米穀貿易者, 不在此限。一, 諸色匠人將所
　　造之物, 不出街市, 買米於家, 至於大小兩班, 不得以貿易之物, 給以米布, 此楮貨
　　所以不行也。今後令京市署檢察, 竝令出市, 如前不從國令, 則依曾受敎科罪鑑後。
　　大小人不遵邦憲者, 尤無意也。願令攸司窮推論罪。一, 京外犯罪人收贖, 依曾受

① 경중오부의 5가를 比로 하고 掌官을 두어 不用楮貨者를 색출한다. 단
斗, 升, 이하의 米 교역자는 제외한다.
② 제색장인은 出市하여 소조지물을 저화로 교역한다.
③ 경중 범죄인의 수속은 저화로 한다.
④ 戶曹收田者는 5결당 저화 10장을 납부한다.
⑤ 각사 사령들의 市物 却奪行爲는 엄중 처벌한다.
⑥ 사복시의 新參馬價는 저화로 수납한다.
⑦ 自願爲僧者는 저화로 납부한다.

로 되어 있다. 그런데 저화수속법을 통한 저화의 강제 통용책은 그 시행
에서 문제를 빚게 되는데 즉

의정부에서 稟하여 王旨를 받았다. "각 고을의 수령이 범죄인에게서 贖을
거둔 布貨·雜物을 관에 있는 저화로 서로 바꾸어 시행하는 것이 있으니, 금
후로는 다른 물건을 제외하고 아울러 저화로 속을 거두고, 각 고을에
남아 있는 저화는 민간의 무역을 제외하여 모두 營 중에 거두어 쌓도
록 하라."[94]

죄인에게서 布貨雜物로 징속하고 官中의 저화로 대체해 상납하는 현
상이 발생한 것이다. 이러한 상황에서는 저화유통의 실효를 거둘 수가 없
는 것이기 때문에 민간교역 외의 저화는 모두 營中에 거두어 보관하도록
조치하게 된다. 아울러 동 12년 7월에는 저화유통의 강제성을 부여하기
위해 유수관으로부터 현령감무에 이르기까지 그 지위에 따라 歲貢楮貨
를 납부토록[95] 하게 된다.

教, 並以楮貨收之。一, 凡於戶曹受田者, 每五結納楮貨十張。一, 各司使令憑公刧
奪, 小民畏不出市。今後如有刧奪者, 令物主卽告京市署, 所持楮貨入官, 重論其
罪。一, 於司僕寺納新參馬價, 古例也。令時散三品以下六品以上, 準古布數, 以楮
貨納之。一, 自願爲僧者, 丁錢五升布一百匹納後, 給度牒出家, ≪六典≫所載也。"
94)『太宗實錄』卷23, 태종 12년 6월 임신, "各官守令 將犯罪人收贖布貨雜物 以官
中楮貨 互換施行者有之 今後除他物 並以楮貨收贖 其各官遺在楮貨 除民間貿易
並於營中收貯。"
95)『太宗實錄』卷24, 태종 12년 7월 병술조。

세공저화에 대한 인식은 저화유통 확산을 위한 술책으로 이해하면서
도 이의 강행을 도모하게 된다.96) 그러나 저화가 증편화되어 있지 않다
는 사실에 기초해 본다면 이의 시행은 처음부터 많은 어려움이 내재해
있었던 것이다. 즉 각 지방관에게 부담지워진 그것도 민호로부터 강제
징수될 수 없다는 제약 속에서 일방적이고 강제적인 備納이란 것은 그
들에 커다란 고초로 여겨졌던 것이다. 그래서 이에 대한 면제 요청이97)
나오게 되는 것이고 결국 지방 특수성에 따라 권면되기도98) 한다. 그러
나 일시적인 면제가 근본적인 해결책이 될 수 없는 것이어서 이에 대한
전반적인 검토가 이루어졌다. 이 과정에서 無所産의 小縣만 면제되고
魚塩之利가 있는 大官은 계속 시행하자는 제안이99) 나와 결국

> 京畿의 주·군은 용도가 다른 곳보다 배가 되니 빌건대, 모두 감면하고 그
> 나머지 외방의 주·군은 예전대로 수납하고, 호구 수가 적고 凋弊한 작
> 은 고을은 半減하는 것을 허락하소서."하니 임금이 따랐다.100)

調度가 많은 경기지역만 면제하고 그 외 지역은 그대로 시행토록 하게
된다. 단, 호구수가 적고 凋弊가 적은 지역은 반액으로 경감하도록 보완을
보게 되었다. 또한 저화의 통용 확대를 위해 頒賜税布를 저화로 대급하도
록101) 명하고 戶楮貨의 계속적인 시행을 고수하는데 이때 戶楮貨는

> 이 앞서 국가에서 해마다 백성에게 거두기를, 매호마다 베[布] 1필을 내게

---

96) 『太宗實錄』 卷26, 태종 13년 7월 경진, "歲貢楮貨 是欲廣行楮貨之術也."
97) 『太宗實錄』 卷26, 태종 13년 9월 정축, "忠清道都觀察使李安愚 上時務數條 前
    年又下歲貢楮貨之令 隨州郡大小 所納之數 各有等差 多至五百張 當收納之際
    爭相受決 乞除歲貢 以慰民望 右條 仍舊"
98) 『太宗實錄』 卷25, 태종 13년 5월 무자조.
99) 『太宗實錄』 卷32, 태종 16년 8월 신사조.
100) 『太宗實錄』 卷32, 태종 16년 8월 을유, "京畿州郡調度部他 乞皆蠲免 其餘外方
    州郡 依舊收納 其戶口數少 凋弊小縣 則許減半 從之."
101) 『太宗實錄』 卷24, 태종 12년 7월 임진, "命廣興倉 頒賜紬布 代以楮貨"

하였는데, 지금은 저화로 대신하고 또 戶給屯田으로 (…) 바라건대, 이제부터
는 각 도의 호에서 내던 저화는 그 口給을 전면하고…102)

매년 매호로부터 1필의 포를 수납하는 것으로서 동 10년 9월에 각도
민호로부터 징수하던 세포(호포)를 저화로 대체하는 데에서 비롯된 것이
아닌가 생각된다. 그렇다면 호저화는 호포세의 정장으로 볼 수 있을 것
이다. 호포법은

> 임금이, "戶布의 법은 무엇 때문에 만들어 놓은 것인가?" 하니, 호조판서
> 李膺이, "군량을 준비하는 것입니다."하였다.103)

호조판서 李膺의 말에서 보듯이 군자를 위해 마련한 것이지만 그 연
원은 확실치 않다. 다만 전조에서 군수에 충당하기 위해 징수한 호포세
가 조선 태종대까지 이어져 내려오다가104) 저화유통을 강행하던 동 10
년을 맞이해서 저화로 대납된 것이 아닌가 싶다. 따라서 호포세는 저화
유통이라는 당면 과제에 가려 유명무실화되고 동 11년에 이르러 완전히
정파되었다고 하겠다. 이러한 배경에서 성립된 호저화는 특별한 사유가
없는 한105) 다른 명목으로 대체되지 않고 계속 시행된 것이다. 동 15년
3월 국가입장을106) 살펴보면 이 사실은 더욱 명료해진다.

한편 이와 유사한 것으로 烟戶楮貨가 있는데 이는 연호미가 변질된
것으로 파악된다. 태종 9년에 중국과 北胡 간의 충돌이 발생했을 때 그
여파가 한반도에까지 파급되지 않을까 하는 우려에서 여러 자비책이 모

---

102) 『太宗實錄』 卷24, 태종 12년 7월 무신, "先是, 國家歲斂于民, 每戶出布一匹,
    今代以楮貨。 又令戶給屯田, (中略) 乞自今, 各道戶出楮貨全免."
103) 『太宗實錄』 卷20, 태종 10년 11월 계미, "上日 戶布之法 何爲而設歟 戶曹判書
    李膺曰 備糧餉也."
104) 『增補文獻備考』 卷160, 「財用考」 7, 附布帛.
105) 『太宗實錄』 卷31, 태종 16년 3월 신축, "免忠淸道寧山等四郡戶楮貨 且賑饑民
    都觀察使申槪報 寧山溫昌稷山平澤皆失農故也"
106) 『太宗實錄』 卷29, 태종 15년 3월 병자조.

색되는데 바로 이 과정에서 군량미 조달을 위한 연호미가 채택된 것이
다. 그러나 이러한 정부의 우려가 한낱 기우로 끝나게 됨에 따라 이 연
호미는 국가의 저화유통 노력과 결부되어 연호저화라는 모습으로 나타
나게 된다. 국가가 저화유통을 적극 추진할 때 無布之民들의 저화소지
를 위해서 그들이 낸 미곡량에 따라 저화를 분급하고자 한 사실이[107]
있었는데, 이 때 그들이 바친 미량이 저화 1장에도 못 미치는 소량이었
기에 이 계획은 차질을 빚고 단순한 진휼책으로 바뀌게 된다. 즉 풍년에
米를 수납하고 흉년 시에 풀어주는 일종의 구휼책으로[108] 탈바꿈했던
것이다. 그러나 동 12년에 品米 戶米에 대한 환급의 명이 있게 됨에 따
라 현물로 직접 주기도 하고 또는 저화로 지급하여 군자미와 교역토
록[109] 한다. 이러한 성격의 연호미가 동 15년의 사실을 보면

　　　명하여 평안도·永吉道의 煙戶의 저화를 감면하였다.[110]

는 기록은 언젠가부터 연호저화라는 명칭으로 수납되었던 것이다. 아마
이것은 태종의 강력한 저화유통책과 관련을 맺으면서 나타났을 것이다.
　　태종은 저화유통의 확산을 위해 여러 명목의 세금을 징수하기도 하였다.
그 중 家基稅와 布帛稅가 그것인데 이 모두는 동 15년 3월 시행되다가[111]
포백세가 먼저 없어지고 이어 家基稅가 시·폐를[112] 거듭하게 된다.
　　저화의 산포는 주로 민간 오승포와의 교역을 통해서 이루어지고 하
사, 給賞의 형태로 나가기도 하였다. 그 외에 저화수속 과정에서 또는

---

107) 『太宗實錄』 卷20, 태종 10년 9월 임진, "司諫院 上疏請嚴楮貨之法 然而使無布
　　　之民 得楮貨之利 而咸蒙聖澤 其亦難矣 幸國家於前年 慮糧餉之備收人戶之米 願
　　　隨其米數 給之楮貨 則無一家不得楮貨而爲用矣 伏惟採擇施行"
108) 『太宗實錄』 卷21, 태종 11년 7월 신미조.
109) 『太宗實錄』 卷23, 태종 12년 4월 경신, 무진조 참조.
110) 『太宗實錄』 卷20, 태종 15년 8월 임오, "命 平安永吉道烟戶楮貨."
111) 『太宗實錄』 卷29, 태종 15년 4월 병자조.
112) 『太宗實錄』 卷29, 태종 15년 6월 병자, 임오조와 동 9월 무술조 참조.

행랑조성 시에 철거된 민가의 보상금으로 급여되기도[113] 하고 騎船軍의
營田에 필요한 농우와 농기를 마련하는 과정에서[114] 지급되기도 하였
다. 그러나 여러 통로를 경과해 민간에 유통된 저화는 실제 널리 이용된
것 같지는 않은데, 즉

> 저화의 법을 거듭 밝혔다. 호조에서 아뢰었다. "외방의 買賣에 오르지 米
> 布를 쓰고 저화를 쓰지 않습니다. 금후로는 金銀과 馬匹 외에 그 나머지 매매
> 하는 물가는 아울러 저화를 쓰고, 관리로서 마음을 써서 고찰하지 않는 자는
> 논죄하고, 능히 告하여 체포하게 하는 자는 賞을 주되, 한결같이 임진년 6월
> 25일에 정부에서 受教한 것에 의하여 시행하소서." 임금이 그대로 따랐다.[115]

외방은 米, 布와 같은 현물로써만 거래하였지 저화는 별로 사용치 않
은 것 같다. 또한 경중의 공장, 상인이라든가 지방을 돌아다니며 상행위
를 하는 행상도 이를 사용치 않은 것 같다. 그래서 이들에 대한 제재는
중세부과로 나타나는데

> 諸色匠人의 납세하는 법을 더하였다. 호조에서 아뢰었다. "제색 장인의 세
> 는 저화를 매월 1張씩 바치는 것이 예입니다. 무릇 工作의 값을 몰래 米布로
> 써 거두니, 빌건대, 이제부터 매월 4장씩 수납하게 하여서 저화의 사용을 흥
> 행하게 하소서." 임금이 그대로 따랐다.[116]

와 같이 제색장인세를 매월 4장으로 징수한다거나 또는 보나 구체화하
여 그들의 取利多少에 따라 상등은 매월 3장, 중등은 2장, 하등은 1장,

---

113) 『太宗實錄』 卷28, 태종 14년 9월 경진조.
114) 『太宗實錄』 卷29, 태종 15년 6월 경인, "司膳注簿秦云壽等 陳言 騎船軍營田耕
　　　牛農器 官給楮貨買給 勿令自備 仍令分番役使(中略) 皆從之"
115) 『太宗實錄』 卷29, 태종 14년 12월 무술, "申楮貨法。戶曹啓: "外方買賣, 專用
　　　米布, 不用楮貨。今後金銀及馬匹外, 其餘買賣物價, 竝用楮貨。官吏不用心考察
　　　者論罪; 有能告捕者充賞, 一依壬辰六月二十五日政府受教施行" 從之.
116) 『太宗實錄』 卷29, 태종 14년 12월 신묘, "戶曹啓 諸色匠人稅楮貨 每月納一張
　　　例也 凡工作之價 潛以米布收之 乞自今每月收納四張 以興楮貨之用 從之"

그리고 행상세는 매월 2장, 坐賈稅는 1장, 매 1間에는 춘·추로 각 1장씩 징세하기도[117] 했던 것이다. 사실 중세부과와 차등부과는 명목상으론 저화유통을 위한 것이라지만 실제에 있어선 저화가치 하락과 깊은 연관이 있을 것이다. 즉 저화가치 하락에도 불구하고 저화 1장 수납만을 고집한다는 것은 국가수입의 상대적 감소를 의미하는 것이기 때문에 공장·상고세의 상향조절은 불가피해 지는 것이다.

이러한 저화 이용도의 저조에 따른 저화가치의 하락은 저화에 대한 국가 공신력의 결여에서 비롯된 것이어서 국고 현물과의 교역을 통한 저화 신뢰회복에 나서게 된다.[118] 즉 국고의 미두와 같은 현물을 저화로 교역해 가도록 한 것이다. 이 때 일부 상인에 의한 국고 현물의 독점현상을 막기 위해서 비록 저화를 소지하지 못했다 하더라도 그들이 가진 잡물과 교환할 수 있도록 배려하게[119] 된다.

## 5. 태종대 저화 유통의 한계

이제까지 저화유통을 위한 태종의 강력한 의지를 살펴보았다. 그러나 그가 목적한 바와 같이 저화유통은 이루어지지 않았으니 이는

> 상인이 평안도 미곡을 回換하는 것을 금하였다. 평안도 도관찰사가 보고하기를, "본도의 풍속은 兩麥을 많이 耕種하지 않는데, 京中의 興利人이 긴요하지도 아니한 잡물을 가지고 寨里로 쏘다니면서 미곡을 많이 모아들이니, 무지한 백성들이 뒷날의 근심을 돌아보지 아니하고 허비하는 씀씀이가 한이 없습니다. 봄에서 가을까지 전적으로 還上을 내니, 이 때문에 지난해의 환상으로

---

117) 『太宗實錄』 卷29, 태종 15년 4월 기사조
118) 『太宗實錄』 卷30, 태종 15년 7월 임인조와 동 16년 5월 신사조, 동 8 월 기사조 참조.
119) 『太宗實錄』 卷33, 태종 17년 3월 갑인, "以陳米豆一萬石 貿易楮貨 上曰 必先 鰥寡孤獨, 而從其自願"

> 미납된 잡곡이 20만 2천 7백여 석에 이르러서 실로 국가에서 糧餉을 비축하는 뜻에 위배되니, 이제부터는 京中에서 從仕하는 사람과 도내의 恒居人員이 농사지어 소출한 것을 回換하는 이외의 홍리인의 회환이나 反賣함을 일체 금하게 하소서." 하니, 그대로 따랐다[120)

와 같이 저화 사용에 가장 적극적 태도를 취해야 할 상인들이 저화에 의한 상거래를 하지 않고 현물에 의존한 거래를 하고 있다는 데에 기인한 것이었다. 이러한 현상은 저화유통에 어떠한 한계성이 있지 않는가 하는 의문을 갖게 한다.

저화가 출현되기 이전까지의 선초의 유통계의 常五升布가 교환매체로서의 기능을 주로 발휘하였고 그 외 쇄은이나 은병이나 보조적 역할을 담당하였다. 그 중 은병은 태종 8년에 그 원료인 은이 본국의 소산물이 아니라는 이유로 유통계에서 완전히 사라지고 쇄은은 동일 이유에서 그 유통이 제약받았을 것이다. 따라서 민간거래에서의 교환매체는 주로 상오승포가 담당하게 된다. 그러나 오승포의 升數가 3승, 2승으로 줄게 됨에 따라 이제까지 누려왔던 교환매체로서의 절대적 권위는 떨어지고 이와 더불어 민간거래도 교란되어 갔을 것이다.

이러한 현상은 여말선초라는 시대적 상황에서 국가의 통치체제가 아직 확립되지 못했다는 사실을 감안한다면 충분히 이해할 수 있는 것이다. 그러나 태종이 추진한 시책이 제도정비와 민생안정이었다는 사실을 고려한다면 오승포 폐단에 기인한 민간교역의 혼란은 그대로 방임할 수 없는 것이었다. 이에 저화가 발행되고 적극적인 유통책이 전개된 것이다. 저화가 교환매체로서 주요 기능을 발휘하기 위해서는 우선 오승포를

---

120) 『太宗實錄』 卷33, 태종 17년 5월 임진, "禁商人回換平安道米穀。平安道都觀察使報: "本道風俗, 兩麥不多耕種。京中興利人, 將不緊雜物, 橫行寨里, 多聚米穀。無知之民, 不顧後患, 費用無際, 自春至秋, 全出還上。是故, 往年還上未納雜穀二十萬二千七百餘石, 實違國家備糧餉之意。自今京中從仕, 道內恒居人員農作所出回換外, 興利人反賣回換一禁" 從之。

驅逐하지 않으면 안되었는데, 당시 민간의 화폐에 대한 인식을 추적해
본다면 화폐 자체의 실질가치를 매우 중요시했기[121] 때문에 米, 布와 같
은 현물은 화폐로서 용납될 수 있었지만 저화는

> 사헌부에서 상소하여 저화를 행하기를 청하였다. 疏의 대략은 이러하였다.
> (…) 근자에 대신과 더불어 前古의 일을 상고하여 참작하고, 漢·唐·宋·元 이
> 래의 楮幣法을 取하여 官司를 베풀고, 局을 두어 境內에 通行하는 보초를 만
> 들어서 민간에 행하니, 백성들이 보는 자가 믿지 않고 말하기를, '이 물건은
> 배가 고파도 먹을 수 없고, 추워도 입을 수 없으며, 하나의 緇佾일 뿐이니,
> 어디에 쓰느냐?' 하여, 본값[元直]이 날로 감하여지고, 물건 값은 몇 배나 뛰
> 게 하였습니다.[122]

자체의 실질가치가 없어서 화폐로서의 기능을 제대로 발휘할 수도 없
었다. 당시의 경제수준이 농업을 근간으로 하는 산업구조였고 또한 자급
자족 상태에서 이탈하지 못했기 때문에 저화(지폐)의 위력은 충분히 발
휘할 수도 없었던 것이다.

이러한 제반 제약 하에서 기존의 오승포 지위를 대신하여 저화가 원
활히 유통될 수 있으려면 저화에 대한 국가 공신력이 적극 부여되어야
하는 것이다. 환언하자면 저화의 명목가치만큼 현물로 교환해줄 수 있는
항구적인 정책이 마련되어야 하는 것이다. 그런데 태종대에 이루어진 국
고 현물과 저화의 교역을 보면 항구적 성격을 띠지 못하고 일시적 성격
을 지니고 있었다. 이러한 시책이 저화에 대한 백성들의 신뢰를 약화시
키고 나아가서는 저화유통에 저해요인으로 작용했던 것이다.

---

121) 『太宗實錄』 卷2, 태종 원년 10월 병자, "翶對曰臣等安敢以不利於民之事言之
　　 人民所重 米布而已";『太宗實錄』 卷6, 태종 3년 8월 을해, 司憲府 上疏.
122) 『太宗實錄』 卷6, 태종 3년 8월 을해, "司憲府上疏 請行楮貨 疏略曰(中略) 比與
　　 大臣商確前古 取漢唐宋元以來楮幣之法 爲之說官置局 造境內通行之寶以行民間
　　 民之見子未信 以爲此物飢不可食 寒不可衣 一緇佾耳 奚用焉 至使元直日減 物價
　　 倍筵."

아울러 저화 발행량과 유통량을 적절히 조절하지 못함으로써 이의 유통이 원활치 못한 것 같다. 태종은 오승포 사용을 억제하기 위한 조치로 민간 오승포의 관납을 명하고 이에 저화의 교환을 무제한으로 해주었는데 이것이 발행량의 과다를 초래한 것이다. 이 때 국가에서 정한 상오승포 대 저화의 교환이 처음에 1:1이었다가 후일에 1:4 또는 1:3으로 변한다. 하지만 대체적으로는 1:1의 교환이 성립되는데[123] 만약 그렇다면 태종 2년에

> 京市署에서 저화로 常五升布 3천 6백 필을 사서 호조에 납입하였다.[124]

경시서에서 상오승포를 매입하기 위한 저화가 3,000장이 나갔다는 것이 되고 호조에서는 24,600장이[125] 산포되었다는 말이 된다. 이러한 교환은 산포된 저화가 국가에 다시 환입되기 전까지 당분간 계속되었으리라 짐작된다. 그리고 지방의 저화유통을 위해서 실시한 외방에서의 대물교환과 저화의 지방 관아에의 분급[126] 등이 그 발행량과 유통량을 증가시켰을 것이다. 그러나 저화가 지방에 분송되었다고 해서 그것이 곧 유통계에 투입된 것은 아니고 그곳 관아에 쌓여 있는 것이[127] 상례였다. 그래서 태종은

> 전 한성부윤 閔繼生이 진언한 것입니다. '각도의 界首官에 소재한 저화를 그 任內로 나누어 보내어 分布시켜서, 사람들로 하여금 상경하여 무역하는

---

123) 『太宗實錄』卷3, 태종 2년 6월 임술조.
124) 『太宗實錄』卷3, 태종 2년 5월 임인, "京市署以楮貨 買常五升布三千六百匹 納戶曹."
125) 주 59) 참조.
126) 『太宗實錄』卷21, 태종 11년 1월 정해, "議政府上行楮貨之策 分送楮貨於各道 令民貿易 其所易布貨油蜜 以充國用(中略) 從之"
127) 『太宗實錄』卷23, 태종 12년 6월 무오, "知議政府事李膺進 所啓 曾送外官楮貨 積在官府 如有犯罪者 計收綿布等物 以其楮貨充之"

폐단을 없애게 하소서.' (…) 하니 임금이 모두 그대로 따랐다.128)

각도 계수관소재의 저화를 任內에 분포하도록 지시하여 이의 활발한 유통을 목적하였다. 또한 저화의 적체한 斂散策을 강구하도록 수시로 지시하고129) 이미 발행된 저화에 대해서도 그 양을 파악하도록 명을130) 내렸던 것이다. 그러나 태종의 이러한 노력에도 불구하고 저화는 전국적으로 고루 확대되지 못하고 민생의 곤궁만을 재촉하였다. 더욱이 포물로서의 교역이 중단된 상태에서 백성들의 불편은 보다 심화되어 갔다. 그래서

> 임금이 말하였다. "오로지 저화만을 사용하고, 포물을 사용하지 못하게 하는 것은 상인[商賈]들이 禁法을 두려워하지 않고, 저화를 사용하지 않기 때문이다. 금후로는 외방의 각 고을에서 贖罪로 거두어들이는 이외에, 무릇 민간에서 토산물로 무역하는 것은 포물도 금하지 말아서 민간의 일용에 편하게 하라."131)

외방에 한하여 토물무역에 있어 포물 사용을 허용하게 된다.

한편 저화가 널리 유통될 수 없었던 또 하나의 이유로서는 저화 자체의 문제를 지적할 수 있다. 저화는 그 크기가 楮注紙 경우엔 길이가 1척 6촌, 폭이 1척 4촌이 되고 楮常紙는 길이가 1척 1촌, 폭이 1척이 되기 때문에 이용하기에 매우 불편했을 것이다.132) 그리고 楮貨紙에 있어서도

---

128) 『太宗實錄』卷29, 태종 15년 6월 경인, "前漢城尹閔繼生陳言 各道界首官所在 楮貨 分送任內分布 使人人無上京貿易之弊(中略) 從之."
129) 『太宗實錄』卷20, 태종 10년 11월 갑자조와 동 12년 6월 무자조 참조.
130) 『太宗實錄』卷32, 태종 16년 8월 신사, "上曰 鈔多則豈能行鈔法乎? 令司贍署 毋造新鈔, 計已頒之數以聞"
131) 『太宗實錄』卷29, 태종 15년 정월 을묘, "上曰 專用楮貨而不用布物者 以商賈 人等不畏法禁 不用楮貨也 今後外方各官贖罪所收外 凡於民間土物貿易 不禁布 物 以便民用."
132) 『大典續錄』卷2, 「戶典」, 雜令.

그 종이가 각도에서 올라오기 때문에 厚－薄－精－麤의 차이가[133] 발생
하여 심한 간택현상을 낳게 하였다. 더욱이 오랫동안 사용함에 따라 나타
나는 軟破現象은 그에 대한 간택현상을 보다 가속화시켜 이에 대한 억제
를 펴게 하는데 그 성과는 기대를 충족시켜주지 못한 것 같다. 그래서

> 三功臣과 여러 재상을 의정부에 모이도록 명하여 저화를 통용하게 방법을
> 의논하여 아뢰도록 하였다. 의정부에서 上言하였다. "저화의 行用은 이미 수
> 년이 경과해서 민간에 산재한 것이 많이 파손되었습니다. 만약 收納하지 아
> 니하면 사용에 불편하오니, 송나라[宋朝]의 舊會子 둘로써 新會子 하나를 바
> 꾸던 법에 의하여, 백성들로 하여금 破楮貨 2張을 바치고 新楮貨 1장을 주도
> 록 함이 어떻겠습니까?" 또 상언하였다. "≪周禮≫에 師掌任土의 법이 실렸
> 는데, '모든 任地와 國宅에는 征稅가 없고, 園과 廛에는 20에 1이라.'하였으
> 니, 이 제도에 의하여 大小人員에게 宅田을 折受하여 祿科에 따라 납세하게
> 하되, 제1과는 8張으로 하고, 위로부터 내려가 8과에 이르러서는 단지 1장만
> 을 수납하는 것으로 歲例를 삼게 하소서."하니 모두 그대로 따랐다.[134]

연파된 구저화 2장을 신저화 1장과 교환해 주는 조치를 취하게 되는
데 이러한 조치가 시행되자 경미한 연파저화라도 신저화로 교환하려는
현상이 나타나게 된다. 이에

> 의정부에서 저화를 시행할 방법을 아뢰었다. (…) 이제 우리나라의 저화는
> 두껍고 뻣뻣하여, 조금이라도 접은 것이 있으면 사용하지 않으며, 조금이라도
> 부드러워지거나 조금이라도 닳으면 사용하지 않으므로, 사람이 가지고 다니
> 면서 행사하기가 어렵습니다. 풀칠을 하여 닳은 것을 기우면 중죄를 얻습니

───────────────

133) 『太宗實錄』卷23, 태종 12년 2월 경오, "戶曹判書 韓尙敬 啓 楮貨紙來自各道
　　厚薄精麤不同 市井之人 但知樂用厚紙 願於京中 一處做得 從之"

134) 『太宗實錄』卷24, 태종 12년 7월 임진, "命三功臣諸宰相會議政府, 議楮貨通行
　　之術以聞。議政府上言曰: "楮貨之行, 已經數載, 散在民間, 多有破軟。若不收
　　納, 不便於用。依宋朝以舊會之二換新會之一之法, 令民納破楮貨二張, 給新楮貨
　　一張何如?" 又上言曰: "≪周禮≫載師掌任土之法, 凡任地國宅無征, 園廛二十而
　　一。乞依此制, 大小人員折受宅田, 隨科納稅, 第一科八張, 自上而下, 至八科只
　　收一張, 以爲歲例" 皆從之"

다. 이제부터 공사에 저화를 행사할 때 모두 접도록 하고 접은 수에 구애되지
아니하며, 비록 부드러워져 닳아빠지는 데 이르더라도 또한 행사하도록 허락
하고, 만약 관에 바치는 일이 있을 때 관리가 點退할 수 없게 하며, 완전히
닳아서 사용할 수 없는 것은 맡은 官에서 모두 바꾸어 주도록 하소서. 하니
임금이 그대로 따랐다.[135]

와 같이 연파저화라 할지라도 무조건 유통되도록 지시하게 된다. 하지만
이 규정은 제대로 준행된 것 같지 않고 도리어 동 15년 6월에 이르면
연파저화의 准換法이[136] 시행되어 구저화와 신저화의 교환이 1:1로 성
립된다. 그런데 이 교환율은 곧 이어 2:1의 비율로 개정되는데[137] 그 배
경은 奸滑遊手之徒의 농간을 막아보자는 데에 있었다. 본래 연파현상이
발생되면 신구저화를 1:1의 비율로 교환해주는 것이 원칙이겠지만 조그
마한 연파로 무조건 교환하고자 했던 풍조가 문제되었던 것이다. 유통이
가능한 저화를 신저화와 무제한으로 교환해 준다면 이 또한 국가재정에
압박을 가하는 요소로 작용할 수 있었던 것이다. 그래서 구·신저화의 교
환을 2:1로 한다면 극심한 간택현상도 완화시키고 국가재정도 상대적
이익을 꾀할 수 있다는 이중적 목적에서 이를 계속 채택한 것 같다. 그
러나 백성 입장에서 본다면 저화가 단순히 연파되었다는 이유로 해서 신
저화와 2:1의 비율로 교환해준다는 것은 그들의 저화를 1장 빼앗아 가는
결과가 되기 때문이다. 이에 대한 고려를 안할 수가 없는 것이다. 결국
시중에 유통되고 있는 저화에서의 간택현상만이[138] 빈발해지게 된다.

---

135) 『太宗實錄』卷26, 태종 13년 10월 정묘, "議政府啓行楮貨法. 啓曰: 今國朝楮
貨, 厚而勁, 小有皺者不用, 小軟小缺, 亦皆不用. 人以齎持行使爲難, 至有糊貼
補缺, 以獲重罪. 自今公私行使楮貨, 皆令有皺, 不拘皺數, 雖至柔軟破缺, 亦許
行使. 若値納官, 官吏不得點退; 全破不用者, 所掌官皆許易給 (中略) 從之."
136) 『太宗實錄』卷29, 태종 15년 6월 계유, 議政府六曹條上弭災事目
137) 『太宗實錄』卷29, 태종 15년 6월 병술조.
138) 『太宗實錄』卷31, 태종 16년 5월 신해, "楮貨以破軟二張納官 乃換新造一張 民
間楮貨擇善之弊雜禁 乞復用准換之法"

또한 低質의 不同은 저화발행에도 영향을 미쳐 저화인조 시 많은 착오를 유발시켰다.[139] 그래서 종이의 질을 일원화하기 위해서

> 또 저화의 종이는 각도에서 나누어 만들어서 들여오므로, 그 厚薄이 같지 않아서 가려내는 폐단이 이로 말미암아 생깁니다. 바라건대, 京畿에 따로 造紙所를 설치하여 司瞻의 1員으로 하여금 감독하여 두껍고 얇은 것을 고르게 하소서." 정부에 내려 이를 의논하도록 명하였다.[140]

경기지역에 조지소를 설치하자는 논의가 전개되다가 동 15년 7월 결실을[141] 보게 된다. 조지소의 설치 운영은 단순한 저질의 일원화 문제를 떠나서 당시 만연되고 있는 저화의 간택현상을 다소 완화시키기는 데에도 적지 않은 기여를 했을 것이다. 그러나 위조저화가 시중에 나돌고[142] 나아가서는 지방에까지 유통됨에[143] 따라 저화에 대한 불신감은 더욱 심화되었을 것이다. 위조행위는 주로 관리들에 의해 자행되었는데[144] 동 17년 11월의 사례를 보면

> 처음에 윤자건이 司瞻注簿로 있을 때에 直長 섭공무·윤가생과 더불어 사사로이 닥나무 종이[楮紙]를 준비하여 提調官이 저화를 監印할 때를 당하여 그 속에 섞어서 찍어 내어, 관사에서 사사로이 쓰는 비용으로 삼아 매양 술과 음식을 준비하여 연회를 하고, 심지어는 소를 잡아

---

139) 주 134) 참조.
140) 『太宗實錄』卷24, 태종 12년 11월 기유, "且楮貨之紙, 各道分造以納, 故其厚薄不同, 揀擇之弊, 亦由此而生. 乞於京畿, 別置造紙所, 令司瞻一員監之, 使均厚薄. 命下政府議之."
141) 『太宗實錄』卷30, 태종 15년 7월 경신, "置造紙所 戶曹請以前日議政府 上納各道休紙造楮貨紙 以減外方造紙之弊 從之"
142) 『太宗實錄』卷24, 태종 12년 10월 기사, "論用僞造楮貨者三人罪 有差 其一官人 其一巫女 其一驛吏 上曰 無知之人 誤用耳 非自爲也 宜免官人 其餘減四等科罪"
143) 『太宗實錄』卷25, 태종 13년 6월 계축, "司憲府 疏請 (李)季卿所進歲貢楮貨二百張內 有一張僞造 季卿不能察而監封也 命贖笞五十而還任"
144) 『太宗實錄』卷22, 태종 11년 12월 경오, "司憲府 請開城留後司郎吏李原常李敢崔孟溫等罪 原常等 不覺司人 僞造貨之事 故憲請之 命皆贍笞四十還任"

놓고 마시기까지 하였고, 同副知敦寧府事 趙惠와 司僕直長 李孝良 등도 또한 일찍이 司瞻貝吏가 되어 저화 종이를 監造할 때에 수를 줄이어 호조에 보고하고 사사로이 창고에 감추어 두었는데, 이때에 이르러 일이 발각되었다.145)

사섬서의 관리들이 사적으로 저화를 마련하여 저화를 인조할 때 함께 섞어 印을 받는 방법과 저화지를 빼돌려 후에 기회를 보는 방법이 행해진 것 같다.

저화가 백성들에 친숙해질 수 없었던 또 하나의 이유는 그 명목 가치가 糙米 2두, 오승포 1필이라는 등가로 정해져 그 미만의 소액거래엔 이용할 수 없다는 것이다. 그래서 이러한 문제를 극복하기 위해 보조화폐에 대한 논의가 활발히 전개되었다. 그 중 소저화 그리고 포필이 주로 거론되었는데146) 결국 동전주조로 낙착된다. 이 때 주조될 동전은

> 바라건대, 唐나라 開元 年間의 오수전 제도에 의하여 朝鮮通寶를 주조하여 저화와 겸행하게 하되, 구리 한 냥쭝으로 10전을 주조하여, 1백전으로 저화 한 장에 상당하게 하여 境內에 流行시켜 국용에 편리하고 이 나라 백성들을 구제하소서.147)

朝鮮通寶라 호칭하고 동전 100개가 저화 1장의 가치에 준하도록 하였다. 그러나 앞서 兼用楮貨常五升布의 명이 있을 때 오승포만 통용되었다는 사실을 환기하면 저·전의 통용은 태종이 장담하는148) 것과 같이

145) 『太宗實錄』 卷34, 태종 17년 11월 갑인, "初 自堅爲司瞻注簿 與直長葉孔茂尹可生 私備楮紙 當提調官監印楮貨之時 雜其中而印之 以爲官中私用之費 每爲酒食宴會 至以宰牛而飮 同副知敦寧府事趙惠 司僕直長李孝良等 亦嘗爲司瞻貝吏 監造楮貨紙 減報戶曹留藏私庫 至是事覺"

146) 『太宗實錄』 卷29, 태종 15년 6월 병자조

147) 『太宗實錄』 卷29, 태종 15년 6월 신사, "乞依唐開元五銖錢制 鑄朝鮮通寶 與楮貨兼行 以銅一兩鑄成十錢 以百錢當楮貨一張 流行境內 以便國用 以濟斯民."

148) 『太宗實錄』 卷29, 태종 15년 6월 임오, "判書代言等 啓 昔楮貨始用之時 許令與五升布幷行 而民不用楮貨 故中絶其布 示民不用然後興用楮貨 錢與楮貨之兼行

쉽게 이루어질 수 없는 것이었다. 실제로

> "저화를 行用할 때 1張 이하는 무역하기가 매우 어렵다. 이제 호조의 아뢴 바에 따라 동전을 주조하여 저화와 함께 통용[交行]시켜 백성들의 日用에 편하게 하려고 하나, 어리석은 백성들이 잘못 의심을 내어, 앞으로 저화를 쓸 데 없는 것으로 생각하여, 市中에서 무역함에 倍數로 쳐서 사용할 것이니, 後日을 위한 장구한 계책이 못된다. 主掌官은 上項의 事意를 榜을 내걸어 모두 알게 하라."[149]

와 같이 동전이 병용된다는 사실이 유포되자 백성들 사이에는 저화가 무용지물로 전락할 것이라는 우려가 나타나 저화가치가 떨어지는 결과를 초래하였다. 이러한 민심의 동요와 저화가치의 하락현상은 결국 주전정지의 명으로[150] 귀착되게 되었다.

## 6. 맺음말

이상에서 여말선초에 논의되고 시행된 바 있는 저화에 관해 살펴보았다. 보다 상세히 말하자면 태종대 저화의 의미를 구명하기 위해서 여말의 화폐 유통상황과 저화논의 그리고 태종대의 저화발행과 그 유통상황에 관하여 두서없이 적어 보았다.

고려시대에는 常五升布와 銀瓶이 주요 유통수단으로서 화폐의 기능을 발휘하였다. 그러나 이 화폐들은 자체의 문제 즉 常五升布는 승수가 줄어들고 銀瓶은 銅瓶化됨에 따라 그 기능을 자연 상실하고 나아가 유

---

亦類此也 上曰 錢楮之兼用 吾能爲之"

149) 『太宗實錄』 卷19, 태종 15년 6월 임오, "敎曰 楮貨行用之際 一張以下貿易最難 今因戶曹之啓 欲鑄銅錢 與楮貨交行 以便民用 愚民曲生疑意 將以楮貨爲無用 市中貿易倍數而用 甚非後日長久之計 主掌官 將上項事意 掛榜通曉."

150) 『太宗實錄』 卷29, 태종 15년 6월 병술, "司諫院 上疏 上覽疏曰 今當憂旱 中心恍惚 如乘舟入海遇風濤也 民若受弊 豈可行哉? 卽命勿鑄 仍曰後有明君出而行之"

통계의 혼란을 초래하였다. 이러한 혼란 속에서 碎銀이 등장하여 민간교역의 활기를 불어 넣어 주지만 국가의 입장에서 본다면 그것이 민간에서 산출된 것이기에 국가재정에 하등 도움을 줄 수 없는 것이었다. 그래서 국가재정 補用과 민간교역의 편리를 도모하기 위하여 화폐 전반에 대한 논의가 활발히 전개되었다. 바로 이 과정에서 저화가 등장하는데 이는 元의 寶鈔를 경험한 데에 바탕을 둔 것이었다. 그러나 구왕조의 종언과 신왕조의 개창에 즈음하여 저화발행이란 문제는 그리 切急한 문제가 아니었다. 결국 화폐문제는 조선왕조의 숙제로 넘어갔던 것이다.

조선의 제3대 국왕으로 즉위한 태종은 왕조의 기반확립을 위한 강력한 통치체제의 구축과 민생안정에 주력한 인물이었다. 그는 楮貨用之輕便이라는 입장에서 민간교역의 활성화를 통한 민생안정에 착안하여 우선 司贍署를 설치하고 이어 저화를 발행하였다. 저화를 유통시키기 위한 방법으로 이에 대한 국가 공신력 부여가 무엇보다 선행되어야 하기 때문에 저화의 등가를 정해 국고미와 교역할 수 있도록 조처를 취하였다. 아울러 화폐와 오승포의 교환을 추진하고 買得한 布匹을 절단하여 국가의 취리의도가 없음을 분명히 밝혔다. 그러나 유통수단으로서의 오승포 지위가 동요를 일으키지 않는 한 실질가치가 결여된 저화의 유통이란 것은 이미 제약을 받고 있는 것이다. 그래서 公私 五升布의 一切通禁이라는 국가의 강제력을 동원해서 저화의 독점적 지위가 설정되게 하였다. 하지만 대다수의 백성들이 이를 즐겨하지 않고 朝臣들의 입장도 확고하지 않는 한, 나아가서 지방관리들의 모리행위가 저화를 매개하지 않고 현물로써만 이루어진다는 사실에 기초해 본다면 저화의 위력은 발휘될 수가 없는 것이었다. 더욱이 민심을 동요시키고 민원을 유발하는데 있어서는 태종도 어쩔 수 없었던 것이다. 즉, 민생안정에 목적을 둔 저화가 도리어 민생불안을 야기시켰으니 이제 이에 대한 관심을 철회할 수밖에 없는 것이었다. 그래서 상오승포와의 겸용을 공포하고 이어서 사섬서마저 혁파했던 것이다.

그러나 동 10년에 이르면 저화유통이 다시 전개된다. 이는 조선왕조의 통치기반이 어느 정도 확립되고 모든 시책의 방향이 중앙집권적 성향을 띠는 것과 脈을 같이 하는 것이다. 화폐의 요체는 不令人操利炳이라는 인식하에 전보다도 다양하고 구체적인 저화유통책을 구사하게 된 것이다. 그러나 이러한 저화유통책은 당시의 경제수준과 민생을 고려하지 않은 일방적인 강제행위였기 때문에 그 시행상에서 많은 오류를 노정하였다. 이 때 실시된 획기적인 저화유통책으로는 부분적인 금납화와 저화수속법을 손꼽을 수 있다.

금납화는 저화의 전면적 유통을 강요하는 한 방편이긴 하나 그것을 가능케 하는 제반 조건 즉 국가재정이 현물수납에 의존하지 않아도 되는 경우와 화폐가 널리 산포되어 누구나 쉽게 求得해 납세할 수 있는 여건이 전제되어야 한다. 당시 국가입장에서 본다면 전면적인 금납화는 아직 시기상조여서 선택적인 금납화가 추진되었다. 그래서 저화로 수납하여도 국가재정에 하등의 위협을 주지 못하는 그리고 저화유통에는 효과를 거둘 수 있는 것이 채택되었던 것이다. 그 중에 工匠稅, 行商稅, 才人·禾尺身貢, 革去寺社奴婢身貢 등이 저화로 수납되었고 그 외 歲貢楮貨, 戶楮貨, 烟戶楮貨 등의 세목이 설정 운영되었던 것이다.

한편 저화수속은 杖1백 이하의 有罪者에게 형 집행 대신에 저화로 대속하는 제도가 된다. 이는 일부에 국한된 것으로서 저화유통 확산에 큰 비중을 차지하진 못했지만 강제적인 저화유통엔 한 몫을 담당하는 것이다. 그러나 이것은 부분적인 금납화와 함께 소기의 성과를 거두지 못하였다.

이러한 저화유통의 부진은 태종대의 경제상황과 저화자체의 문제에 기인했던 것이다. 우선 당시의 경제수준이 농업을 근간으로 하는 자급자족단계에 있었고 화폐에 대한 백성들의 인식도 그 자체의 실질, 실용가

치를 매우 중시하고 있었기 때문에 저화는 이미 그가 설 땅과 그를 소유
할 사람을 잃고 있었던 것이다. 이처럼 저화유통의 1차적 조건을 상실한
저화는 자체의 크기와 紙質問題 그리고 소액거래엔 하등의 도움을 줄
수 없는 명목가치로 인해서 유통수단으로서의 기능을 제대로 발휘할 수
가 없었다. 더욱이 국고현물(米, 豆, 雜物)과의 교역이 永續的 성격을 띠
지 못함에 따라 저화에 대한 백성들의 신뢰도는 더욱 하락했던 것이다.

    이러한 상황에서 太宗의 저화유통 노력은 성공을 거둘 수가 없는 것
이었고 오히려 여말에 들어온 목면이 주요 유통수단으로서 각광을 받게
되었다.

# Ⅱ. 조선 초기 세종대의 저화유통책

## 1. 머리말

조선왕조 개창이후 줄기차게 전개된 정치, 경제적 개혁 등 일련의 중앙집권화 노력은 世宗代(1418~1450)의 국력신장과 찬란한 문호 건설을 가능케 하였다. 세종은 정치가로서의 소양뿐만 아니라 학문적 자질도 두루 갖춘 군주로서 이 시기의 발전은 私田에 대한 억압책과 貢法制의 마련, 학문의 발달, 훈민정음의 제정 반포, 영토의 확대 등에서 나타난다.

이러한 제도의 정비와 국토의 화개, 문화상의 찬란한 위업이 전개될 때 前代에서 유통시키고자 했던 저화는 어떠한 존재양태를 보였고 있었을까 하는 문제가 제기된다. 이는 당시의 사회·경제적 양상을 파악하는 데 있어서 매우 유익한 시사를 던져 주리라 생각되기 때문이다. 주지하다시피 저화는 실질가치가 결여되고 명목가치만 지닌 지폐이기 때문에, 그것을 발행하는 정부와 이를 사용하는 백성들 사이에 일종의 약속이 전제되지 않고서는 그것의 자연스런 유통이란 이미 제약받지 않을 수 없는 것이다. 즉 저화가 통용될 수 있는 사회·경제적 여건이 선결되어야지만 가능한 것이다.

바로 이러한 이해를 바탕으로 하여 세종대의 楮貨와 관련된 일련의 사항을 살펴봄으로써 當代의 사회·경제적 양상의 일단을 알아보고자 하는 것이다. 이 방면에 관련된 기왕의 연구업적을 살펴보면 한국화폐사의 일부분으로 또는 조선전기의 화폐제 내지 楮貨問題로 국한해서 취급한 것이 대부분이어서 이 문제에 대한 직접적이고 충분한 해명을 해주지 못하고 있는 실정이다.[1] 필자는 일찍이 朝鮮前期의 화폐유통을 구명하기

위한 선행작업으로 세종대의 楮貨 流通問題를 거론한 바 있었는데[2] 이
글은 그 후속작업이 될 것이다.

본고는 당시의 저화유통에 관한 이해의 편의를 위해 楮貨專用, 銅錢
專用, 楮貨復用이라는 화폐정책상의 변화에 유의하여 세종초기의 저화
유통상황과 흥용책 그리고 저화 전용책의 변화와 그에 따른 저화의 지
위, 이어서 저화의 복용문제와 그 유통책을 살펴보았다. 이 때 저화 전용
책의 변화과정에서 나타나는 동전문제도 아울러 고찰해야겠지만, 여기
에서는 간략히 취급했음을 미리 밝혀둔다.

## 1. 세종 초기의 저화유통 상황과 興用策

### 1) 유통 상황

태종 때 민생의 안정과 화폐발행권의 장악을 위한 저화의 일방적 통
용시도는 그 노력에 상응함이 없이 저화의 가치하락만을 가져왔다.[3] 더
욱이 잇따라 발생되는 자연재해는 자연경제하에 드러나 있는 백성들의
생활과 그것을 기반으로 하는 국가재정을 근저로부터 위협하는 것이었
기에 저화의 유통은 이미 일정한 제약 하에 있었던 것이다.

이러한 사실은 태종 14~16년에 연이어 도래한 흉작과 기근발생에
의한 민생파탄이 제기되자 이에 대한 정부대책 중 저화통용을 위해 실시

---

1) 柳子厚, 1940, 『朝鮮貨幣考』, 學藝社 ; 李能植, 1949, 「麗末鮮初의 貨幣制度」 『震
檀學報』 16 ; 李鍾英, 1962, 「朝鮮初 貨幣制의 變遷」 『人文科學』 7 ; 崔虎鎭,
1974, 『韓國貨幣小史』, 瑞文堂 ; 田村專之助, 1937, 「高麗末期에 있어서의 楮貨
制 採用問題」 『歷史學研究』 7-3 ; 宮原兎一, 1954, 「朝鮮初期 楮貨에 대하여」 『東
洋史學論集』 3.
2) 權仁赫, 1982, 「朝鮮初期 貨幣流通 研究 -特히 太宗代 楮貨를 中心으로-」 『歷
史教育』 32.
3) 태종 2년 정월 新造楮貨 時, 楮貨 對 五升布의 교환비가 1:1이었던 것이 동 16년
8월에 5:1로 되었다.

했던 저화수납책을 크게 후퇴시켰다는 점에서 확인할 수 있다.4) 그러나 저화가치가 하락하고 그 유통책이 제약받고 있었다 하더라도 저화의 존·폐 문제에 이르지 않은 것을 보면 저화는 이미 자신의 지위를 어느 정도 확보한 것 같다. 즉 세종 즉위년에 戶斂楮貨法에 대한 논의가 대두되었을 적에

> 당초에 戶斂楮貨의 법률을 만든 것은 실상은 저화를 통행하게 하기 위하여 임시 권도로 쓴 계책이온데, 지금은 저화가 이미 유행되었고 흉년이 또 들었사오니, 청컨대 법을 폐지하여 민생을 구휼하소서."하여, 임금이 이에 좇아 (…)5)

와 같이 저화홍행을 위해 임시로 마련한 호저화가 이의 卽流行으로 말미암아 더 이상 존속 필요성이 없게 되었다는 사실에서, 그리고 동전불용에 따른 철전 불용문제가 거론되었을 때 "비록 다른 용도가 없는 저화라 할지라도 백성들이 홍용했었는데 장차 철전에 있어서랴"의 내용에서,6) 이 시기에 저화의 일상적 유통을 상정할 수 있다. 이러한 저화의 유통 양상은

> 금후로는 모든 집 잃은 어린아이를 얻은 자는 모두 濟生院에 보내도록 하고, 호조에서 양식을 대어 주어서 기르도록 하며, 어린아이 잃은 부모도 또한 제생원에 가서 찾도록 하고, 관에서는 그 부모로부터 저화 30장을 받아들여 어린아이를 얻은 자에게 주도록 하고, 만일 숨겨두고 고하지 않는 자가 있으면, 里內의 管領과 五家를 아울러 논죄하도록 하는 것이 좋습니다."하여, 그대로 좇았다.7)

---

4) 李鍾英, 앞의 논문, 1962, 310쪽.

5) 『世宗實錄』 卷1, 즉위년 10월 기묘, "初立戶斂楮貨之法 實是興行楮貨權宜之策 今楮貨旣流行 歲且飢饉 請革此法 以恤民生 上從之"

6) 『世宗實錄』 卷80, 20년 2월 병인, "領議政 黃喜 等曰 昔用楮貨之時 他無可用之處 民尙興用 況此鐵錢乎"

7) 『世宗實錄』 卷1, 즉위년 8월 병신, "今後凡得遺失小兒者 悉送濟生院 戶曹給糧以養之 父母之失兒者 亦詣濟生院尋之 官徵其父母楮貨三十張 給得兒者 苟有匿不告

에서처럼 迷兒를 제생원에서 보호하다가 그 부모에게 돌려보낼 때 저화 30장의 징납을 가능케 했으리라 믿어진다.

당시 정부에서는 저화의 전국적 유통을 위해 각 관민들로부터의 세공 저화·호저화 수납을 시행하고 있었는데[8] 즉위년부터 발생된 자연재해는

> "도내의 벼농사가 풍수해로 말미암아 모두 다 그르치게 되었사온데, 바닷가에 있는 고을들은 더욱 심하여, 여러 포구의 수군들로부터 관에 양식을 청하는 자가 매우 많사오나, (…) 주·군에서 바치는 저화는 외방에는 없는 것으로 모두 서울에 와서 장사치와 교역하던 것이오니, 마땅히 금년에 바쳐야 할 저화는 면제하여 주옵소서."하니, 임금이 모두 그대로 따르고, 醬을 담그는 일과 저화를 감면하는 일은, 모두 흉년든 다른 도에도 다 같이 그렇게 하도록 통첩하라고 명하였다.[9]

경상도 지역의 당년 所納楮貨를 면제케 하고 그 외 失農諸道는 피해 정도에 상응한 적절한 감면조치를 취하도록 하여 이의 지속적인 시행을 곤란케 하였다. 더욱이 각도 계수관 소재의 저화를 관내에 분포해서 저화의 지방 확산을 도모했던 조치는[10] 저화의 外方所無 현상이 제기됨에 따라 그 실효가 의문시되었고 지방에서 중앙으로 상납해야 했던 저화도

> 각호에 저화를 바치라는 것은, 본래 저화를 풀어쓰기 위하여 설치한 것인데, 먼 지방에서는 거둬들일 때에 가격을 배나 올려서 받으니, 그 폐단도 적지 아니한 것이요, 또한 아름다운 법도 아니니, 마땅히 영구히 없애야 하며[11]

---

　　者 里內管領及五家並論罪 從之"

8) 歲貢·戶楮貨의 징수는 太宗代에서 비롯된다. 拙稿, 앞의 논문, 110~112쪽.

9) 『世宗實錄』 卷1, 즉위년 9월 을해, "道內禾穀 因風水之災 並皆不稔 而沿海州郡 尤甚 諸浦水軍請糧于官者甚多 (中略) 州郡所納楮貨 外方所無 皆交易於京中商賈 宜除今年所納楮貨 上皆從之 因命造醬及減楮貨事 並於失農諸道行移"

10) 『太宗實錄』 卷29, 15년 6월 庚寅, "前 漢城府 閔繼先陳言 各道界首官所在楮貨 分送任內分布 使人人無上京貿易之弊 (中略) 從之"

11) 『世宗實錄』 卷17, 4년 8월 을유, "各戶楮貨之貢 本以楮貨興用而設也 遠道抽斂之 際 倍價而納 其弊不小 且非美法 宜令永除"

와 같이 그 抽歛時期를 맞이한 遠道에 있어서 배가로 납부해야 하는 형
편이어서 저화의 원활한 유통은 이미 제약받고 있다.

한편 함경도 경성의 경우에는 여진족 내왕에 관련된 소요경비의 증가
로 인해 재정궁핍이 노정되자 중앙에 납부해야 할 세공저화의 감면을 요
청하여[12] 이의 2/3 감면혜택을 받게 되는데[13] 이러한 흉년이나, 지방의
저화 皆無狀態 그리고 지방관아의 특수사정에 따르는 저화상납액의 감
면과 같은 諸사실들은 분명히 저화의 꾸준하고도 전국적인 유통을 방해
하는 것이었다. 또한 당시의 상인들은

> "이제 들으니, 장사치들이 저화를 사용하는 것을 힘쓰지 아니한다 하여,
> 내가 염려하는 것이니, 그것이 널리 잘 행해지게 할 방법을 의정부와 육조에
> 서 의논하여 아뢰도록 하라."[14]

과 같이 저화사용에 별다른 관심을 보이지 않고 종전의 米·布와 같은
현물로 교역하고 있는 실정이어서[15] 백성들은 米를 구입할 때에 우마·
포화와 같은 현물을 거래수단으로 삼지 않으면 안되었다.

### 2) 興用策

저화가 태종대의 적극적이고도 지속적인 유통책의 결과로 세종대 초
기에 어느 정도의 유통을 보게 되었지만 그것은 어디까지나 京中을 중
심으로 한 인근지역에 국한된 현상이고 그 외 지역은 저화유통권에서 점
차 멀어져 가고 있었다.[16] 그리고 설혹 경중 등지에서 저화가 유통되었

---

12) 『世宗實錄』 卷3, 원년 3월 신미, "摠制 黃象啓 鏡城彼人來往不時 支應倍他 當減
　　歲貢楮貨 上以問領議政柳廷顯 亦曰宜減"
13) 『世宗實錄』 卷3, 원년 4월 계사조.
14) 『世宗實錄』 卷7, 2년 2월 계해, "今聞商賈不務用楮貨 予爲慮焉 其所以興行之術
　　議于政府 六曹以聞"
15) 『世宗實錄』 卷18, 4년 10월 정유, "以領議政府事柳廷顯 前判漢城府事黃喜 摠制
　　田興爲京市署提調 時商賈皆不用楮貨 皆以米布買賣 物價踊貴 楮貨甚賤"

다 하더라도 그것이 유통수단으로서의 독점적 지위를 확보한 것이 아니었기 때문에 정부의 계속적인 관심에 의지할 수밖에 없었다.

세종 11년 면포사용을 허용하자는 의견이 제시되었을 적에,

> 당초 저화의 입법이 무릇 매매에 있어 면포의 사용을 금지하자는 것인데, 지금 憲司에서 잡아들이는 수효가 날로 증가되어, 사람들이 심히 괴로워하고 있는 실정이며, (…) 하니, 임금이 말하기를, "경의 말이 옳다. 그러나 면포를 금지하지 않으면, 전혀 저화는 쓰지 않을 염려가 있지만(…)[17)

에서 보는 바처럼 면포사용이 허락은 저화불용이란 결과를 초래할 것이라고 우려되어, 저화가치가 비록 甚賤해도 이에 대한 유통 노력을 계속 강행하고 있는 것이다.[18) 당시 자연경제 상황에서 凶歉 발생은 바로 빈민구휼책을 모색토록 하게 되는데 그 대책이 마련되는 과정에서 저화유통 시도가 결부되어지기도 하였다. 즉 국고미와 민간저화와의 상호교역을 통해서 빈민구제의 효과와 정부가 의도한 저화유통을 자연스럽게 해결하고자 했던 것이다. 이러한 사실은 세종 원년에

> 軍資監의 묵은 쌀과 콩으로 저화를 바꾸는 일은 이미 전례가 있사옵니다. 처음 이 법을 창설한 것은 저화를 성행하게 하고, 따라서 가난한 백성을 구원하고자한 것인데, 금년에 만약 또 흉년이 들면, 백성이 장차 나라만을 쳐다보고 있을 것이니, 지금 전례에 의하여 저화와 바꾼다면, 국고가 고갈될 것이니, 장래에 대비하여 많이 쌓아 두는 목적에 위배되지 않을까 하옵니다."하니, 박은이 아뢰기를, "지금 굶주릴 때를 당하여 구호미를 나누어 주는 일을 폐지할 수 없으니, 묵은 쌀과 콩을 주지 않을 수 있습니까. 비록 전자의 수량만은 못

---

16) 世宗 7年 4月 유통수단에서의 銅錢專用이 결정되고 나서 銅錢 1千貫으로 給錢收楮策이 전개되었는데 그 중 5백관이 漢城府에, 그리고 留後司, 京畿地域에는 各 50貫씩 할당되었다. 그 규모는 전체의 3/5에 해당되는 것이다.

17) 『世宗實錄』 卷3, 원년 3월 신미, "初立楮貨之法 凡買賣禁用緜布 今憲司之吏捕曳日多 人甚苦之 (中略) 上曰卿言是矣 然不禁緜布 則全不用楮貨矣"

18) 『世宗實錄』 卷3, 원년 4월 임진, "視事 上問歲貢楮貨便否 許遲曰 楮貨甚賤 請申明之 上曰然"

하더라도 바꿈질[換易]하는 것이 편의한 처사로 생각되옵니다."하였다. 임금이, "그러하다."하고, 이지강에게 명하기를, "묵은 쌀과 콩 6백 가마를 환과 고독과 불구자에게 주고 時價로 무역하게 하라.[19)

이라 한 바처럼 국고의 고갈이 예상되고 穀物儲置 노력에 위배되는데도 불구하고 陳米豆 600각을 저화로 무역케 한 데에서 찾아 볼 수 있는 것이다. 그러나 미곡방출량이 전에 비해 줄어들고 저화불용세이 나돌게 됨에 따라서 저화1장=미3승이라는 저화가의 하락현상이 초래되고[20) 이에 대해 정부는 저화유통에 대한 확고한 입장을 밝히고 저화에 대한 강력한 지지를 표명하기 위하여

명하여 나라에서 쓰는 모든 물건은 다 저화로써 사고 팔게 하고, 부득이한 경우에는 모름지기 베[布]와 쌀을 쓸 것을 아뢰고 시행하라 하였다.[21)

국용범물은 모두 저화로만 매매토록 하되 부득이해서 米·布를 써야 할 경우에는 계문 시행토록 하였다. 아울러 別例所貢物 경우에는 진미두·포화·저화로 상납토록 조치하여[22) 정부와 민간사이에 저화사용의 기회를 넓혔다. 그러나 저화의 불용현상은 여전하여 호조참판 安純으로 하여금 이에 대한 興行術을 정부 6조와 상의하여 마련토록 하였는데[23) 그 중

---

19)『世宗實錄』卷3, 원년 4월 계사, "以軍資監陳米豆換楮貨 已有前例 初設此法者, 欲楮貨之興行 而救貧乏之民也 今年若又凶歉 則民將仰食於國家矣 今依前例換楮貨 則國庫空竭 有違儲峙之意 朴訔啓曰 今當飢賑濟亦不可廢 陳米豆可不給乎 雖不及前數 量宜易換爲便 上曰然 因命之剛曰 其以陳米豆六百斛 於鰥寡孤獨廢疾者 以時價貿易"

20)『世宗實錄』卷5, 원년 8월 갑술, "禮曹判書 許稠對曰 近者 民間喧言 國家將不用楮貨 楮貨一張 價米不過三升 此亦不可不慮也"

21)『世宗實錄』卷7, 2년 윤정월 戊寅條 "命國用凡物 皆以楮貨買賣 不得已須用布米 啓聞施行"

22)『世宗實錄』卷7, 2년 윤정월 戊戌條 "今貢賦詳定後, 如有別例所貢, 以陳米豆及楮貨、布貨貿易上納"

23)『世宗實錄』卷7, 2년 2월 계해, "命戶曹參判安純曰 今聞 商賈不務用楮貨 予爲慮

저화를 잘 통용시키려면, 조건을 분명하게 알리어서 거행하게 하고, 엄격하게 상고하여 살피며, 모든 물가는 경시서로 하여금 알아보게 하여, 호조에 보고하거든 모두 싯가에 따라 공고하여 매매하게 하되, 민간에 저화가 많이 퍼지면 돈 값이 떨어지고, 귀해지면 오르게 되오니, 그 많이 퍼지고 적게 나도는 것을 따라서, 그때그때 요량하여 걷어 들이기도 하고 내어놓기도 하게 하소서."하니, 그대로 허락하였다.[24]

와 같이 물가에 대한 정부의 적극적인 관여와 저화의 적절한 歙散策이 강구되었다. 물가에 대한 정부의 告示價 결정은 3개월마다 한 번씩 행하기로 하고 이 고시가를 위배했을 적에는 사헌부에서 엄중히 다스리기로 하였다.[25] 하지만 자연재해의 잇따른 발생은 이러한 정부의 저화유통 노력을 번번히 좌절시켜 동 3년 4월에 곡가의 등귀와 저화가의 하락을 초래케 하여

임금이 백성이 굶주리므로, 호조에 명하여 豐儲倉과 軍資監의 묵은 쌀과 밀을 꺼내어, 가난한 백성으로 하여금 이를 사게 하였다. 이 때 저화 한 장으로 쌀 2되를 사는데, 임금이 쌀은 1말 5되, 밀은 3말씩을 주게 하니, 백성들이 크게 기뻐하였다. 이 때 경기 각 고을의 창고는 賑貸로 곡식을 백성에게 꾸어 주었기 때문에 텅텅 비게 되었다. 그러므로 군자감의 쌀을 꾸어주니, 경기도의 백성이 이고 지고 가는 자가 잇따라 끊어지지 아니하였다.[26]

에서처럼 저화 1장의 等價가 미 2승으로 성립케 하였다. 이렇게 곡물 흉작에 의한 민생의 파탄이 진행되자 풍저창, 군자감의 陳米·小麥을 방출

---

焉 其所以興行之術 議于政府六曹以聞"

24) 『世宗實錄』卷8, 2년 4월 을사, "楮貨興用條件 申明舉行 嚴加考察 凡物價 京市署訪問 告于戶曹 竝依時價出榜買賣 而民間楮貨 多則賤 小則貴 隨其貴賤 以時斂散 從之"

25) 『世宗實錄』卷9, 2년 8월 신축, "戶曹啓 市價不平 令京市署每三朔一次改定市價 其亂法瞞官者 憲司糾理 從之"

26) 『世宗實錄』卷11, 3년 4월 무술, "上以民飢 命戶曹出豐儲倉·軍資監陳米小麥 令窮民買之 是時 楮貨一張直米二升 上令給米一斗五升 小麥則三斗 民大悅 時 京畿州郡倉庫 因賑貸罄竭 故貸以軍資米 京畿之民載負者 絡繹不絶"

하여 저화 1장당 미 1두 5승, 소맥 3두로 저화의 실제 교환가보다 높이 책정해서 곡물을 優給해 주었다. 이 경우 저화의 대미등가는 7.5배로 상향된 것이다.

빈민구제를 위한 정부보유곡의 방출은 동6월에도 계속되는데[27] 이러한 정부미 방출을 통한 저화에의 공신력 부여는 저화에 대한 유용성을 환기시켜 일부 관리들로 하여금 정부보유 저화의 偸竊現象을 빚게 했다. 동년 10월에

> 功臣都監使 沈寶가 종이 1백 권을 사사로이 썼고, 副使 尹希夷도 저화 3백 장을 사사로이 썼는데, 일이 발각되어 獻府에 내려 국문하라 명하였다.[28]

공신도감의 使 沈寶가 종이 1백 권을 사용했다거나, 副使 尹希夷가 저화 3백장을 사용했다든가한 사실은 바로 그러한 내용을 암시해 주는 것이라 하겠다. 하지만 동4년 7월에 이르면 저화에 대한 정부의 관심이 점차 철회되는 것 같은데,

> 서울 안에 쌀이 귀하여, 백성들이 살아 나갈 수가 없으니, 창고에 있는 묵은 쌀을 방매하되, 저화 한 장에 쌀 한 되씩 하라.[29]

와 같이 흉작에 따르는 米貴現象이 발생함에도 불구하고 저화 1장당 대미교환가를 미 1승으로 하고 있는 것이다. 이러한 정부 입장의 변화가 어디에 기반하고 있는 지는 확실치 않지만 동 3년 4월의 교역내용과 비교해 본다면 매우 낮게 책정된 것이다. 그리고 저화에 대한 정부의 관심

---

27) 『世宗實錄』 卷12, 3년 6월 경술, "命戶曹曰 霖雨太甚 米價湧貴 民生可慮 其以軍資陳米一萬石 買楮貨于民間 貧乏人爲先給之"

28) 『世宗實錄』 卷13, 3년 10월 무신, "功臣都監使沈寶私用紙一百卷 副使尹希夷私用楮貨三百張 事覺 令憲府鞫之"

29) 『世宗實錄』 卷16, 4년 7월 계해, "京中米貴 民不聊生 其以倉庫陳米 聽賣楮貨一張 折米一升"

이 점차 해이해졌다는 사실은 각사노비에 대한 월료지급에서도 확인된다. 저화가 사용된 이래 이들에 대한 월료급여는 저화로만 이루어졌었는데 이 시기에 이르러 미곡으로 전환되었던 것이다.[30] 이처럼 저화에 대한 정부의 지지가 약화된 것은 연년의 흉겸에 따른 극심한 미귀현상에 기인하는 것으로 백성들의 기아를 해결하기 위한 정부의 최대 노력이 각사 노비월료를 미곡으로 지급한다거나 또는 최소한의 賑資穀을 보유하기 위한 노력으로서 저화의 대미곡가를 현실화시킬 수밖에 없었던 것이다. 이러한 사정 속에서

> 이 때 장사치[商賈]들이 모두, 저화는 쓰지 아니하고 쌀과 베로서 매매하게 되니 물건 값이 치솟고, 저화는 매우 천하게 되었다.[31]

이라 한 바처럼 저화의 甚賤현상은 더욱 심화되어 갔다.

## 3. 저화 전용책의 변화와 楮貨의 지위

### 1) 저화 전용책의 변화

저화통용에 대한 세종의 입장 변화는 동 4년 10월에 엿보인다. 즉

> 임금이, 백성들이 저화를 쓰지 않고 동전이나 布幣를 쓰고자 하므로, 김익정·정초로 하여금 세 議政에게 가서 의논하게 하였더니, 유정현은 굳이 저화를 쓰게 하여, 쓰지 않는 자는 엄한 형벌을 하자고 청하고, 이원은 동전으로 통용하기를 청하고, 정탁은 포폐를 쓰자고 청하였다.[32]

---

30) 『世宗實錄』 卷16, 4년 7월 정사, "命諸司奴婢月料 給以米穀 自用楮幣 月料皆給楮幣, 楮賤米貴 人甚苦之 至是以年飢給米 人便之"
31) 『世宗實錄』 卷18, 4년 10월 정유, "時商賈皆不用楮貨, 皆以米布買賣, 物價踊貴, 楮貨甚賤"
32) 『世宗實錄』 卷18, 4년 10월 경자, "上以楮貨民不興用 欲用銅錢與布幣 使金益精·鄭招往議三議政 柳廷顯請堅行楮貨 不用者嚴刑, 李原請行銅錢 鄭擢請用布幣"

와 같이 저화가 백성들 사이에 인기가 없어지자 동전, 포폐를 사용하고
자 하는 자신의 의사를 三議政에 논의케 한 것이다. 이 때 柳廷顯은 저
화의 지속적인 行用과 그 不用者에 대한 엄형을 주장하고 나섰고, 李原
은 동전의 통용을, 鄭擢은 포폐의 사용을 주청하여 이에 대한 의견의 일
치를 보지 못하였다. 세종의 이러한 의사 표명은 그 표면에 있어서 저화
강행을 위해 실시한 바 있는 규제책들이 외방의 飢寒民만을 대상으로
하게 되었다.33)

　　우리나라에서는 전부터 포폐를 썼었는데, 晋山府院君 河崙이 의논을 드리
　　기를, "국가에서 백성에게 쓰는 것은 저화로 하고, 백성이 나라에 바치는 것
　　은 米穀으로 하면, 나라는 부강할 수 있으며, 흉년이 들거든 저화를 거두고
　　창고를 풀어 곡식을 풀어주며, 풍년이 들거든 저화를 헤쳐 내어주고 곡식을
　　거둬들이게 되면, 관과 민이 함께 편할 것입니다."하매, 태종이 그대로 좇아
　　이에 저화의 법을 마련하였더니, 이때에 와서 관과 민이 모두 이로운 바가 없
　　으므로 이를 폐지하고자 하나, 태종이 만들어 놓은 법이란 이유로써 감히 갑
　　자기 고치지는 못하였다.34)

　官民兩便이라는 입장에서 발행한 저화가 관·민 모두에 별 이익을 주
지 못한 데에서 연유한 것이었다. 결국 이 제안은 동 5년 9월에 전·저의
통행으로 변형, 결정되었는데35) 이 때 이 錢·楮兼行法이 그 소기의 목
적을 달성하기 위해서는

　　신 環은 그윽이 생각하건대, 재물을 생산하는 길이 나라의 先務이니, 國制
　　에 돈[錢]과 저화를 겸행하는 법을 새로 세웠으니, 이는 나라와 백성을 유족

───

33) 『世宗實錄』 卷18, 4년 12월 정해, "先是 楮貨日賤 其價至升米三張 故不用楮貨
　　以他物貿易者 籍其家 然犯罪者皆外方飢寒之人 富商大賈 無罹罪者, 楮貨之賤 無
　　異於前 故用錢之論 自此而起
34) 위와 같음. "本國舊用布幣 晋山府院君河崙獻議曰 國家之所用於民者楮貨 而民之
　　所納於國者米穀 則國可以富 且凶年則斂楮貨而發倉 豊年則散楮貨而斂粟 可便官
　　民 太宗從之 乃立楮貨之法 至此 官民皆無所利 欲罷之 以太宗成憲 不敢遽改"
35) 『世宗實錄』 卷21, 5년 9월 갑오, "乃會政府六曹 議鑄錢與楮貨通行"

하게 하는 방도로서 지극히 잘된 일입니다. 그러나 이것은 반드시 鑄錢하는
곳을 널리 두어 銅을 아끼지 말고 工人도 아끼지 아니한 뒤에야만 국가의 용
도도 유족하려니와, 백성의 이용도 풍족하게 될 것인데,(…)[36]

와 같이 철전소의 확대, 銅의 지속적 공급 등이 선결되어야만 했었다.
적절한 동전 공급이야말로 전·저겸행의 요체가 되었기 때문이다. 이러
한 배경에서 진행된 동전주조는 어느 정도의 발행량을 확보하게 되자[37]
동 7년 2월에 그 始用을 서두르고 포화의 對米交易을 엄금하였다.[38]

　당시 저화대 동전의 등가가 어떠했는지는 확실히 알 수 없지만 동 3
월 기묘조의 犯罪收贖法 중에서 '今則笞一十銅錢一百五十張 楮貨七十
五張'이란 내용과 동 4월 병진조의 '在先贖罪 以錢文楮貨 相半收納'의
내용에서 저화 75장＝동전 150문의 등가를 성립시킬 수가 있기 때문에
이 당시의 저화 1장의 가치는 동전 2문에 해당한다고 볼 수 있다. 동전
이 사용되게 되자 이제까지 저화로의 수납이 강요되었던 범죄수속은

　　　지금은 태형 10대에 동전은 1백 50문이요, 저화로는 75장이며, 장형 1백
　　　대에는 동전을 1천 5백문이요, 저화는 7백 50장이니, 이러한 비율로 추산한다
　　　면, 장 1백, 徒 3년의 형이면…(하략)[39]

에서 보는 바처럼 동전과 저화로 겸용하게 되고 외방 상납물에 대한 급
가도 저화·동전 등으로 지급하게 되었다.[40] 전·저 겸용에 대한 세종의

---

36) 『世宗實錄』卷23, 6년 2월 계축, "臣環竊見 生財之道 爲國之先務 國制新立錢楮
　　兼行之法 是於裕國足民之道 可謂至矣 然而是必廣鼓鑄之所 不惜銅愛工 然後國
　　用裕而民用足矣"
37) 세종 7년 4월 계축, 戶曹參判 進言 중에 頒布錢文 3천관, 在庫錢文 2만 4천여 관
　　이란 사실에서 당시 주전량이 총 2만 7천여 관에 달함을 알 수 있다.
38) 『世宗實錄』卷27, 7년 2월 무오, "始用銅錢 自是小民畏法 以布貨易米者絶無 民
　　之艱食 兆於此矣"
39) 『世宗實錄』卷27, 7년 3월 기묘, "今則笞一十銅錢一百五十文 楮貨七十五張 杖一
　　百銅錢一千五百文 楮貨七百五十張 等而推之 則杖一百徒三年(下略)"
40) 『世宗實錄』卷28, 7년 4월 정묘조.

당초 입장은 동전전용을 위한 임시적 경과조치로서 행한 것 같은데 이는

> 임금이 여러 신하에게 이르기를, "전날에 돈과 저화를 겸용할 것을 정부
> 와 육조에 널리 물어서 시행하게 하였는데, 대체로 저화의 사용은 송나라에서
> 시작하였고, 원나라에 이르러 돈과 저화를 겸용하려 하였으나, 채 하지도 못
> 하고 망하였으며, 명나라에서도 역시 겸용하지 못하고 있다. 전날 錢幣를 만
> 들기로 의논할 때에 겸용하는 법을 세우려고 하는데, 나는 그 때에 분명히 겸
> 용할 수 없음을 알았으나, 돈을 鑄造하여 반포하기 전에 저화를 쓰지 아니하
> 면 백성이 더욱 싫어할 것이므로 우선 겸용하는 법을 세웠던 것이다."[41]

에서 나타나는 바와 같이 중국 宋代에 나타난 전·저겸행법이 그 후 능히
겸용되지 못하고 있다는 사실을 통해서 양 화폐의 겸용 불가를 나름대로
판단하고 있었던 것이다. 다만 동전 頒行 전에 저화를 불용하면 이에 대
한 백성들의 기피현상이 더욱 심화될까 우려해서 그러한 과도기적 조치
를 취하였던 것이다.

이제 동전의 사용에 따라 기왕의 전·저겸용책을 포기하고 본래 생각
했던 동전 전용책을 추진해야 했었는데

> (…) 경의 말이 옳다. 나라를 다스리는 법은 信을 보이는 것이 가장 중요
> 한 것이다. 처음에는 저화를 보물로 삼아 그것을 쓰게 하였다가, 이제 와서
> 오로지 돈만을 쓰게 하고 그것을 헛되이 버리게 된다면, 백성 중에 저화를 가
> 지고 있는 자가 어찌 근심하고 한탄하지 아니하랴. 민간에 돈을 주고서 저화
> 를 거둬들이는 것이 옳을 것이다.[42]

---

41) 『世宗實錄』 卷28, 7년 4월 계축, "上謂諸臣曰 前日錢楮兼用 延訪於政府六曹而後
行之 夫錢楮之設 始於宋朝 至于大元 欲兼用錢楮 未克而亡 大明亦未能兼 前日議
設錢幣之時 立兼用之法 予於其時 灼知不可兼用也 然於未鑄錢頒行之前 不用楮
貨 則民益厭之 故姑立兼用之法"
42) 『世宗實錄』 卷28, 7년 4월 계축, "(上略)上曰 卿之言善矣 爲國之道 莫如示信 初
以楮幣爲寶而用之 今專用錢而空棄之 民之有楮幣者 豈無愁歎 給錢於民間 以收
楮貨可矣"

동전을 專用한다고 해서 기존의 저화를 일시에 파기한다고 하면 저화
소지자에게 막심한 불이익을 가져다주기 때문에 그 해결 방안으로서 을
강구하고 아울러 사섬서에서 발행한 저화의 총량을 보고토록 조치하였
다.43) 당시 호조는 專用錢文의 입장에서 錢價의 방임과 잡물의 사상무역
을 엄금하고 동전 1천관으로써 민간에 산재한 저화를 환수하되 저화 1장
=동전 1문으로 할 것을 주장하였다.44) 이 안은 즉시 채택되어 동 7년
4월부터 동전전용의 길을 터놓았지만 저화 1장=동전 1문의 결정은 동
3월 저화 1장=동전 2문에 비해 보면 저화에 대한 2배의 평가절하를 단
행한 것이었다. 이러한 결정의 배경에는

> 임금이 말하기를, (…) 그러나 저화는 많고 돈은 아직도 적을까 염려된다."
> 하니, 호조 참판 睦進恭이 나아와 아뢰기를, "지금 반포한 돈은 3천관이오나
> 관가에 유치해 있는 것이 2만 4천여 관이 온즉, 신의 억측으로는 돈으로 저화
> 를 바꾼다 하더라도 돈 1천관을 쓰는데 지나지 아니할 것이옵니다."45)

철전의 양이 충분치 못해, 동전으로써 교역할 수 있는 저화의 양이
1천관으로 제한될 수밖에 없다는 데에 기인한 것이었다. 이 때 5백관이
한성부의 산재한 저화를 환수하는데 할당되었는데46) 이 액수로 교환할
수 있는 저화의 양은 50만장이 된다.47) 세종 8년의 한성부 인구가 10만

---

43) 『世宗實錄』卷28, 7년 4월 계축, "上曰 令司贍署計會印楮貨之數以聞"
44) 『世宗實錄』卷28, 7년 4월 계축, "戶曹啓 今依甲辰年十一月日受教 楮貨銅錢兼用
　　然民心未安 請除兼用楮貨 專用錢文 其錢價高下 一從民間時直 敢以雜物私相貿
　　者 依曾降教旨 一切禁止 民間散在楮貨 以銅錢一千貫換收納官 楮貨一張準錢一
　　文 從之"
45) 『世宗實錄』卷28, 7년 4월 계축, "上曰(中略)然恐楮貨多而錢尙少也 戶曹參判睦
　　進恭進曰 今頒布錢文 三千貫也 見留在官者, 二萬四千餘貫 臣臆意 以錢易楮貨
　　不過費錢一千貫也"
46) 세종 7년 4월 갑인에 민간산재의 저화를 조속히 수납하기 위한 방법으로 한성부
　　지역을 동·서·남·북부와 중부 및 성저 10리로 도합 5部로 나누어 각 1백관씩 분
　　송하였다.
47) 동전 1관은 一千文에 해당한다. 『太宗實錄』卷11, 6년 3월 정유조 참조.

9천 3백 72명이라는 사실을 놓고 본다면[48] 1인당 약 5장 가량의 저화로 파악할 수 있는 것이다. 그렇다면 '然恐楮貨多而錢尙少'라는 내용으로[49] 추찰컨대 당시 민간에 퍼져 있는 저화량은 이 보다 훨씬 많았을 것으로 추측된다.

동전전용이 결정되자 이제까지의 범죄 수속은

> 이때까지는 죄를 짓고 속전을 바칠 때에 돈과 저화를 서로 절반씩 받았는데, 이제 와서는 돈만을 쓰게 되었은즉, 이제부터는 銅과 돈 중에서 자원하는 대로 정식에 따라 바치게 하소서."하니, 그대로 따랐다.[50]

와 같이 저·철 相半收納에서 동·철문 중 從願收納으로 개정되고, 민간 저화의 환수는 사섬서 獨掌收納 방침을 변경해서 한성부 동부는 종부시, 남부는 의금부, 서부는 군자감, 북부는 통례문, 중부 및 성저 10리 이내 지역은 사섬서가 담당하여 환수하고, 외방은 유후사를 비롯한 전국 8도 에서 조속히 수납토록 하였다.[51] 또한 각사노비 신공가와 기타 무녀업 중세 역시 전문으로 수납하고[52] 저화의 강제 통용을 위해 부담시켰던 민호세공저화도 혁파하였다.[53] 동 7년 8월에는 錢文代捧의 길을 보다 확대하여 공장세, 행상세, 좌고세, 행랑세, 신참마가세를 두루 포함하였는데[54] 이는 종전의 저화수납을 동전수납으로 전환하는 과정에서 그대

---

48) 『世宗實錄』 卷40, 10년 윤4월 기축조.

49) 『世宗實錄』 卷28, 7년 4월 계축조.

50) 『世宗實錄』 卷28, 7년 4월 병진, "在先贖罪 以錢文楮貨相半收納 今改全用錢文 自今銅及錢文中 從自願依定式收納 從之"

51) 『世宗實錄』 卷28, 7년 4월 갑인조.

52) 『世宗實錄』 卷28, 7년 6월 임자, "戶曹啓 各司奴婢身貢收納之法 前此奴一口元貢 正布一匹 餘楮貨二張 婢一口元貢正布一匹 餘楮貨一張 自今奴一口餘貢收錢一百 文 婢一口五十文 其他巫女業中 亦依此例 從之"

53) 『世宗實錄』 卷29, 7년 7월 정해, "戶曹啓 今除楮幣用錢幣 請除各道民戶歲貢楮貨 從之"

54) 『世宗實錄』 卷29, 8월 병술조.

로 포용한 것이었다. 이 외에도 도망노비역가 등이 전납으로 바뀌었
다.[55]

### 2) 楮貨의 지위

세종대의 저화 전용책의 변화는 앞서 말한 바와 같이 저·전겸용론의
대두에서 찾아볼 수 있다. 이러한 화폐정책상의 변화는 저화가치의 계속
적 하락이라는 저화 지위의 불안정에서 비롯되는 것으로 정부의 수속가
에까지 영향을 끼쳤다. 세종 4년 10월 호조는

> "영락 4년 3월에 의정부에서 判定받은 동전 1관을 다섯 새 베[五升布] 1
> 필로 쳤었으나, 그 때에는 저화 10장으로 계산하여 작정한 물건이라도, 지금
> 은 3, 4배나 되어 輕重이 맞지 아니하니, 이제부터는 贖錢을 받을 때나, 贓物
> 을 계산할 때에는 동전 1관을 저화 30장으로 쳐서 계산하도록 하겠습니다."
> 하여, 그대로 따랐다.[56]

에서처럼 수속가의 개정을 요구하면서 태종 6년 3월에 제정한 동전 1관
＝저화 10장의 등가는 그 간의 물가상승을 고려해서 동전 1관＝저화 30
장으로 인상해야 한다고 주장하였다. 이는 태종 6년 시의 동전 1관이 오
승포 10필[57] 저화 10장으로 折定되었기 때문에 오승포의 가치가 3~4배
로 상승한 현재에 있어서는 동전 1관에 대한 저화의 등가도 동전 1관＝
오승포 10필＝저화 30장으로 개정해야 한다는 것이었다. 이러한 호조의

---

55) 『世宗實錄』 卷31, 8년 정월 갑인, "刑曹據漢城府所啓 雜訟決絶可行條件 與議政
   府諸曹同議啓 逃亡奴婢役價 依匠人收稅例 楮貨一張, 準米一斗 每米一斗 準銅錢
   四十文 一年役價 徵銅錢一千四百四十文 給還本主"

56) 『世宗實錄』 卷18, 4년 10월 병오, "永樂四年三月日 議政府受判 銅錢一貫 準五升
   布一匹' 然其時 楮貨十張計折之物 今則三四陪 輕重失中 自今收贖及計贓 銅錢一
   貫準楮貨三十張 從之"

57) 주 56)에는 동전 1관＝오승포 1필로 나타나 있지만 실제로 『太宗實錄』 卷11, 6년
   3월 정유조에 의하면 동전 1관＝오승포 10필로 규정되어 있다.

견해는 저화가 하락에서 발생하는 정부 수입의 상대적 감소를 최대한으로 억제코자 하는 데에서 나온 것이 아닌가 추측된다.

그 후에도 저화는 날로 천해져서 저화 3장＝미 1승에 이르고[58]

> 지금 市肆에서 楮幣를 쓰지 않고 다른 물건을 쓴 사람은 그 죄를 다스리고, 인하여 그 가산을 몰수하여 저폐의 법을 단단히 시행하였는데, 그러나 富商 大賈들은 법을 범하여 刑을 받은 사람이 있다는 말을 듣지 못하였고, 다만 빈궁한 백성만이 매양 죄에 걸려서 가산을 탕진하게 되니, 내가 심히 민망히 여긴다. 저폐의 법은 비록 고칠 수 없지마는, 이와 같은 흉년을 당하여 민간에서 무역하는 것은 잠정적으로 그 편의를 보게 하라."고 하였다. 명령이 내리매 백성들이 크게 기뻐하였다.[59]

와 같이 市肆에서의 저화이용도 극히 저조하게 되었다. 그래서 정부는 상거래에서의 저화이용을 강제하기 위하여 저화 불용자에 대한 강력한 중형책을 취하게 되는데 그 시행과정에서 많은 차질을 빚게 되었다. 즉 범법자는 빈궁민 뿐이고 歲凶에 따른 민생의 궁핍이 예상되었기 때문에 민간교역에서의 저화이용을 계속 고집할 수 없었다. 이에 상기 사료에서 보는 바처럼 민간거래에서의 유통수단은 백성들의 편의에 따르도록 허용하게 되는데, 같은 시기의 자료를 보면

> 호조에 명하여, 京倉의 묵은 쌀 2천 석과 묵은 콩 1천 석을 내어 민간의 저화를 사서 굶주리고 궁핍한 사람을 구제하였다.[60]

에서와 같이 경창의 陳米 2천석, 陳豆 1천석을 풀어 저화와의 교역을

---

58) 『世宗實錄』 卷18, 4년 12월 정해조.
59) 『世宗實錄』 卷19, 5년 정월 무술, "今之市肆 不用楮幣 而用他物者 窮治其罪 仍沒家産 以堅楮幣之法 然未聞富商大賈犯法被刑 獨貧窮之民 每陷於罪 破蕩家産 予甚憫焉 楮幣之法 雖不可革 當此歲凶 民間貿易 姑聽其便 命下 民大悅"
60) 『世宗實錄』 卷19, 5년 정월 무술, "命戶曹發京倉陳米二千石 陳豆一千石 買民間楮貨 以救饑乏"

도모하고 그 교역가도 저화 1장=미 2승, 콩 4승으로 우대하여 지급하고
있어[61] 저화에 대한 정부의 관심은 여전하였던 것 같다. 당시 저화는

> 서울 안의 盲人으로, 혼자 사는 여자 29인이 북을 치고 호소하기를, "일찍
> 이 환자[還上]를 받아먹었으나, 가난한 탓으로 수를 채워 바치지 못하겠사오
> 니, 저화로써 대신 바치기를 원합니다."하므로, 호조에 명하여 그들의 소원을
> 들어 주라고 하였다.[62]

맹인·독신녀들에 이르기까지 널리 확산되어 있었는데 그 유통량의
절반가량이 한성부에 몰려 있고[63] 그에 비해 市肆에서의 이용은 매우
부진해서 저화가의 하락은 필지의 사실로 나타났다. 또한 국고물과의 교
역을 통한 저화유통 노력이 항구적이 아닌 임시적 조치에 불과해서 저화
의 甚賤 현상은 더욱 깊어만 갔다. 이러한 사정에서 初造楮貨 시 성립했
던 저화 1장=미 1두, 저화 30장=목면 1필의 등가는 저화 1장=미 1승,
저화 100장=목면 1필로 나타나게 되고[64] 동 4년 10월의 저화 수납가
조정문제는 마가, 무녀업중세, 노비신공가, 어전세, 행장세 등의 항목에
서 3배의 인상을 보게 되었다.[65] 이와 같은 저화의 불용, 심천 현상은
동 5년 9월에 전·저겸용책을 입안케 했는데, 이것도 동전전용을 위한 과
도기적 조치에 지나지 않았기 때문에 저화불용현상은 더욱 심화되어 갔
고[66] 특히 철전원료를 확보키 위해 실시했던 斂銅策은 전 계층과 전 지

---

61) 『世宗實錄』卷19, 5년 2월 신미, "戶曹啓 民飢穀貴 請糶軍資監陳米豆 許民以楮
　　貨貿, 一張價 米則二升 豆則四升 從之"
62) 『世宗實錄』卷18, 4년 11월 신사, "京中盲人獨女二十九人擊鼓申訴曰 曾受還上
　　以貧乏未能充納 願以楮貨代納 命戶曹從其所願"
63) 주 16) 참조.
64) 『世宗實錄』卷21, 5년 9월 갑오, "議鑄銅錢 初造楮貨一張直米一斗 三十張直木緜
　　一匹 至是楮貨甚賤 一張一升 百餘張一匹"
65) 『世宗實錄』卷20, 5년 6월 경자조.
66) 『世宗實錄』卷25, 6년 7월 을해, "司瞻署提調啓 楮貨本非民樂用之物 今因銅錢兼
　　用之令 楮貨尤不行用 宜當速頒銅錢 以定民志"

역을 대상으로 한 강제적 성격의 것이어서[67] 백성들의 저화 불용현상은
더욱 깊어만 갔다. 이러한 상황에서 저화에 대한 정부의 입장은 점차 소
극적으로 되어 갔는데

> 함길도 鏡城에서 司宰監에 바치는 대구어·연어의 全鮑와 濟用監에 바치
> 는 저화를 영구히 면제시켰으니, 그 고을 사람 전 大護軍 金天乙의 진언에
> 따른 것이었다.[68]

그 확실한 동기가 나타나 있지는 않지만 제용감에 소납해야 할 저화를
영구히 면제하고 있는 것이다. 당초 저화를 유통시켰을 때에는 이의 전
국적 통용을 위해 세공저화의 세목을 신설해서 저화의 강제 수납을 기도
하였는데 그 중 호저화는

> "호조에서 교지를 받자온 대로 도내 각 고을 민호에 저화 1만 2천 3백 90
> 장을 펴주고 그 값으로 쌀 4백 13석을 거두어 義倉에 보충하였습니다."[69]

와 같이 그 중간에 미곡으로 대납되고 있었다. 환언하자면 각 관, 민호가
부담해야 할 저화 1만 2천 3백 90장을 4백 13석의 미곡으로 대납하였는
데 이러한 예는 전라도뿐만 아니라 충청도[70]·평안도[71]에서도 나타난다.
저화의 미곡대납은 세종 5년에

---

67) 『世宗實錄』 卷25, 6년 8월 정미·기유·경술·을묘조 참조.
68) 『世宗實錄』 卷26, 6년 10월 신해, "命永除咸吉道鏡城 司宰監納大口魚連魚全鮑
　　濟用監納楮貨 因郡人前大護軍金天乙陳言也"
69) 『世宗實錄』 卷28, 7년 4월 정묘, "依戶曹受敎 道內各官民戶楮貨一萬二千三百九
　　十張 收價米四百十三石 以補義倉"
70) 『世宗實錄』 卷28, 7년 4월 경신, "忠淸道監司啓 依戶曹受敎 道內各官民戶楮貨一
　　萬三千三百二十八張 收價米四百四十四石 以補義倉"
71) 평안도의 경우에는 본래부터 호공저화가 없었는데 戶米收納이 강제된 것 같다.
　　그래서 『世宗實錄』 卷26, 6년 11월 병술조의 "平安道監司啓(中略)且道內人民曾
　　無戶貢楮貨 今以價米收納未便(中略) 命依前例 除收楮貨價米"와 같이 호미대납이
　　면제되었다.

> (…) 田土가 있으면 租가 있고, 민호가 있으면 調가 있기 때문에, 본조에
> 서도 古制에 의하여 처음에는 보통의 5승포를 수납하였고, 다음에는 저화를
> 수납하였사온데, 계묘년에 이르러 工商人들이 먼저 자기의 물건으로 관에 납
> 부하고는 뒤에 그 값을 배나 징수하므로 백성에게 폐해가 있다.' 하여, 드디
> 어 저화의 수납을 파하고 다만 戶米에 차등을 두어 징수하였습니다.[72]

종전의 저화수납을 호미수납으로 변경한 데에 근거한 것으로, 호저화
수납이 진행되는 과정에서 외방의 저화 구득난을 틈탄 공상인들의 저화
선납과 후일 백성으로부터의 倍徵 폐단을 일으키게 됨에 따라 이에 대
한 시정 조치로 나온 것이다. 물론 이것이 의창을 보완하고 민생을 이롭
게 하자는 의도도 내포되어 있었지만,[73] '有田則有租 有戶則有調'라는
古制에 의해 私租 외의 세미수납은 삼가고 있는 실정이고[74] 각사 공물
도 모두 민호로부터 징수하고 있는 터여서 호저화의 폐단을 시정한다고
해서 호미로 대납한다는 것은 백성들에 대한 남징에 불과한 것이었다.

이처럼 여러 목적을 내포한 호미수납으로의 전환은 그 후 동 7년 4월
에 이르러서 동전전용제의 채택에 따라[75] 그 명분을 상실하고 이어서
동 10년 12월에 혁파되었다.[76] 그리고 바로 前年인 동 9년에는 불용저
화죄로 몰수한 개인의 재산을 모두 돌려줌으로서 저화유통 강행에 따라
나타난 백성과 국가 간의 불편한 관계를 일체 청산하고자 하였다.[77]

---

72) 『世宗實錄』 卷42, 10년 12월 기해, "(上略) 有田則有租, 有戶則有調, 故本朝因古
   制, 始收常五升布, 次收楮貨。 歲癸卯, 以工商先將己物納官, 倍徵其價於民有弊,
   乃除楮貨, 只收戶米有差"
73) 『世宗實錄』 卷22, 5년 11월 병술, "右司諫 朴冠 等 上疏言 一. 有田有租 古之制
   也 田租之外 又出以米 古所未有 民戶楮貨 本以楮貨興行而立之 固非美法 雖革之
   可也 又何代出以米 以病民哉 且曰有補義倉 欲利於民 至愚之民 安知後日之利 而
   不怨當時之費乎"
74) 『世宗實錄』 卷22, 5년 11월 병술 ; 『世宗實錄』 卷74, 18년 7월 갑인조 참조.
75) 『世宗實錄』 卷28, 7년 4월 계축조.
76) 『世宗實錄』 卷42, 10년 12월 기해, "戶曹啓 (上略)乃除楮貨 只收戶米有差 然各司
   所貢之物 皆出民戶 而泥古制有戶有調之法 又收戶米未便 請蠲戶米 從之"
77) 『世宗實錄』 卷36, 9년 6월 기사, "命以不用楮貨坐罪各人沒官家財 竝皆還給"

## 4. 저화의 復用과 유통책

국가에서 강력히 추진하고자 했던 동전 전용책은 그 이면에

> 전일에 여러 신하들이 다 말하기를, '저화는 백성이 즐겨 쓰지 않으니, 鑄
> 錢을 펴서 향하면 백성들도 즐겨 쓸 것이니 저화처럼 쓸데없는 무용지물이
> 되지 않을 것이며, 비록 왕성하게 쓰이지 않더라도 그 값이 저화처럼 떨어지
> 기까지에는 이르지 않으리라.'고 하므로, 내가 그 말을 믿고서 저화를 폐지하
> 고 전폐를 발행하였더니, 지금 몇 해도 되지 않아서 백성들이 즐겨 쓰지 않아
> 서 그것도 저화처럼 무용지물이 되어버렸다.[78]

에서와 같이 동전을 주조·반포하면 저화의 無用 현상과 같은 결과가 나
타나지 않을 것이고 비록 그것이 홍용되지 않아도 저화 심천과 같은 양
상은 초래되지 않을 것이라는 막연한 기대감이 작용하고 있었다. 그러나
동전이 사용된 지 수년이 지나도 백성들이 즐겨 사용하지 않고 도리어
무용지물로 전락되어 가고 있었다. 이러한 동전의 불홍용현상은 申商이
지적한 바처럼,

> 지금 우리나라에서는 서울에서만 시장이 있고 각도의 고을에는 모두 시장
> 이 없으니, 미록 전폐가 있을지라도 물건을 살 시장이 없으니, 도리어 돈을
> 못 쓰는 물건으로 생각하고 백성들이 사용하지 아니합니다. 중국의 제도에 의
> 하여 외방의 고을에 모두 시장을 열면, 돈이 저절로 홍용될 것입니다."[79]

그것을 활용할 수 있는 시장이 거의 없다는 데에 그 한 요인이 있었던 것
이다. 즉 한성부에만 市肆가 있고 각도 주군에 전혀 없다는 상황 하에서

---

78) 『世宗實錄』卷38, 9년 10월 병인, "前日群臣皆謂 楮貨民不樂用 鑄錢頒行 則民亦
樂用 不如楮貨之無用也 雖不興用 其價不至如楮貨之賤 予信其言 革楮貨而行錢
幣 今未數年 民不樂用 而其爲無用 與楮貨無異"
79) 『世宗實錄』卷29, 15년 정월 임신, "今我國京都有市 各道州郡 皆無市 雖有錢幣
弊者不得市焉 反以錢爲無用之物 民不興用 依中國之制 外方郡縣 皆開市則錢自
興矣"

동전의 무용지물과 불홍용현상은 예정된 결과로 나타날 수밖에 없었다.

이처럼 동전이 홍용되지 못하고 무용지물로 변해감에 따라 기왕의 저화를 다시 사용하자는 의견이 제시되게 되었는데 이 때 세종은 집현전 직제학 金汶, 李季旬을 불러 古制를 참고, 이에 대한 품계를 하도록 명하였다. 당시 이계순은

> 泉貨의 법은 역대에 중하게 여기는 바인데, 우리나라에서는 오로지 布貨를 써서 그 유래가 오래 되었습니다. 본조에 이르러 楮로써 布를 대신하여 중국 풍속을 따랐으니 대단히 아름다운 일입니다. 다만 인심이 옛 것을 고치기를 꺼리고 새 것을 좇기를 좋아하지 않기 때문에, 엄하게 중한 법[重法]을 세워서 행하기를 독려하니, 小民들이 원망하고 탄식하여 里巷 사이에는 심지어, '저폐가 나오니 나라가 鈔鈔하여진다.'는 말이 있는데, 鈔鈔라는 것은 속어의 貧乏이라는 말이니…,80)

이라 하여 조선이 포화에 대신하여 저화를 채택한 것은 중국 제도를 참작한 좋은 일이기는 하나 인심이 옛 것을 고치기를 꺼리고 새로운 것에 따르기를 좋아하지 않음으로 인해서 정부가 嚴立重法으로 이의 행용을 강제하게 되니 백성들 간에는 원성일 일어나 마을에서는 '鈔出國鈔鈔'라는 유행어가 나돌게 되었다는 것이다. 이러한 현상은

> 그러하오나, 이것은 인심이 익히지 못하여 꺼리는 것뿐이요, 법이 좋지 못한 것은 아닙니다. 이것을 행하는 법이 金石같이 굳어, 세월이 오래 되면, 후세에 유행하여도 폐단이 없을 터인데,81)

인심이 새 제도에 익숙하지 못한데서 그것을 꺼리는 것이지 제도 자

---

80) 『世宗實錄』卷110, 27년 10월 임자, "泉貨之法 歷代所重也 我國專用布幣 其來久矣 至本朝 以楮代布 以遵華風 甚美事也 但人心憚於改舊 不樂從新 故嚴立重法 以督其行 而少民怨咨 里巷之間 至有鈔出國鈔鈔之語 鈔鈔者 諺語貧乏之辭也"

81) 『世宗實錄』卷110, 27년 10월 임자, "然此特人心不習而憚之耳 非法不良也 行此之法 堅如金石 日月旣久 則流行後世 可無弊也"

체가 나빠서가 아니기 때문에 이 저화제를 금석과 같이 굳게 시행하면 후세에 유행할 것이라는 의견을 제시하였다. 그러나 그는 당시의 銅鐵制 難行을 언급하면서 改錢用楮에 따르는 인심의 동요와 그 결과를 우려하여 도리어 철전의 주조 통용을 주장하고 나섰다.[82] 그는 저화 통용의 힘 듦을 지적하는 과정에서

> 楮幣는 半張의 종이인데, 傳하여 몇 사람의 손에 이르러서 상품이 중품 되고, 중품이 하품이 되겠습니까. 국가에서 또 어찌 3품의 값을 따로따로 정 하려고 하겠습니까. 백성이 禁法을 범할 것은 미리 알 수 있는 것입니다. 백 성이 금법을 범하는 일이 있으면 형벌을 가하지 않을 수 없는 것입니다. 지금 엄하게 형벌하는 법을 세우면 백성의 원망이 처음에 楮幣를 행할 때와 무엇 이 다르겠습니까. 또 법을 고칠 때에 인심이 동요되는 것은 반드시 있는 일입 니다.[83]

와 같이 저화가 여러 사람의 수중을 경과하게 되면 저화 자체의 明白과 그 파손도에 따라 상품, 중품, 하품이라는 3품 현상이 발생되어 각기의 교환가가 성립하게 되는데 이를 정부가 묵인해 줄 수 있겠냐 하는 것이 다. 그렇다고 저화의 명목가(일정가)만을 고집해서 3품 현상을 강력히 규제한다면 初行楮貨 때와 같은 백성들의 원성이 일어날 것이고 그리고 저화를 다시 채택한다 해도 민심의 동요가 반드시 뒤따를 것이니 만큼 이의 복용은 매우 어려운 것으로 피력하였다.

이러한 이계순의 주장은 세종으로 하여금 좌의정, 우의정 河演 등의 정부 고위대신과, 집현전 직제학 金汶, 李季甸을 합석시켜 鐵錢便否에 대한 보다 진지한 검토를 지시하기에 이르렀다. 이 자리에서 좌의정 申

---

82) 위와 같음.
83) 『世宗實錄』 卷110, 27년 10월 임자, "楮幣 特半張紙耳 傳至幾人手而上品爲中品 中品爲下品乎 國家又豈肯別立三品之價歟 民之犯禁 可前知也 民有犯禁 則不可 加刑也 今立嚴刑之法 則民之怨咨 與初行楮幣之時何以異哉 且改法之時 人心之擾 攘必矣"

槩을 위시한 거개의 사람들은 철전의 難鑄를 표명하고 나섰는데 오직
이계순만은

> 처음에 저화를 행하다가 고쳐서 동전을 쓰고, 지금 또 저화로 고치면, 법
> 을 변경하기를 가볍게 자주하는 것이 아닙니까. 옛날 宋 文帝 때에 江夏王
> 義恭이 錢法을 고치기를 청하매, 何尙之가 의논하기를, '대중에 어기어서 법
> 을 세우면 어찌 오래 갈 수가 있는가.' 하였는데, 듣지 않고 고쳤다가, 열흘이
> 지나지 못하여 그 법이 과연 행하지 못하였으니, 오늘날 법을 고치는 것이 어
> 찌 후일에 이와 같지 않을 것을 알겠습니까.[84]

와 같이 국가의 전용화폐상에서 처음에는 저화, 다음에는 동전, 그리고
지금에 와서 다시 저화로 채택한다는 것은 전법의 변함이 너무 심한 것
으로서 그 不行은 자명하다고 하여 철전의 행용만을 고집하였다. 이에
비해 신개 등은 철전의 難行을 거듭 주장하면서 저화를 復用하되 그 시
행을 강제하지 않으면 전과 같은 폐단은 없을 것이라고 주장하여 저화의
재통용을 강조하였다.[85]

이처럼 동전의 무용지물화와 그 불흥용현상에서 초래된 楮貨復用과
철전불용에 관한 두 주장은 다음 달에도 계속 대립되었는데[86] 이는 동
27년 12월에 이르러서 저화복용 쪽으로 기울어져 갔다. 당시 의정부는
호조의 呈啓를 기초로 해서

> 화폐 쓰임이 시대마다 각각 같지 아니한데, 본국에서는 古典에 상고하고,
> 또 上國의 제도를 모방하여, 처음에는 저화를 써서 행한 지 여러 해가 되었으
> 나 별로 큰 폐단이 없었는데, 특별히 동전은 역대에 쓴 것이므로, 저폐와 겸

---

84) 『世宗實錄』卷110, 27년 10월 임자, "初行楮貨 改用銅錢 今又改爲楮 無乃變法輕
   數乎 昔宋文帝時 江夏王義恭請改錢法 何尙之論 違衆立法 何能久哉 不聽而改 未
   經旬時 其法果不行 今日改法 安知後日之不如此乎"
85) 『世宗實錄』卷110, 27년 10월 임자, "(申)槩 等曰 此言似矣 鐵錢難行也 雖改楮貨
   不峻其令 任其所用 終必無弊"
86) 『世宗實錄』卷110, 27년 11월 경인조.

용하는 법을 세웠는데, 민심이 정하여지지 않기 때문에, 또 저폐를 행하는 것을 금하는 슈甲이 있어 오로지 동전을 쓰게 하였으나, 銅) 본토의 소산이 아니어서 현재의 수량이 많지 못하여 경비가 지탱하기 어려우니 진실로 염려됩니다. 87)

라고 하여 始用楮貨 시에는 그것을 행한지 수년이 지나도 별로 큰 폐단이 없었는데 중간에 저·철겸용법을 시행하고부터는 민심이 불안해지고, 근래 동철전용에 이르러선 그 원료가 외국에서 생산되는 것에 따르는 주전량 부족과 정부의 경비부족 현상이 발생된다고 하여 저화의 復用을 지지하였다.

아울러 저화 加行條件 8개 사항을 상주하여 세종의 재가를 받게 되었는데88) 그 내용은

- 一. 永樂年間 所造楮貨(太宗 10年이후 발행된 저화)와 지금의 新造楮貨는 通用한다.
- 一. 宣德元年(세종 8년) 受教時 저화 1장의 折鐵價가 40文이었는데89) 지금은 50文으로 酌定해 並用한다.
- 一. 永樂 20年(세종 4년) 受教時 笞10의 收贖價는 동전 6백文으로 저화 6장에 准하였는데 지금은 저화 12장으로 酌定하고 勿收布貨한다.
- 一. 徒 이하의 죄는 楮貨興用 간에 尊卑를 물론하고 自願收贖케 하되 楮·錢으로 통용하되 所收錢文은 京外官에서 擅用하지말고 모두 濟用監에 보낸다.
- 一. 祿俸·頒賜 錢文은 저화로 대체하고 各司의 柴炭·菜蔬·燈油·車錢으로 聽從所納한다.
- 一. 楮貨紙는 諸道州縣으로 하여금 司瞻署에 休紙를 납부케 하고 前例에 의해

---

87) 『世宗實錄』卷110, 27년 12월 계묘, "貨幣之用 代各不同 而本國稽諸古典 又倣上國之制 始用楮貨 行之有年 別無巨弊 特以銅錢歷代所用 乃立楮幣兼用之法 民心未定 故又有禁行楮幣之令 專用銅錢 然銅非本土所産 見在之數不多 經費難支 誠爲可慮"

88) 위와 같음.

89) 본 기사에는 41문으로 기록되어 있는데 이는 40문일 것임. 동 8년 1월 갑인조에 의하면 저화 1장=동전 40문으로 나타나 있다.

造作한다.

一. 저화가 柔然하고 字印이 明白하면 사용하되 破毁되어 사용할 수 없으면 司贍署에 還納, 2장에 新楮貨 1장을 환급한다.

一. 商賈之徒가 錢文으로 潛隱貿易他境하면 客館金銀貿易例에 따라 大懲鑑하고 有能捕告者는 犯人家産으로 充賞한다.

로 되어 있다. 그러나 이 시기의 저화 복용은 순전한 저화전용으로의 전환을 의미하는 것이 아니라 동전과의 겸용 즉 저·전겸용을 내용으로 하고 있는 것이다. 이 때 저화 대 동전의 등가를 1:50으로 하고 있는데 동 8년의 교환가가 1:40이었다는 사실과 비교해 본다면 동전에 대한 저화가의 비중이 25%나 인상된 것이다.

그리고 수속가에서 세종 4년 시의 笞 10=저화 6장이던 것이 이 시기에 와서 저화 12장으로 인상된 것처럼 보이는데 동 4년의 실제 수속가가 태 10=저화 18장이었고[90] 그 후 동 7년에 저화 75장·동전 150문으로 조정되었다가 다시 동전 200문(저화와 상반 수납한다면 동전 100문·저화 50장이 됨)으로 개정되는 것에 비해 본다면[91] 도리어 수속가의 不向調整이 이루어지고 있어서 이에 대한 백성들의 부담이 상대적으로 감소되고 있다. 한편 징세·화매상에서의 수납전문을 모두 제용감에 보내게 한 사실에서 동전 유통량의 점차적 감소를 예상할 수 있고, 각사의 소요물자 대금과 녹봉·頒賜를 오직 저화로만 사용케 한 사실에서 정부의 경비지출 부문에서는 저화만을 강제하고 있음을 알 수 있다.

그에 비해 민간교역에서는 저화 이외에도 동전, 포화 이용을 허용하고 있는데 이는 市准法을 마련하는 과정에서 잘 나타나고 있다. 동 27년 12월에 의정부는 시준법의 개정 필요성을 거론하면서

---

90) 세종 4년 10월 병오조를 보면 동전 1관(1000문)=저화 30장으로 切定하고 있어 笞10의 贖錢 600문은 저화 18장으로 된다. 이 사실은 세종 7년 3월 기묘조에서 확인된다.

91) 『世宗實錄』 卷27, 7년 3월 기묘조.

市准의 법은 물건의 時價에 따라 그 높고 낮은 것을 평준하게 하여 민정
을 편하게 하는 것이나, 잡물의 가격은 한 두 사람이 다 알 수 있는 것이 아닙
니다. 경시서 관원과 分臺監察이 매양 市准의 때를 당하면 갑자기 한 두 상고
로 하여금 억측으로 값을 정하게 하고, 그래도 뜻대로 되지 않으면 억지로 증
감하니, 狡詐한 무리가 때를 타서 이익을 요구하여 제멋대로 높이고 낮추고,
혹은 牙行을 통하여 함께 간계를 꾸미니, 장물을 평가하는 데에 이르러서는
죽고 사는 것이 관계됩니다.[92]

과 같이 물가동향을 파악하기 힘든 점과 시준 과정에서 빚어지는 불합리
한 가격 책정, 그리고 그에 수반된 狡詐之徒들의 모리행위, 아울러 각종
비리의 발생 가능성을 열거하면서 모든 물종의 품질과 시가의 경중은 호
조와 富商代價가 상호 의논해서 영구적으로 또는 1년마다 한 번씩, 아니
면 3개월에 한 번씩 정하자고 주장하였다.[93] 그리고 이러한 가격의 결정
은 각 물품의 성격에 따라

　　布貨·가죽·鐵·柴木 등은 값이 비록 때에 따라 혹 輕重의 차가 있기는 하
나, 역시 심히 두드러지게 다르지 아니하여 모두 일정한 값이 있으니, 아울러
포화·전·저로써 값을 정하고, 다른 나라의 소산인 銅·鑞·丹木·白磻·藥材 등
의 물건은 경시서에서 호조에 보고하여 때에 따라 값을 정하고, 조석으로 값
이 변동하는 채소와 어육의 細碎한 식물은 전례에 의하여 경시서에서 시준하
게 하소서."하니, 그대로 따랐다.[94]

와 같이 가격이 수시로 변동하더라도 그 차이가 심하지 않은 것, 즉 포

92) 『世宗實錄』卷110, 27년 12월 임자, "市準之法 因物時直 平其高下 以便民情 然
　　雜之價 非一二人所能悉知 京市署官及分臺監察 每當市準之時 遽令一二商賈臆
　　度定價 又不如意 勒令增減 狡詐之徒 或乘時要利 任情高下 或通牙行 共爲奸計
　　至於估計贓物 生死關焉"
93) 『世宗實錄』卷110, 27년 12월 임자, "今後凡物品秩及時價輕重 戶曹聚富商大賈
　　互相辨問 或永爲定價之物 或一年或三朔"
94) 『世宗實錄』卷110, 27년 12월 임자, "其布貨皮鐵衣服柴木等價 雖隨時或有輕重之
　　差 亦不甚懸絶 皆有一定之價 並以布貨錢楮定價 異土所産銅鑞丹木白磻藥材等物
　　京市署報戶曹 隨時定價 如朝夕變價菜蔬魚肉細碎食物 依前例 京市署市準 從之"

화·피·철·의복·시목 등은 일정가로 묶되 그 가격은 포화, 동전, 저화로
표시하고 외국산물의 동랍·단목·백반·약재 등은 경시서가 수시로 가격
을 정하여여 호조에 보고토록 하며, 조석으로 값이 변하는 菜蔬·魚肉·
細碎植物은 전례에 따라 경시서에서 시준하자고 주장하였다.

물가통제에 대한 이러한 의정부의 견해는 즉시 채택되는데 여기서 민
간교역 수단에 대한 정부의 입장이 전과 달라지고 있음을 알 수 있다.
즉 저화전용이나 동철전용 시에는 전용화폐 외의 유통수단은 일체 거부
한데 비해 이제 저·전겸용이라고 해서 저화·동전 수단만을 강조하는 것
이 아니라 市貨의 이용도 허용하고 있는 것이다. 이러한 상황의 변화는
저화전용과 동전전용 시에 발생된 각종 부작용을 경험한 데에서 나온 것
이었다.95)

저화복용의 추가 시행 조건 중에는 저화 破毁度에 따라 구저화 2장을
신저화 1장으로 교환해 준다는 내용이 있는데 이는 저화가 유지에 대한
정부의 입장을 밝힌 것이라 할 수 있다. 저화가 전용 화폐로 유통되었을
당시 이의 명목가는

> 그러나 저화를 쓸 때에 신이 친히 들었사온데, 글자가 명백하고 조금도 피
> 이고 부드럽지 않은 것은 上品이 되는데, 값이 쌀 5, 6승이고, 조금 피이고
> 부드러운 것은 中品인데, 값이 쌀 3, 4승이고, 피이고 부드럽고 찢어지고 한
> 것은 下品인데, 혹은 값이 1, 2승도 되고, 혹은 값이 1승도 못되고 하여, 관에
> 서 정한 값이 아니오니, 그 형세가 그러하여 억지로 같게 할 수도 없는 것입
> 니다.96)

---

95) 세종 27년 10월 임자조에서 李季甸은 "臣又謂貨幣 不可制一定之價 亦不可專用
    貨幣 而禁他物之兼用也"라고 전제하고 이와 관련된 실상을 구체적으로 언급하고
    있다.
96) 『世宗實錄』卷110, 27년 10월 임자, "然用楮之時 臣親聞之 字有明白 暫不疲軟者
    爲上品 價米五六升 暫至疲軟者爲中品 價米三四升 其疲軟破毁者爲下品 或直一
    二升 或至不直一升者 非其官之定價 其勢然也"

저화 자체의 疲軟과 파훼에 따라 上·中·下品으로 나뉘어 각기의 등가가 성립되었는데 이는 정부에서 규정한 것이 아니라 그 자체 품질에 따르는 백성들의 선호도에 결과한 것이었다. 이처럼 정부에서 책정한 명목가가 일반 상거래에서 그대로 준용되지 않고 세 가지의 가격으로 각각 통용되자, 이제 저화를 다시 통용함에 있어서 그 명목가(표시가)의 고수를 포기하고 저화의 이중가를 정부 스스로가 설정함으로써 민간에서의 저화통용 실상을 그대로 용인하고자 했던 것이다. 그러나 이러한 정부의 태도는 저화에 대한 공신력을 크게 손상시키는 것이고 나아가 이에 대한 백성들의 신뢰를 적지 않아 약화시키는 것이기에 불용현상은 더욱 심화되어 갔다.97)

저화복용 후에 정부에서 강제한 징세·수속상에서의 저화수납책은

> "저화를 다시 제정할 때에 재용을 일으키는 계책을 곡진하게 布置하였는데도, 각 아문의 관리들이 국가의 큰 體統은 돌아보지 않고 먼저 국가의 법을 무너뜨려, 민간으로 하여금 재용을 일으키지 못하게 하였으니 매우 옳지 못한 일입니다. 지금부터는 전과 같이 포화 등 물건을 折納하는 사람과 자원하는 데 따르지 않고 동전을 강제로 징수하고 저화를 사용하지 않는 사람은, 納付 사람으로 하여금 호조에 고발하게 하여 위에 계문하여 논죄하게 할 것입니다.98)

에서처럼 정부 관아에서 먼저 이행하지 않고 있었다. 저화 대신 포화와 같은 현물로 받아들임으로써 정부가 의도한 저화유통 기도를 무산시키고 납세를 통한 백성들의 저화이용 기회를 봉쇄하고 있었던 것이다. 이

---

97) 『世宗實錄』卷123, 31년 정월 무신, "世子視事後詣闕 引見左議政河演 右贊成金宗瑞 左參贊鄭苯 右參贊鄭甲孫等 宣上旨曰 厥初造楮幣之意 欲以通有無 且利權在於上也 我太宗之時用楮貨 未久而罷 近日復用楮幣 慮不興用 欲設禁防 政府曰 不必立法 自然興用 今聞民不樂用 如之何"

98) 『世宗實錄』卷113, 28년 8월 을묘, "楮貨復立之時 興用之策 曲盡布置 而各衙門官吏不顧大體 先毀國法 使民間不得興用 甚爲不可 自今如前折納布貨等物者及不從自願强徵銅錢 不用楮貨者 令納者告于本曹 啓聞論罪"

러한 현상은 저화 수속가의 하향조정과 저화의 자연스런 홍용을 기대하
는 정부의 소극적 태도에 기인하는 것으로, 이에 파생된 국가재정의 수
입 감소를 막기 위해서 현물로의 수납이 만연된 것이 아닌가 싶다. 그래서

> 따로 都監을 세워 各司의 收贖과 徵闕을 죄다 도감으로 보내게 함이 어떠
> 하옵니까?"99)

도감을 따로 세워서 각 관아의 수속·징궐을 모두 이곳으로 보내자고
하는 의견이 대두되고, 특히 한성부 경우에는 상고들의 행장세를 수납하
는 과정에서 만약 저화로 납부하는 자 있으면 행장 발급을 지연시켜서
잡물로의 수납을 은연 중 강요하는 바람에 징속 등의 사무는 모두 별립
도감이 관장토록 하자는 의견이 제시되기도 하였다.100)

그러나 다른 한편에 있어서는 현물에 대한 저화가의 상대적 하락에
따라

> 각사의 사령들이 徵督할 때에 저화를 쓰지 아니하고 잡물을 절납하는 자
> 와 몰래 잡물을 받고 사사로이 저화와 바꾸어 관에 바치는 자도 또한 '制書를
> 어긴 律'로써 논하여,101)

백성들로부터는 실질가치가 높은 현물로 일단 수납하고 그것을 상급
관아에 다시 납부할 때는 소정의 저화만을 송부함으로써 그 사이에 생기
는 차액을 착복할 수 있다는 즉 모리행위의 가능성으로 인해서 이러한
현물수납 현상이 성행되기도 하였다.

이처럼 정부관아의 저화수납 실정이 극히 부진하게 되에 따라 이에 대
한 대비책으로, 저화불용과 관련된 당해관·행수관은 制書有違律로 병론

---

99) 『世宗實錄』 卷123, 31년 정월 무신, "別立都監 凡各司收贖徵闕 悉令送于都監何如"
100) 『世宗實錄』 卷123, 31년 정월 무신, "(左參贊) 鄭茶曰"
101) 『世宗實錄』 卷123, 31년 3월 병술, "各司使令等 徵督時不用楮貨 折納雜物者及
　　潛受雜物 私換楮貨納官者 亦論以制書有違"

하고, 그 중 공신자손·의친은 수탈고신, 당상과 제조는 知情不禁者로 파직케 하였다. 외방수령과 수령관은 경중각사의 관례에 의해, 관찰사는 제조례로 논죄하고, 각사사령 등은 制書有違로 그리고 그 全家는 변방에 입거케 하는 등 전례 없는 강력한 조치를 취하였다.102) 그리고 동 31년 1월에 논의된 바 있었던 수납저화의 남용을 방지하기 위해서

　　이제부터 징속하는 저화는 당상에 고하여 곧 官庫에 넣고, 전과 같이 사사로이 쓰는 자는 장물로 계산하여 논죄하며, 경중의 수속·수세·징궐하는 각사 및 開城府는 매월 말에 수납한 저화의 액수를 사헌부에 移文하게 하고, 외방의 각 고을도 위의 例에 따라 감사에 보고하여, 매월 말에 사헌부에 이문하게 하여 뒤에 상고하는 증거가 되게 하소서.103)

와 같이 自今의 징속 저화는 당상에 보고하는 즉시 국고에 들이도록 하고 아울러 경중각사·개성부는 매월 말에 그 所收楮貨의 수량을 사헌부에 이문토록 하였다. 그리고 외방각관은 중앙의 예에 따라 감사에 보고하고 매월 말 사헌부에 이문토록 조치하였다.

한편 외방에서의 저화홍용을 위해서는

　　또 외방에는 저화가 나올 곳이 없으므로, 재용을 일으키기가 어려우니, 감사와 수령은 관아 중에 사용하지 않은 묵은 종이를 그 많고 적은 데 따라 해마다 서울로 올려보내게 하고, 서울 안의 각 관사에 있는 저화는 수량을 계산하여 민간에 나누어 보내어 자원해서 매매하도록 하여 이를 널리 사용하게 하고서, (…) 그대로 따랐다.104)

---

102) 『世宗實錄』卷123, 31년 3월 병술, "議政府據戶曹呈啓"
103) 위와 같음. "自今徵贖楮貨 告于堂上 卽入官庫 如前私用者 計贓論罪 (中略) 各司及開城府每月季 將所收楮貨之數 移文憲府 外方各官 亦依上項例報監司 每月季 移文憲府 以憑後考"
104) 『世宗實錄』卷113, 28년 8월 을묘, "且外方楮貨 出處無由 興用爲難 監司守令 將官中不用故紙 隨其多少 逐年上送 以京中各司所在楮貨 量數分送民間 從自願買賣 使之播用 (中略) 從之"

와 같이 저화의 出處無由에 따르는 저화 불용현상을 제거하기 위해서 지
방관아의 不用故紙를 상송케 하고 대신 경중각사의 소재저화를 분송함
으로써 지방민의 저화이용을 원활히 하고자 하였다. 그러나 이러한 일련
의 저화 홍용책은 정부의 수속·수세105)와 같은 수납부문과 녹봉·반사·
각사 소요물자의 대금지불과 같은 지출부문에서만 적용되고, 일반 상거
래에서는 적극적이고도 효과적인 유통책이 결여되어 있었기 때문에 정부
가 의도한 바의 저화홍용은 제대로 이루어질 수 없었다.106) 더욱이

> "옛적 태종 때에는 평안도에 저축하여 쌓아 놓은 곡식이 백만여 석이었었
> 는데, 나의 즉위할 당시에 이르러 이미 다 없어져서 이제까지 오도록 해마다
> 흉년이 들어 관의 창고가 모두 비었으니107)

태종대의 평안도 비축미가 1백 만 여석에 달하던 것이 세종 즉위 초
에 이미 匱乏 현상을 보이고 나아가 연년의 기황에 따르는 官倉空竭 현
상이 대두됨에 따라 각사노비신공, 수철장, 경사, 무녀 등을 대상으로 한
수세는 자원납곡으로 바꾸지 않으면 안되었다.108)
이러한 제반 상황에서 일반 백성들은 기존의 유통수단인 포물로써 필
요물자를 구입해야 했고109) 관리들의 저화수납 기피행위를 막기 위한
저화 홍용책도

> 이보다 앞서 저화를 통용하는 법이 더할 수 없이 자세하고 극진하였으나,

---

105) 이 시기의 수세는, 李鍾英 앞의 논문, 326쪽에서 밝힌 바처럼 工匠, 商賈, 行狀,
奴婢身貢과 같은 일부 세납에만 국한되었을 것이다.
106) 『世宗實錄』 卷123, 31년 3월 병술조.
107) 『世宗實錄』 卷117, 29년 9월 경인, "昔太宗時 平安道蓄積百萬餘石 及予卽位之
初 已告匱 迨至于今 連歲飢荒 官倉空竭"
108) 『世宗實錄』 卷117, 29년 8월 갑신, "議政府啓 平安道軍需不足 不可不慮 請以其
道住居 各司奴婢身貢及水鐵匠經師巫女等稅 自願納穀者 依時直收納 (中略) 從之"
109) 『世宗實錄』 卷125, 31년 7월 병신, "議政府啓 明年 科擧式年 當春外方生徒 咸
集京都 賣布資糧 必致穀貴 請於秋節試取 從之"

다시 쓴 뒤로부터는 예전처럼 통용하기를 즐겨하지 아니하니 진실로 한탄스
럽습니다. 대개 재물은 민간에서 흩어지기도 하고 관에 돌아오기도 하여야 나
가고 들어오고 서로 유통이 되어 공사가 다 편리할 것인데, 관리들이 모두 成
法을 받들어 행하지 아니합니다. (…) 이로 인하여 한 번 관에서 나가면 다시
들어오지 아니하니, 그것이 민간에 있는 것은 지극히 천한 물건이 되어 사람
들이 즐겨 쓰지 아니하므로,110)

와 같이 유명무실화되어 감에 따라 저화는 나날이 賤物化되어 갈 수 밖
에 없었다.

## 5. 맺음말

지금까지 世宗代의 저화유통 문제와 관련해서 세종초기의 저화 유통
상황과 홍용책, 그리고 저화 甚賤現象에 따르는 楮貨 專用策의 변화와
저화지위 문제, 이어서 저화의 復用問題와 그 유통책을 살펴보았다. 이
제 그 내용을 요약하면 다음과 같다.

세종대 초기의 저화유통은 태종대의 적극적이고도 지속적인 저화 통
용책의 결과로 어느 정도의 일상적 유통을 보이게 되지만 태종말과 세종
초에 도래한 연이은 凶歉과 기근의 발생으로 말미암아 그 통행상에서의
제약을 받게 되었다. 즉 京中商人들은 저화 대신 현물로 교역하는 양상
을 보이고 지방은 저화의 부족과 지방관아의 특수사정이 겹쳐 이의 원활
한 유통이 저지되었다.

또한 저화가 일상적인 통용을 보이긴 했어도 유통수단으로서의 독점
적 지위를 확보한 것이 아니었기 때문에 정부의 계속적인 관심에 의존하
지 않으면 안되었다. 당시 정부는 흉작에 따르는 빈민구휼책을 수립하고

---

110)『文宗實錄』卷6, 원년 2월 경오, "前此楮貨興用之法 詳盡無餘 自復用以後 如舊
不樂興用 誠爲可嘆 大抵貨財 或散於民 或還於官 庶幾出入流通 公私兩便 官吏
等竝不奉行成法 (中略) 因此 一出於官更 不復入 其在民間 至爲賤物 人不樂用"

시행하는 과정에서 빈민구제의 효과와 저화 유통 기도를 자연스럽게 해
결하고자 했는데 이는 정부미와 민간저화의 상호교역을 통해 이루어졌
다. 그러나 미곡방출량의 점차적 감소와 저화 불용설이 떠돌게 됨에 따
라 이러한 정부의 저화유통 노력은 일대 난관에 봉착하게 되었다. 그래
서 정부는 저화유통에 대한 백성들의 의구심을 불식하기 위해 모든 국용
물의 매매를 저화로 하도록 하고, 別例所貢物은 陳米豆, 布貨, 楮貨로
貿易 上納토록 하였으며 아울러 물가에 대한 정부의 통제와 저화의 적
절한 歛·散策을 강구하였다.

  그러나 이러한 저화흥용책이 마련되었다 하더라도 동 4년 米貴現象
이 발생되었을 때 정부방출미에 대한 저화의 對米交易價를 종전보다 낮
게 책정했다든가 그리고 各司奴婢의 月料를 저화에서 미곡으로 전환해
지급했다든가 한 사실이 나타나고 보면 저화에 대한 정부의 관심이 점차
소극화되고 있음과 그 결과 저화의 심천현상이 더욱 깊어질 수밖에 없음
을 규지할 수 있는 것이다.

  저화통용에 대한 세종의 입장 변화는 동 4년 10월에 錢·布兼用 의사
의 표명에서 비롯된다. 그 이면에는 저화 강행을 위해 실시한 각종 규제
책이 外方의 飢寒民만을 대상으로 하게 되고, 그리고 官民兩便이라는
입장에서 발행한 저화가 그 소기의 목적을 달성하지 못한 채 楮貨價의
계속적 하락양상만을 보인 데에서 유발된 것이었다. 그러나 이에 대한
정부 대신들의 견해는 楮貨, 銅錢 또는 布幣의 行用을 각기 주장하여
그 결론을 얻지 못하고 동 5년 9월에 이르러서 錢·楮兼用으로 변형, 결
정되었다. 하지만 이 錢·楮兼用策도 실제로는 銅錢專用을 위한 임시적
조치로서 銅錢頒行 전에 저화를 불용하면 이에 대한 백성들의 기피현상
이 보다 심화되지 않을까 우려해서 나온 것이었다. 이제 동 7년 4월 동
전반행이 이루어지자 동전전용과 더불어 民間散在의 楮貨를 환수하기
위한 給錢收楮策이 마련되었는데 이 때 동전 대 저화의 교환비를 1:1로

정한 것은 그 鑄錢量이 충분치 못한 데에 기인한 것으로서 전·저겸용시 마련한 2:1의 등가에 비해 銅錢價의 2배 상승을 가져왔다. 아울러 동전 전용책을 추진함에 따라 종전의 저화수납을 강제했던 부문들을 모두 동전수납으로 전환되었다.

이러한 저화 전용책의 변화 속에서 저화는 계속적인 심천현상을 보여 동4년 12월에 저화 3장이, 미 1승에 해당될 정도로 그 시세가 폭락하였다. 당시 저화는 盲人·獨女에 이르기까지 널리 확산되고 있었는데 저화 유통량 중의 절반가량이 漢城府에 몰려있고 그러면서도 市肆에서의 이용은 극히 부진하였기 때문에 저화가치의 하락은 필연지세가 되었다. 더욱이 연흉에 따르는 민생의 궁핍이 예상되어 이제까지의 저화전용을 포기하고 유통수단에서의 일시적인 자유방임책을 전개하게 된 것은 저화 흥용상에 있어서 일대 후퇴를 가져온 것이었다. 그리고 정부 보유미의 和賣를 통하여 救貧의 효과와 저화통용의 실효를 얻고자 한 조치는 항구적이 아닌 일시적 성격에 지나지 않아 저화흥용에 하등의 도움을 주지 못하였고, 나아가 저화의 전국적 유통을 위해 강제했던 戶楮貨가 동 5년부터 戶米로 代納됨에 이르러선 유통계에서의 저화지위는 이미 그 존재 의의를 상실치 않을 수 없었다.

당초 동전전용을 채택하게 된 연유에는 동전이 저화와 같은 無用之物化와 심천현상을 보이지 않을 것이라는 막연한 기대감이 작용하고 있었다. 그러나 동전이 頒行된 지 수년이 지나도 그러한 기대감을 충족시킬 만한 어떠한 조짐도 나타나지 않고 도리어 저화통용 때와 같은 동일 양상이 반복되자 동 27년 10월에 기왕에 통용했던 저화의 채택문제가 다시 제기되었다. 이 때 세종은 李季甸 등으로 하여금 이에 대한 연구 검토를 지시하였는데 당시 李季甸은 楮貨자체의 破毁度에 따라 그 名目價가 세 가지로 나타나는 三品之價 現象을 예로 들면서 저화의 명목가 유지가 어려움을 말하고 아울러 變法에 따르는 민심의 동요를 거론하면서 철전의 주조·행용을 주장하였다. 이 鐵錢行用論은 한동안 楮貨復用論과 대립 양상을 보였지만 그 결과는 楮貨復用 쪽으로 결정되었다.

저화복용이 이루어진 후 이의 원활한 유통을 위해 마련한 可行條件을 보면, 당시의 저화복용이 순전한 저화전용으로의 환원이 아니라 동전과의 겸용 즉 楮·철겸용을 전제로 하고 있음을 알 수 있다. 하지만 저화 대 동전의 等價를 종전의 1:40에서 1:50으로 개정하여 동전에 대한 저화의 지위를 상승시키고, 徵稅·和賣上에서의 收納銅錢을 모두 濟用監에 보낸 동전의 유통량을 점차적으로 축소시키려고 하는 것을 보면, 楮·錢兼用이라고 표방은 했지만 실은 저화통용 보다 많은 관심을 두었던 것이다. 이러한 사실은 祿俸·頒賜 등과 같은 정부의 경비지출 부문에서 楮貨 사용만을 강제했다는 점에서도 확인된다. 한편 犯罪收贖上에서 笞 10에 대한 收贖價를 종전의 저화 75장·동전 150문에서 저화 12장으로 하향 조정하여 백성들의 부담을 크게 경감시키고, 나아가 舊楮貨를 新楮貨와 2:1로 교환해 줌으로써 저화의 名目價만을 고집하지 않고, 민간에서의 저화통용 실상을 어느 정도 용인하려는 정부의 탄력적 입장을 밝혔다. 또한 市准法을 마련해 민간에서의 楮貨, 銅錢, 布幣利用을 모두 허용하였는데 이는 楮貨 또는 銅錢專用 시에, 그 專用貨幣의 강제적 통용에서 유발된 민간교역의 침체와 민생에의 위협을 이미 경험한 데에서 나온 것이었다.

그러나 이러한 정부의 저화흥용 노력에도 불구하고 對民行政을 직접 담당한 일선 관아에서는 징세·화매상에서의 전·저수납을 기피하고 화폐와 같은 현물로의 수납을 강요하여 납세를 통한 백성들의 저화이용 기회를 봉쇄하고 있었다. 이는 저화의 자연스런 興用을 기대하는 정부의 소극적 태도와 楮貨收贖價의 하향조정 그리고 저화가의 하락에 따르는 국고수입의 상대적 감소를 최대한으로 막아 보고자 한 데에서 나온 것이었다. 그리고 다른 한편에 있어서는 현물에 대한 저화가치의 상대적 하락

에 따라 백성들로부터는 실질가치가 높은 현물로 일단 징수하고 상급관
아에 납부할 때는 법규에 규정한 일정액의 저화만을 上送함으로써 그
간의 차액을 노리는, 일종의 謀利行爲의 가능성에서 현물수납이 성행하
였다. 이에 국가에서는 이러한 저화수납 기피현상을 불식시킬 필요성에
서 강력한 규제조치를 마련, 시행하게 되는데 그 결과는 여전하였다. 더
욱이 평안도 경우에는 年凶에 따르는 備蓄米의 空竭로 말미암아 楮貨收
納 部門을 自願納穀으로 전환해야 할 형편이어서 저화홍용은 이미 유명
무실화되고 말았다. 이러한 상황 하에서 백성들은 기존의 유통수단인 布
物로써 필요물자를 구득해야만 했고 그와 관련해서 저화의 심천현상은
더욱 깊어만 갔다.

# Ⅲ. 조선 초기 세종대의 동전유통과 사회경제

## 1. 머리말

세종대는 화폐 유통상에서 볼 때 기존의 화폐 역할을 담당했던 米·布 등 대신에 楮貨·銅錢과 같은 진일보의 명목화폐가 겸용 내지 전용되었던 시대이다. 종전의 사회·경제구조가 근본적으로 변질되지 않고 당시 도달한 그 수준에 비추어 보아서 이러한 명목화폐의 유통 사실은 매우 주목할 만한 사실이 아닐 수 없다.

이에 필자는 세종대에 채택, 유통된 저화유통의 실상을 해명코자 세종대의 楮貨 유통상황과 홍용책, 그리고 일반 민간에서의 인식과 그에 따른 저화 전용책의 변화 등을 고찰한 바 있었다.[1] 그 중 楮貨 專用策의 변화는 동전 유통문제와 상호 관련되기 때문에 저화 문제만을 언급하고 동전 유통문제는 後日로 미루었다.

세종대의 동전문제에 관한 전적인 글로서는 官原兎一의 「朝鮮初期의 銅錢에 대하여」가 있었고, 조선 전기의 화폐제 변화라는 측면에서 이를 부분적으로 다룬 李鍾英의 「朝鮮初 貨幣制의 變遷」이 있다. 이와 일반적 개설류로 崔虎鎭, 元裕漢의 글이[2] 있긴 하나 대체로 이 분야의 연구 현황은 부진한 편이다.

본고는 이러한 연구들을 참고하면서 동전 유통시말에 기본적 관점을

---

1) 拙稿, 1982, 「朝鮮初期 貨幣流通硏究 : 특히 太宗代 楮貨를 중심으로」『歷史敎育』 32 ; 1984, 「世宗代의 楮貨流通策」『濟州大論文集』 17.

2) 官原兎一, 1951, 「朝鮮初期의 銅錢について」『朝鮮學報』 2 ; 李鍾英, 1962, 「朝鮮初 貨幣制의 變遷」『人文科學』 7 ; 崔虎鎭, 1974, 『韓國貨幣小史』, 瑞文堂 ; 元裕漢, 1984, 「朝鮮初期 商工業:貨幣流通定策」『韓國史論』 11.

두고 용전론이 태종대에 제기되어 세종대에 채택되는 과정과 동전 주조의 실상, 그리고 그 유통을 강제하기 위한 각종 흥용책과 일반 유통계에서의 반응을 살펴볼 것이다.

## 2. 用錢論의 제기와 주전

조선시대 동전을 화폐로 사용사자는 논의는 소액거래의 편의를 위해 처음으로 제기되었다. 태종대의 발행된 저화가 당초 전망한대로 원활히 유통되지 못하고 도리어 유통계의 혼란과 침체를 초래하면서부터 이의 극복을 위한 제반 노력이 전개된 것이다. 그 중 저화의 명목가치가 糙米 2두, 오승포 1필이라는 등가로 정해져[3] 그 미만의 거래엔 하등 소용이 없게 되자

> 값이 匹數에 차는 물건이면 그 稅를 마땅히 저화로 취해야 하겠지만, 한 필에 차지 못하는 물건이면 紙張으로 받아들이기가 매우 불편하니, 청컨대, 동전을 주조하여 頒行하소서." 임금이 하교하였다. "이 법은 실로 송사를 일으킬까 염려된다. 承政院에서 먼저 가부를 의논하여, 그 의논이 六曹에 미치게 하고, 또 晉山府院君 河崙에게 의논한 연후에 거행하는 것이 좋겠다."[4]

과 같이 동전 주조를 통해 소액거래의 불편을 제거코자 하였다. 이에 관한 논의는 포백세 징수와 관련, 육조와 승정원이 모두 관여되고 태종의 특명에 따라 晉山府院君 하륜마저 참여케 되었다. 태종은 포백세 설정 시행의 타당성을 중국 明朝에서 찾고 전법의 頒行으로 1/30세 수취의 가능성을 모색하였는데 이에 대해 하륜은

---

3)『太宗實錄』卷3, 2년 5월 임진, "命民庶 以楮貨貿易國軍米 從議政府之請也 楮貨一張 五升布一匹者 直米二斗"

4)『太宗實錄』卷29, 15년 6월 임술, "價盈匹數之物 則其稅固以楮貨取之 不盈一匹之物 則以紙張取之 甚爲不便 請鑄銅錢頒行 敎曰 此法實恐致訟 承政院先議可否議及六曹 又議晉山府院君河崙 然後可以擧行"

그러나 동전을 주조하면 반드시 동전은 중하고 저폐는 경하게 되어, 백성들이 더욱 사용하지 않을 것입니다. 청컨대, 작은 저폐를 만들어서 오늘날 大鈔를 1천문에 준하게 하시고, 차차 이를 강등하여 10으로 하여서 9백문에서 1백문에 이르기까지 9개 등급의 저폐를 만들면, 거의 포백으로 세를 거두는 것보다 편할 것이고, 또 민간에서 되[升]를 헤아려 매매하는 것보다 더욱 이로울 것입니다."[5]

에서 나타나는 바처럼 동전 유통은 저화의 불용현상을 더욱 심화시킬 것이니만큼, 소저화(소초)를 발행해야 한다고 주장했다. 즉 현재 1,000문에 해당하는 大鈔(저화) 아래에 1백 단위로 900문에서 100문에 이르는 9등의 저화를 새로이 만들면, 포백세는 물론 소규모의 거래에도 매우 유익할 것이라고 피력하였다. 그러나 소저폐를 발행한다 해도 100문에 준하는 저화가 모든 소소한 물건까지 정가할 수 없는 것이고 나아가 100단위 사이에 물가가 정해졌을 때, 가령 150문에 해당하는 상품이 있을 때 이에 대한 급가를 어찌할 것인가 하는 문제가 남게 되어 결국 최소단위의 화폐가 필요하게 된다. 당시 知申事 柳思訥은 그 해결책으로 주전행용을 제시하지만 소초를 사용하자는 주장도 만만치 않아[6] 이날 회의는 어떤 결정도 내리지 못했다.

그 후 소저폐 사용을 적극 주장하던 하륜이 자신의 입장을 철회하고 동전 행용을 거론하자 평소 동전에 관심이 많던 태종은 즉시 호조로 하여금 동전제에 관한 연구와 검토를 명했다.[7] 이에 호조는

신 등이 삼가 역대의 典籍에 실린 것을 상고해 보니 3代 이래로 모두 錢幣를 사용하였는데, 會子나 혹은 交子로써 兼行하였습니다. 오늘날 국가에서

5) 『太宗實錄』 卷29, 15년 6월 병자, "然造銅錢必致錢重幣輕 民益不用 請造小楮貨 以今大鈔準一千文 隆殺以十自九百至 一百作九等楮貨 庶便於布帛收稅 且尤利於民間數升買賣矣"
6) 『太宗實錄』 卷29, 15년 6월 병자조.
7) 『太宗實錄』 卷29, 15년 6월 신미조.

이미 저화를 行用하여 前朝의 포폐의 사용을 혁파하였으니, 백성들이 그 이익을 받고 있습니다. 그러나 사용할 때에 있어서 미진한 것이 있으니, 바라건대, 唐나라 開元 年間의 五銖錢 제도에 의하여 朝鮮通寶를 주조하여 저화와 겸행하게 하되, 구리 한 냥쭝으로 10전을 주조하여, 1백전으로 저화 한 장에 상당하게 하여 境內에 流行시켜 국용에 편리하고 이 나라 백성들을 구제하소서. 그리고 사사로이 주전하는 자는 私鑄銅錢律로 논죄하시고, 이를 고발한 자에게는 이것으로 상을 주며, 동전을 사용하지 않는 자는 또한 이 律에 의하여 시행하소서." 임금이 그대로 따랐다.[8]

와 같이 역대 서적을 참고하여 조선통보를 주조, 저화와 겸행할 것을 제의했다. 나아가 동 1냥으로 10文을 만들고 100文을 저화 1장에 준하도록 하며 私鑄者·不用者는 대명률에 의거해 과죄하면 국용이 편해지고 민생이 유익할 것이라고 보고하였다. 그러나 다수의 신료들은 저화·동전 겸행에 불만을 토로하고 차라리 동전만을 전용해야 할 것이라고 주장하면서

겸행할 수 없습니다. 만약 동전을 사용하면 마땅히 저화는 사용하지 말고 錢文을 興用해야 합니다. 예전에 저화를 처음 사용할 때에 오승포와 병행할 것을 허용하였으나, 백성들이 저화를 사용하지 않기 때문에, 그 오승포의 사용을 중단시켜 백성들에게 <오승포를> 사용하지 못함을 보여준 뒤에야 저화가 흥용되었으니, 동전과 저화의 겸행은 역시 그와 같은 것입니다."[9]

에서처럼 저화·오승포를 겸행할 때 저화의 불용현상이 발생함에 따라 그 시정책의 일환으로 포화 사용을 포기함으로써 저화만의 흥용이 가능

---

8) 『太宗實錄』卷29, 15년 6월 신미, 臣等謹稽歷代載籍 三代以來 皆用錢幣 或以會子或以交子兼行 今國家旣用楮貨 異革前朝布幣之用 民受其利 然其用使之際 有所未盡 乞依唐開元五銖錢制 鑄朝鮮通寶 興楮貨兼行 以銅一兩鑄成十錢 以百錢當楮貨一張 流行境內 以便國用以濟斯民 私鑄者以私鑄銅錢律論 告者充賞不用者亦依此律 從之

9) 『太宗實錄』卷29, 15년 6월 임오, "不可以兼行 用銅錢則當不用楮貨而興用錢文 昔楮貨始用之時 許令興五升布並行 而民不用楮貨 故中絶其布 示民不用然後 興用楮貨 錢與楮貨之兼行 亦類也"

했다고 주장하였다. 이에 태종은 전문·저화 겸용에 자신감을 표명하면
서 겸행의 방법이 古典에 실려 있음을 지적하고 이의 시행을 서둘렀
다.10) 이 때 호조판서 沈溫은 동전원료 수합책으로 아래와 같은 내용을
상주하여11)

　　一. 묵은 陳米豆는 楮貨 時價를 참작, 銅錢(주전원료) 매 1근에 저화 3장 가치의
　　　　미곡으로 무역케 하고 外方各官도 차례에 의거 무역, 수납토록 한다.
　　一. 京外 時散各品은 品階에 따라 주전원료를 定數收納한다.
　　一. 범죄인의 家財 중 國用 외의 것은 雜物로 무역한다.
　　一. 鑄錢 3斤을 자진 납부한 자는 2근에 해당하는 錢文을 환급한다.
　　一. 京外의 범죄인 收贖은 楮貨·鑄鐵로 相半收納한다.

하여 이중 두 번째와 다섯 번째 항목을 제외한 전 내용의 시행을 보게
되었다.

　동전유통 방침이 세워지고 주전원료 수합책이 강구되어 실행에 옮겨
지자 이제는 그에 수반된 부작용이 발생했다. 그 중

　　　각도의 수령들이, 근자에 鑄鐵을 수납하기 때문에 패망한 寺社의 동불을
　　　모조리 가져다 바친다 하니, 심하기가 이를 데 없다. 이제부터 만약 이와 같
　　　은 일이 있을 것 같으면, 중들에게 陳告를 허락하여 논죄하겠다."12)

　외방수령들이 주전원료를 수납한다는 이유로 敗亡寺社의 銅佛을 마
구 거둬간 사실이고, 또 하나는 저화가 장차 무용지물화될 것이라는 의
혹이 생겨 시중 물가가 상승했다는 사실이다.13) 그러나 동전 통용을 보
다 근본적으로 저해한 것은 자연재해였다. 당시 자연경제 하에 천재지변

────────────

10) 『太宗實錄』 卷29, 15년 6월 임오조.
11) 『太宗實錄』 卷29, 15년 6월 임오, "戶曹 判書沈溫 上錢幣興用啓目"
12) 『太宗實錄』 卷29, 15년 6월 을유, "各道守令 近因輪納鑄鐵 竝將敗亡寺社銅佛以
　　納 甚爲無謂 自今僧有如此者 許諸僧陳告論罪"
13) 『太宗實錄』 卷29, 15년 6월 임오조.

은 인간 생존문제와 직결되는 것이었으므로 이를 극복하는 문제가 가장
절급한 것이었다. 동년 사간원에서 올린 상소 내용을 보면

> 하물며 때는 바야흐로 크게 가물어 백성들이 장차 飢饉이 들려 하는데, 지
> 금 동전을 행용하려고 한다는 소문을 듣게 되면, 국가에서 비록 저화를 겸하
> 여 쓴다고 하더라도, 민심이 동요하여, 가난한 백성들이 저화를 가지고 쌀을
> 사려 하여도, 마침내 쌀을 얻지 못할 것입니다. 이 때문에 아침은 끓이되 저
> 녁을 끓이지 못하는 자가 반드시 있게 될 것이니, 법을 창설하여 시행하는 것
> 이 실로 未便합니다. 청컨대, 동전의 주조를 停罷하소서."14)

과 같이 大旱으로 기근이 발생하고 있어서 동전을 주조해 저화와 겸행
한다고 해도 도리어 민심의 동요만 야기시킬 전망이었다. 공연히 시기적
으로도 부적절한 錢法을 시행하여 민생에 불편을 초래케 한다면 이는
태종 자신에게 있어서도 커다란 무리가 아닐 수 없었다. 실제 태종은 이
러한 상황에 직면하여 마치 풍랑이 이는 바다에 들어가는 것 같은 착잡
한 심정을 갖게 되었다.15) 결국

> 임금이 상소를 보고, "지금 가뭄의 근심을 당하여 心中이 恍惚해서, 마치 배
> 를 타고 바다로 들어가 바람과 파도를 만난 것 같다. 백성들이 만약 폐단을 받
> 는다면 어찌 시행할 수 있겠는가?"하고, 즉시 명하여 주조하지 말게 하였다. 임
> 금이 이어서 말하기를, "뒷날 明君이 나오면 이것을 행하게 될 것이다."16)

민폐 발생을 이유로 주전을 즉각 정지시키고 훗날 明君이 이를 시행할
것을 기대했다.

　태종때 시행코자 한 전·저 겸용책이 재해에 따른 기근 발생과 민심

---

14) 『太宗實錄』卷29, 15년 6월 병술, "況時方大旱 民將飢饉 今聞欲行錢則國家雖欲
　　兼行楮貨 民心搖動 貧民將楮貨買米 而終不得米 因此朝不及夕者必有之 創法施
　　行 實爲未便 請停鑄錢"
15) 『太宗實錄』卷29, 15년 6월 병술조.
16) 『太宗實錄』卷29, 15년 6월 병술, "上覽疏曰 今當憂旱 中心恍惚 如乘舟入 海遇
　　風濤也 民若受弊 豈可行哉 卽命勿鑄 仍曰後有明君出而行之"

동요의 예상으로 말미암아 그 시행이 일단 보류된 후 유통계에서는 저화
가 계속 법정화폐로 작용하였다. 그러나 저화가 백성들 사이에서 인기가
없어지고 그 가치마저 하락하면서부터는 이에 대한 대책이 논의되지 않
을 수 없었다. 그래서 세종은 동 4년 10월에

> 임금이, 백성들이 저화를 쓰지 않고 동전이나 포폐를 쓰고자 하므로, 김익
> 정·정초로 하여금 세 議政에게 가서 의논하게 하였더니, 유정현은 굳이 저화
> 를 쓰게 하여, 쓰지 않는 자는 엄한 형벌을 하자고 청하고, 이원은 동전으로
> 통용하기를 청하고, 정탁은 포폐를 쓰자고 청하였다.[17]

동전·포폐를 저화 대신 통용코자 구상하였다. 이에 대한 三議政의 견해
는 저화의 지속적 통용, 동전의 行用, 혹은 포폐 사용으로 각기 그 주장
하는 바가 달라 견해의 일치를 보지 못하고, 동 5년 9월에 전·저 겸행으
로 낙착되었다.[18]

이 때 호조는 태종 15년에 건의한 내용[19]과 같이

> "동전은 곧 중국의 역대에서 쓴 것이니, 청컨대, 唐의 開元錢으로 표준을
> 삼아 10전을 쌓아 무게 1냥쭝[兩]으로 하고, 錢文은 朝鮮通寶라 하고, 백성들
> 이 銅 1근을 바친 자에게는 錢 1백 60문을 주기로 하고, 司瞻署로 하여금 이
> 를 관장하도록 하고, 사사로이 주조하는 자는 형률에 의하여 죄를 科하게 할
> 것입니다."라고 하니, 그대로 따랐다.[20]

唐의 개원통보에 준해 10문의 무게를 1냥으로 정하고 이름은 조선통
보라 하며 동 1근 납부자에게는 전문 100문을 지급하되 사섬서가 이를

---

17) 『世宗實錄』 卷18, 4년 10월 경자, "上以楮貨民不興用 欲用銅錢與布幣 使金益精·
   鄭招往議三議政 柳廷顯請堅行楮貨 不用者嚴刑 李原請行銅錢 鄭擢請用布幣"
18) 『世宗實錄』 卷21, 5년 9월 갑오조.
19) 주 8) 참조
20) 『世宗實錄』 卷21, 5년 9월 갑오, "銅錢乃中國歷代所用 請以唐開元錢爲準 積十錢
   重一兩 文曰朝鮮通寶 民納銅一斤者 例給錢一百六十文 令司瞻署掌之 私鑄者依
   律科罪 從之"

관장하며 私鑄者는 대명률에 의거, 과죄하자고 해 동전 통용을 위한 첫
작업에 들어갔다. 아울러 주전원료인 동·철은 공조가 專掌하고 제용감
의 오포는 倭客의 동 등을 매입토록 조치했다.[21] 당시 왜객이 진헌하거
나 사재한 동·단목은 모두 상송하여[22] 주전원료로 충당하고 있었는데
이러한 공무역 외에도

> 일본국 客人의 私物 무역을 이미 시장 사람들과 하게 하였으나, 시장 사
> 람들의 가진 재물이 한정이 있어서 다 사들이기가 어려우니, 청하건대 동·
> 납·단목·胡椒·大刀 등의 물건을 공조와 군기감과 의義盈庫 등 각사에서 무
> 역하게 하소서."하니, 그대로 따랐다.[23]

市人에 의한 사무역도 전개되어 일본 등 수입의 한 몫을 담당했다.
그러나 그 자본 규모가 수입물량을 감당할 만큼 크지 않아 공조·군기
감·의영고 등이 개입, 주전에 필요한 원료들을 구입하고 또한 외방의 廢
寺 器皿을 수합해[24] 주전원료 공급에 총력을 집중하였다. 하지만

> 지금 돈을 주조하는 화로가 30개인데, 하루 동안에 소용되는 구리[銅]가
> 1백 35근이요, 1개월에 소용되는 것이 4천 50근이요, 1년이면 4만 8천 60근
> 인데, 현재에 있는 구리는 4천 11근으로, 1개월의 소용도 부족됩니다. 구리가
> 생산되지 않는 함길도를 제외하고 留後司 및 각도에 명하여 상납하게 하소
> 서."하니, 그대로 따랐다.[25]

---

21) 『世宗實錄』卷21, 5월 9일 갑진, "戶曹啓 鑄鐵銅鑞工曹專掌 以濟用監正布買於倭
   客 以爲恒式"
22) 『世宗實錄』卷20, 5년 9월 을해조.
23) 『世宗實錄』卷23, 6년 1월 신축, "日本國客人私物 已令市裏人貿易 然市裏人財物
   有限 難以畢易 請其銅鑞丹木胡椒大刀等物 令工曹軍器監義盈庫等各司貿易 從之"
24) 『世宗實錄』卷22, 5년 10월 정사조. 동 6년 2월 임술조, 동 6년 3월 임진조.
25) 『世宗實錄』卷23, 6년 1월 을미, "今鑄錢爐冶三十 每一日所用銅一百三十五斤 一
   月所用四千五十斤 一年則四萬八千十斤 今見在銅四千十一斤 一月所用亦且不
   足 除無銅咸吉道外 請令留後司及各道連續上納 從之"

와 같이 爐冶 30소의 1일 소요동이 135근이므로 1개월이면 4,050근이
필요하거나 보유동은 4,011근에 불과해 심각한 원료난에 봉착했다. 그래
서 함경도를 제외한 전국 각도에 연속적인 동 수납을 명해 두 달 뒤에는
많은 양을 확보케 되었다.26)

한편 주조량을 급속히 증대시키기 위해 행호군 白環과 호조의 건의에
따라 경상도의 蔚山銅과 合浦鎭 그리고 전라도의 內廂에 주전소를 신설
하고27) 주전사목을 편성, 운영하였는데28) 그 내용은

一. 주전원료는 각도 破亡寺社 銅器皿으로 충당한다.
一. 鑄錢炭은 각도 內廂 근처에 있는 各浦 盈番船軍을 減數해 그들을 使役
   備辨한다.
一. 監鑄官은 時散을 물론하고 巧性者 1명을 차출, 京中의 熟練工 1명을 인
   솔하여 外方錢匠을 교습한다.
一. 기타 사항은 監鑄官과 都節制使가 논의, 監司에 보고 行移한다.

로 되어 있다. 이에 따라 감주관을 해당 지역에 파견하고 楊根 동전소에
도 별감을 보냈다.29)

그러나 당국이 구상한 전·저 겸행책은 사섬서 제조의 계품과 같이

저화는 본래 백성들이 즐겨 쓰는 물건이 아니었는데, 이제 동전을 겸용하
라는 명령으로 인하여 저화는 더욱 더 유통되지 아니하오니, 마땅히 빨리 동
전을 반포하여 백성의 마음을 안정하게 하소서.30)

기존의 교환수단인 저화 지위를 더욱 하락시켜 유통계의 혼란만을 가
중시켰다. 그래서 유통계의 질서를 바로 잡을 수 있는 길은 오직 동전을

---

26) 『世宗實錄』 卷23, 6년 3월 병신조.
27) 『世宗實錄』 卷23, 6년 2월 계축조.
28) 『世宗實錄』 卷23, 6년 2월 임술, "戶曹啓 慶尙全羅道 鑄錢事目"
29) 『世宗實錄』 卷23, 6년 2월 임신조.
30) 『世宗實錄』 卷25, 6년 7월 을해, "楮貨本非民樂用之物 今因銅錢兼用之令 楮貨尤
    不行用 宣當速頒銅錢 以定民志"

속히 頒行하는 것이라고 간주해 銅錢可行條件을 마련,[31] 시행하게 되었는데 그 내용은

一. 癸卯年(세종5年) 11月에서 今 7月(세종6年)까지의 주전량이 4,570관에 불과함으로 연말까지 盡力한다 해도 1만관에 미흡할 것임. 楊根分署의 銅錢匠 30명 외에 30명을 증원하고 助役人도 더욱 늘리되 동전 助足時까지 軍器監 月課를 정지시키며, 柴炭有餫處에는 爐冶50所를 加置, 銅錢匠 50명, 助役人 100명을 두고, 本監官員과 司贍署 提擧·別坐가 같이 감독토록 한다. 그리고 경상·전라도도 月課 軍器를 정지시키고 爐冶를 加設, 鑄錢토록 한다.

一. 주전량이 많아도 鍊正功役이 힘들므로 兩面 鍊正 외의 孔方外圖에 힘쓰도록 하며 1文의 무게는 1分이 되도록 한다. 사섬서·경상도·전라도 주전소의 日課量을 정해 上手는 2천문, 中手 1천 6백문, 下手 1천 3백문으로 한다.

로 되어 있다. 그렇지만 이를 적극추진하기 위해서는 우선적으로 해결해야 할 것이 원료의 충분한 확보 문제였다. 즉

사섬시에서 이미 주조한 돈 4천 5백 78관에 수용된 구리를 계산하면 3만 5천 7백 65근이니, 이 예대로 한다면 1만 관을 주조하는 데 구리 7만 8천 88근이요, 10만 관을 주조하려면 (…) 현재 있는 구리가 1만 근에 지나지 아니하니, 비록 대장간 70군데를 더 설치한다 하더라도 구리가 없어서 주조할 수 없으니, [32]

에 나타난 바처럼 동전 4,578관의 소요동이 35,765근으로서 1만관을 주조하려면 78,088근의 동이 필요하다. 재고 동이 1만근에 불과해 爐冶 70소를 더한다 해도 주전량을 신속해 증대시킬 수가 없는 것이고 결국 斂銅合行事目을 마련해[33] 이를 강력히 추진할 수밖에 없었다. 그 내용은

31) 『世宗實錄』卷25, 6년 7월 을해.
32) 『世宗實錄』卷25, 6년 8월 정미, "將司贍寺已銅錢四 千五百七十八貫 計用銅三萬 五千七百六十五斤 以此例之則一萬貫所銅錢七萬八千八十八斤 十萬貫所銅錢(中略) 今考現在銅 不過一萬斤 雖可設 冶七十所 無銅加鑄"

一. 京中 各司에 있는 銅 9만 1천근 중 3만근과 常鑞·爐甘石을 주전소에 보낸다.

一. 時散各品으로부터 差等收銅하되 小鑄錢을 量宜分給한다.

一. 京外 公處의 銅器를 定限收納한다.

一. 京外 犯罪收贖者는 銅으로 並贖한다.

一. 京外 經師·巫女業稅는 銅으로 差等收納한다.

一. 歷代 銅錢으로 散在民間者는 일체 收納한다.

一. 焇錢者는 盜鑄錢으로 처벌한다.

로서 당시 斂銅이 가능한 방안을 모두 망라하였다. 그 중 時散各品으로부터 차등을 두어 銅을 거두어들이는 방안과 경사·무녀로부터 수납하는 斂銅策은 추후 구체적인 시행 세칙이 마련되었고[34] 소관부서는

　　경외의 각 품관이 바치는 주전할 구리를 사섬시 한 곳에서 수납하기 어려우니, 일이 수월한 각사에서 날짜를 정하고 수납하게 하되, 그 정한 날짜에 바치지 않는 자와 서울과 외지에서 서로 미루고 바치지 아니하는 자는 倍로 징수하게 하기를 청합니다."하니, 그대로 따랐다.[35]

와 같이 사섬서와 사무가 덜한 각사가 일정 기한 내에 수납토록 조치했다. 한편 주전원료를 충족시키기 위해 爐甘石의 채취를 허용하고[36] 동철산지를 개발하여

　　동철의 생산을 시험하였다. 전라도 龍潭 銅里鄕에서는 군인 20명을 부려 이레 동안 동 11냥쭝을 고주하고, 경상도 김해 沙邑橋에서는 군인 30명이 13일간 19냥쭝을 고주하고, 창원 北背洞에서는 군인 30명이 15일간 57냥쭝을 고주하고, 동이 섞인 生鉛石 한 말 일곱 되로 연 58쭝을 고주하였다.[37]

---

33) 『世宗實錄』 卷25, 6년 8월 정미, "戶曹啓"

34) 『世宗實錄』 卷25, 6년 8월 경술조.

35) 『世宗實錄』 卷25, 6년 8월 을묘, "京外各品所納鑄錢銅於司贍一署 難以監收 請分於事歇各司 定日收納 其定日不納者 京外相推 不納者倍徵 從之"

36) 『世宗實錄』 卷23, 6년 6월 무인, "傳旨工曹 勿禁爐甘石採取"

37) 『世宗實錄』 卷26, 6년 11월 정해, "銅鐵産處試驗 全羅道龍潭銅里鄕役軍人二十名

에서 보는 바와 같이 전라도 용담, 경상도 김해와 창원에서 銅 등의 원료를 시취하였다.

국가의 이러한 집중적 노력은 동 6년 말에 10,921관을,[38] 이듬해 정월에는 12,537관의 동전을 확보하여 그해 初番祿 頒賜 때에 150관의 동전을 지출하고 이어 제용감에 100관, 내자·예빈시와 仁嘉·仁順府에 각 10관, 각도 및 유후사에 100관씩 급여케 했다.[39] 또한

> 이번 時散職 各品의 관원에게서 수납한 品銅과 巫女業들에게서 수납한 中銅 5만 4백 71근 속에는 정한 날짜에 미치지 못하였다는 이유로 4백 76근을 倍納한 것이 있사오나, 현재 주조한 錢文의 수효가 적사오니, 청컨대 품동은 매 1근 마다 값으로 錢 50문씩 지급하고, 그 배납한 동의 값은 지급하지 말도록 하소서."하니, 그대로 따랐다.[40]

와 같이 時散各品과 무녀들로부터 정한 기일 내에 수납한 49,995근에 대해서 매 1근당 50문을 지급해 총 2백 49만 9천 750문(약 2,500관)을 급전했다. 본래 동 1근 납부자에게는 전문 160문을 지급토록 규정했으나[41] 중간에 150문으로 조정하고 이제는 造出量의 적음을 이유로 50문만을 지급했던 것이다.

실제 동전 10문의 소요동은 1량으로서[42] 매 1근의 발행량은 160문이

七日皷鑄銅十一兩 慶尙道金海沙邑橋軍人三十名十三日皷鑄十九兩 昌原北背洞軍人三十名 十五日皷鑄五十七兩 帶銅生鉛石一斗七升 皷鑄鉛五十八兩"

38) 『世宗實錄』 卷26, 6년 12월 병오, "京中及各道所鑄錢一萬九百二十一貫"

39) 『世宗實錄』 卷27, 7년 1월 무자조.

40) 위와 같음. "今收納時散各品品銅及巫女業中銅五萬四百七十一斤內 以定日不及倍納四百七十六斤 然時鑄錢文數少 請品銅每一斤價給錢五十文 其倍納銅價勿給 從之"

41) 주 20) 참조

42) 주 8)의 銅 1量으로 10錢을 주성한다는 내용, 주 20)의 동전 10전의 무게를 銅1量으로 한다는 기사, 그리고 주 31)의 1전 무게를 銅 1分에 준한다는 표현은 가치단위의 錢(貫, 量, 錢, 文)이 아니라 단순한 동전 개수를 의미한다. 그래야만 동 1근 무게로 동전 160문 혹은 150문에 준한다는 내용이 이해된다.

된다. 그럼에도 불구하고 국가는

> 『大明律』에는 이르기를, '군민의 집에 반드시 폐물로 쓰지 못할 것[銅]이 있을 터이니, 모두 관에 팔게 하되, 매 근에 가격을 동전 1백 50문을 주게 한다.'하였사오니, 신 등의 생각으로는 『대명률』은 현대의 법이요, 또 적당한 것이니, 『대명률』에 의하여 동전 1백 50문으로 동 1근 가격에 준하게 하소서."하니, 그대로 따랐다.[43]

에서 보는 바처럼 대명률에 기록된 동 1근 납부자에 대한 150문 급가를 중시해 당초 160문의 급가원칙을 150문으로 하향 조정하고 나아가서는 상기 내용과 같이 50문만을 지급했던 것이다. 그러나 문제는 동 1근으로서 전문 160문을 발행한다는 원칙이 기술상의 문제로 말미암아 동전 150문의 무게가 동 1근보다 무거운 결과를 초래했다. 즉 소재가보다 명목가가 낮게 책정된 셈이어서 결국

> 일찍이 교지를 받잡기를, '동전 1백 50문으로 동 1근에 준하라.'하였사오나, 새로 주조한 錢文의 경중이 같지 않아서, 1백 50문의 중량이 동 1근보다 무겁고, 또 주조의 비용이 적지 않사온대, 1백 50문으로서 동 1근에 준하다면, 錢貨의 가치가 너무 경하오니, 청컨대, 1백 30문으로 동 1근에 준하도록 하소서."하니, 그대로 따랐다.[44]

와 같이 동전 130문을 동 1근가에 준하도록 하였다. 동에 대한 錢文 등가를 일단락 짓자 동 7년 2월 동전 통용에 들어갔다.[45]

---

43) 『世宗實錄』 卷26, 6년 10월 정미, "大明律曰 軍民之家 應有廢銅 竝聽赴官中賣 每斤給價銅錢一百五十文 臣等竊意大明律時王之制 且得輕重之宜 乞依律文以銅 錢一百五十文準銅一斤 從之"

44) 『世宗實錄』 卷27, 7년 2월 무신, "曾奉敎旨 以銅錢一百五十文準銅一斤 然新鑄錢 文 輕重不一 一百五十文之重 重於一斤 且鑄造之費不細 而以一百五十文準銅一 斤 則錢貨過輕 請以一百三十文準一斤 從之"

45) 『世宗實錄』 卷27, 7년 3월 무오조.

## 3. 銅錢 流通策과 流通狀況

### 1) 銅錢 不用者 처벌

동전을 유통시키기에 앞서 호조는 동전 불용자에 대한 4개항의 糾察 條件을 마련해[46] 전문의 흥용을 도모하였다. 그 내용은

一. 富商大賈·諸色工匠이 違法, 米·斗·布貨로 互上貿易하고 동전을 不用하면 犯法의 輕重에 따라 重者는 典刑 廣示하고 輕者는 杖 1백과 신충수군, 家産沒官하며 有能告捕者는 犯人家産의 1/2을 充賞한다.

一. 동전의 輕重과 錢面의 不鍊, 字劃 불명을 빙자해 多船揀擇하는 자는 王旨不從으로 論한다.

一. 京中 五部는 5家를 비로 삼아서 諸色工匠家·雜物賣買者가 楮貨·銅錢을 不用하고 몰래 米·布로서 私相貿易하면 隨卽捕告케 하고 그 사실을 숨겨 고발치 않으면 比隣人을 並坐하여 有能捕告者는 犯人家産의 1/2을 充賞하고 升斗以下의 米·斗 貿易은 不在此限한다.

一. 漢城府·留後司·京時署는 上項 犯人을 窮推하되 賣買者를 모두 論罪하며 不用心奉行者는 사헌부로 하여금 糾理케 하되 王旨不從으로 論한다.

에서 보는 바와 같이 升·斗 이하의 米·斗 무역을 제외한 모든 교역에서 저화·동전만의 통용을 강요한 거시다. 이러한 조치는 동7년 3월 銅錢 專用 이후 더욱 강화되어

"저자의 사람들이 만약 돈을 쓰지 아니하고 쌀이나 포목이나 또는 여러가지 물건으로 서로 무역하는 자는, 임인년의 전례에 의거하여 提調가 本署에서 직접 잡아 가두고, 이 사실을 널리 보여서 여러 사람들을 경계하게 하소서."하니, 그대로 따랐다.[47]

전문을 불용하고 미·포·잡물로 교역한 자는 구속, 廣示警衆한다거나

---

46)『世宗實錄』卷27, 7년 2월 무신, "戶曹啓"

47)『世宗實錄』卷28, 7년 6월 기유, "市裏人若不用錢文 以米布雜物交相貿易者 請依 壬寅年例 提調坐本署, 直行囚禁 廣示警衆 從之"

> 이때에 영돈녕 유정현이 京市提調로서 저자에 나가 앉아서 조금이라도 돈
> 을 쓰지 않는 자가 있으면, 비록 한두 되를 범하였다 하더라도 엄하고 혹독하
> 게 형벌하며 집의 재산을 적몰하므로, 48)

에서와 같이 1·2升米의 교역에서도 불용·전문 시에는 엄벌과 적몰가산하
는 강력한 제재를 가했던 것이다. 하지만 빈곤자의 생계가 더욱 어려워
지고 통곡과 자살사태가 연이어 발생함에 따라 동년 6월 斗升이하의 잡
물교역을 秋成전까지 허용한다는 잠정적 조치와49) 나아가서는 무기한
의 허용 조치를 취하지 않으면 안 되었다.50) 이 과정에서 錢價 고하에
대한 국가 간섭을 배제하고 한결같이 민간 市直에 방임하는 시책도 펼
쳤는데 이는 동 7년 5월 전 1문=미 1승이라는 법정등가를51) 파기하는
것으로

> "전일에 너의 曹에서 돈 1문에 쌀 한 되로 정하고, 그 밖의 다른 물건 값
> 도 거기에 따라 가감하여 매매하게 하도록 이미 교지까지 받았으나, 물건 값
> 은 때를 따라 오르고 내림이 각각 다르거늘 일률로 값을 정하는 것은 실로
> 부당하니, 그 돈 값과 쌀·포목·잡물을 순전히 민간의 시세에 따르게 하라."52)

에서와 같이 상품의 속성과 시간적 차이에 따른 필연적 등락현상을 인정
한 것이다. 이러한 제방침은 당시의 민간경제가 소액·소량거래에 기저
하고 있고 자연경제 하에서의 민생이 극히 불안했다는 데에 연유한 것이
다. 그래서 동전 불용죄에 해당하는 자들은 當産大賈·姦猾之徒가 아닌

---

48) 『世宗實錄』卷28, 7년 6월 갑인, "時領議敦寧柳廷顯以京市提調 坐于市肆小有不
　　用錢文者 雖犯一二升 嚴刑酷罰 籍沒家産"
49) 『世宗實錄』卷28, 7년 6월 을묘조, 동 7년 8월 기축조에 의하면 米 1.5斗 거래가
　　불용·전문죄로 처벌받고 있어 斗升의 한계가 1斗 이하인 것으로 사료된다.
50) 『世宗實錄』卷29, 7년 8월 임진조, 동 11년 10월 임오조에서 재확인된다.
51) 『世宗實錄』卷28, 7년 5월 무인조.
52) 『世宗實錄』卷28, 7년 6월 갑인, "前者爾曹以錢一文準米一升 其他物價推移加減
　　買賣 已受敎旨 然物價隨時貴賤各異 而一槪定價 實爲未便 其錢價米布雜物 一從
　　民間時直"

빈곤자들이 대부분일 수밖에 없었던 것이다.[53)]

### 2) 手續法 改正

종래 범죄 수속으로 이용되었던 저화는 전·저 겸행법이 시행되면서 전문·저화의 상반수납으로 변경되고[54)] 동전 전용책이 채택된 이후에는

> "이때까지는 죄를 짓고 속전을 바칠 때에 돈과 저화를 서로 절반씩 받았는데, 이제 와서는 돈만을 쓰게 되었은즉, 이제부터는 銅과 돈 중에서 자원하는 대로 정식에 따라 바치게 하소서."하니, 그대로 따랐다.[55)]

동·전문 중에서 자원 수납토록 하였다. 동전 불용죄로 輕者에 가해지는 장 1백, 身充水軍의 속전은 전문 8관으로서[56)] 미 20두에 해당되는데[57)] 당시 하루 끼니를 이어가기도 힘든 빈곤자에겐 커다란 고역이었다. 더욱이 주전량이 유족치 못한 상황 하에서 발생한 錢貴 현상은 전문 수속을 더욱 어렵게 만들어

> 전폐의 법을 역대에서 행하였으나, 돈은 저절로 행해지지 아니하고 반드시 당시의 권력과 법에 의한 뒤에야 흥행되었는데, 지금 전폐가 지극히 귀해서 贖罪하는 자가 베[布]로 대신 바치기를 원하는 자가 있으니, 그 돈의 가치를 더하여 비싸게 바치게 하면, 사람들이 돈의 가치가 무거운 것을 알아서 돈이 자연히 홍용될 것이다."[58)]

---

53) 『世宗實錄』 卷30, 7년 10월 계유조.
54) 『世宗實錄』 卷27, 7년 3월 기묘조.
55) 『世宗實錄』 卷28, 7년 4월 병진, "在先贖罪 以餞文楮貨相半收納 今改全用錢文 自今銅及錢文中 從自願依定式收納 從之"
56) 『世宗實錄』 卷29, 7년 8월 기축조.
57) 『世宗實錄』 卷29, 7년 8월 병술조에 의하면 米 1升價는 錢 1,000文이다.
58) 『世宗實錄』 卷59, 15년 1월 임신, "錢幣之法 歷代行之 然錢不自行 必因時權法而 後興行 今也錢幣至貴 贖罪者有願以布代納者 若增其錢價而優納之 則人知錢價之 重 而錢自興用矣"

布代納을 요청하게 하였다. 그러나 동전 유통을 기도한 세종은 權法에
의한 전문 흥행을 강조하고 이 기회에 전가를 올려서 포의 優納을 도모
한다면 전문에 대한 백성들의 인식이 변할 것이고 아울러 동전 유통이
순조로와 질 것이라고 토로했다. 그렇지만 동일 현상이 되풀이 되어 민원
이 다시 발생하자 수속법에 대한 전·포 상반수납, 납포 1/3이 제기되어[59]

> 민간에 있는 돈은 많지 않다. 지금 서울과 외방에 죄를 속바치는 것은 죄
> 다 돈을 받으니, 백성이 쉽게 마련하지 못하여 원망이 없지 않다. 금후에는
> 서울과 외방에 죄를 속바치는 자는 4분의 1을 베로 바치는 것을 허가하라."하
> 였다. 이리하여, 형조에서 아뢰기를, "동전 3백문으로 正布 한 필에 준하게
> 하고, 면포와 면주는 아울러 정포에 겨루어서 값을 정하도록 하소서."하니,
> 그대로 따랐다.[60]

에서처럼 수속액의 1/4을 납포로 개정하고 동전 300문을 정포 1필에 준
하도록 하였다. 그 후 동 27년에 동전 불용현상이 심화되고 저화 복용책
이 시행됨에 따라 전·포 수납은 폐지되고 저화·동전 중 청원수납으로
변경되었다.[61]

### 3) 徵稅의 金納化

동전의 유통 확대 노력으로서 징세의 금납화를 열거할 수 있겠다. 동
7년 5월 각사노비 신공가와 무녀업중세의 전납을 시작으로 해서[62] 동
8월 전문수납조건을[63] 마련하였는데,

---

59) 『世宗實錄』卷79, 19년 12월 병인조,
60) 위와 같음. "錢之在民間者不多 今京外贖罪 悉徵以錢 民不易辦 不無怨咨 今後京
　　外贖罪者四分之一 許納以布 於是刑曹啓以銅錢三百文 準正布一匹 其緜布緜紬
　　並從正布折價 從之"
61) 『世宗實錄』卷110, 27년 12월 계묘조.
62) 『世宗實錄』卷28, 7년 6월 임자조.
63) 『世宗實錄』卷29, 7년 8월 병술, "戶曹啓"

一. 諸色匠人 月稅를 上等이 저화 3장, 中等 2장, 下等 1장, 行商은 2장, 坐
   賈 1장이었는데 이제 저화 1장을 米 1斗로 준하고 米 1升은 錢 4文으로
   해 工匠 上等 1명으로부터 120文, 中等 80文, 下等 40文, 行商은 80文,
   坐賈 40文으로 定式 收納한다.

一. 行廊稅는 每 1間에 春·秋 兩等으로 각기 저화 1장을 수납했는데 각기
   120문으로 수납한다.

一. 新參馬價稅는 종전에 저화 20장이었는데 이제 저화 1장을 錢 1文에 準해
   20문만 받는다면 너무 輕함으로 1장을 米 1斗, 米 1升을 錢 4文으로 해
   800文으로 징수한다. 上項 各稅 錢文數는 米價에 따라 가감 징수한다.

라 한 바와 같이 공장세, 행상세, 좌고세, 신참마가세 등의 전납과 도망노
비역가,[64] 助役奴子의 不供日役에[65] 대한 전문 수납 그리고 미납 還上의
자원수납을 시행하여 전문 흥용을 꾀했다.[66] 한편 동전 지출면에서는

먼 지방에서 상납한 狸皮와 狐皮는 매 한 장당 저화 12장을 주고, 산달피
는 매 한 장당 6장을, 초피는 매 한 장당 25장을 주게 하여, 각도의 회계에
따라 저화와 새로 반포한 동전으로 지급하되, 만일에 그것이 부족하면 금년의
神稅布와 官鹽으로 매매한 포화를 각도의 시세대로 쳐서 주게 하려 하나이
다."하니, 그대로 따랐다.[67]

외방의 상납물 중 일부 품목에 대한 저화·전문 급가로 동전 유통의
길을 확대하고 동 20년 7월 四孟朔 頒祿을 제정할 시에는 종전의 初番
반록 때에 지급했던 동전 900문을 春等 시에 급여함으로써 전문 지출을
재확인하였다.[68]

---

64) 『世宗實錄』卷28, 7년 6월 임자조.
65) 『世宗實錄』卷38, 9년 12월 정묘조.
66) 『世宗實錄』卷52, 13년 4월 계묘, "傳旨戶曹"
    甲辰年(세종6)以上 還上未納者 許以銅錢代納 依京市準差輕酌定以納
67) 『世宗實錄』卷28, 7년 4월 정묘, "外方上納狸狐皮每一領給狸貨楮貨十二張 山獺皮
    每一領六張(中略) 以各道會計付楮貨 及新領銅錢支給 如其不足 以今年神稅布及
    官鹽 和賣布貨 准各道時價計給 從之"
68) 『世宗實錄』卷82, 10년 7월 계묘조.

이처럼 전문 홍용을 위한 부분적 금납화와 세출 면에서의 현물·동전 등의 지급에도 불구하고 당시 민간에서는

> 각 관사의 奴婢貢은 청컨대 돈으로 수납하게 하소서."하니, 임금이 말하기를, "노비는 많고 동전은 적다. 없는 것을 바치라고 독촉하기는 또한 어렵지 않은가. 다시 의논하여 아뢰라."[69]

에서처럼 주전량의 미흡으로 인해 노비신공의 전납도 제대로 이행치 못할 형편이었고 동전 홍용에 앞장서야 할 관아가 먼저 포화·잡물 등으로 수납함으로써 전문 유통은 사실상 포기된 거와 다름없었다.[70] 저화 복용 후 이 부분은 저화·동전 수납으로 바뀌고 所收 전문은 제용감에 보내져 결국 사라지게 되었다.[71]

### 4) 和賣策 시행

동전 반행 후 전문이 관부에만 이용되고 민간에서는 유행되지 못하자 화매책을 통한 전문 유통을 계획하게 된다.[72] 즉 민간의 동·잡물과 관아의 동전을 교역토록 한 것이다. 이는 전문의 斂散과 물가조절이란 측면에서 매우 주요한 의미를 지니는 것으로

> 옛날부터 돈과 物價는 서로 消長하기 때문에, 돈이 귀하면 흩어놓고 천하면 거두어 들여서, 이로써 수재나 한재에 대비해 가지고 백성들의 생활을 편하게 해 주는 것입니다. 근년 이래로 돈을 거두고 흩는 법을 다하지 못해서, 이로 인하여 물건은 귀하되 돈은 천해져서 백성들이 즐겨 쓰지 아니하오니, 이제부터 각사의 묵은 쌀·콩·포목·해산물[魚藿]과 같은 물건들을 시세대로

---

69) 『世宗實錄』卷56, 14년 6월 임진, "各司奴婢之貢 請以錢收納 上曰 奴婢多而銅錢 少 督納所無之物 不亦難乎 更議以啓"
70) 『世宗實錄』卷110, 27년 10월 임자조.
71) 『世宗實錄』卷110, 17년 12월 계묘조.
72) 『世宗實錄』卷27, 7년 2월 계해, "戶曹啓 今所鑄銅錢 只用於公 不行於民間未便 請令民將銅及雜物 納官以買 從之"

팔아 돈을 거두어서 이로써 백성들의 생활을 편하게 하도록 하소서. 민간에
돈이 귀하게 되거든 백성이 원하는 대로 좇아서 잡물을 관청에 바치고 돈을
바꾸게 하되 2만 관이 넘지 못하게 하소서.”하니 그대로 따랐다.[73]

에서와 같이 물가가 오를 때 각사의 현물을 방출하여 收錢 화매한다거
나 반대로 전가가 오를 때 민간 잡물과 관고전을 교역케 하면 민생 안전
과 전문의 원활한 유통을 기대할 수 있게 되는 것이다. 그러나 화매가
일시적이고 일방적으로 진행되어 이 과정이 끝나면 동전이 불용되는 현
상이 반복되었다. 그래서 각사 陣穀을 매월 1백석씩 방출하여 10년간 화
매하면 동전의 원활한 유통을 기할 것이라는 전망 하에 풍저창, 군자감,
내자·내섬시·仁順·仁嘉府의 陣穀을 화매키로 결정하게 된다.[74] 화매책
이 국가의 입장에서 볼 때 동전 흥용의 한 방책이고 백성의 입장에선
곡물을 매입할 수 있는 좋은 기회이긴 하나,

> 이제 和賣하여 동전을 수납하는 것은 백성에게 이익을 보려는 것이 아니
> 라, 오로지 그의 사용을 넓히고자 함이다. 관리들이 이 본의를 생각지 않고,
> 혹은 수량을 정하여 동전을 수납하고, 혹은 수납한 뒤에 즉시 쌀을 주지 아니
> 하기 때문에, 사람들이 그 교역을 즐겨하지 아니하니,[75]

관리들이 定數收錢하고 혹은 전문 수납 후에도 즉시 급미하지 않는 현
상과 노약자는 온종일 기다려도 1승미도 구입 못하는 폐단이 발생되어
이에 대한 합리적이고도 구체적인 방안을 다시 모색하게 되었다. 결국
화매소를 세 곳에 설치하여 40石씩 방출키로 하고 격 3·4일 혹은 격 10

---

73) 『世宗實錄』 卷34, 8년 11월 경인, “自古錢與物價 相爲消長 故貴散賤收 以備水旱
　　以便民生 近年以來 錢文斂散之法未盡 因此物貴而錢賤 民不樂用 自今將各司陳
　　米豆布貨魚藿等物 以時直和賣收錢 以便民生 其民間錢貴, 則許從民願 以雜物納
　　官易錢 不過二萬貫 從之”
74) 『世宗實錄』 卷38, 9년 10월 병인조.
75) 『世宗實錄』 卷51, 13년 3월 무인, “今和賣收納銅錢 非欲取利於民 專爲興用也 官
　　吏等不顧此意 或定數收錢 或收納後 不卽給米 因此人不樂於貿易”

여 일로 불시에 화매토록 조치했다.[76]

특히 재해에 따른 穀貴 현상이 초래되었을 때는 화매 활동이 더욱 활발해져 쟁납현상마저 전개될 정도였다.[77] 그렇지만 이 시책은 본래 계획한 대로 장기간 지속적으로 추진되지 않고 어느 시기인가부터 일시적인 사업으로 전환되어[78] 전문 불용현상을 더욱 심화시켰다.

### 5) 동전 유통 상황

동전 시용 후, 백성들은 두려움에 차 있었다. 동전 흥용을 목적으로 한 각종 규제책이 현물교역을 기반으로 한 민간 거래질서를 파괴하고 마비시키는 데에 따른 후유증이었던 것이다.[79] 그래서 민간에서의 전문 유통은 처음부터 순조롭지 못했고 그 가치 역시 미 1승=전 3문이라는 전가의 하락현상을 보였다.[80] 전문 반포 시 목면 1필 등가가 전문 200여 문이었던 것이

> 돈을 반포한 처음에는 시중의 무명 1필 값이 동전 2백 여 문이었삽더니, 이제 무명 1필에 3백문도 하고, 혹은 4백문까지도 하여 날로 올라가고, 달로 더해지니, 이것은 반드시 민간에 돈이 너무 많아서 이 때문에 물가가 뛰어올라 앞으로 장차 금하기 어렵게 될 것이오니, 사섬서에서 돈으로 和賣하는 것은 잠시 정지시키게 하소서."하니, 그대로 따랐다.[81]

---

76) 『世宗實錄』 卷51, 13년 3월 경인조.

77) 『世宗實錄』 卷64, 16년 6월 신미조.

78) 『世宗實錄』 卷110, 27년 10월 임자, "(李)李甸又上書曰 京中暫有和賣之事 則一日之間 錢價甚高"

79) 『世宗實錄』 卷27, 7년 2월 무오, "始用銅錢 自是小民畏法 以布貨易米者絶無 民之艱食 兆於此矣"

80) 『世宗實錄』 卷28, 7년 5월 정축조.

81) 『世宗實錄』 卷28, 7년 6월 갑인, "錢文頒布之初 市裏木縣一匹直 銅錢二百餘文 今木綿一匹三百文 或四百文 日增月加 此必民間錢文頗多 因此物價騰踴 將至難禁 司贍署錢文和賣 姑令停寢 從之"

에서처럼 목면 1필=전 3~400문으로 전가의 급격한 하락추세를 보이고
다음 달에는 6~700문으로 더욱 떨어져 이에 대한 대」책이 시급히 요청
되었다. 당시 위정자들은 전가 폭락요인을 민간 산재 전문의 과다로 인
식하여 사섬서의 전문화매를 중지시킨다거나 혹은 錢法을 혁파하자는
의견을 제시하여 민간의 전문 흥용을 혼란시켰다. 당시 반포 전문수는

> 동전을 백성이 쓰기를 즐겨하지 않는 까닭으로, 가치가 천하여져서 6, 7새
> 면포 한 필 값이 돈 6, 7백문이나 되니, 이것은 다름이 아니고 법을 자주 고친
> 데에서 오는 폐단이다."하니, 호조 참판 睦進恭이 대답하기를, "돈이 천해지
> 고 백성이 즐겨 쓰지 않는 것은 민간에 퍼진 돈이 많기 때문이며, 또는 일을
> 의논하는 대신들의 과실입니다. 대신들이 이를 의논하면서 돈에 관한 법을 폐
> 지하기를 청한 자가 많습니다. 그러므로 법을 세운 것이 일정하지 않고, 민심
> 이 의혹하여서 사용하기를 즐겨하지 않습니다. 장구한 법을 세워서 백성으로
> 하여금 돈을 쓰지 않을 수 없음을 알게 하여, 민심을 굳게 하면 백성이 많이
> 이용할 것입니다."하였다. 임금이 말하기를, "경의 말이 옳다. 그러나 관에서
> 나간 돈이 몇 천 관뿐인데, 어찌 많다 하겠는가.[82]

와 같이 수 천관에 불과해 결코 많은 양은 아니었다. 앞서 지적한 바처
럼 동전의 조기 흥용을 위한 각종 규제행위가 민간 교역의 침체를 불러
일으켰고 특히 승두이하의 소량거래에 대한 전문사용 강제가 그 불용현
상을 초래하고 나아가 민생마저 어렵게 만든 것이다. 이에 동 7년 8월
잡물무역 금지령을 정파하고[83] 불용동전죄로 구속된 獨子들을 석방하는
등[84] 이제까지 강경책을 완화하여 전문 유통의 실제를 기하고자 했다.

---

82) 『世宗實錄』卷29, 7년 7월 을유, "銅錢民不樂用 故賤六七升緜布一匹直 錢六七百
文 此無他 數更其法之弊也 戶曹參判睦進恭對曰 錢賤而民不樂用者 以其民間散
錢之多也 且議事大臣之過也 大臣議事 請罷錢法者多矣 由是立法未定 民心疑惑
不肯興用 願立經久之法 使民知錢文之不可不用 以固其心 則民興用矣 上曰 卿言
是矣 然官出錢數千貫 豈其多哉"
83) 『世宗實錄』卷29, 7년 8월 임진조.
84) 『世宗實錄』卷29, 7년 8월 계사조.

그러나 백성들이 구습에 연연하여 用錢을 계속 厭惡함으로써[85] 동전
제 자체에 대한 회의가 일어나

　　화폐는 새로 생긴 법이 아니라, 옛적부터 통행하여 백성의 생활에 편리하
　게 한 것인데, 지금 백성이 모두 이를 싫어하고 있다."하니, 최윤덕·하연·정
　초가 아뢰기를, "가산을 관가에서 몰수하는 것은 매우 엄중합니다."하니, 임
　금이 말하기를, "당초에 법을 세울 때는 이렇게까지 심하지 않았다. 지금 경
　들도 이를 말하므로, 벌써 그 법을 완화하여 자기의 희망에 따라 일반 물품으
　로 매매에 사용하게 하였다. 만일 화폐가 제대로 쓰이게 되지 않는다면 사용
　하지 않는 것이 오히려 낫지 않겠는가."하니, 安純이 대답하기를, "화폐는 사
　용하지 않으면 안 됩니다. 그 법의 실시는 당연히 귀한 사람으로부터 시작되
　는 것인데, 지금 대신의 집에서는 오로지 화폐만을 쓰고 있사오니, 일반 백성
　들도 따라 융통되게 될 것입니다."하니, 임금이 말하기를, "화폐의 법은 곧 聖
　人이 마련한 것인데, 내가 지금 보기에는 공적으로도 유익되는 것이 없고, 사
　적으로도 유익되는 것이 없는 것 같다."하였다.[86]

에서와 같이 전문이 흥용되지 못하면 차라리 불용하는 편이 나을 것이라
는, 그리고 錢法이 공·사에 유익됨을 보지 못했다고 하는 세종의 비관적
태도, 그리고 이를 행함에 있어 大臣之家로부터 用錢하면 서민에 이르
기까지 흥용될 것이라는 막연한 기대가 제기되었다. 이러한 상황에서 미
1승=전 7~8문이라는 등가가 형성되고[87] 동 11년 9월에는 미 1승=전
12~13문이라는 전가폭락·물가폭등의 현상이[88] 발생했다. 전문 지위의

---

85)『世宗實錄』卷30, 7년 12월 계유조, 동 8년 2월 경인조.

86)『世宗實錄』卷31, 8년 2월 임진, "錢幣非新法 自古通行 乃爲便民之用也 今民皆
厭之(中略) 其初立法, 不如是之甚也 今卿等亦言之 已命弛之 許以自願雜物用之
若錢幣不興用, 則不若不用之爲愈也 安純對曰 錢幣不可不用 夫法之行 當自貴者
始 今大臣之家 專尙用錢, 庶民化之而興用 上曰 錢法乃聖人所立 予今未見有益於
公 亦未見有益於私也"

87)『世宗實錄』卷35, 9년 1월 병신, "司諫院坐正言 成自諒等上疏曰 且錢幣 當視其
貴賤而爲之緩急 已鑄四萬貫 而民間施用 纔一萬餘貫 尙且民不樂用 其直甚賤 升
米至七八錢"

88)『世宗實錄』卷45, 11년 9월 병인조.

불안에 따른 급격한 물가 변동은 당연히 민간 거래질서를 와해시켜 豪富者에겐 모리의 기회를 제공하고 빈곤자에겐 기본적 생존마저 위태롭게 했다.[89] 전가의 日賤과 교역수단으로서의 지위 상실은 전문에 대한 백성들의 인식을 변질시켜 명목가보다는 소재가에 눈에 뜨게 해 이를 녹여 器皿으로 제작 판매하는 銷錢鑄器 행위를 만연케 했다.[90] 나아가 국외유통 현상도 조장해

> 대마도의 장사하는 왜인이 본국의 돈을 역대의 돈과 섞어서 판매하고 있으니, 지금부터는 왜인이 왕래하는 곳으로서, 각 고을과 각 포구에서 돈으로 매매하는 것을 금지하소서.[91]

와 같이 대마도 상인들이 다수의 아국 동전을 소지 판매하는 양태를 노정시켜 왜인 왕래처에서의 用錢 매매를 금지하고 통신사의 전문 齎去를 금단해야만 했다.[92] 또한 왜관 상인들의 잠매 금물 행위를 근절키 위해 禁防條件을 마련, 전문을 포함한 금·은 등의 교역을 엄금하고[93] 이를 어긴 자에 대해서는

> 지금부터 본국의 동전을 왜상에게 파는 자는 盤詰奸細律에 의하여 처참하고, 실정을 알고도 고하지 아니하는 자에게도 죄를 같이 하며, 능히 규찰하지 못한 該當 관리는 盤詰을 잘못한 律에 의하여 장 1백 대에 처하고, 능히 잡아서 고하는 자는 관에서 면포 50필을 주게 하옵소서."[94]

---

89) 『世宗實錄』 卷48, 12년 5월 갑인조.
90) 『世宗實錄』 卷43, 11년 1월 정묘조, 동 14년 7월 기사·갑술·정축조, 동 9월 기미·경진조.
91) 『世宗實錄』 卷44, 11년 4월 무자, "對馬島商倭多以本國錢 雜於歷代錢販賣 自今禁倭人往來處 各官各浦用錢買賣"
92) 『世宗實錄』 卷43, 11년 1월 신미조.
93) 『世宗實錄』 卷44, 11년 6월 기묘조.
94) 『世宗實錄』 卷59, 15년 1월 기사, "自今將本國銅錢賣與商倭者 依盤詰奸細律處斬 知情不告者與同罪 不能糾察當該官吏 依失於盤詰律杖一百 有能捕告者官給縣布五十匹 從之"

에서처럼 盤詰奸細律로 중벌에 처하는 등 전문 유출을 막기 위한 온갖 노력을 다했다.

주전원료 부족에 기인한 반포 전문수의 제한과 燒錢鑄器, 전문의 潛出境外 현상에 따른 동전의 점차적 감소 추세는 드디어 錢貴 현상을 초래해 속죄·징세상의 전문수납을 어렵게 만들고, 나아가 동전 유통의 한계를 드러내게 했다.[95] 이러한 이면에는

> 지금 우리나라에서는 서울에서만 시장이 있고 각도의 고을에는 모두 시장이 없으니, 미록 전폐가 있을지라도 물건을 살 시장이 없으니, 도리어 돈을 못 쓰는 물건으로 생각하고 백성들이 사용하지 아니합니다. 중국의 제도에 의하여 외방의 고을에 모두 시장을 열면, 돈이 저절로 흥용될 것입니다."[96]

동전을 활용할 市肆가 경도에만 있고 각도 주군엔 전무하다는 사실이 작용하고 있어 이들 제 조건을 충족시키지 못하는 한 동전 흥용은 매우 어렵게 되었다. 그래서 세종은 본국 산물이고 소주·출경의 폐단이 없는 철전을 주조, 동전과 대체코자 하였다. 이에 대해 정부·육조에서는 ① 黃喜 ; 철전주조, 동전은 時價로 환수 ② 趙啓生·崔土康 ; 철전·미·포화 겸용 ③ 沈道源 ; 미·포·동전 겸용 ④ 孟思誠·成柳·鄭淵·皇甫仁·河演 ; 五綜布 復用 ⑤ 許稠·安純·申槩·李孟畛 ; 철전주조, 承政院에서는 ① 辛引孫 ; 오종포 복용 ② 李堅基·金墩·李季疄·成念祖 ; 오종포 복용, 동전은 자연 소멸되도록 함 ③ 權採 ; 철전주조, 동전은 자연 폐기되도록 제의함으로써,[97] 대체로 ① 철전 ② 오종포 ③ 철전·미·포화 ④ 미·포·동전 사용을 주장하였다. 여기서 주목되는 것은 이제까지 강제해 온 동전전용에 대해서는 일체의 언급이 없는데 비해 기존 거래수단인 포화

---

95) 『世宗實錄』 卷59, 15년 1월 임신조, 동2월 정유조.
96) 『世宗實錄』 卷59, 15년 1월 임신, "今我國京都有市 各道州郡皆無市 雖有錢幣 幣者不得市焉 反以錢爲無用之物 民不興用 依中國之制 外方郡縣皆開市則錢自興矣"
97) 『世宗實錄』 卷80, 20년 2월 병인·정묘조.

(오종포)에 관해서는 상당히 호의적인 반응을 보였다는 점이다. 위정자
들의 이러한 인식 경향은 당시의 동전유통 부진상을 이해하는데 많은 시
사를 던져준다.

세종 20년에 제기된 동전 대체 화폐에 대한 논의는 동 27년에 호조가
저화 개용을 거론하면서 다시 전개되었다.[98] 당시 이계전은 저화불용
배경과 동전유통 실태를 설명하면서 호조의 改錢用楮는 민심의 소동만
을 야기시킬 것이므로 철전의 주조 행용이 보다 적절한 것이라고 피력하
고 今日의 전가가

> 신이 지금 들은 市中의 錢文의 값은, 쌀이 천하고 돈이 시급하게 쓸 데가
> 없으면, 한 되[升]의 쌀이 혹 13에 이르고, 만일 和賣하는 등의 일이 있어 돈
> 을 쓰기에 긴절하면, 적어도 7, 8에 이르오니, 쌀의 貴賤과 돈의 완급이 스스
> 로 때가 있어서 一槪) 정할 수는 없는 것입니다. (…) 우리나라의 풍속에 모든
> 매매에 있어서 반드시 면포로 값을 정하고, 면포가 부족하면 다른 물건으로
> 충당하는데, 그 유래가 오래 되어서 갑자기 고칠 수 없습니다.[99]

米賤인데도 불구하고 미 1승=전 13문을, 화매 시에는 미 1승=전
7~8문에 성립된다고 하면서 모든 매매의 성립이 면포가에 의해 좌우되
며 만약 면포가 부족할 시에는 타물로 결정된다고 말하고 있어 동전유통
의 부진상을 설명하고 있다. 또한 전문 수백관이 요구되는 큰 거래에 있
어서는 동전 구득이 용이치 않고 일용에 필요한 상품이 대개 면포 수
십 필가에 해당하는 전문 수 십 관이어서 전귀상황에서의 이러한 전문
소지란 것은 매우 어려웠던 것이다.[100] 나아가 수속·징세상의 전납이

---

98) 『世宗實錄』 卷110, 27년 10월 임자, "召集賢殿直提學金汶李季甸 傳旨曰 戶曹以
錢幣難繼 請改用楮貨 其考古制以啓汶等稽古制以進"
99) 『世宗實錄』 卷110, 27년 10월 임자, "臣所聞市裏錢文之價 米賤而錢無及時之用
則一升之米或至十三 如有和賣等事而緊切於用錢 則或少至七八 米之貴賤錢之緩
急 自有其時 未可以一槪定矣(中略)我國風俗凡諸買賣 必以縣布定價 縣布未足 充
以他物 其來尙矣 不可遽革也"

　　신은 또 생각하옵기를, 법이 행하지 않는 것은 有司로부터 시작된다고 여
기옵니다. 모든 贖을 받는 것과 闕을 징수하는 것은 오로지 錢文을 쓰라고
國典에 실려 있으나, 형조나 의금부에서 贖을 받을 때에 화폐와 포를 섞어 쓰
고, 각사에서 노비·공장의 闕을 받는 데도 혹은 종이[紙]로 대신하고, 혹은 다
른 물건을 받으니, 경중에서 이러한데 어떻게 외방을 금하며, 감사가 이러하
니 어떻게 수령을 금하겠습니까. 이것은 유사가 먼저 흔들어 놓는 것입니
다.101)

와 같이 관아에서 먼저 위법행위를 자행하여 물납을 행하니 만큼 민간의
전문 유통은 더 이상 강요할 수가 없었다. 결국 유명무실한 동전전용 대
신에 저화복용을 택해서 유통계의 혼란을 수습치 않으면 안 되었다. 동
27년 저화가행조건을102) 살펴보면 수속·징세·화매상에서의 저·전 겸용
을 허용하고 있어 마치 동전의 계속적 행용을 예상할 수 있지만 실제
所收전문은 모두 제용감에 보내고 있어서 도리어 전문 유통량의 점차적
감소를 예상할 수 있는 것이다. 한편 시준법에 나타난 저화·동전·포화
사용의 인정은 저화전용 내지 동전전용 시에 전용화폐 사용만을 고집한
데서 파생된 각종 부작용을 체험한데서 나온 조치로 이는 당신의 상황에
서 필연적인 소치라 하겠다.103) 그러나 교역수단을 민간에 방임했다는
사실은 동전·저화에 대한 국가의 적극적 관심을 포기하는 것으로서 장
차의 주요 유통수단이 미·포화와 같은 물품화폐로 전환되리라는 것을
은연 중 암시해 주는 것이기도 하다.

---

100) 위와 같음.

101) 위와 같음. "臣又謂法之不行 自有司始 凡諸收贖與其徵闕 專用錢文載在國典 然
　　而刑曹義禁府徵贖之時 雜用貨布 各司徵奴婢工匠之闕 或代以紙或納他物 京中
　　如此 何禁外方乎 監司如此 何禁守令乎 此有司先擾之也"

102) 『世宗實錄』卷110, 27년 12월 계묘조.

103) 拙稿, 1984,「世宗代의 楮貨流通策」『濟州大論文集』17, 1984, 16~17쪽.

## 4. 맺음말

지금까지 세종대의 동전유통 시말에 기본적인 관점을 두면서 용전론의 제기와 동전주조 실상 그리고 그 유통을 강제하기 위한 각종 흥용책과 민간에서의 유통 실태를 살펴보았다. 이제 그 내용을 요약하면 다음과 같다.

조선시대에 동전을 화폐로 사용하자는 논의는 소액거래 편의를 위해 처음으로 제기되었다. 世宗代에 발행된 저화가 당초 의도한 데로 원활히 유통되지 못하고 도리어 유통계의 혼란과 침체를 초래하면서부터 이의 극복을 위한 제반 노력이 집중적으로 전개된 것이다. 특히 저화의 名目 價가 오승포 1필로 정해져 그 미만의 거래엔 하등의 도움을 주지 못하고 또한 布帛稅 징수 가능성을 모색하는 과정에서 동전·소저폐 이용 문제가 제기된 것이다. 이 문제는 소저폐 사용을 적극 주장한 河崙이 자신의 입장을 철회하고 그리고 평소 동전통용에 관심이 많았던 태종이 호조에 銅錢制에 관한 연구와 보고를 명함으로써 구체화되기 시작했다. 이 과정에서 저화·동전 겸행에 불만을 토로하고 차라리 동전만을 專用하자는 의견이 강력히 대두되기도 했지만 錢·楮 兼用에 자신감을 표명한 태종은 이를 묵살하고 동전주조를 강력히 추진하였다. 동전유통 방침이 수립되고 주전원료 수합책이 강구되어 이의 실현이 본격화되자 이제는 그에 수반된 부작용이 발생되어 敗亡寺社의 銅佛이 마구 거두어지고 저화가 장차 무용지물화될 것이라는 의혹이 생겨 시중 물가가 폭등하는 현상이 나타났다. 그러나 동전유통 노력을 근본적으로 동요시킨 것은 자연재해였다. 당시 자연경제 하에서 천재지변은 인간의 생존문제와 직결되는 것이기에 재해를 극복하는 문제가 가장 절급한 것이었다. 대한으로 기근이 예상되고 있어서 동전을 주조, 저화와 겸행한다는 것은 차후 과제에 불과한 것이었다. 결국 민폐 발생을 이유로 주전사업은 즉시 중시되었다.

태종 때 시행코자 한 錢·楮 兼用策이 한재에 따른 기근발생과 민심동요의 예상으로 말미암아 그 시행이 일단 보류된 후 유통계에서는 저화가 계속 法定貨幣로 적용하였다. 그러나 저화의 인기가 떨어지고 그 가치마저 하락하자 세종 4년 10월 錢·布 行用 구상이 제기되어 이듬해 錢·楮의 겸행으로 결정되고 10문의 중량을 1량으로, 전담관아는 사섬서로 하여 조선통보를 주조하기 시작하였다. 공·사무역을 통한 日本銅 수입과 외방 廢寺器皿의 수납, 동의 자원납부 그리고 함경도를 제외한 전국 각도의 연속적 銅 輸納을 의무화시키고 楊根鑄錢所 외 울산과 합포, 전라도 內廂에 주전소를 신설하여, 爐冶 增說과 鑄錢匠·助役人을 증원시켜 日課量을 정하는 등 주전사업에 박차를 가하였다. 하지만 주전량을 신속히 배가시키기 위해서는 순조로운 원료공급이 전제되어야 하는 것으로 이를 위해 斂納合行事目을 마련해 시행하고 銅錢産地를 개발하여 용담, 김해, 창원에서의 試取를 보았다. 국가의 이러한 집중적 노력은 동 7년 1월 12,537관의 주전량을 결과하고 그 해 頒祿과 중앙·지방관아에 錢文을 급여케 하였다. 그렇지만 많지 않은 주전량으로 인해 동의 자원 납부자에 대해 매 1근 당 160문의 지급원칙을 50문으로 축소 조정하고 기술적 문제에 따른 소재가치의 과중으로 동 1근에 대한 전문 160문의 등가를 130문으로 하향 조정하였다. 동에 대한 전문등가를 일단락 짓자 다음 달 드디어 銅錢 始用으로 들어갔다.

전문유통을 적극화하기 위한 국가의 노력은 대체로 동전 불용자에 대한 처벌 강화, 手續法 改定을 통한 동전 수납, 징세상의 金納化, 和賣策 실시로 대분할 수 있다. 불용자에 대한 처벌은 糾察條件을 마련해 실시했는데 동 7년 4월 동전 專用以後보다 강화되어 1·2升의 米도 반드시 전문으로 교역케 했다. 이 조치는 민생의 빈곤화와 民怨을 촉발시켜 단계적인 완화책을 거쳐 완전히 철회되고 또한 錢價 高下에 대한 分權力 행사도 포기하여 전가의 방임을 선언했다. 이러한 일련의 조치는 당시의

私經濟가 소액·소량거래에 기저하고 있고 자연경제 하에서이 민생이 극히 불안했다는 데에 연유한 것이다. 한편 수속상에서의 전·저 상반수납은 동전 전용이후 銅·錢文 聽願收納으로 변경되지만 실제 동전불용죄로 輕者에 가해지는 贖錢 8관은 米 20斗에 해당되는 것으로 하루끼니 이어가기도 힘든 빈곤자에겐 커다란 짐이었다. 더욱이 주전량이 유족치 못한 상황 하에 발생한 錢貴現象은 전문 수속을 더욱 어렵게 만들어 동 19년 수속액의 1/4을 布貨로 납부토록 했다. 수속 외에도 노비신공가·무녀업중세 그리고 공장세·행상세·좌고세 등에 걸친 징세의 급납화와 외방 상납물에 대한 錢·楮 給價, 반록시 現物, 銅錢 給與 등으로 전문유통 기회를 확대코자 했으나 전귀현상과 관아의 현물수납으로 말미암아 소기의 목적을 이룰 수 없었다. 전문의 斂散과 물가조절이라는 측면에서 의미가 있는 화매책은 물가가 오를 때 국고 현물을 방출하여 收錢私賣하고 錢價가 오를 때 그 逆으로 행하여 민생안정과 전문의 유통을 기대할 수 있는 것이지만 일시적이고 일방적인 것으로 변함에 따라 전문 홍용과는 하등의 관계가 없게 되었다.

동전 유통을 위한 각종 규제행위가 민간교역의 마비와 거래질서를 어지럽히게 되자 錢文 始用 時 성립되었던 미 1승=전 1문이, 동 11년에는 12·13문으로 성립되어 전가의 폭락을 가져왔다. 전문 지위의 불안에 따른 급격한 물가변동은 豪富者에게 모리 기회를 빈곤자에게는 생존에의 위협을 가하고 동전에 대한 인식도 변질시켜 銷錢鑄器와 전문의 국외유출 현상을 조장시켰다. 이는 전문 유통량의 점차적 감소를 초래하고 나아가 전귀현상을 유도해 속죄·징세상의 전납을 어렵게 했다. 이러한 상황에서 세종은 동 20년에 鐵錢 通用을 구상하고, 이에 대해 신료들은 鐵錢行用, 五綜布 채택, 철전·미·포화 겸용, 미·포·동전 겸행으로 각기의 논리를 전개했다. 이 문제는 동 27년에 호조의 楮貨復用 제의로 다시 불붙어 楮·錢 兼用으로 낙착되고 수속·징세·화매상에서의 楮·錢 收納

을 시행하였다. 그러나 수납된 전문이 모두 제용감에 퇴장됨으로써 전문 유통량의 점차적 감소를 초래했고 市准法을 통한 楮貨·銅錢 布貨使用의 허용으로 동전에 대한 국가의 적극적 관심은 포기되고 말았다.

# 제2장 15세기 화폐유통의 배경과 저화제의 동요

## Ⅰ. 15세기 화폐유통 시도와 정책적 배경

### 1. 머리말

조선왕조 태종·세종 시기에 기존의 유통수단인 포화를 배제하고, 저화·동전 사용을 강제한 까닭은 利權在上(貨權在上)의[1] 명분 때문이었다. 즉 유통매체를 장악함으로써 유통부분에 대한 국가의 통제를 확대하고 나아가 국가재정을 裕實하게[2] 하려는 목적에서였다.

이 시기에 강제한 저화·동전은 국가에서 의도한 대로 유통되지 못하고 도리어 유통계에서 사라질 운명에 놓였다. 그 까닭은 생산력 수준과 교환경제 실상이 그에 상응하지 못했기 때문이다. 그럼에도 15세기 후반의 사정을 보면, 저화에 대한 국가의 관심이 계속되어 歲貢楮貨 징수·新楮貨 발행·國幣의 지정 등이 나타나고, 한편 포화의 지위를 격상시켜 『경국대전』에 국폐로 기재하는 등 유통매체에 대한 여러 변화가 나타났다.

---

1) 『太宗實錄』卷6, 태종 3년 8월 을해조 ; 동 9월 경진조 ; 『太宗實錄』卷19, 태종 10년 6월 갑자조 ; 『世宗實錄』卷80, 세종 20년 2월 병인조 ; 『世宗實錄』卷123, 세종 31년 1월 무신조 ; 『世祖實錄』卷34, 세조 10년 8월 기해조.

2) 『太宗實錄』卷6, 태종 3년 9월 을유조; 『太宗實錄』卷19, 태종 10년 5월 신사조 ; 『世宗實錄』卷113, 세종 28년 8월 을묘조.

이러한 일련의 변화는 당시의 사회경제적 조건이 어느 정도 수용되면서 저화유통에 대한 국가 입장이 종전과 별로 다름없음을 의미하는 것이기도 하다.

그러나 이러한 변화가 민간·국가 어느 쪽을 막론하고 모두의 기대를 만족시켜주지는 못하였다. 저화에 대한 국가의 관심이 아무리 크다 할지라도 태환이 결여된 그 유통은 이미 제한적일 수밖에 없는 것이고, 포화유통도 35척의 규격을 고집하는 한 유통매체로서의 기능은 한정될 수밖에 없는 것이었다. 실제 민간에서 유통된 것은 短布였고 이것이 바로 민간 유통수단으로서 유용했던 것이다.

이러한 15세기 후반의 유통매체에 대하여 기존의 연구 성과는 대체로 세 가지 유형으로 나눌 수 있다. 하나는 조선 전기 화폐사를 개괄하면서 부분적으로 언급하거나,[3] 그리고 15세기 유통경제 내용을 검토하면서 그 기반과 교역형태, 교환매체를 총체적으로 다룬 글,[4] 마지막으로 16세기의 사회경제 변동, 장시의 성립과 기반, 면포의 화폐기능을 중심과제로 삼으면서 앞 시대의 상황으로 이해하려는 연구이다.[5]

이 글은 이와 같은 여러 성과를 참고하면서 중심을 유통매체에 국한시키려 한다. 그 구체적 내용은 유통매체와 관련된 국가의 제반 시책과 민간의 대응 모습이 될 것이고 유통수단을 결정짓는 생산력과 교환경제 실상[6]에 대해서는 후일을 기약한다.

---

3) 김병하, 1970, 「이조전기의 화폐유통 – 포화유통을 중심으로」『경희사학』 2.
4) 남원우, 1991, 「15세기 유통경제와 농민」『역사와 현실』 5.
5) 송재선, 1985, 「16세기 면포의 화폐기능」『변태섭박사화갑기념사학논총』 ; 이태진, 1986, 「16세기 동아시아의 역사적 상황과 문화」『한국사회사연구』 ; 이태진, 1989, 「16세기 동아시아 경제변동과 정치사회적 동향」『조선유교사회사론』 ; 이경식, 1987, 「16세기 면포의 화폐기능장시의 성립과 그 기반」『학국사연구』 57.
6) 이에 대해서는 졸고, 1991, 「15세기 화폐유통 시도와 그 배경」『국사관논총』 30 에서 기존의 연구 성과를 정리한 바 있다. 그러나 교환경제 실상에 대해서는 거의 언급하지 못했는데 주4)의 남원우 글이 도움된다.

## 2. 저화유통 기피현상의 심화

1445년(세종 27)에 채택된 저화 가행조건은[7] 이후 저화유통을 강제할 때마다 그 내용 일부가 다시 강조되곤 하였다. 이를 테면 국가에서 받아들이는 수속가, 징세, 화매 등의 값을 저화·동전으로[8] 규정하거나 국가가 지불하는 녹봉, 頒賜 그리고 각사에서 쓰는 시탄 등의 값을 저화로 한정한다는 것이 그것이다. 그러나 이러한 조치는

> 의정부에서 호조의 呈狀 의거하여 아뢰기를, "楮貨를 다시 제정할 때에 財用을 일으키는 계책을 곡진하게 布置하였는데도, 각 衙門의 관리들이 국가의 큰 體統은 돌아보지 않고 먼저 국가의 법을 무너뜨려, 民間으로 하여금 財用을 일으키지 못하게 하였으니 매우 옳지 못한 일입니다. 지금부터는 전과 같이 布貨 등 물건을 折納하는 사람과 자원하는 데 따르지 않고 동전銅錢을 강제로 징수하고 楮貨를 사용하지 않는 사람은, 納付한 사람으로 하여금 호조에 고발하게 하여 위에 啓聞하여 論罪하게 할 것입니다."라고 하였다.[9]

각 아문의 관리들이 먼저 법을 어김으로써 제대로 시행될 수가 없었다. 즉 저화 대신 포화 등의 잡물로 折納하고[10] 從願上納을 동전으로 강제하는 한, 국가의 저화유통 노력은 결코 순탄할 수가 없는 것이며 별도의 대책이 필요하였던 것이다.

그래서 各司의 수속과 徵闕을 일원화하여 어느 한 관청에서 관장하자는 의견이[11] 제시되고 다른 한편으로는 법을 어긴 관리들에 대한 엄충

---

7) 『世宗實錄』卷110, 세종 27년 12월 계묘조.
8) 동전의 경우는 주전원료의 부족과 국가 관심의 철회로 유통계에서 점차 사라졌다. 주6)의 졸고, 124~127쪽.
9) 『世宗實錄』卷113, 세종 28년 8월 을묘조. "議政府據戶曹呈啓 楮貨復立之時 興用之策曲盡布置而各衙門官吏 不顧大體先毁國法 使民間不得興用甚爲不可 自今如前折納布貨等物者及不從自願强徵銅錢不用楮貨者 令納者告于本曹 啓聞論罪"
10) 『世宗實錄』卷123, 세종 31년 1월 무신조.
11) 『世宗實錄』卷123, 세종 31년 1월 무신조.

한 처벌을 요구하였다. 이 중 후자가 채택되어 만약 저화를 쓰지 않고
미·포 등의 잡물로 수납할 때는 當該官 및 行首官은 制書有違律로 논하
고 그중에 功臣子孫 및 議親은 고신탁발, 정상을 알고도 막지 않은 堂上
및 提調는 파직, 외방 수령 및 首領官은 京中의 예에 준하도록 하였다.
그리고 각사 사령과 관계된 백성은 모두 제서유위율로 논하고 전 가족은
入居시키는 등 매우 혹독한 법 적용을 천명하였다.[12)]

　　그러나 이 법을 시행한 지 2년도 못되어 이를 어기는 행위가 나타났다.

　　　　의정부에서 啓文하기를, "이보다 앞서 楮貨를 通用하는 법이 더할 수 없
　　　이 자세하고 극진하였으나, 다시 쓴 뒤로부터는 예전처럼 통용하기를 즐겨하
　　　지 아니하니 진실로 한탄스럽습니다. 대개 재물은 민간에서 흩어지기도 하고
　　　관에 돌아오기도 하여야 나가고 들어오고 서로 유통이 되어 公私가 다 편리
　　　할 것인데, 관리들이 모두 成法을 받들어 행하지 아니합니다. 서울 안 죄인의
　　　贖錢은 저화를 쓰나, 기타 奴婢와 工匠들의 罰徵은 모두 다른 물건으로 贖받
　　　고, 외방에서는 비록 중한 贖錢일지라도 모두 저화를 쓰지 않습니다. 이로 인
　　　하여 한 번 관에서 나가면 다시 들어오지 아니합니다."라고 하였다.[13)]

　　이것은 관리들에 의하여 저질러지는 것으로, 중앙에서는 노비·공장의
수속가를 저화 대신 잡물로 수납하고 외방에서는 저화를 전혀 사용하지
않는 사례가 발생했던 것이다. 이러한 현상은 저화가치의 하락에 따르는
관아의 대응이라고도 할 수 있는 것으로 만약 저화로 받아들인다면 관아
의 장차 용도가 염려되었던 것이다. 그러므로 法司인 형조에서도 수속가
의 저화·포화의 相半收納을 요청했던[14)] 것이고 소속의 皂隷나 사령들도
쓸모없는 저화를 가지고 시중의 교역물을 강제로 抑買하였던[15)] 것이다.

---

12)『世宗實錄』卷123, 세종 31년 3월 병술조.
13)『文宗實錄』卷6, 문종 1년 2월 경오조. "議政府啓 前此楮貨興用之法詳盡無餘 自
　　復用以後如舊不樂興用 誠爲可嘆 (中略) 官吏等並不奉行成法 京中罪人之贖雖用
　　楮貨 其他奴婢·工匠罰徵率以他物贖之 至於外方則雖重贖 皆不用楮貨因此一出於
　　官 更不復入."
14)『成宗實錄』卷30, 성종 4년 5월 을미조, 동 병신조.

이러한 저화가치의 하락은 위정자 스스로가 인정하듯이16) 민간 교역
의 실상과 거리가 먼 저화법 자체에 있었다. 그리고 저화의 紙質이

> 楮幣는 몰래 鑄造할 리는 없으니, 참으로 국가에서 계속하여 쓸 수 있는
> 것이나, 그러나 한 차례만 사람들의 손을 거치면 이미 부서지고 헐어지는 지
> 경에 이르므로, 백성들이 즐겨 쓰지 않으니, 대개 계속할 수 있는 것은 국가
> 이지만, 즐겨 쓰지 않는 것은 백성들인지라 이는 또한 국가에는 편리하여도
> 백성들에게는 불편한 것이 아니겠습니까?17)

한 차례 사람들의 손을 거치면 쉽게 파손되는 폐단에도 있었다. 이
폐단은 그 자체로 그치는 것이 아니라 그 파손도에 따라 상·중·하품 등
으로 구별되어 각각의 교환가가 성립되고 있었다. 저화1장의 가치가 쌀
5·6승, 3·4승, 1·2승 또는 1승도 채 못 되었던 것이다. 그래서 국가에서
는 파손이 심한 경우에는 한하여 구저화 2장=신조저화 1장으로 교환해
주는 조치를18) 취하여 민간에서 제기된 저화의 차별현상을 그대로 받아
들이고자 하였다.

그러나 이러한 조치는 저화에 대한 공신력을 더욱 떨어뜨리는 것으로
저화유통에는 하등의 도움도 주지 못하였다. 저화 지질에서 야기된 파손
과 가치 하락이 국가가 아닌 소지자가 담보해야 한다는 상황에서 이제
특별한 경우를 제외하고는 저화를 갖거나 사용할 필요가 없게 되었다.

저화가치의 하락은 이 외 관계 법령이 자주 바뀌거나19) 국가와 민간
사이에 저화이용 기회가 극히 한정되었다는 점에서도 기인하였다. 특히

15) 『端宗實錄』卷12, 단종 2년 10월 병신조 ; 『世祖實錄』권4, 세조 2년 5월 을해조,
   동 6월 신해조 ; 『成宗實錄』卷30, 성종 4년 5월 병신조.
16) 『世祖實錄』卷14, 세조 4년 11월 무술조; 『世祖實錄』卷34 세조 10년 12월 병술조.
17) 『世祖實錄』卷34 세조 10년 12월 갑오조. "楮幣 無盜之理而眞國家可繼之用 然而一
   經人手已底破毁民不藥用 盖可繼者國也而不樂者民也 斯不亦便於國不便於民者乎"
18) 『世宗實錄』卷110, 세종 27년 12월 계묘조.
19) 『成宗實錄』卷30, 성종 4년 5월 병신조.

후자와 관련해서는

> 임금이 承政院에 이르기를, "내가 듣건대 楮貨를 잘 쓰지 않는 것은 各司
> 에서 쓰는 것이 모두 楮貨이어서 楮貨의 값이 천하기 때문이라 한다. 나의
> 생각으로는 이제부터 各司에서 지급하는 비용은 楮貨를 쓰지 말고 布를 쓴다
> 면 楮貨가 귀해지고 그 값도 또한 귀해질 것이다."라고 하였다.[20]

각사 용도를 저화로 지불하는 데 비하여 국가에서 수납하는 저화는 그
렇게 많지 않은 것이[21] 저화가치 하락의 한 요인으로 작용하였던 것이다.

이러한 사정 속에서 민간의 저화 기피현상은 날이 갈수록 심화되었
다. 저화유통은 초기부터 그러하였지만 이 시기에 진행된 저화기피는 더
욱 노골화되어 저화를 전혀 쓰려 들지 않았다.[22] 그래서 저화 1장=쌀
1승이라는 법정 교환가도[23]

> 우리 조정에서 楮幣를 마련한 것은 본래 저폐 한 張을 쌀 한 되에 준하여
> 백성들로 하여금 사용하게 하여서 재물을 流通시키려고 한 것인데, 법을 세
> 운 지 오래되어 사용 가치가 점점 천해져서 비록 2, 30張이라도 쌀 한 되를
> 바꾸기가 어렵기 때문에, 매매할 때에 일체 서로 쓰지 아니하니, 그것이 폐지
> 되어 회복되지 못할 것이 분명합니다.[24]

비록 저화 2·30장을 준다 해도 쌀 1승을 교역하지 못하는 상황이 전
개되어 매매에서 저화가 할 일은 거의 없게 되었다.

---

20) 『文宗實錄』 卷4, 문종 즉위년 10월 병자조. "上 謂承政院曰 予聞不興用楮貨者 以
　各司所費皆用楮貨而楮貨價賤故也 予意以爲 自今各司所支用勿以楮貨代以布則楮
　貨貴而其價亦貴也"

21) 『文宗實錄』 卷6, 문종 1년 2월 경오조 ; 『成宗實錄』 卷30, 성종 4년 5월 을미조.

22) 『文宗實錄』 卷6, 문종 1년 2월 경오조 ; 『世祖實錄』 卷12, 세조 4년 3월 계축조 ;
　『成宗實錄』 卷30, 성종 4년 5월 을미조 ; 『成宗實錄』 卷40, 성종 5년 3월 병오조.

23) 『成宗實錄』 卷23, 성종 3년 10월 정축조 ; 『成宗實錄』 卷30, 성종 4년 5월 을미조.

24) 『成宗實錄』 卷35, 성종 4년 10월 경신조. "我朝楮幣之設 本欲以一張准米一升使
　民用知流通貨財者也 立法旣久用之漸賤 雖以二三十張猶不得換米一升 故於貿易
　之際絶不相用 其廢而不復也明矣"

## 3. 저화제 시폐론과 신저화 발행

저화가치 하락과 저화 기피현상은 저화제를 둘러 싼 논란을 일으켰다. 저화제를 계속 강행할 것인가 아니면 폐지할 것인가에 대한 논의였다. 세조·성종 시기에 잠시 제기된 이 施·廢論은 계속 강행하자는 방향으로 귀결되었지만 당시 저화를 폐지하자는 측에서는 1464년(세조 10)에

> 백성들에게는 편리하여도 국가에는 불편한 것도 있고, 국가에서 편리하여도 백성에게는 불편한 것도 있으며, 상하가 모두 편리한 것도 있는데, 백성에게는 편리하여도 국가에는 불편한 것은 銅錢이 바로 이것이요, 국가에는 편리하여도 백성에게는 불편한 것은 楮幣가 바로 이것이요, 상하가 모두 편리한 것은 布幣·箭幣 두 화폐가 바로 이것입니다. 어찌하여 그렇게 말하는가 하면 구리[銅]는 우리나라에서 생산하는 것이 아니므로 銅錢은 국가에서 계속하여 쓸 수 있는 것이 못 되는데, 게다가 장사치[商賈]들이 몰래 그릇으로 鑄造하여 쓰니, 대개 몰래 주조하는 것이 백성들에게 이익이나 계속하지 못하는 것이 나라의 병입니다. 이것은 또한 백성들에게는 편리하여도 국가에는 불편한 것이 아니겠습니까? 楮幣는 몰래 鑄造할 리는 없으니, 참으로 국가에서 계속하여 쓸 수 있는 것이나, 그러나, 한 차례만 사람들의 손을 거치면 이미 부서지고 헐어지는 지경에 이르므로, 백성들이 즐겨 쓰지 않으니, 대개 계속할 수 있는 것은 국가이지만, 즐겨 쓰지 않는 것은 백성들인지라 이는 또한 국가에는 편리하여도 백성들에게는 불편한 것이 아니겠습니까? 만약 삼[麻]과 쇠[鐵]라면 우리나라에서 나고, 원래 국가의 무궁한 이익이 될 것이므로 布幣·箭幣의 사용은 그 끝이 있겠습니까? 백성들이 興用할 경우에 이르면 布의 물건 됨은 사람들 몸마다 입는 것이요, 먹을 때마다 쓰는 것이니, 비록 백 사람의 손을 거치더라도 그 가치를 잃지 않을 것입니다. 箭의 물건 됨은 완전하면 兵器가 되고, 굴리면 農器가 되어 兵農의 용도가 서로 모름지기 변화하고, 쓰더라도 다함이 없으니, 이것이 곧 상하에 편리하고 足한 것입니다. 대개 布幣는 국가에서 이미 사용하고 있으나 오로지 箭幣는 제때에 시행되지 않습니다. 신은 그윽이 바라는 바입니다. 엎드려 생각하건대, 전하께서 兪音을 특별히 내리시어 해당 曹로 하여금 布幣를 오로지 사용하게 하고 겸하여 箭幣도 사용하고, 楮幣를 없애소서.[25]

---

25) 『世祖實錄』 卷34, 세조 10년 12월 갑오조. "便於民以不便於國者銅錢是也 便於國

백성에 불편을 초래하는 저화는 혁파하되 국가나 백성 모두에 편리한 포화, 箭幣는 계속 사용해야 한다는 주장을 펼쳤다.[26] 그리고 1473년(성종 4)에는

> 저화는 마침내 사용되지도 못하면서 폐단만 다시 더 심하였습니다. 어떤 이는 말하기를, '백성이 쓰려고 하지 않는데 억지로 할 수 없고, 또 公私간에 유익함이 없으니, 폐하여 없애는 것이 좋겠다.'고 한다.[27]

백성들이 저화를 쓰려고 하지 않는데 억지로 강제할 수는 없고 또 저화가 공·사 간에 유익함도 없으니 차라리 폐지하는 것이 나을 것이라는 의견이 제시되었다. 이러한 저화 폐지론은 시중에서의 저화사용 기피와 이에서 말미암은 저화가치 하락에 있었다. 그래서 이를 둘러싼 논의가 일찍부터 제기된[28] 바 있었고 이 시기에도 그러한 맥락에서 거론된 것이었다. 그 대안으로는 동전·箭幣 등이 구상되고 혹 시행되기도 하였지만 주로 언급된 것은 포화였다.

세조 시기의 箭幣 문제는 國幣를 5승포·3승포·저화로 규정하고[29] 그 유통방안을 모색하는 과정에서 세조가 직접 거론한[30] 것이다. 이와 관련된 「御製泉布論」을 살펴보면 그 내용이 다소 추상적이기는 하지만, 포화와 저화 그리고 전폐 사용이 강조되고 있다. 이에 대하여 의정부 재상들은

---

不便於民者楮幣是也 上下便足者布·箭二幣是也 (中略) 伏惟殿下特降兪音 令該曹專用布幣兼以箭用 以革楮幣"

26) 저화가 이익이 없다는 주장은 동년 7월에 제기된 바 있다. 『世祖實錄』卷33, 세조 10년 7월 무인조.

27) 『成宗實錄』卷35, 성종 4년 10월 경신조. "楮貨卒不能用而弊復者甚矣 或云民之不欲不可强之 且無益於公私廢革之可也"

28) 이에 대해서는 주 6)의 졸고 참고.

29) 『世祖實錄』卷21, 세조 6년 8월 을묘조.

30) 『世祖實錄』卷34, 세조 10년 8월 기해조.

여러 宰相들이 읽어 보기를 끝마치고 의논하기를, "箭鏃은 항상 사용하는 물건인데, 貨幣로 한다면 사람마다 모두 거두어 쓸 것입니다. 그러므로 흩어 져 잃어버리기가 쉬우니, 행하지 아니하는 것이 편하겠습니다."라고 하였 다.[31]

箭鏃이 상용하는 물건이라 만약 화폐로 사용한다면 백성들이 모두 收 用하여 산실될 염려가 있다고 하면서 이의 사용이 곤란함을 개진하였다. 그러나 세조는 역대의 화폐 사용이 한결 같지 않음과 때에 따라 사용함 을 말하고 箭幣는 비록 옛 사람들이 이용하지 않았으나 軍·國에 유익함 이 있으면 마땅히 시행해야 한다는 입장을 표명하였다.[32]

이 전폐는 1464년(세조 10) 11월에 주조 명령이 내려져 연간 주조량 을 10만개, 형태는 버드나무 잎 모양, 鏃長은 1촌 8푼, 莖은 1촌 7푼, 莖端 양쪽에는 '八方通貨'라는 문자를 새기고 전폐 1개＝저화 3장과 교 환하도록[33] 하였다. 그러나 이와 같은 전폐는 즉시 주조된 것 같지 않 다. 같은 해 12월, 사헌부 집의 李永垠의 시폐 6조의 내용에 의하면 전 폐가 아직 유통되고 있지 않음이 지적되고[34] 있고 3년 후인 1467년(세 조 13)에

> 궁내에 간직하였던 箭鏃 1개를 꺼내어서 司贍寺에 주면서 말하기를, "이 모양에 의하여 箭幣를 만들어라."라고 하였다.[35]

에서와 같이 內藏箭鏃 1개를 건양으로 하여 전폐를 주조하도록 조치하 고 있는 것을 보면 전폐가 주조된 것은 그 후의 일로 추측된다.[36]

---

31) 위와 같음. "諸宰覽訖議曰 箭鏃常用之物爲幣則人皆收用 故易致散失勿行爲便"
32) 위와 같음.
33) 『世祖實錄』 卷34, 세조 10년 11월 임술조.
34) 『世祖實錄』 卷34, 세조 10년 12월 갑오조.
35) 『世祖實錄』 卷43, 세조 13년 10월 정사조. "出內藏箭鏃一箇付司贍寺曰依此樣做 爲箭幣"
36) 최호진, 1974, 『한국화폐소사』, 78쪽.

시중의 저화에 대한 기피는 이처럼 저화 폐지론과 대체수단의 강구
등으로 나타나기도 하였지만 다른 한편으로는 저화제의 운영을 보다 탄
력성 있게 하도록 하였다. 저화유통은 강제하기 위하여 마련한 收贖法
중 저화수납을 이제 잡물(면주·면포·정포 등)로도 수납이 가능하도록 허
용하게[37] 된 것이다.

한편 저화제를 강행하려는 측에서는 여러 방안을 모색하여 이의 시행
을 서둘렀다. 그러나 대부분의 경우는 이미 시행한 것을[38] 다시 강화하
려는 조치들로서 세공저화, 화매 등의 방법이 취해졌다. 그 중 세공저화
는 태종 시기에 마련된[39] 것으로 이후에 적용지역, 부담내용에 대한 조
정[40] 등이 있다가 세종 말년 경에 이르면 세공저화 수납 자체가 중단되
기에[41] 이른다. 그 후 1451년(문종 1) 1월, 저화유통을 논의하는 과정에
서 세공저화의 부활이 거론되고 다음 달에 다시 시행되게 되었다. 이 시
기의 세공저화는

> 또 각도의 牧使 이상의 고을에는 1천 장씩을, 都護府는 8백 장씩을, 知官
> 은 6백 장씩을, 縣官은 4백 장씩을, 개성부는 1만 장씩을 濟用監에 바치게 하
> 여 저화가 관에 들어가는 길을 넓히게 하고, 지나치게 민간에서 거두는 자가
> 있거든 법에 의해서 죄를 다스리게 하소서.[42]

와 같이 목사 이상의 고을일 경우 저화 1천장, 도호부는 8백장, 지관 6백

---

37) 그러나 이것은 잠정적 조치였을 뿐 성종 3년 10월부터는 저화수속으로 환원되었
    다. 『世祖實錄』 卷14, 세조 4년 12월 갑술조; 『世祖實錄』 卷21, 세조 6년 8월 을
    묘조; 『成宗實錄』 卷23, 성종 3년 10월 정축조.
38) 15세기 前半의 세공저화, 호저화에 대하여는 주 6)의 졸고 참조.
39) 『太宗實錄』 卷24, 태종 12년 7월 병술조.
40) 『太宗實錄』 卷32, 태종 16년 8월 신사조, 을유조.
41) 『文宗實錄』 卷5, 문종 1년 1월 병인조.
42) 『文宗實錄』 卷6, 문종 1년 2월 경오조. "又使各道牧官以上一千張 都護府八白張
    知官六白張 縣官四百張開城府一萬張 貢於濟用監以廣楮貨入官之路 有濫收民間
    者依律科罪"

장, 현관은 4백장으로 규정하고 개성부는 1만장으로 정해 제용감에 상납하도록 하였다. 이때의 부담액은 태종시기의 그것 보다 2배에서 4배가량 증가된 것으로 그 사이에 저화가치 하락과 저화 발행량의 증가가 그 요인으로 작용했을 것으로 추측된다. 그러나 외방에 할당된 세공저화는 각 지역의 특성에 따라 혹 경감되기도 하였는데 평안도, 함경도가 이에 해당된다.[43]

이처럼 세공저화가 저화유통을 강제하기 위한 국가의 일방적 조치였다면 화매는 저화에 대한 공신력 부여의 시책이 된다. 각사 공물과 민간이 소지한 저화와의 교역을 통하여 저화의 자연스러운 유통을 기도한 것이다. 그러나 이 방법은 항상적으로 전개된 것이 아니고 간헐적으로 가끔 추진되었기[44] 때문에 국가가 목적한 저화유통은 소기의 성과를 거두지 못하였다. 그럼에도 국가에서는 이 방법을 유효한 것으로 간주하고 계속 시행하려고 하였던 것이다.

1451년(문종 1)에는 각사 공물의 범위를 넓혀 종전에 포물로 화매하던 전농시 丹木을 그 값의 1/5내지 1/6을 저화로 수납하도록[45] 하고, 약재 화매시 이루어졌던 쌀·저화의 상반수납은

> 금후로는 車價 및 일체의 贖錢받는 것은 저화를 專用하고, 藥材의 典賣는 舊例에 의하여 저화를 반만 통용하게 하되, 어기는 자는 모두 制書有違律로써 논하소서.[46]

라고 하여 저화유통에 대한 국가의 강화된 입장과 더불어 이의 준행이

---

43) 이 지역은 국방상 중유 지역으로 고을 형세가 쇠잔하였다.『文宗實錄』卷8, 문종 1년 6월 갑신조;『世祖實錄』卷6, 세조 12년 2월 갑신조.

44) 졸고, 1984,「세종대의 저화유통책」『제주대논문집』17.

45)『文宗實錄』卷5, 문종 1년 1월 병인조. 동 2월 경오조.

46)『成宗實錄』卷23, 성종 3년 10월 정축조. "今後車價給一應收贖專用楮貨 藥材典賣依舊例楮貨爲半行用 違者並以制書有違律論" 이 내용은 동 4년 5월에 재천명된다.『成宗實錄』卷30, 성종 4년 5월 을미조.

다시 강조되었다.

이 외에도 저화제를 지속시키기 위한 여러 조치가 취하여졌는데 우선 시중에서 매매할 때 저화 값을 깎거나 저화를 사용하려 들지 않는 자에 대해서는 그에 상응하는 처벌을 재천명하고[47] 車價 및 수속은 오직 저화만을 전용하도록[48] 하였다.

그러나 15세기 후반의 저화제 강화는 신저화 발행에 있었다. 앞서의 시책들이 이미 시행된 것이라면 신저화는 새로운 모습의 저화로서 구저화와 체제를 달리 한다. 신저화에 대한 논의는 1451년(문종 1) 1월에 저화를 유통시킬 방도를 강구하는 과정에서 처음으로 제기되고[49] 다음 달에 채택되었다.

> 또, 본국의 楮貨는 길이와 넓이가 지나치게 커서 그 종이를 만들기가 어려우니, 일체 중국의 체제에 따라 판을 만들어 인쇄하게 하고, 예전 저화와 아울러 통용하게 하소서. 또 각도의 牧使 이상의 고을에는 1천 장씩을, 都護府는 8백 장씩을, 知官은 6백 장씩을, 縣官은 4백 장씩, 개성부는 1만 장씩을 濟用監에 바치게 하여 저화가 관에 들어가는 길을 넓히게 하고, 지나치게 민간에서 거두는 자가 있거든 법에 의해서 죄를 다스리게 하소서. 무릇 各司의 公物을 교환하는 데는 모두 저화를 쓰는 것이 例인데, 典農寺의 丹木만은 布貨로 바꾸게 함이 未便하니, 이제부터 저화를 참작해 쓰게 하소서 하니, 그대로 따랐다.[50]

기존의 저화가 길이나 넓이에 있어서 지나치게 컸기 때문에 중국의 체제에 따라 판을 만들어 인쇄해서 구저화와 함께 통행하려고 했던 것이다. 그러나 문종의 단명과 이후 계속된 정치적 동요는 새로운 체제의 신

---

47) 『成宗實錄』卷23, 성종 3년 10월 정축조 ; 『成宗實錄』卷30, 성종 4년 5월 을미조, 병신조.
48) 『成宗實錄』卷23, 성종 3년 10월 정축조.
49) 『文宗實錄』卷5, 문종 1년 1월 병인조.
50) 『文宗實錄』卷6, 문종 1년 2월 경오조. "且本國楮貨長廣太過 其紙箚爲難一從中朝體制 造板印之並舊楮貨亦令通用 (中略) 從之."

저화 발행을 지연시켜 1473년(성종 4) 10월에 신저화 발행에 대한 요구
를51) 다시 하기에 이르렀다. 이 요구의 채택은 불확실하지만 이듬해 9월
에 신저화 사용에 대한 논의가 있는 것을 보면 1474년 10월부터 1475년
9월 이전 사이에 신저화 발행이52) 결정된 것 같다.

  새로 발행된 신저화는 처음에

> 戶曹에서 아뢰기를, "楮貨 한 장이 쌀 한 되에 准하되, 백성이 行用하지
> 아니하여서 그 값이 매우 천합니다. 청컨대 이제 새로 만드는 저화는 한결같
> 이 公處의 支給하는 데 써서 行用하게 하고, 그리고 徵贖이나 稅貢에 있어서
> 는 오는 을미년부터 시작하여 5분의 1을, 병신년에는 5분의 2를, 정유년에는
> 5분의 3을, 무술년에는 5분의 4를 써서 기해년에 이르러서는 오로지 새 저화
> 를 쓰게 할 것입니다. 諸道에서는 1년 안에 두루 行用하지 못할 것이니, 경기
> 도·강원도·황해도·충청도에는 丙申年에 시작하고, 경상도·전라도·평안도·
> 永安道는 丁酉年에 시작하여, 해마다 점점 숫자를 더하여 쓰게 하소서."하니,
> 그대로 따랐다.53)

  公處 지급에만 제한적으로 사용하고 징속이나 세공인 경우는 성종 6
년부터 매년 1/5씩을 증가시켜 동 10년에는 전액을 신저화로 수납하도
록 하였다. 그리고 외방의 경우는 1년 안에 두루 행용하지 못할 것이므
로 경기·강원·황해·충청도는 동 7년부터, 경상·전라·평안·함경도는 동
8년부터 시작하여 해마다 그 쓰는 숫자를 늘리기로 결정하였다. 그러나
신저화 발행량의 과소와 시중에 대한 저화 공급이 별로 없어54) 여러 부

---

51)『文宗實錄』卷35, 성종 4년 10월 경신조.

52) 이 시기의 신저화는 구저화에 비해 크기가 작아 휴대·보관하기에 편리하였다. 이
    러한 점으로 미루어 보아『大典續錄』호전, 잡령조의 저주지, 저상지는 구·신저
    화를 지칭하는 것이 아닌가 싶다.『成宗實錄』卷226, 성종 20년 3월 을해조.

53)『成宗實錄』卷47, 성종 5년 9월 신미조. "戶曹啓 (中略) 請今新造楮貨一應公處支
    給皆令行用 而其於徵贖稅貢則來乙未年爲始用五分之一 丙申年五分之二丁酉年五
    分之四至己亥年專用新楮貨 諸道一年之內未遍行用 京畿·江原·黃海·忠淸道則丙
    申年爲始 慶尙·全羅·平安·永安道則丁酉年爲始 逐年漸加數用之 從之"

54)『成宗實錄』卷35, 성종 4년 10월 경신조;『成宗實錄』卷82, 성종 8년 7월 정묘조;

작용이 예상되었다. 그런데도 각사 관리들은 구저화 수납을 거부하고 신저화만 고집함으로써 工匠月稅, 典賣藥材, 수속가, 노비신공가의 備納이 매우 어렵게 되었다.[55] 이러한 사정은 구저화 80장=면포 1필의 등가를 신저화 2·30장=면포 1필로 성립시켰고,[56] 구저화를 폐물로 전락시켜[57] 갔다.

구저화에 대한 사용기피는 이제 또 다른 문제를 야기시켰다. 다름 아니라 사섬시에 쌓인 구저화가 해가 갈수록 부패해졌고 이로 말미암아 장차 못쓰게 될 염려가[58] 대두되었던 것이다. 1489년(성종 20) 3월에 사섬시에 보관된 저화는

> 호조에서 아뢰기를, "이제 전교를 받들어 보건대 '의논하는 자가 있어 말하기를, 「민간에 저화가 희귀한 까닭으로 월세를 바치고 贖을 징수하는 데 백성들이 몹시 괴로워하고 있습니다. 사섬시의 저화는 오래 되어 부패하였으므로 민간에 무역하는 것이 좋겠습니다.」고 하는데, 그 적당한지 아니한지를 상의하여 아뢰라.'고 하였습니다. 신 등이 자세히 상고하건대 관에서 거둔 저화는 新貨만 쓰고 구화를 쓰지 아니하였기 때문에 민간에 신화가 귀합니다. 이제 사섬시에 간직한 신저화는 10만 1천 78장이고 구저화는 3백 72만 2천 9백 3장입니다. 신화는 남아 있는 수량이 적고 구화는 많이 쌓여서 장차 쓰지 못하게 될 것입니다."[59]

신저화 10만 여장, 구저화 3백 7십 여 만장으로서 구저화가 과다하게

---

『成宗實錄』 卷225, 성종 20년 2월 경술조, 동 3월 을해조.

55) 실제 구저화에 대한 수납거부는 저화제에도 없는 것이었다. 『成宗實錄』 卷226, 성종 20년 3월 을해조 ; 『成宗實錄』 卷238, 성종 21년 3월 병인조.

56) 『成宗實錄』 卷225, 성종 20년 2월 경술조.

57) 『成宗實錄』 卷238, 성종 21년 3월 병인조.

58) 『成宗實錄』 卷225, 성종 20년 2월 경술조 ; 『成宗實錄』 卷226, 성종 20년 3월 을해조.

59) 『成宗實錄』 卷226, 성종 20년 3월 을해조. "戶曹啓 (中略) 今司瞻寺所藏新楮貨十萬一千七十八張 舊楮貨三百七十二萬二千九百三張 新貨遺在數小而舊貨多積 將爲無用"

있었다. 그래서 구저화를 민간 물화와 교역하고 부패된 저화는 그 수량
만큼 신저화로 발행한다면 신저화 희귀현상이 해결되고 국가도 유익할
것이라는 의견이 제시되었다.[60)

구저화에 대한 이러한 견해는 다음 달 '舊幣通行'의 착인문제로 확대
되었다. 즉 국가에서 보유한 구저화 뒷면에 '구폐통행'이라는 글자를 着
印한 다음 이 착인된 구저화에 한하여 민간 물화와 교역케 하자는 것이
었다.[61) 그러나 이 방법으로는 신저화의 희귀현상을 해결할 수가 없었
다. 그래서 시중의 구저화에도 도장을 찍어 모두 통용시키려 시도했으나

> 호조에서 아뢰기를, "지난번에 전교를 받으니, '공사의 구저화를 모두 통
> 용하는 일을 상의하여 아뢰도록 하라.'고 하였습니다. 신 등은 생각하건대, 전
> 자에 저화는 옛것을 폐지하고 새것을 쓰게 하였으므로 이로써 신저화는 지극
> 히 귀해지고 구저화는 쓸모없이 쌓이게 되었습니다. 이에 구저화와 신저화에
> 도장을 찍어 통용하게 하고 민간의 도장이 없는 저화는 금지하여 쓸 수 없게
> 하였으니, 이로써 저화가 희귀해져 전과 다름없게 되었습니다. 그러므로 또
> 민간으로 하여금 구저화에도 아울러 도장을 찍어서 쓰도록 하였으나, 사람마
> 다 관아에 나아가 도장을 찍기는 어려우며, 더구나 외방의 사람이 서울에 와
> 서 도장을 찍기는 더욱 어렵습니다. 청컨대 公私의 구저화는 아울러 도장을
> 찍지 말고 신저화의 예에 의하여 통용하도록 하소서."라고 하였다.[62)

이는 관아에서 사람들이 지니고 있는 구저화에 대해 착인하기가 힘들었
고 외방 사람인 경우에는 더욱 어려워서 제기된 '구폐통행'의 착인문제
는 철회되고 말았다. 결국 신저화, 구저화가 모두 사용되게 된 것이다.
그러나 이러한 조치가 취해졌다고 해서 저화가 원활하게 유통된 것은 아

---

60) 『成宗實錄』 卷225, 성종 20년 2월 경술조.

61) 주 59)와 같음.

62) 『成宗實錄』 卷228, 성종 21년 3월 병인조. "戶曹啓 (中略) 乃令印舊楮貨與新楮貨
通用而民間無印楮貨則禁不得用 以此楮貨稀貴無異於前故又令民間舊貨幷踏印行用
然人人詣官踏印爲難況外方人來京踏印尤難 請令公私舊楮貨並勿踏印 依新楮貨例
通用"

니었다. 이전에 나타난 저화가치 하락과 저화 기피현상이 다시 발생되어
各司에서부터 먼저 위법행위를 저지르기 시작했던 것이다. 저화로 수납
해야 할 수속가를 포물로 징수한 것이다. 그리고 저화제가 시행된 지 90
년이 지났음에도 불구하고 특진관 柳子光이 지적한 것처럼

> 외방에서는 저화가 어떤 것인지 알지 못합니다. 수령이 백성에게 징속하
> 는 것이 이르지 아니하는 바가 없어서, 川防의 陷穽처럼 무시로 적발하여 모
> 두 布物을 거두니, 백성이 어떻게 살겠습니까?[63]

와 같이 외방에서는 아직도 저화가 무슨 물건인 지조차 모르는 실정이었
다. 이러한 결과는 백성에게서 징수하는 것이 모두 포물이었기 때문이다.

---

63) 『成宗實錄』 卷271, 성종 23년 11월 갑술조. "外方不知楮貨爲何物 守令徵贖於民
無所不至 如川防陷穽無時發摘 皆徵布物百姓何以聊生"

# II. 15세기 후반 저화제의 동요와 포화 유통

## 1. 포화의 지위 상승

포화는 조선왕조 이전부터 가치척도, 교환수단으로 가능한 물품화폐였다. 곡물과 더불어 주요한 일용품으로 그리고 납세수단으로써 그 유통이 매우 활발하였다.[1] 포화에는 마포·저포·면포·면주 등 모든 직물이 포함되지만 면포가 널리 쓰이기 전까지는 마포가 포화의 중심을[2] 이루었다. 따라서 필자가 언급하는 포화는 마포·면포가 될 것이다.

조선왕조의 태종·세종 시기에 저화·동전제를 강행하면서 기존의 교환매체인 포화를 배척한 것은[3] 이미 널리 알려진 사실이다. 그 만큼 포화가 민간 교역에서 차지하는 비중이 컸다는 반증일 것이고 실제 그러하였다. 더욱이 조선왕조의 부세제 운영이 미·포 수취를 근간으로 하고 있었고 대외무역의 결제수단으로서 포화를 중요시했기[4] 때문에 포화가 유통계에서 사라질 수는 없는 것이었다. 이러한 포화가 교환매체로서 국가의 인정을 받고 그 후 계속 그 지위를 누린 것은 1445년(세종27) 이후의 일이다. 1445년 시준법을 개정할 때

> 의정부에서 호조의 첩정에 의거하여 아뢰기를, "市准의 법은 물건의 시가에 따라 그 높고 낮은 것을 평준하게 하여 민정을 편하게 하는 것이나, 잡물의 가격은 한 두 사람이 다 알 수 있는 것이 아닙니다. 경시서 관원과 分臺監察이 매양 시준의 때를 당하면 갑자기 한 두 상고로 하여금 억측으로 값을 정하게 하고, 그래도 뜻대로 되지 않으면 억지로 증감하니, 狡詐한 무리가 때

---

1) 이경식, 앞의 글, 77~78쪽.
2) 최호진, 앞의 책.
3) 이종영, 1962, 「조선초기 화폐제의 변천」『인문과학』 7, 연세대학교.
4) 김병하, 1969, 『이조전기 대일무역 연구』 한국연구원.

를 타서 이익을 요구하여 제멋대로 높이고 낮추고, 혹은 아항을 통하여 함께
간계를 꾸미니, 장물을 평가하는 데에 이르러서는 죽고 사는 것이 관계됩니
다. 금후로는 모든 물건의 품등과 시가의 경중을 호조에서 부상·大賈를 모아
서 서로 辨問해서, 혹 영구히 정가를 정할 물건이나, 혹은 1년, 혹은 3개월에
시준할 물건을 하나하나 구분하여, 布貨·가죽·鐵·柴木 등은 값이 비록 때에
따라 혹 輕重의 차가 있기는 하나, 역시 심히 두드러지게 다르지 아니하여 모
두 일정한 값이 있으니, 아울러 布貨·錢·楮로써 값을 정하소서.[5]

　가격변동이 심하지 않은 직물, 가죽, 철, 땔나무 등에 대하여 포화·동
전·저화로 값을 정함으로써 포화는 국가에서 승인하는 교환매체가 되었
던 것이다. 이러한 국가의 보장은 1458년(세조 4)에 이르러 다시 확인되
었는데[6] 그것은 공·사 모두에 편리하다는 인식이[7] 배후에 작용하였기
때문이다.

　이처럼 포화가 교환매체로서의 기능이 인정되자 이제는 국가·민간
모두가 포화를 매개로 한 교역을 활발하게 전개해 갔다. 국가 경우에는
국가용도에 필요한 물품 조달과[8] 군자곡을 확보할 필요성에서[9] 민간 경
우는 서로의 필요에 의하여 포화를 이용하였던 것이다. 특히 후자는 직
접 생산자 간의 교역과 상인을 매개로 한 교역활동에서 많이 볼 수 있는
것으로 곡물 구입이[10] 주요 목적이었다. 이처럼 포화 사용이 일상화되

---

5)『世宗實錄』卷110, 세종 27년 12월 임자조. "議政府據戶曹呈啓 (中略) 今後凡物
　品秩及時價輕重 戶曹聚富商大賈互相辨問 或永爲正價之物或一年或三朔 市准之
　物一一分揀 其布貨·皮鐵·衣服·柴木等價 雖隨時或有輕重之差亦不甚顯絶 皆有一
　定之價並以布貨·錢·楮定價"
6)『世祖實錄』卷14, 세조 4년 11월 무술조.
7)『世祖實錄』卷34, 세조 10년 12월 갑오조.
8)『文宗實錄』卷2, 문종 즉위년 6월 기축조.
9)『睿宗實錄』卷6, 예종 1년 7월 계미조;『成宗實錄』卷86, 성종 8년 11월 을해조,
　신묘조.
10) 미·포 교역에 관한 기사는 매우 많다. 특히 이 시기에는 양계의 부족한 군자곡을
　충당하기 위하여 지원자에게 미리 미곡을 납입케 하고, 후에 하삼도의 조세를 징
　수하여 일정한 값을 붙여 다시 환급해 주는 회환법이 시행되고 있었다. 이 때 상

자 국가에서도 어쩔 수 없이 포화를 법정화폐로 인정하기에 이르렀다.

> 형조에서 아뢰기를, "『經國大典』國幣條의 해당 절목에, '國幣는 3등으로 나누어 5승포를 상등으로 하고 3승포를 중등으로 하고 저화를 하등으로 하고, 幣布의 양끝에 반드시 官印을 찍는다.' 하고, 그 註에 이르기를, '경중은 사섬시에서, 외방은 각기 그 고을에서 「朝鮮通幣」의 印을 아울러 사용한다.' 하였습니다."라고 하였다.11)

포화 중에서 5승포를 상등, 3승포는 중등, 저화는 하등으로 규정하고 포화 양 끝에는 관인을 찍도록 한 것이다. 그 관인은 '朝鮮通幣'로 경중에서는 사섬시, 외방은 각 관아에서 찍도록 하였다. 이 때 관인을 찍게 한 것은 두 가지 이유에서이다. 하나는 유통 수단에 대하여 국가가 계속 통제하겠다는 의도이고, 다른 하나는 포화에 관인을 찍어 주는 댓가로 수세해서 국가재정에 보충하겠다는 목적이다. 모두 다 이권재상이라는 관념이 낳은 결과였다. 그래서 국가에서는 이러한 입장을 관철하기 위하여 관인이 없는 포화는 그 사용을 일체 엄금하였다.12) 포화에 관인을 찍어 수세하는 일을 일찍이 고려 시기에도 논의되고13) 혹 시행되기도 하였다. 이때에는 앞서의 이유들과

> 신우 7년 8월에 서울(개성)의 물가가 등귀하였는데 장사하는 자들이 조그마한 이익을 가지고 서로 다투므로 崔瑩이 이를 미워하여 무릇 시장에 나오는 물건은 모두 경시서로 하여금 그 물건의 값을 평가하고 세를 바쳤다는 도

---

인 등은 이 제도를 이용하여 포화를 상납하고 미곡을 수취하였다. 『世祖實錄』卷33, 세조 10년 6월 계축조 ; 동 7월 갑인조. 『睿宗實錄』권1, 예종 즉위년 10월 기유조 등.

11) 『世祖實錄』卷21, 세조 6년 8월 을묘조. "刑曹啓 經國大典國幣條節該國幣分三等 五升布爲上等三升布爲中等楮貨爲下等 幣布兩端經官印註云 京中司贍寺外方各其 官並用朝鮮通幣之印"

12) 『世祖實錄』卷23, 세조 7년 2월 무인조.

13) 『高麗史』卷79, 식화 2, 화폐, 공민왕 5년 9월 ; 『高麗史節要』卷35, 공양왕 3년 3월 무자조.

장을 찍게 하고 난 뒤에 비로소 매매하게 하였고 도장을 찍지 않은 물건을
매매하는 자는 잔등의 힘줄을 갈구리로 꿰어서 죽이겠다고 하였다. 그리 하여
경시서에다가 큰 갈구리를 걸어 두고 지나는 사람들에게 보이었더니 장사하
는 자들이 벌벌 떨었다. 그러나 이 일은 마침내 실행되지 못하였다.[14]

물가앙등을 진정시킬 필요성에서 포화를 포함한 시중의 모든 교역물에
대하여 관인을 찍고 수세하였다. 이른바 着稅法인 것이다.

이러한 착세법과 포화에 한정된 布帛稅는 15세기 전반에도 거론되고
시행되기도 하였다. 그 중 착세법은 1413년(태종 13)에 시중의 물가를 안
정시키기 위하여 시행되었다.[15] 즉, 모든 물건의 추세, 장단, 경중에 따라
값을 정하고 그 후 착세를 하여 매매를 허용하는 제도였다. 이 제도는 경
시서에서 주관, 수세하였는데 도리어 민원을 유발시켜 곧 혁파[16]되고 말
았다.

한편, 포백세 문제는 저화 전용책이 楮·布 兼行策으로 전환되던 시기
에 제기되었다.[17] 그러나 포백세라는 새로운 수취가 과연 합당한 것인
가, 그리고 이 법을 운영할 때 예상되는 부작용은 어떻게 극소화시킬 것
인가에 대하여 많은 논란이 일어났다.

> 2품 이상에게 명하여 城中의 집터[家基]와 市中의 포백에 대하여 세를 거
> 두는 것의 便否를 의논하게 하였다. 병조판서 金承霍 등은, "布帛稅는 거둘
> 수 있으나, 家基稅는 면제해야 합니다."하고, 호조판서 朴信만은 홀로, "두 가
> 지 세를 마땅히 다 거두어야 합니다."하였다. 의논이 올라가니, 임금이 이를

---

14) 『高麗史』 卷79, 식화 2, 화폐(시고), 신우 7년 8월, "京城物價踴貴商買爭利雖刀
    崔瑩疾之 凡市物令京市署評定物價 識以稅印始許買賣無印識者將鉤脊筋殺之 於
    是顯大鉤於署以示之市人震慄 事竟不行."
15) 『太宗實錄』 卷25, 태종 13년 3월 을미, "大司憲鄭易等上疏(中略) 市中物價騰踊
    請遵中國着稅之法 凡物察其麤細長短輕重之殊 必折價着稅然後貿易 命下議政府
    議聞"
16) 『成宗實錄』 卷27, 성종 4년 2월 임신조.
17) 『太宗實錄』 卷29, 태종 15년 1월 을묘조, 동 3월 을축조, 동 4월 병자조.

어렵게 여기어, 우대언 韓尙德으로 하여금 3議政의 집에 가서 묻게 하였다. 南在와 李稷은 모두 이르기를, "민호에 세를 거두는 법[稅戶之法]은 옛 제도에도 약간 있으며, 또 시행한 지도 여러 해가 되었습니다. 더욱이 저화를 사용하여 세를 받는 것이 마땅하며 害가 없을 것입니다. 포백세 같은 것으로 말하면 옛날에는 없었던 것이며, 또 이미 장사치[商賈]에게 세를 받으면서 또 다시 稅錢을 받는다면, 이것은 두 차례나 세를 받는 것입니다. 또 더구나, 원방의 군졸들이 포를 사 가지고 쌀을 사기 위하여 날을 보내는 자가 많아져서, 백성들이 반드시 괴롭게 여길 것입니다."라고 하였다.[18]

포백세라는 수취가 이전에는 없었던 제도이고 만약 수세한다고 할 적에 상인들 경우에는 매달 수납하는 월세 외에 다시 수세하는 폐해가 있고, 그리고 포화로 살아가는 번상병 경우는 어떻게 처리할 것인가가 문제로 발생하였다.

이 문제는 번상병이 소지한 포화에 한하여 병조에서 표를 달아주고 세금없이 교역할 수 있도록 조치함으로써 해결되게[19] 되었다. 그러나 그렇다고 하여 포백세가 시행된 것은 아니었다. 그 까닭은 포백세의 시행 부칙이 아직도 마련되지 않았고 당시 동전제를 구상하고 있었기 때문이다.[20] 이권재상(화권재상)이라는 관념에서 볼 때 백성이 직조하는 포화는 분명히 貨權이 백성에 있는 것이고 그렇기 때문에 국가로서도 결코 묵과할 수가 없는 것이었다. 비록 착세법, 포백세 등을 구상하기도 했지만 이것이 화권재상의 명분을 충족시켜 줄 수는 없는 것이었고 한갓 미봉책에 불과한 것이었다. 이러한 사정 속에서 동전제가 구상되었던 것이다.

15세기 후반의 포백세는 포화의 자유로운 유통을 허용한 상태에서 관

---

18) 『太宗實錄』 卷29, 태종 15년 4월 병자, "命二品以上議城中家基及市中布帛收稅便否 (南在, 李稷) 若布帛稅古所未有 且旣征商賈又取稅錢是二次取之 又況遠方軍卒齎布買米以度日者多 民必苦之."

19) 『太宗實錄』 卷29, 태종 15년 4월 병자조.

20) 『太宗實錄』 卷29, 태종 15년 6월 을해조, 병자조.

인을 찍을 때 포화 값의 1/20에 해당하는 값을 수세하도록 규정하였
다.21) 그리고 착인된 포화가 아직 많지 않고22) 이 법을 시행하는 과정에
서 뜻하지 않은 피해자가 발생할 수 있으므로

> 전지에 이르기를, "포폐는 관에 바치는 것과 관에 告하고 행용하는 이외
> 에 민간에서 자기들끼리 교역하거든 비록 印이 없다 하더라도 금지하지 말
> 라."하였다.23)

국가에 상납하는 것과 국가에 알리고 쓰는 포화 외에는 비록 관인이
없는 포화라 할지라도 그 유통을 허용하였던 것이다. 결국 그럴듯한 명
분을 표방하면서 시중의 포화유통 실상을 그대로 받아들인 것이다. 그
후 관인이 없는 포화유통에 대하여 계속 논란이24) 있기도 하였지만 그
것은 어디까지나 논의로 그쳤고 현실적으로는 착인 없는 민간 직조의 포
화가 널리 유통되었다.

## 2. 단포의 유통과 의미

포화유통이 자유로워지자 이제는 단포 문제가 제기되었다. 즉 길이가
즉 짧은 포화가 유통된 것이다. 포화의 길이에 대하여 국가에서는 『大典』
국폐조에서 35척으로25) 규정하였는데 이에 못 미치는 포화가 단포가 되
는 것이다. 15세기 후반의 단포 문제는 1471년(성종 2)11월에 형조의 문
제 제기로 표면화되었다.

---

21) 『世祖實錄』卷23, 세조 7년 2월 무인조.
22) 『世祖實錄』卷21, 세조 6년 8월 을묘조.
23) 『世祖實錄』卷34, 세조 10년 8월 기해조. "傳旨曰 布幣納及告官行用外 民間自中
    交易雖無印勿禁"
24) 『成宗實錄』卷27, 성종 4년 2월 임신조.
25) 『世祖實錄』卷23, 세조 7년 2월 무인조.

　　형조에서 아뢰기를, "민간이 행용하는 포화는 본시 25척으로 기준을 삼았
었는데, 이제 중외의 간사한 무리들이 33, 4척으로써 1필을 삼아 전매하여 행
용하고 있으니, 公私간에 병폐로 여깁니다. 심한 자는 홑실[單絲]로 짜므로
얇아서 쓸모가 없으니 금하지 않을 수가 없습니다."라고 하였다.26)

　당시 경중과 외방에서는 33·34척을 1필로 삼아 전매하고 있었고 심
지어는 홑실로 직조하고 길이도 짧은 포화가 행용되고 있었다. 이른바
단포·추포가 유통되었던 것이다. 이에 대하여 국가에서는 각각에 대한
별도의 방도를 마련하여 대체하고자 하였다. 단포 경우에는 連尺의 방도
을 통하여 1필로 만들고, 추포의27) 경우에는 그 유통을 무기한 금단하고
자 하였다. 다만 단포의 연척시한은 성종 4년 전까지로 제한하였다.

　그러나 이러한 조치는 京役에 응해야 할 사람들에게 커다란 고통을
안겨 주었다. 이제까지는 각자가 준비한 포화의 내용에 따라 매매를 하
여 생계의 밑천으로 삼아왔는데, 이제는 그러한 것이 일체 금지되어 타
격을 받게 된 것이다. 그래서 단포 문제가 다시 거론되어

　　호조에서 아뢰기를, "사헌부·평시서에서 尺으로 포화에 准하지 아니하는
것을 엄하게 금지하므로, 이로 말미암아 외방의 군사로서 選上한 자나 일체
의 京役에 응해야 할 사람들로서 각각 그 준비한 것을 가지고 값에 따라 매매
하여 조석의 끼니 밑천을 삼을 자들이 모두 팔 수가 없습니다. 경중의 이익을
꾀하는 무리들이 百端으로 속이고 핍박하여 비록 1척 1촌이라도 포화에 준하
지 아니하면 그들로 하여금 이를 쓸 수 없도록 하며, 禁亂하는 서리도 또한
이로 인하여 간사한 짓을 하니 백성들이 그 폐단을 받습니다. 금후로는 포화
가 비록 길이에 준하지 아니하더라도 각각 그 값의 고하로써 매매하게 하고,
금하게 하지 말도록 하소서." 하니 명하여 院相에게 의논하게 하였는데, 鄭昌

---

26) 『成宗實錄』 卷13, 성종 2년 11월 경술조. "刑曹啓 民間行用布貨本以三十五尺爲
　　准 而今中外姦詐之徒類以三十三四尺爲匹 轉賣行用公私病之甚者織以單絲紕薄無
　　所用 不可不禁"
27) 15세기 전반에는 민간에서 행용하는 常布(상5승포)를 추포라고도 하였다. 『太宗
　　實錄』 卷4, 태종 2년 9월 갑진조; 『太宗實錄』 卷20, 태종 10년 7월 병인조, 동
　　10월 신유조.

孫·申叔舟·韓明澮·洪允成·金礩 등이 의논하기를, "布는 匹로써 계산하고, 匹은 尺의 數가 있는 것이 古今의 공통된 제도이니, 이익을 꾀하는 무리들로 하여금 스스로 포화를 길게 하고 짧게 하는 것은 마땅하지 아니합니다. 그러나 이보다 앞서 짧은 포화[短布]로서 민간에 있는 것이 많았으므로, 기한을 정하여 금지하는 것도 또한 어렵겠습니다. 지금 連尺을 허락하여 35척에 준하여 이를 쓰게 한다면, 앞서의 짧은 포화를 다 쓰고 나서는 반드시 다시 짧은 포화를 쓰지 아니할 것입니다. 이와 같이 한다면 법이 길이 행해지고 폐단이 없어질 것입니다. 그 30척에 차지 못하는 것이라면 진실로 필로써 논할 수가 없으니, 그 행용하는 데 맡기는 것이 어떠하겠습니까?"하므로, 그대로 따랐다.28)

35척이 되지 않는 포화라도 매매를 허용하고 그 값은 시장기능에 일임하도록 하였다. 이렇게 되자 시중에서는 규격에 맞는 포화가 적어지고, 단포는 더욱 짧아지는 경향을 띠었다. 2·3단 또는 3·4단을 합쳐야만 1필이 되는 단포가 출현한 것이다. 이러한 현상은 당시 전개된 자연재해와 상인들의 농간에도 기인하겠지만29) 보다 큰 이유는 그러한 단포로 생활하는 백성이 상당수 존재하였다는30) 사실이다. 그래서 국가에서도 이 문제에 대해서는 쉽게 결론을 내릴 수 없었다. 수많은 논란이 오고 갔던 것이다. 이때 제기된 견해는31) 대체로 세 가지로 요약할 수 있다. 하나는 국가의 간섭을 배제하고 민간에 일임하자는 입장이다. 그리고 다른 하나는 엄격하게 금단해야 한다는 입장이고 마지막 다른 하나는 단포 사용을 허용하되 그 허용 기한을 명시하자는 입장이었다. 이 중에서 마지막 의견이 채택되어 1490년(성종 21)까지 단포 사용을 허락하게 되었다.

---

28) 『成宗實錄』 卷32, 성종 4년 7월 을사조. "戶曹啓曰 司憲府·平市署嚴禁尺不准布貨 因此外方軍士選上及一應京役人 各將所備隨直買賣以爲朝夕之資者皆不得售京中射利之徒百端詛逼 雖一尺一寸不准使不得用之 禁亂書吏亦夤緣爲奸民受其弊今後布貨雖不准長各以其直高下買賣 勿令禁之 (中略) 從之"

29) 『成宗實錄』 卷128, 성종 12년 4월 을사조; 『成宗實錄』 卷199, 성종 18년 1월 갑자조.

30) 『成宗實錄』 卷236, 성종 21년 1월 정축조.

31) 『成宗實錄』 卷236, 성종 21년 1월 정축조.

전교하기를, "척수에 준하지 아니한 면포는 금년에 한하여 금하지 않는다
는 명령을 다시 중외에 밝게 알리라."라 하였다.[32]

그럼에도 단포 문제는 계속 논란의 대상이 되었다. 민간에 방임하자
는 견해와 금단해야 한다는 주장들로서 전과 다름없는 내용들이었다. 이
때마다 성종은 앞서 결정한 내용을 상기시키면서 단포에 대한 금단의 의
지를 재확인시키고 이 시책을 오래 지속하면 백성들도 편하게 여길 것이
라는 의견을[33] 펼쳤다. 그러나 현실로 나타난 것은 그것이 아니었다. 시
중 포화는 여전히 35척 미만의 단포가 대부분이었고,[34] 국가에서 받아
들이는 포화 경우에만 35척의 포화가 사용되고[35] 있었다.

이처럼 단포 문제가 15세기 후반의 주요 쟁점으로 부상한 것은 다음
과 같은 두 가지 이유에서이다. 하나는 단포 사용이 이제까지 볼 수 없
었던 전혀 새로운 양상이라는 점에서 그리고 다른 하나는 유통수단에 대
한 국가의 통제 필요성에서 그러한 논란이 제기되었던 것이다. 전자는
1471년(성종 2)부터 지적되기 시작하여 이후에도 계속 문제시된 것으로
당시의 농민존재 실상과 맞물려 있다. 수조권적 토지지배가 약화되고 지
주층의 토지소유가 확대되는 과정에서 그리고 부세제의 경직된 운영 속
에서 농민의 몰락과 도산은 가속화되고 있었던 것이다. 토지로부터 이탈
된 농민들은 병작농이나 노비 또는 도적이 되기도 하고 상업에 종사하여
생계를 유지[36]하기도 하였다. 그래서 이 시기에 말업에 종사하는 자가
많다고 지적한 것은 바로 현실을[37] 두고 말하는 것이었고 이들 존재가

---

32) 위와 같음. "傳曰 尺不准綿布限今年勿禁令 更論中外"
33) 『成宗實錄』卷236, 성종 21년 1월 무인조. 동 경오조.
34) 『成宗實錄』卷264, 성종 23년 4월 임자조 ;『成宗實錄』卷271, 성종 23년 11
　　월 갑술조.
35) 『成宗實錄』卷139, 성종 13년 3월 임진조 ;『成宗實錄』卷264, 성종 23년 4월
　　임자조.
36) 이경식, 앞의 글, 61쪽.
37) 『睿宗實錄』卷3, 예종 1년 2월 갑인조 ;『成宗實錄』卷72, 성종 7년 10월 계

바로 단포를 절실하게 요구하였던 것이다. 길이가 짧은 단포는 소액거래에 안성맞춤이었고, 그리고 그들의 생활수준이 그 정도 밖에 되지 않았던 것이다.

한편 후자 경우는 15세기 전반부터 나타난 국가 관심사로 유통수단에 대한 통제방식이 尺數(35척) 고집으로 변형된 것이다. 앞 시기에는 이미 저화나 동전을 발행하여 유통매체에 대한 국가의 직접적 장악을 도모하거나 또는 착세법, 포백세를 시행하여 포화에 대한 간접적 규제를 기도한 바 있었다. 그러나 이러한 조치는 그 때마다 모두 실패로 돌아가 별도의 방법이 강구되어야 했다. 이때『대전』에38) 명시된 포화 척수는 당시 확대 추세에 있던 단포 문제에 대한 해결책으로서, 그리고 일반 거래수단으로 기능하는 포화에 대한 통제책으로서 매우 유효한 것으로 간주되었다. 그러나 1482년(성종 13) 3월에 상평창 제도를 둘러싼 논의가 오고 갈 때,

> 승정원에 명하여 상평창을 시험하는 것이 좋은가 좋지 아니한가에 대하여 의논하라 하였다. 도승지 李吉甫와 좌부승지 成俊이 의논하기를, "호조에서 아뢴 것을 보면 좋을 듯합니다. 그러나 이는 후세에 항상 시행할 일은 아닙니다. 무릇 사람이 포를 바치고 곡식을 바꾸는 것을 좋아서 하겠지마는, 다만 추수기가 오면 어찌 관청 문[官門]에서 서서 곡식을 바치고 포를 바꾸는 자가 있겠습니까? 또 관에서는 포를 수납할 적에 반드시 35척이 차야 1필로 허가하는데, 민간에 어떻게 '35척의 필'을 이룬 포가 있겠습니까?"하였다.39)

는 이 논의에서 과연 민간에 35척의 포화가 있겠는가라는 회의적 반응

---

사조;『成宗實錄』卷91, 성종 9년 4월 기해조 ;『成宗實錄』卷217, 성종 19년 7월 경오조.

38)『經國大典』에는 명시되어 있지 않다. 그러므로 세조 시의『大典』이 준거로 이용된 것이다.

39)『成宗實錄』卷139, 성종 13년 3월 임진조 참조. "命承政院議常平倉試驗便否 (中略) 且官之收布必盈三十五尺而後許之 民間安有成匹布乎"

에서 알 수 있듯이 실제 시중에서는 단포 2·3단 또는 3·4단이[40) 합쳐져
서 1필의 포화를 이루고 있었다.[41) 이 단포로 구입할 수 있는 미곡의
양은 대략 다음과 같다.

면포와 미곡의 교환가(성종연간)

| 교환가<br>시기 | 1단(1필)<br>1단 | 2단(1필)<br>1단 | 3단(1필)<br>1단 | 4단(1필)<br>1단 |
|---|---|---|---|---|
| 즉위년 12월 계축 | 4~5두 | 2두~2두 5승 | 약 1두 3승~<br>1두 7승 | 1두~약1두 3승 |
| 4년 3월 병신 | 4두 | 2두 | 약 1두 3승 | 1두 |
| 5년 윤6월 무신 | 3~4두 | 1두 5승~2두 | 1두~약 1두 3승 | 약 8승~1두 |
| 12년 3월 병신 | 4두 | 2두 | 약 1두 3승 | 1두 |
| 12년 4월 갑인 | 3두 | 1두 5승 | 1두 | 약 8승 |
| 12년 8월 무진 | 2두 5승 | 약 1두 3승 | 약 8승 | 약 3승 |
| 12년 3월 기축 | 2두 | 1두 | 약 7승 | 5승 |
| 23년 2월 경술 | 3두 | 1두 5승 | 1두 | 약 8승 |
| 23년 3월 정해 | 2두 | 1두 | 약 7승 | 5승 |

<표>에서와 같이 당시 민간에서는 단포로 구입할 수 있는 미곡의
양, 즉 두·승의 미곡으로 생계를 유지하고[42) 있었다. 실제 그들은 국가
에서 강제하는 35척의 포화를 얻을 수도 없었다.[43)

이러한 상황에서 국가가 취할 수 있는 조치란 단포의 금단시한을 연
기하거나[44) 또는 그러한 현상을 묵인하는 수밖에 없었다.[45) 이것은 달

---

40) 端은 하나, 홑의 의미로 한 뭉치, 한 덩어리를 말한다. 1단이 1필이 될 수도
   있고, 2단이 1필이 되기도 한다.
41) 『成宗實錄』卷128, 성종 12년 4월 을사조.
42) 『世宗實錄』卷29, 세종 7년 8월 임진조.
43) 『成宗實錄』卷236, 성종 21년 1월 정축조.
44) 단포에 대한 금단 시한은 당초 성종 19년이었고, 이 후 동 20년 그리고 동
   21년으로 그 시한이 연기되었다. 『成宗實錄』卷236, 성종 21년 1월 무인조.
45) 단포가 계속 유통됨에도 불구하고 이에 대한 대책은 단지 옛 법을 밝히는

리 말해서 포화 척수에 대한 이제까지의 통제를 완화하거나 철회하는 방향으로 나아가는 것이다. 그래서 국가에서는 척수 이 외의 또 다른 조치를 모색하게 되는데 다름 아닌 升數 문제였다. 이것은 1443년(성종 23) 3월 수교를 통하여 결정되는데 그 구체적 내용은 『대전속록』에 수록되어[46] 있다.

## 3. 맺음말

15세기 후반에는 저화에 대한 기피현상이 보다 심화되어 갔다. 그 이유는 먼저 당시의 교환경제 실상과 저화제가 유리되었다는 점이고 그 외에 태환성의 결여, 관계 법령의 수시 개·폐, 저화 지질의 문제 등이 지적될 수 있다. 그래서 저화제의 지속적 시행을 둘러싸고 여러 논란이 전개되었던 것이다. 저화제를 반대하는 입장에서는 포화의 우수성을 열거하면서 포화의 사용을 주장한 데 비하여 저화제를 지지하는 입장에서는 저화 사용을 오랫동안 그리고 강력하게 시행하면 저화가 원활하게 유통될 것이라는 주장을 펼쳤다.

이러한 논의는 저화제의 지속적 시행으로 결정되고 이를 보완하는 시책으로 세공저화의 재시행, 화매 범위의 확대, 신저화 발행이 뒤따랐다. 특히 신저화는 구저화에 비하여 크기가 작아 휴대, 보관하기에 편리하였다. 그러나 그 발행량이 적었기 때문에 여러 문제를 야기시켰다. 무엇보다 저화수납 경우에 있어서 신저화만 고집하고 구저화를 일체 거부하는 각사 관리들의 불법행위로 말미암아 각종 민원이 제기되었다. 그리고 시중에서도 신저화를 선호하는 경향이 나타나 사섬시에 보관된 엄청난 구저화가 부패 또는 무용지물로 전락될 처지에 있었다. 이러한 상황에 봉

---

것이 可하다라는 표명 외에 어떠한 구체적 조치도 취해지지 않았다.
46) 『成宗實錄』卷284, 성종 24년 11월 계축조 ; 『大典續錄』호전, 잡령조.

착한 국가에서는 신·구저화 겸행이라는 방침을 채택하여 신·구저화에 대한 차별현상을 없애고자 하였다.

한편 포화에 대한 국가의 입장은 종전에 비하여 많은 변화가 있었다. 우선 법정화폐로 인정하여 그의 자유로운 유통을 보장하였다. 그러나 그렇다고 해서 포화에 대한 통제가 전혀 없었던 것은 아니다. 35척의 척수를 규정하여 공·사의 행용을 허락한 것이다. 그러나 35척에 못 미치는 짧은 포화가 바로 나타났다. 이러한 단포의 출현과 유통은 단순한 흉재의 결과로, 아니면 시중 상인의 농간으로 이해할 성질의 것은 아니었다. 그것은 당시의 농민 존재 실상과 밀접하게 관련되어 있기 때문이다. 이 시기에는 수조권적 토지지배가 약화되고 지주층의 토지소유가 확대되는 과정에서 그리고 부서제의 경직된 운영 속에서 수많은 농민들이 토지로부터 이탈되고 있었다. 이들은 병작농, 노비, 도적이 되기도 하고 소상인으로서 생계를 유지하고 있었다. 바로 이들이 단포를 사용했던 것이고 그 정도 생활 밖에 할 수 없었던 것이다.

이러한 까닭으로 국가에서도 포화의 척수 문제를 계속 거론할 수가 없었다. 결국 단포에 대한 금단조치를 완화하거나 철회하는 방향으로 나아가면서 승수를 문제로 삼는 또 다른 통제기도가 나타나기 시작하였다.

# 제3장 16세기 이후의 화폐유통과 개혁 정책

## Ⅰ. 16세기 저화유통의 배경

### 1. 머리말

세조 때의 『대전』에 의하면 국가에서 행용하기로 한 법정화폐는 포화와 저화였다. 그 중 포화는 正布(5승포), 常布(3승포)로 구분되고 소재가치에 따라 상등·중등화폐로 나뉘었다. 한편 저화는 미 1승을 구매할 수 있는 소액화폐로 상포보다 한 등급 낮은 하등화폐로 규정되었다.

이러한 화폐체계는 15세기 후반에 접어들면서 사정이 달라지기 시작하였다. 국가에서 설정한 위의 체계에 이상이 생긴 것이다. 하등화폐로 규정한 저화가 유통계에서 기피되면서 길이가 짧은 短布가 통용된 것이다. 이와 같은 현상은 비단 화폐체계의 동요뿐만 아니라 화폐정책의 검토를 요구하였다. 그 결과 저화 통용에 대한 각종 규제 완화와 단포 유통에 대한 암묵적 용인이 나타났다. 이것은 화폐에 대한 국가의 직접적 통제와 화폐를 매개로 한 유통계에 대한 간접적 통제를 다소 철회하는 의미도 갖는 것이었다.

그러나 16세기의 현실은 그러한 입장을 견지하도록 내버려 두지 않았다. 수조권적 토지지배가 무너지면서 나타난 토지에 대한 지주들의 무한

한 소유욕과 군역·공물 등에서 나타난 가혹한 침탈 등은 농민들의 처지를 더욱 열악하게 만들었다. 소작인·소상인·도적들의 대거 출현은 바로 이러한 현상의 반영이었다.

이러한 분위기 속에서 惡布가 출현하였다. 악포는『대전속록』에서 규정한 5승포에 못 미치는 포화를 말한다. 악포의 통용은 국가 입장에서 볼 때 물가상승을 부추기는, 말하자면 유통계를 혼란시키는 주요 존재로 인식되었다. 그래서 악포 禁斷策이 강구되고 그것을 대체할 수 있는 저화 통용이 거론되었다. 이 문제는 당시에 악포 금단과 함께 다루어지기도 하고 저화 단독으로 취급되기도 하였다.

따라서 이 시기의 화폐문제는 악포와 저화를 같이 다룰 때 그 전모가 비로소 밝혀질 것이다. 그러나 이 문제는 너무나 광범하고 포괄적이기 때문에 어느 하나를 택하여 다루는 것도 나름대로 의미가 있을 것이다. 악포에 대해서는 이미 어느 정도 해명된 바 있다. 악포 등장과 그것이 갖는 역사적 의미, 특히 升·尺數 감축에 따르는 등가변동 문제는 매우 소상하게 다루어졌다.[1] 그에 비해서 저화문제만은 아직도 해명되지 않은 채 방치되어 있다. 이에 필자는 저화유통론을 포함하여 앞 시기의 저화 유통 실상과 악포의 출현 등을 다루고자 한다.

## 2. 저화 유통의 실상과 악포 출현

### 1) 저화의 유통실상

15세기 후반의 저화는 태환성의 결여, 관계 법령의 수시 개·폐, 저화의 紙質楮貨의 재시행, 저화·현물 간의 和賣 확대, 신저화 발행 등이 조치되었다. 특히 신저화의 경우는 구저화에 비해 크기가 작기 때문에 휴

---

1) 송재선, 1985, 「16세기 면포의 화폐기능」『변태섭박사화갑기념사학논총』, 414~420쪽.

대·보관하기에 편리하였다. 그래서 이의 원활한 유통이 기대되기도 하였다.

그러나 신저화 발행량이 매우 적어 이에 따른 폐해가 발생하였다. 各司 관리들이 신저화만 요구하고 구저화를 일체 拒納하는 행위로 말미암아 여러 민원이 제기되었던 것이다. 그리고 시중에서도 신저화만을 선호하는 현상이 나타나 사섬시에 보관된 구저화가 부패 또는 무용지물로 전락될 위기에 있었다. 이러한 현실에 직면한 국가에서는 신·구저화의 겸용이라는 방법을 채택하여 신·구저화의 차별적 선호현상을 제거하고자 하였다.

그러나 그러한 조치가 취해졌다고 해서 저화가 원활하게 유통된 것은 아니었다. 종전에 나타났던 저화가치의 하락과 저화 기피현상이 재현되어 각사에서도 위법행위를 저지르기 시작하였다. 저화로 받아들여야 할 收贖價를 포화를 징수했던 것이다. 이처럼 15세기 후반에는 저화 홍용책에도 불구하고 저화 대신에 포화가 많이 이용되었다.[2]

16세기에 들어와서도 사정은 변하지 않았다. 포화가 여전히 널리 쓰였고 그것도 단포가 중심을 이루었다. 이러한 모습은 당시의 징납 贖布에서도 잘 나타난다.

> 김진석이 아뢰기를, "지금 서너 새[三四升]의 면포를 상용하는 물화로 삼는데, 한필의 길이가 30자에 지나지 않으니 市價가 싸진 것은 진실로 이 때문입니다."하였다.[3]

한 필의 길이가 30척에 지나지 않는 단포가 주로 쓰였고 그 升數도 3·4승의 포화로 떨어지고 있었다. 그래서 이에 대한 대책으로 각사의 수

---

2) 권인혁, 1992, 「15세기 후반 저화제 동요와 포화유통」『수촌박영석교수화갑기념 한국사학논총』참조.
3) 『燕山君日記』卷45, 연산군 8년 8월 기유조. "晋錫曰 今以三四升練布爲常用之貨 一匹之長不過三十尺市價之賤良以此也"

속 내용을 저화로 징납하자는 견해가 나타났다. 그러나 민간에 유통되고
있는 저화가 매우 적어서 비록 갑절의 값을 지불하고도 그것을 구하기가
힘든 상황이었기[4] 때문에 이의 시행은 유보되었다.

실제 외방에서도 저화 절핍에 따르는 폐해가 발생하고 있었다.

> 長興庫主簿 鄭琇는 아뢰기를, "저화는 국가에 있어서 그 용도가 긴요하지
> 않고, 폐단만 많이 있습니다. 지방에 있는 노비들이 신공을 바칠 때 사내종은
> 면포 1필에 저화 20장을, 계집종은 면포 1필에 저화 10장을 매년 납부하는
> 것이 이미 정해진 법으로 되어 있습니다. 다만 저화는 지방에서는 산출이 안
> 되어 그것을 준비하여 바칠 길이 없으므로, 각 관리들이 價布를 함부로 거두
> 어 와서 서울에서 저화를 구하는데, 고생스럽게 사서 바쳐도 다 납부할 수 없
> 으므로 도망쳐 버리는 사람까지 있습니다."하였다.[5]

노비신공 중에서 저화로 상납해야 할 부문을 둘러싸고 여러 부작용이
나타났던 것이다. 사내종은 저화 20장, 계집종은 저화 10장을 매년 납부
해야 했는데, 이 저화를 마련할 길이 없었던 것이다. 그래서 고을 관리들
이 적정 이상의 價布를 징수하여 京中에서 저화와 교역, 상납하려 했던
것이다. 그러나 상납액에 미달하여 오히려 도망치는 경우가 발생하였다.
이처럼 저화가 민폐를 야기시키자 저화에 대한 논란이 다시 대두되었다.
국용에 긴요하지도 않고 폐해만 유발시킨다는 내용들이었다. 심지어는
노비의 신공저화를 포화로 받아들이자는 주장도[6] 나왔다.

이러한 상황에서 징속과 매매의 대부분이 포화로 이루어졌고 저화 통
용이 실현되는 경우는 오로지 사섬시에서 징수하는 月稅, 각사에서 지급

---

4) 『燕山君日記』卷47, 연산군 8년 11월 을유조.
5) 『燕山君日記』卷47, 연산군 8년 12월 경술조. "長興庫主簿鄭琇啓 (中略) 外居奴
   婢身貢備納時 奴子縣布一匹楮貨二十張 婢子縣布一匹楮貨一十張 每年納貢已有
   恒式 但楮貨不產外方而備納無由 故各官吏濫收價布而來求於京中 艱苦貿納未得
   畢納至於逋亡者有之"
6) 『燕山君日記』卷47, 연산군 8년 12월 경술조.

하는 노비의 魚木價[7] 정도였다. 이처럼 교환부문과 준조세부문에서 저화가 배제되는 현상은 『경국대전』의 저화 내용을 유명무실하게 만드는 것이기도 하였다.

> 特進官 張順孫이 아뢰기를, "저화에 관한 법이 『大典』에 실려 있는데도 근래에 폐지하고 전혀 쓰지 않습니다."하였다.[8]

저화를 기피하고 쓰지 않는 이유에 대해서는 당시에도 여러 가지로 설명되었다. 그것을 몇 가지로 요약해 보면 첫째, 포화 선호와 저화의 비실용성 둘째, 저화제 및 그 운영상의 문제 셋째, 저화의 지질과 발행량 넷째, 저화 값의 策定 문제 등이 지적되었다.[9]

### 2) 악포의 출현

악포라는 이름의 포화는 16세기에 들어서서 자주 나타난다. 글자 그대로 추악면포이다. 추악이라 할 수 있는 기준은 『대전속록』의 공·사행용 면포 규정에 위배될 때 그러한 이름이 붙어진다. 승수가 5승, 길이가 35척, 폭 7촌 미만의 포화일 때 악포가 되는 것이다.[10] 특히 승수와 길이가 문제되었다. 그런데 15세기 후반에는 3승포(상포)라고 해도 문제가 발생되지 않았다. 5승포(정포)와 더불어 자유롭게 유통되었기 때문이다. 그래서 정포·상포 간의 등가비도 『경국대전』에 기재될[11] 수가 있었다. 다만 문제가 된 것은 길이가 짧은 35척 미만의 단포였다.[12]

---

7) 『中宗實錄』卷22, 중종 10년 6월 임신조 ; 같은 책, 卷22, 중종 10년 7월 갑오조.

8) 위의 책, 卷15, 중종 7년 1월 병인조. "特進官張順孫曰 楮貨之法載在大典 近來專廢而不用焉"

9) 위의 책, 卷22, 중종 10년 6월 임신·계유·을해·경진조 ; 같은 책, 卷22, 중종 10년 7월 갑오조.

10) 『大典續錄』卷2, 호전 잡령, "公私行用綿布 升數則五升 長則三十五尺 廣則七寸 以上"

11) 『世祖實錄』卷21, 세조 6년 8월 을묘조 ; 『經國大典』卷2, 호전 국폐조.

그러나 16세기에 들어와서 사정은 달라졌다. 5승포 행용을 강제함에 따라 3승포가 금단의 대상이 된 것이다. 이 시기에 5승포가 강용된 까닭은 화폐문제에 국한하여 간단하게 설명될 수는 없다. 국내 綿作地帶의 확대와 생산량, 대외무역에서의 5승포 비중 등이 함께 다루어질 때 그 문제와 악포의 실체가 비로소 밝혀질 수 있기 때문이다.

여하튼 16세기의 시중에서는 추악한 면포가 유통되기 시작하였다. 다름 아닌 악포였다. 악포의 출현 시기는 연산군 말엽의 瑞葱臺 축조와 관련된다.

> 악포가 쓰인 것은 그 유래가 오래지 않습니다. 廢朝에 瑞葱臺의 공사가 있은 뒤로부터 백성이 곤궁하여지고 재물이 다하여 계책을 낼 방법이 없으므로, 비로소 2~3승의 베를 만들어 身役을 갚게 하였습니다.[13]

1505년(연산군 11) 서총대를 축조할[14] 때 부역에 참여치 못한 役卒이 신역 대신 2·3승포를 바쳤는데 이 때 포화가 악포의 시원이 되는 것이다. 이 포화는 역졸 자신이 입었던 옷을 풀어 짠 것이었기 때문에 그 빛깔이 잿빛이었고 품질도 매우 추악하였다. 그래서 추악 면포를 일명 서총대 면포라고도[15] 불렀다.

악포는 이처럼 2·3승포(추포)였을 뿐만 아니라 길이도 35척에 미달하였다. 1515년 (중종 10)이후 사료에 자주 보이는 尺布·尺短布는[16] 바로 길이가 짧은 포화를 뜻하는 것으로 악포의 범주에 들어갔다. 그러므로 이 시기의 포화 중에서 추포이거나 단포이거나 모두 악포가 됨을 알 수

---

12) 권인혁, 앞의 글, 799~802쪽.
13) 『中宗實錄』卷22, 중종 10년 7월 갑오조. "惡布之用其來未久 自廢朝瑞葱臺役興之後 民窮財盡計無所出 始造二三升之布"
14) 최영희, 1963, 「서총대에 대하여」『향토서울』18.
15) 『中宗實錄』卷22, 중종 20년 7월 갑오조; 같은 책, 卷54, 중종 20년 7월 신유조 ; 卷65, 중종 24년 4월 갑오조.
16) 『中宗實錄』卷22, 중종 10년 6월 기미조 ; 같은 책, 卷40, 중종 15년 8월 갑술조.

있다. 그러나 추포라고 해서 길이가 35척 규정에 맞고 단포라고 하여 승수가 5승인 것은 아니었다. 추포·단포 어느 것을 막론하고 서로 상대의 특성을 갖추고 있었기 때문에 이 시기의 악포는 모두 추악하고 길이가 짧은 포화가 되는 것이었다.

16세기 이전의 추포는 이와 같은 속성을 갖고 있지는 않았다. 민간에 통용되고 있는 常5升布를 흔히 추포라고 불렀던 것이다. 고려시대의 추포는[17] 1403년(태종 3)기록에 보이는 것처럼 단지 상5승포를 의미하는[18] 것이었고, 이것은 무겁고 거칠었기 때문에 별로 이용되지도 않았다.[19] 그 후 조선왕조가 개창되고 나서 1403년경에 이르면 5승포에서 3승포가 통용됨을 알 수 있다. 그러나 아직까지는 상5승포와 더불어 쓰일 뿐 교환매체의 중심적 지위를 차지한 것은 아니었다.[20]

세조 연간에 이르면 3승포가 널리 유통되어 常布라는[21] 이름을 획득하게 되었다. 그만큼 3승포 위치가 격상됨을 알 수 있다. 그럼에도 혹 추포라는 이름이 거론되는데,[22] 그 경우는 정포(5승포)를 강조하거나 그와 대비해서 쓸 때 3승포에서 보다는 단포에서 발생하고 있었다. 길이가 짧은 포화가 문제가 되었다. 세조 때 『대전』에서 규정한 35척 길이보다 짧은 포화가 널리 유통됨에 다라 조정의 논란을 불러일으킨 것이다. 결국 단포 유통기한을 설정하여 금단시킨다는 입장이 채택되었지만 그것은 결코 이루어질 수 없는 것이었다. 단포 정도밖에 가질 수 없고 그것으로 생계를 유지하는 백성들이 상당수 존재하였기 때문이다.[23]

---

17) 『高麗史』 卷79 志33 食貨2 貨幣(시고), 목종 5년 7월 및 현종 5년 6월조.
18) 『太宗實錄』 卷6, 태종 3년 8월 을해조.
19) 『太祖實錄』 卷14, 태조 7년 윤 5월 신축조.
20) 『太宗實錄』 卷6, 태종 3년 8월 을해조 ; 같은 책, 卷19, 태종 10년 5월 신사조 ; 같은 책, 卷20, 태종 10년 8월 병진조.
21) 『世祖實錄』 卷21, 세조 6년 8월 을묘조 ; 같은 책, 卷23, 세조 7년 2월 무인조.
22) 『成宗實錄』 卷6, 성종 1년 6월 계축조 ; 같은 책, 卷6, 성종 1년 6월 갑인조.
23) 권인혁, 앞의 글, 799~802쪽.

1492년(성종 23)에 『대전속록』이 마련되면서부터 상황은 다시 변하기 시작하였다. 공·사행용 포화가 5승포로 고정되었다. 『대전』에서는 길이만 명시하였는데 이제는 승수까지 밝혀 포화에 대한 국가의 통제를 강화하였던 것이다. 더욱이 서총대 면포가 출현하여 2승포마저 시중에 유통됨에 따라 이에 대한 규제책이 마련되기 시작하였다. 그 결과 2·3승포 모두 추포24) 또는 악포로 명명되어 국가의 강력한 제재를 받게 되었다.

악포가 출현하여 널리 유통된 것은 두 말할 필요없이 당시의 사회·경제적 조건과 긴밀한 관계가 있다. 이미 선학들이 지적한25) 바와 같이 16세기에는 여러 부문에서 질적 변화가 일어나고 있었다. 토지에 대한 지배권의 방식이 수조권에서 소유권으로 옮겨져 토지 집중과 신전 개발이 더욱 가속화되었고 부세제의 모순과 운영상의 폐단은 농민의 처지를 더욱 열악하게26) 만들었다. 이러한 상황에서

> 지금 수령에 임명된 자가 대부분 적격자가 아니었으므로 이런 흉년을 당해서도 끊어져가는 목숨은 돌보지 않은 채 멋대로 賦稅를 거두어들임으로써 백성들의 살점을 혹독하게 저며내고 있습니다. 추우면 옷입고 배고프면 먹을 수 있는 사람은 온 나라를 통틀어 계산해도 10분의 1도 못됩니다.27)

한 번 흉재를 당하면 배고플 때 먹을 수 있고 추울 때 옷 입을 수 있는 농민이 전체의 1/10도 안되는 결과가 초래되었다.28) 결국 농민이 취할 수 있는 길은 스스로를 천인으로 떨어뜨리거나 또는 소작인·소상인·

---

24) 조선후기에는 1·2승포가 추포로 불리었고 그 모습도 마치 구멍이 성긴 그물과 같았다. 『반계수록』 권4, 전제후록 (하) 추포조.
25) 이경식, 1976, 「16세기 지주층의 동향」 『역사교육』 19 ; 이태진, 1989, 「16세기 동아시아 경제변동과 정치사회적 동향」 『조선유교사회사론』.
26) 『中宗實錄』 卷29, 중종 12년 8월 무신조.
27) 『中宗實錄』 卷29, 중종 22년 3월 을유조. "爲守令者率非其人 當此大歉之時不顧 垂絶之命 憑收賦稅, 割剝斯酷 寒而衣飢而食 合一國之民而計之未爲十一也"
28) 『明宗實錄』 卷12, 명종 6년 9월 갑오조.

도적 등이 되는 수밖에 없는 것이었다.[29] 바로 이러한 현실 속에서 京中 인구의 증가와 지방 장시의 확대가[30] 촉진되었던 것이다. 그리고 이와 관련하여 토지로부터 유리된 농민들이 조석거리를 해결할 필요성에서 악포를[31] 이용하였던 것이다.

## 3. 저화유통론의 대두와 결과

16세기에 있어서 저화유통론은 중종과 명종 시기에 수차 제기되었다. 이들 논의들은 비록 시간을 달리하면서 전개되었지만 서로 간에는 공통점과 차이점이 내재해 있었다. 우선 공통점으로 지적할 수 있는 것은 미·포의 중요성을 강조하면서 별도의 화폐로 저화를 거론했다는 점이다. 그리고 차이점으로 전자 경우에는 악포를 근절시키는 한 방안으로, 후자 경우에는 미·포의 필요성이 더욱 절실한 상황에서 저화가 논의된 것이다. 이와 같이 이 시기의 저화유통론은 각기의 시대상을 반영하면서 저화에 대한 논의가 전개되고 있었다.

### 1) 중종대의 저화유통론

중종 시기의 저화유통론은 1515년(중종 10)에 처음으로 제기되었다. 대사헌 權敏手·사간 李荇 등에 의하여 제기된 이 논의는 악포에 대한 자신들의 입장을 밝히는 가운데 그 모습이 자연스럽게 드러났다. 조정에서 생각하고 있는 악포 금단이 그 자체로서는 결코 성공할 수가 없고 대체화폐를 마련할 때야 비로소 소기의 성과를 거둘 수 있다는 입장이었다.

---

29)『中宗實錄』卷21, 중종 9년 10월 갑인조 ; 卷22, 중종 10년 6월 무인조 ; 卷31, 중종 13년 1월 임자조 ; 卷33, 중종 13년 5월 임술조.
30) 이경식, 1987,「16세기 장시의 성립과 그 기반」『한국사연구』57.
31)『燕山君日記』卷21, 연산군 3년 1월 무진조;『中宗實錄』卷1, 중종 1년 11월 경자조 ; 卷22, 중종 10년 6월 기미조 ; 卷40, 중종 15년 윤 8월 계묘조.

그들이 제시한 구체적 방안은

> 바라건대 돈을 주조하게 하여 지금의 저화와 아울러 행용하게 하고 민간
> 의 추포를 관이 사들이며 또 추포의 行用年限을 정하소서. 그리하면 전폐와
> 저화는 나라에서 제조하는 것이니 그 공급이 무궁할 것이며, 추포는 민간에서
> 쓰는 것으로 현재의 수량이 유한합니다. 무궁한 화폐를 공급하여 유한한 추포
> 를 거두어들이되, 연한이 정해 있고 법금을 시행한다면, 백성들도 또한 뒤로
> 는 추포를 쓸 수 없다는 것을 알게 되어 나쁘게 제조하는 폐단이 저절로 없어
> 질 것입니다.[32]

楮·錢 兼用論으로 이들 화폐로 악포를 회수하고 악포의 유통기한 설
정, 악포금단책을 동시에 추진한다면 악포금단은 기대될 수 있을 것으로
주장하였다. 이후 조정에서는 의정부·6조·한성부·홍문관의 관원들이 모
여 兩司에서 제기한 저·전 겸행론을 둘러싸고 楮·布 겸행론과 저·전 겸
행론으로 갈라졌다. 柳洵·鄭光弼 등의 저·포 겸행론자들은 자신들의 입
장이 신법의 창출이 아닌 『경국대전』의 遵行에 있음을 밝히고 저·포 행
용의 필요성을 역설하였다. 다만 『경국대전』의 徵贖·價買 조항이 제대
로 이행되지 않고 포화(악포)로만 행용됨을 지적하면서 징속의 저화 專
用, 가매의 한시적 저화 전용을 주장하였다.[33]

나아가 동전이 지니는 결함 즉 동전의 경·중과 대·소의 차이로 인한
폐단을 열거하면서 과거의 동전 통용이 실패할 수밖에 없음을 논증하였
다. 반면 저화의 경우에는 국가에서 官印을 찍어 발행하기 때문에 위조
와 분할의 폐해가 없다는 입장을 취하였다.

> 그러나 동전은 역대에 통용하였으나 경중과 대소가 代마다 제도가 각기

---

32) 『中宗實錄』 卷22, 중종 10년 6월 계해조. "請令鑄錢與今楮貨並行 貿民間麤布而
入之官且立年限 則錢與楮貨國之所造其出無窮麤布民間所用 見在者有限出無窮之
貨 收有限之布 年限有定法禁又行則民亦知麤布之"
33) 『中宗實錄』 卷22, 중종 10년 6월 임신조.

달라서 폐단이 없을 수 없습니다. 조종조에서도 또한 일찍이 試用하다가 도로 폐지하였습니다. 만약 저화라면 官印을 찍어서 발행하니 위조나 쪼개서 쓰는 폐단이 없을 것입니다.[34]

趙元紀·金安老 등의 저·전 겸행론자들은 포화 유통이 전제되는 한 악포 출현은 불가피한 것으로 간주하고 저·포 겸행의 어려움을 지적하였다. 그리고 앞서의 논자들이 거론한 동전 자체의 결점에 대해서는 子母制의[35] 운영으로 충분히 극복될 수 있다는 논리를 전개하였다. 이 논리는 동전의 경·중과 대·소의 차이를 그대로 인정하는 것으로 현실적으로 나타나는 그러한 현상을 동전 값의 고·하로 책정하면 하등의 문제가 없다는 입장이었다.[36]

한편 저화에 대해서는

> 지금의 저화는 지극히 가벼운 것으로 다만 한 되 쌀값에 준하여 貿遷과 교역에 유독 이 화폐만을 사용하나, 너무 가벼운 것 같습니다. 또 두텁게 묶은 것을 여러 번 겹쳐 쌓으면 먼 곳에 가져가는 데 방해가 되어 사용하기 불편하다.[37]

그 명목가치가 저화 1장=미 1승이라는 지나친 헐값으로 말미암아 행용에 많은 불편이 초래된다고 하면서 그보다 高價의 동전과 함께 사용할 것을 제안하였다. 그러나 이상의 논란은 당일 어떠한 결론에도 도달하지 못하였다. 도리어 이날 토의에 참석하지 못한 사람들에 의해서 그 다음 날에도 계속 논의가 전개되었다. 이 때 저·포 겸행론자인 盧公弼은

---

34) 위와 같음. "然銅錢則歷代通用 而輕重大小代各異制 不能無弊 祖宗朝亦嘗試用而還罷 若楮貨則官爲踏印 無私造毀用之弊"
35) 자모제는 화폐가치가 서로 다른 두 가지의 화폐 중에서 가치가 상대적으로 큰 것을 모, 작은 것을 자로 하여 통용하는 제도이다.
36) 『中宗實錄』 卷22, 중종 10년 6월 임신조.
37) 『中宗實錄』 卷22, 중종 10년 6월 임신조. "今之楮貨至輕只準升米 貿遷交易獨用此幣 似乎太輕 厚編累積又妨致遠恐不便於用也"

동전 주조의 어려움과 통용의 곤란함을 주장하면서 몇 가지의 이유를 제기하였다. 우선 주전 원료인 동철이 우리나라의 불산물이라는 점, 그리고 우리나라의 병폐로서 입법만 좋아하고 그것을 잘 운영하지 못하는 점을 예로 들었다.38) 그에게 있어서 동전 유통론은 현실성이 결여된 탁상공론의 논의로 인식되었던 것이다.

尹珣·金俊孫 등의 저·전 겸행론자들은 노공필의 이러한 견해에 대하여 즉각 반론을 제기하였다. 동전이 중국에서는 편리한데 왜 우리나라에서는 불편한가, 그리고 입법한 지 오래되어 병폐가 생긴다면 그 때 가서 변통하면 되지 않겠는가의 논리를 전개하였다. 그러면서 저·전 겸행의 구체적 방안을 제시하였다. 그 내용은

> 만약 임시로 一局을 설치하여 저화를 더 제조하고 널리 동전도 주조하여, 저화와 동전의 값을 쌀로 표준을 정하고, 민간의 추악한 면포는 값을 올려 사들이되 기한을 정하여 관에 바치게 하며, 외방에도 또한 都會官을 설치하여 收買한다면(…)39)

一局을 임시로 설치하여 저화·동전을 발행하고 그 액면가치는 쌀을 기준으로 정한다는 것이다. 그리고 중·외에 통용되고 있는 악포는 그 값을 더 붙여 사들이되 기한을 정하여 各官과 都會官에서 받아들이면 된다는 것이었다.

예상되는 효과는 악포 소멸은 물론 동전과 저화의 원활한 유통이 기대되고 공·사의 운수, 貿遷의 이익이 상통될 것으로 전망하였다. 그러나 이러한 기대 효과가 실현되기 위해서는 무엇보다 먼저 저화·동전의 명목가치가 적절하게 정해져야 한다. 그래야만 화폐로서의 기능을 정상적

---

38) 『中宗實錄』 卷22, 중종 10년 6월 계유, "今雖鑄錢 恐亦如楮貨之不能行也 況鐵非本國所産乎 好立法而不能用法 乃我朝之素患也"

39) 『中宗實錄』 卷22, 중종 10년 6월 계유. "若權設一局 增造楮貨廣鑄銅錢 楮錢之價 以米定準 民間麤惡綿布 增價鳩貿立限納官 外方亦設都會官收買"

으로 발휘할 수 있기 때문이다. 저·전 겸행론자들도 이러한 점을 직시한 것 같다. 그래서 저화·동전의 명목가치 책정에 깊은 관심을 표명했고 이 문제가 해결될 때 비로소 위의 효과가 나타날 것으로 보았다.40)

이틀 동안 집행된 논란에 대하여 중종은

> 대저 하나의 법을 새로 세우면 한 가지 폐단이 생겨서 반드시 物議를 초
> 래하고, 멀지 않아서 변개하여 다만 紛擾할 뿐이고 백성이 믿지 않으니 이것
> 이 우리나라의 고금을 통한 憂患이다.41)

대저 하나의 법을 세우면 하나의 폐단이 발생하고 물의가 초래되어 변통하면 다만 분란을 일으키니 이것이 우리나라의 고질적인 병폐라는 입장을 천명하였다. 이것은 새로운 동전 행용에 대한 반대 의사를 우회 적으로 나타낸 것이다. 이어 저·포 겸행론에 대해서는 민간 포화가 많고 저화가 매우 적은 현실에서 징속을 저화로만 고집할 때 저화 상납의 애 로가 예상된다면서 역시 반대 입장을 보였다. 이를테면 현재 있는 그대 로 내버려 두자는 입장이었다.42)

그러나 위의 논자들은 가만히 있지 않았다. 5일 후 다시 자신들의 입 장을 표명한 것이다. 유순·정광필·金應箕 등의 저·포 겸행론자들은 저 화 행용이 다만 옛 법을 밝히는 것일 뿐 새로운 입법이 아님을 강조하고 저화가 유통되지 않은 까닭은 폐단이 있어서라기보다는 습속에 기인함 을 주장하였다. 그리고 민간에 유통되는 저화가 적다는 지적에 대해서는

> 더구나 司贍寺에는 저화가 소용없이 쌓여 있으니 내다 팔아서 통용한다
> 면, 금지하기 어려운 악포를 거두어들이고 무용의 저화를 흩어 주기에 족하
> 며, 또 이 악포를 사용하여 褋衣에 충당한다면 또한 무익한 것이 되지는 않겠

---

40) 『中宗實錄』 卷22, 중종 10년 6월 계유조.
41) 『中宗實錄』 卷22, 중종 10년 6월 을해. "大抵一法新立則一弊生 必招紛紛之議不 久變改 徒爲紛擾而民不取信 是我國古今之通患"
42) 위와 같음.

습니다.[43)]

사섬시 저화를 내다 팔면 해결될 수 있다는 입장을 밝혔다. 그렇게
되면 무용의 저화로 악포를 회수하는 효과가 있고 또 이 악포로 衲衣
제조에 충당한다면 국가재정에 매우 유익할 것이라는 견해를 덧붙였다.

한편 저·전 겸행론자인 成夢井은 현실의 악포 유통이 어쩔 수 없는
일임을 강조하고 국폐를 바로 잡는다는 명분으로 악포 금단을 강행한다
면 그에 연유된 민원과 시행상의 차질은 매우 분명하다고 단정하였다.
나아가

> 옛 폐단을 개혁하고자 하나 오히려 아직 생기지도 않은 폐단을 두려워하
> 여 변통하지 않는다면, 이것은 因循하는 것일 뿐입니다. 그러니 때를 따라 時
> 宜에 맞게 하는 것도 또한 帝王의 정치입니다.[44)]

아직 생기지도 않은 폐단을 두려워하며 변통하지 않는다면 이것을 우
물쭈물하고 그대로 내버려 둠과 같다고 주장하면서 동전 통용을 탐탁하
게 여기지 않는 국왕과 반대론자에 대하여 불만을 토로하였다.

이러한 양 측의 주장을 경청한 국왕은 지난 몇일 전의 방임적 입장을
철회하고 저·포 겸행론을 받아들이는 입장을 취하였다. 국왕에게는 새
로운 입법보다는 『經國大典』 준행이[45)] 주요 관심사였다. 다만 민간의
저화 부족 때문에 그대로 방임하자는 입장을 보였던 것이다. 그런데 사
섬시에 저화가 있으므로 이제 그러한 입장을 계속 고집할 필요가 없게
되었다. 자연스럽게 저·포 겸행론을 받아들였던 것이다.

실제 저화에 대한 국왕의 입장도 무용지물로 변한 저화를 다시 유용

---

43) 『中宗實錄』卷22, 중종 10년 6월 경진. "況今司瞻寺楮貨積於無用 出而市之以通
　　其用 則是足以收難禁之惡布 散無用之楮貨而又用此惡布以充衲衣 則亦不爲無益"
44) 『中宗實錄』卷22, 중종 10년 6월 경진. "欲革舊弊而猶懼未生之弊 不肯變通 是謂
　　因循 隨時制宜亦帝王之政"
45) 『中宗實錄』卷22, 중종 10년 6월 신사조.

한 화폐로 만드는 것이었다. 그래서 이를 원활하게 유통시킬 수 있는 방도가 該曹에서 구체적으로 모색되었고, 그 노력의 결과 영구적·한시적 저화 전용이 楮貨行用節目에 포함되게 되었다. 전자에는 징속·決訟作紙·次知徵闕·藥材賣買·官府에 납입하는 일체의 물품이 해당되었고, 후자에는

> 다만『大典』의 국폐조에 '징속은 오로지 저화만을 쓰고 價買에는 그 절반을 저화로 쓴다.' 하였으니, 지금 저화만을 쓰고자 하는 것은 특별히 한때의 폐단을 구제하려는 것뿐입니다. 영구히 저화만을 쓰게 하는 법을 만들면, 형세가 행하기 어려울 뿐만 아니라 祖宗의 법도 또한 무너질 것이니, 악포를 금단한 뒤에 정면포·저화를『대전』에 의하여 아울러 쓰도록 하는 것이 어떠합니까?[46]

국가 용도로 구매하는 가매가 해당되었다.『경국대전』에 의하면 이 부문은 본래 저화·포화를 절반씩 이용하도록 되어 있었다. 그것이 이제는 저화 유통을 강제할 필요성에서 한시적 저화 전용으로 변경된 것이다.

1515년(중종 10)에 마련된 저화행용절목은 바로 이러한 배경에서 나오게 된 것이다.[47] 전문 8개 항으로 구성된 이 절목은 국왕의 윤허를 받아 곧 시행에 옮겨갔다. 그러나 절목 내용이 완벽한 것은 아니었다. 문제가 발생한 것이다. 다름 아닌 "백성으로 하여금 관부에 포화를 납부케 하고 시가(時直)에 따라 저화로 화매할 것"의 내용에서[48] 시가에 의해 화매한다는 것이『경국대전』내용에 위배된다는 주장이 제기된 것이

---

46)『中宗實錄』卷22, 중종 10년 7월 갑오. "但大典國幣條 徵贖專用楮貨價買一半用之云 則今之欲專用楮貨特救一時之弊耳 若爲永久專用之法則非徒勢所難行 祖宗之法亦毁矣 惡布禁斷後正綿布楮貨一依大典竝用何如"

47)『中宗實錄』卷22, 중종 10년 7월 갑오. "但大典國幣條 徵贖專用楮貨價買一半用之云 則今之欲專用楮貨特救一時之弊耳 若爲永久專用之法則非徒勢所難行 祖宗之法亦毁矣 惡布禁斷後正綿布楮貨一依大典竝用何如"

48) 위와 같음. "令民納布于官 從時直楮貨和賣事"

다. 이에 대하여 저·포 겸행론자인 김응기·李繼孟 等은

> 신 등은 이렇게 생각합니다. 常綿布의 시치가 4두이면 正綿布의 값은 그
> 것의 갑절이 되어야 하는데, 『대전』에는 正布 1필은 저화 80장에 준한다 하
> 였으니, 이것으로 보면 『대전』의 뜻을 훼손한 것이 없습니다.[49]

상포의 시가가 4두이면 정포 값은 갑절이 되어야 한다. 『경국대전』의
정포 1필은 저화 80장에 준하므로 『경국대전』의 뜻을 훼손하는 것이 아
니라는 변론을 전개하였다.

이 문제는 두 방향에서의 검토가 요구된다. 하나는 제기된 문제점의
핵심과 변론에서 거론한 『경국대전』 내용의 분석이다. 다른 하나는 이
러한 논란에 대하여 국왕이 취한 태도와 이의를 제기한 사간원의 그 후
동정이다. 우선 사간원이 지적한 문제의 핵심은 저화·포화의 교환가가
이미 『경국대전』에 명시되어 있으므로 이를 어겨서는 안된다는 것이었
다. 즉 시가에 따라 저화 값을 변통해서는 안된다는 주장이었다. 다음에
는 저·포 겸행론자들이 거론한 『경국대전』에 의하면 정포 1필은 저화
40장에 해당된다. 때문에 저화 80장이라는 언급은 전·후 문맥을 보아서
성립될 수 없었다. 이러한 점을 고려해 볼 때 사간원 경우는 『경국대전』
「국폐」 내용을 무조건 준행하자는 입장이고, 저·포 겸행론자인 김응기
등은 시가를 용인하자는 변통적 입장에 있음을 알 수가 있다.

한편 이러한 논란에 대하여 국왕은

> 저화의 일은, 『대전』을 훼손하지 않는다면 존속하도록 하라.[50]

고 하여 변통보다는 「국폐」 내용의 준행을 선택하였다. 즉 사간원의 주

---

49) 『中宗實錄』卷23, 중종 10년 11월 신묘조. "臣等 意以爲常綿布時直四斗 則正綿
   布之價當倍之 大典正布一匹準楮貨八十張 以此見之 無毁大典之意矣"
50) 『中宗實錄』卷23, 중종 10년 11월 신묘조. "楮貨事 若不毁大典 則依舊存焉 可也"

장을 받아들인 것이다. 따라서 사간원도 더 이상의 반론을 제기할 필요
가 없게 되었다.

이후 절목 내용에서 가매부문이 문제가 되었다. 저화 전용이 한시적
으로 허용된 가매부문은 각사 관리들의 抑買로 상인들의 원성과 거래
침체를 야기시켰다.[51] 이러한 현상은 저화 통용이 강제된 상황에서 어
절 수 없이 발생하는 일이었다. 그러나 문제는 절목 내용에서 이와 상치
되는 내용이 존재했다는 점이다.

그 내용은

> 畿田의 가난한 백성은 柴炭·板子나 生穀草나 生魚物과 닭·꿩이나 나물·
> 과일 등 잡물을 싣고 와서 판매하여 조석 비용에 이바지하는데, 이와 같이 자
> 질구레한 물건까지도 저화를 가지고 서로 무역하게 되면 원망이 반드시 일어
> 날 것이니, 이상 잡물은 쌀이나 저화 중에 원하는 대로 매매하도록 하되, 만
> 일 혹 백성이 원하는 것을 어기고 강제로 매매하는 사람이 있으면, 法司로 하
> 여금 糾擧하게 하여 중하게 논죄하는 것이 어떠합니까?[52]

라고 하여 백성들이 매매하는 柴炭·板子·生穀草·生魚物 등 잡물은 쌀
또는 저화 중에서 백성이 원하는 것으로 지불하고 만약 이 내용을 어겼
을 때는 法司로 하여금 치죄하도록 한다는 내용이 문제가 된 것이다. 이
것은 분명히 저화 전용을 강요한 가매부문과 상치되었다. 그런데 각사
관리들이 가매하는 대상물에는 위의 물품도 있었기 때문에 민원과 거래
침체가 야기될 수밖에 없었던 것이다. 말하자면 절목 내용 사이에 모순
이 발생한 것이다.

이러한 결과는 절목을 너무 서둘러 마련하였기 때문이었다. 실제 이
내용을 마련하는 데에는 15일 정도밖에 소요되지 않았다. 그러므로 그와

---

51) 위와 같음.
52) 『中宗實錄』卷22, 중종 10년 7월 갑오조. "畿甸貧民等 或柴炭板子或生穀草 或生
魚物雞雉或菜果等雜物 載來而賣以供朝夕費則如此細碎之物 亦以楮貨相貿怨咨必
興 右雜物或米或楮貨中從願買賣 而如有或違民願勒令買賣之人 令法司糾擧重論"

같은 문제가 발생될 수밖에 없었던 것이다. 여하튼 절목 내용에서 발생한 모순과 앞에서 지적한 저화 값의 시가문제 등은 저·포 겸행론자인 김응기로 하여금 저화 행용에 자신감을 잃게 하였다. 아니 더 나아가 저화 유통에 회의적 입장을[53] 취하게 하였다. 반면에 또 다른 저·포 겸행론자인 이계맹·高荊山 등은 비록 절목 내용에 문제가 있다 해도 그것이 마련된 지 얼마 되지 않았기 때문에 계속 시행해야 한다는 입장을 취하였다. 국왕 또한

> 이제 장사가 안 된다는 것으로 말하면 어찌 그러한 폐단이 있겠는가? 근일 새로 정한 법이며, 우리나라에는 본디 법이 정해져도 오래 가지 않는 폐단이 있거니와, 이제 어지러이 고쳐서는 안 된다.[54]

거래 침체에 유감을 나타내고 우리나라 법이 오랫동안 지속되지 못하는 폐단을 지적하면서 절목 내용의 개정에 대해 반대 입장을 표명하였다. 그러므로 저·포 겸행론자 사이에도 저화 유통에 대한 입장의 차이가 발생한 것이다. 회의론과 강행론이 그것이었다.

저화 통용이 강제된 상황에서 솔선수범해야 할 각사와 법사에서 문제가 발생하였다. 대사헌 趙元紀가 언급했듯이

> 저화의 법은 세운 지 이미 오래나 각사가 오히려 행용하지 않는데도 미처 검찰하지 못하였고, 司中에서도 미처 죄다 저화로 쓰지 못하는 일이 있어, 法司로서 법을 시행하지 못해 在職하기 미안하다.[55]

저화 행용법이 이미 오래 전에 마련되었음에도 불구하고 각사에서는 계

---

53)『中宗實錄』卷23, 중종 10년 11월 신묘조.
54)『中宗實錄』卷23, 중종 10년 11월 신묘. "今若至於商賈不通 則安有如此之弊 然乃近日新立之法 而我國本有法立未久之弊 今不可紛更也"
55)『中宗實錄』卷25, 중종 11년 5월 경인조. "楮貨之法其立已久 各司尙不行用而未及檢察 至於司中亦有未及盡用楮貨 以法司不能行法在職未安"

속 저화를 기피하였고, 이를 단속해야 할 사헌부에서는 검찰을 소홀히 하고 있었다. 도리어 사헌부 자체 내에서 저화를 쓰지 않는 일이 벌어져 저화 행용에 앞장서야 할 법사 스스로가 법을 어기고 있었던 것이다.

저화 행용은 악포 금단의 성공 여부와도 관련이 있었다. 당초 저화 행용의 취지는 악포 근절과 긴밀한 관련이 있었기 때문에 악포 금단기한을 설정하거나 악포·저화의 화매가 시행되기도 하였다. 악포 금단 기한은 본래 1515년(중종 10) 10월부터 시작하기로 했다가 그 계획이 수립된 지 불과 2개월도 안된다는 이유로 이듬해 4월로 연기되었다. 그러나 4월 이후에도 계속 악포가 유통됨에56) 따라 국왕은 종전의 악포 환급·징속 대신에 일체 몰수를 제의하였다. 이 때 참찬관 金安國은

> 백성에게 있는 악포를 일체 사섬시에 바치게 하여 저화로 바꾸어 주고, 그 베를 혹 戍卒의 衲衣에 쓰면, 악포는 절로 없어지고 저화도 통용될 것입니다.57)

민간 소유의 악포를 일체 사섬시에 바치게 하고 그 대가로 저화를 지급한다면 악포 금단과 저화 행용이 저절로 이루어질 것이라는 낙관적 견해를 피력하였다. 이에 대하여 국왕은 범법행위가 이미 드러났기 때문에 화매라는 방법은 적절치 못하다고 지적하고 자신이 구상한 악포 몰수만을 고집하였다. 이에 조정 논의는 악포 몰수를 전제로 그 구체적 방법에 대하여 논란을 전개하였다.58) 그 내용은 악포 범위와 몰수기한의 설정 문제였다.

이러한 악포문제 속에서 저화 유통문제는 점차 잊혀져 갔다. 저화 통용은 더욱 어렵게 되고 시중에서의 저화 기피현상은 날로 심화되어갔다.

---

56) 위의 책, 卷24, 중종 11년 4월 임술조; 卷25, 중조 11년 5월 병신조.
57) 『中宗實錄』卷25, 중종 11년 5월 병신조. "民有惡布 今一切納于司贍寺換授楮貨 以其布或用之於戍卒衲衣 則惡布自絶 而楮貨亦通行矣"
58) 『中宗實錄』卷25, 중종 11년 5월 병신조.

오직 관부의 수속으로만 쓰이고 이것도 書吏들의 간계로 인하여 징속자에게 다시 환매되는 실정이었다. 그뿐 아니라 저화를 사려는 사람이 드물어지고 각사의 억매현상이 자주 발생하였다. 그래서 저·포 겸행론자 중에는 저화 통용에 회의를 품는 자가 많이 나타났다. 고형산·이계맹·申用漑·鄭光弼 등이 그들이었다.[59] 그럼에도 국왕은 저화법의 지속적 시행만을 강조하였고 이에 반발한 정광필은 저화를 통용시키려다 밥도 먹을 수 없을 것이라는 말을 남기기도 하였다.[60]

이후 저화 통용문제는 1517년(중종 12) 윤 12월에 들어와서야 다시 논의되었다. 경상도 관찰사인 김인국이 먼저 제기하였고,[61] 다음에는 조정에서 거론하였다.[62] 특히 후자 경우는 중종 시기의 마지막 저화 논의였다. 이때에는 이미 저화 유통이 극히 부진해서 앞에서 보았던 논란과 국왕의 저화 통용 의지가 결코 나타나지도 않았다. 이러한 속에서 정광필·신용개·金銓 등이 저화행용절목·『경국대전』의 일부 내용 폐기와 개정을 거론하고 나섰다. 즉 절목 중의 결송작지·차지징궐·약재매매·관부에 납부하는 일체의 물품에 대하여 오직 저화만을 쓰도록 강제하였는데 이제 폐지하자는 주장이었다. 그리고 『경국대전』의 징속 내용을 저화 전용에서 저화 절반 사용으로 고칠 것을 주장하였다.[63]

그런데 보다 중요한 문제는

> 화폐를 통용하는 법은 당분간 貢案과 受敎에 의해서 시행한다면 관민이 모두 편할 것이며 크게 방해됨이 없을 것입니다.[64]

---

59) 위의 책, 卷26, 중종 11년 10월 무인조.
60) 위의 책, "欲便通貨 而食不可得也"
61) 위의 책, 卷31, 중종 12년 윤 12월 계유조.
62) 『中宗實錄』卷31, 중종 12년 윤 12월 경진조.
63) 위와 같음.
64) 위와 같음. "國幣通用之法 姑依貢案及受敎施行 官民兩便無甚妨"

이라는 건의를 통하여 국폐의 통용법을 공안, 수교에 근거하여 임시로 시행하자는 주장이었다. 이를테면 기왕의 절목·『경국대전』의 「국폐」 내용을 전면 유보시키자는 발상이었다. 그만큼 저화 통용이 힘들었기 때문일 것이다. 그런데도 어떠한 반론도 제기되지 않았다.

저화 유통이 이처럼 힘들고 시중에서 기피된 것은 領事 南袞이 지적한[65] 것처럼 백성에게 전적인 책임이 있는 것이 결코 아니었다. 당시 외방에서는 모두 장시가[66] 설치되어 이를 이용하는 자가 수 만 명에 달하였고, 상업에 종사하는 자가 늘어만 갔다.[67] 이처럼 유통계는 더욱 활기를 띠고 화폐 필요성도 더욱 고조되어 갔다. 그럼에도 국가에서는 기존의 화폐제에 연연하여 현실의 변화를 외면하고 있었다. 악포가 쓰일 수밖에 없는 상황이었다. 다음의 기록도 당시의 사정을 적절하게 표현하고 있다.

> 전일 저화를 쓰는 것을 의논할 때에도 다들 연월을 한정해야 한다고 하였으나, 기한이 이미 지났어도 마침내 쓰지 못하였다. 이제 척수가 짧은 면포도 일체 금하면 폐단이 또한 많을 것이다.[68]

때문에 국왕도 저화 통용문제에 대하여 소극적 입장을 취할 수밖에 없었다.

### 2) 명종대의 저화유통론

명종시기의 저화유통론은 1551년(명종 6)에 제기되었다. 이 시기에는 계속된 흉재로 민생 궁핍과 유민 문제가 크게 대두되었고,[69] 국가재정

---

65) 『中宗實錄』 卷38, 중종 15년 3월 기유조.
66) 이경식, 1987, 「16세기 장시의 성립과 그 기반」 『한국사연구』 57.
67) 『中宗實錄』 卷33, 중종 13년 5월 계해조 ; 卷38, 중종 15년 3월 기유조.
68) 『中宗實錄』 卷40, 중종 15년 8월 갑술. "前日議用楮貨時 皆以爲可限年月 然所限已過而卒不得用 수之尺短縣布 亦若一切禁之則弊亦必多"
69) 『明宗實錄』 卷11, 명종 6년 2월 임오조 ; 卷11, 명종 6년 3월 임진조.

또한 파탄에 직면하였다. 중앙의 경우 사섬시 포화가 20만여 동에서 6만 여 동으로, 군자감 곡식이 50만 석에서 10만여 석으로 감축하고 있었고, 외방의 경우 星州 비축미는 23만 석에서 16만 석으로 떨어지고 있었 다.[70]

유통계 또한 그 영향으로 채소·과일과 같은 소소한 잡물이 쌀로 교역 되는 실정이었다. 그러나 생계유지에 필요한 식량이 교환매체로 損耗되 고 있다는 사실은 당시 실정으로 비추어 볼 때 도저히 수긍할 수 없는 낭비행위였다. 그래서 지경연사 鄭世虎는

> 근래 해마다 흉년이 들어 閭閻에서는 비록 하찮은 채소·과일이라도 다 쌀 로 교역한다고 합니다. 이 때문에 백성들의 먹고살 길이 더욱 어렵다 하는데 『大典』을 상고해 보니, 國幣는 면포뿐만 아니고 저화의 법도 있습니다. 지금 만약 저화를 사용한다면 백성들도 편리하게 여길 것입니다.[71]

이러한 현실을 타개하기 위하여 저화 통용을 거론하였다. 그러나 저 화문제가 본격적으로 논의된 것은 이보다 4개월 후의 일이었다. 이때에 는 저화 이외에 상포·동전 등도 거론되었다. 상포 경우에는 소재 원료인 면화가 절핍되었다는 이유로 저화 경우는 쉽게 훼손되고 쓸모가 없다는 이유로 대다수의 논자가 외면하였다. 다만 동전 경우만이 다수의 지지를 받는 실정이었다.[72]

그런데 여기에서 의문가는 것은 당시 널리 쓰였던 악포가 왜 등장하 지 않았을까 하는 문제이다. 이것은 사헌부의 논의를 통하여 그 해답의 일단을 찾을 수 있을 것 같다.

---

70) 위의 책, 卷11, 명종 6년 7월 계축조.
71) 『明宗實錄』卷11, 명종 6년 5월 을미. "近來連歲凶荒 閭閻之間雖蔬菓之微 皆以 米穀交易以此民食尤艱 考之大典 國幣非但綿布亦有楮貨之法 今若用之民亦便之"
72) 『明宗實錄』卷12, 명종 6년 9월 갑오조.

근래에 백성들의 생활을 보면 열 집중에 아홉 집은 굶주리고 있는데, 지방과 서울이 다 그렇습니다. 이것이 비록 여러 해 거듭된 흉년의 소치라고는 하나 常木을 철폐하고 오로지 回俸만 썼기 때문이라고도 할 수 있습니다. 회봉은 그 값이 비싸서 小額에는 사용할 수 없습니다. 따라서 땔감·꼴·물고기·소금·채소·과일 등 작은 물품을 반드시 곡식을 가지고 교환해야 되고, 番을 선군졸이 죄를 범했을 거두는 贖도 모두 쌀로 하며, 심지어 각 지방의 공물의 값과 作紙·贖布도 지금은 회봉을 옛날의 상목 대신 쓰인다.[73]

이 시기 국가에서는 3승포(상포; 악포에 해당)대신 5·6승포(回俸)를 선호하였는데 그 결과 貢物價·作紙·收贖 등이 모두 이것으로 강요되게 되었다. 이것은 『대전속록』 내용에 위배되는 것으로 공·사행용 포화인 5승포가 고품질의 6승포로 요구됨을 의미한다. 한정된 민간 포화에서 그것도 잇따른 면화 흉작[74] 속에서 고품질의 포화를 강요하는 것은 민생의 고통은[75] 물론 시중의 포화 감소를 동시에 의미하는 것이기도 하였다. 이 결과가 시중의 악포를 소멸시키고 쌀을 교환매체의 일선에 등장케 한 요인이 아닌가 싶다.

그 후 저화 논의는 영의정 沈連源·좌의정·尙震·이조판서 尹漑 등에 의하여 다시 재개되었다. 앞서 지지가 많았던 동전 문제는 동철이 우리나라의 불산물이라는 점, 그리고 비축량이 적다는 점 등으로 논의 대상에서 배제되었고, 포화 경우는 면작의 부실에 따라 그 유통이 매우 힘들 것이라는 전망으로 또한 제외되었다.

이에 비해서 저화 경우에는 조종조에서 국폐로 정하고 만세의 통행법으로 여길 정도로 많은 관심을 가졌었는데 중간에 관부의 무관심 등으로 폐지되기에 이르렀다면서 관부에서의 솔선적인 저화 행용을 강력하게

---

73) 『明宗實錄』 卷12, 명종 6년 9월 갑오. "近見民生 十室九飢中外皆然 是雖累歲凶歉之所致 未必不由於廢常木(三升布也)專用回俸(五六升布也)之故也 … 亦皆以米 至於外方貢物之價 作紙贖布 以今回俸代古之常木"
74) 『明宗實錄』 卷12, 명종 6년 9월 임인조; 卷12, 명종 6년 10월 무인조.
75) 『각사수교』 호조수교, 갑자(명종 19) 8월 27일조.

주장하였다.

> 그 決訟에 대한 作紙와 犯罪에 대한 徵贖, 次知에 대한 徵闕, 行廊과 各
> 市의 月稅, 노비의 물품을 모두 저화로 면포의 시가대로 계산해 사용하여 백
> 성들로 하여금 저화의 유용함을 알게 한다면 모두 그 통용을 좋아할 것입니
> 다. 그리고 조그마한 매매에도 모두 사용하면 곡식을 들고 나가는 폐단도 거
> 의 없어질 것입니다.[76]

라고 하여 결송작지·범죄징속·차지징궐·행랑 및 시전월세·여공저화·약
재매매, 그리고 관부에 출납되는 일체의 물품을 모두 저화로 쓸 것을 주
장한 것이다. 그렇게 되면 백성들도 즐겁게 행용할 것이고 소소 잡물에
도 이를 사용하게 되어 곡물에 의한 매매가 점차 사라질 것이라는 전망
을 펼쳤다.

그러나 그렇다고 해서 저화 전용만을 주장한 것은 아니었다. 그 이유
는 포화 사용 관행이 너무 오래되었기 때문에 이를 쉽게 폐지할 수 없다
는 것이었다. 의복제조가 가능한 3승포 경우는 공·사행용 모두 유익함으
로 이를 통용시키자는 입장이었다.[77] 즉 저·포 겸행론을 주장한 것이다.
이것은 『경국대전』내용을 준행하는 것이고 반대로 『대전속록』5승포
내용을 거부하는 것이기도 하다.

저·포 겸행론이 채택되자 이제는 시전상인 수백 명이 반대 입장을 표
명하고 나섰다. 그 근거는 두 가지 이유였다. 하나는 조석거리 해결에
저화가 전혀 도움도 되지 못한다는 사실이고, 다른 하나는 저화를 통행
하면 외방의 미·포가 올라오지 않아 경중 사람들이 장차 굶어 죽을 것이
라는 내용이었다. 이 내용은 나름대로 일리가 있었다. 경중의 식량이 모

---

76) 『明宗實錄』卷12, 명종 6년 9월 임인조. "如決訟作紙犯罪徵贖次知徵闕 行廊各市
   月稅 奴婢身貢餘錢醫司賣藥之類 及一應官府所出納之物 皆以楮貨 從綿布時直準
   計用之 使民知楮貨之有用則皆樂於行用 而至於小小買賣亦皆用之 而握粟之弊庶
   或減矣"
77) 『明宗實錄』卷12, 명종 6년 9월 임인조.

두 외방에서 올라왔기 때문이다.[78] 당시 시중에서는 저화를 매개로 한 곡물 구매는 상상조차 하기 어려웠다. 그래서 굶어 죽을 것이라는 말이 제기된 것이다.

저·포 겸행론자들에게 있어서는 미·포가 교환매체로 이용되는 것이 불만이었다. 의식자료가 가뜩이나 부족한 상황에서 그것이 계속 교환매체로 이용된다면 그에 다른 상당량의 손모가 예상되었기 때문에 이를 심각하게 우려하였던 것이다. 그렇지만 저화 통용에 대한 반대도 만만치 않아 이들의 주장을 고려하지 않을 수가 없었다. 그래서 미·포와 더불어 저화 겸행을 주장했던 것이다.

저화 통용으로 기대할 수 있는 이점으로는

> 신들의 생각 역시 오로지 이 계책에만 의하여 그 미포의 제도를 폐지하려는 것은 아닙니다. 다만 無用한 것을 有用한 것으로 만들어 미포의 부족함을 보충하여 온 나라의 있고 없는 것을 서로 통하게 하자는 것뿐입니다.[79]

우선 무용한 것을 유용한 것으로 만들어 미·포의 부족함을 보충할 수가 있고 다음에는 나라 안의 있고 없는 것을 서로 통하게 할 수 있다는 장점들이 열거되었다. 그러나 염려가 되었던 것은 사섬시의 소장 저화가 부족하고 주무 관청인 호조가 저화 통용을 너무 서두른다는 점이었다. 그래서 영경연사 상진은 저·포 겸행기한을 늦추어 민정을 살펴볼 것을 주장하였다.[80]

다음 날 영상·좌상은 舍人을 통하여 자신들의 입장을 다시 강조하였다. 현재 추진 중인 저화행용은 새로운 법이 아닌 옛 법의 재천명으로써 미·포도 겸행할 것이라는 점을 밝히고 의식자료인 미·포가 교환매체로 없어지는 현상을 걱정하였다. 그리고 저화 통용의 실효를 거두기 위해서

---

78) 최완기, 1989, 『조선후기 선운업사 연구』, 69쪽.
79) 『明宗實錄』 卷12, 명종 6년 9월 계축조. "然新等之意 亦非欲專倚於此而廢其米布也 不過以無用爲有用 以補米布之不足 而通一國之有無而已"
80) 위와 같음.

는 저화의 충분한 발행과 공급, 나아가 관청에서의 솔선수범 자세가 절
실히 요구된다고 역설하였다.[81] 그럼에도 주무 관청인 호조에서는

> 이제 해조가 사섬시가 예전에 갖고 있던 것만 가지고 평시서로 하여금 각
> 市中에 나누어 주게 하고 서울은 10월 11일부터 외방은 명년 정월 1일로부터
> 한정해 놓고 사용하라고 독촉합니다.[82]

사섬시의 소장 저화만을 가지고 경중은 10월 11일, 외방은 명년 1월
1일부터 무조건 행용할 것을 독려하고 있었다. 이것은 한정된 저화를 가
지고 저화 통용을 강제함과 같은 것이었다. 그래서 영상·좌상은 이러한
점을 상기시키면서 저화행용절목의 상세한 마련을 강조하였고 시행 기
한을 연기하여 민정을 살펴 결정할 것을 재삼 주장하였다. 국왕 또한 이
견해를 받아들여 시행 기한의 연기와 미·포 겸행, 그리고 상세한 절목
마련을 지시하기에[83] 이르렀다. 그럼에도 저화 행용은 요원하였다. 시중
사람들이 계속 반대하였기 때문이다. 혹 도로에서 호소하기도 하고 또는
무리를 지어 호조에 호소하였기 때문에 민정에 위배되면서까지 저화를
강행할 필요가 있겠는가 하는 의문이 제기되었다. 더욱이 당시에는 전국
규모의 흉재가[84] 계속되고 민생이 극도로 궁핍하였다. 그래서 결국 저
화 통용 결정은 번복되고 다시 재론토록 조치되었다.[85]
    이후 저화 행용문제는 조정에서 일체 언급되지 않았다. 다만 시중의
저화 가 쉽게 마모되고 찢어진다는 이유로 민간에서 동전 유통론이 대두
되었다. 그러나 이 논의는 1515년(중종 10) 저·전 겸행론자에 의해서,
1551년(명종 6) 다수의 사람들에 의해서 일찍이 제기된 바 있었다. 그렇

---

81) 『明宗實錄』 卷12, 명종 6년 9월 갑인조.
82) 『明宗實錄』 卷12, 명종 6년 9월 갑인, "今者該曹 只將司贍寺舊藏令平市署分給各
    市 京中則自十月十一日 外方則自明年正月初一日爲限 督令行用"
83) 위와 같음.
84) 위의 책, 卷12, 명종 6년 10월 신미조.
85) 위의 책, 卷12, 명종 6년 10월 무오·기미조.

지만 전자 경우는 저·포 겸행론자들의 저화 행용 주장으로, 후자는 원료인 동철이 불산물이라는 이유로 논의의 대상에서 배제되었다. 이 시기에 있어서도 불산물이라는 점이 지적되었지만 단지 백성들이 원한다는 점 때문에 조정에서 일단 검토하기로 하였다.

## 4. 맺음말

16세기의 저화유통론은 당시 유통되고 있던 악포를 금단할 필요성에서 처음으로 제기되었다. 1515년(중종 10)에 제기된 이 견해는 저화 외에도 동전 행용을 주장하고 있었기 때문에 문제의 발생 소지를 안고 있었다. 『경국대전』에서 규정한 저화·포화의 겸행을 정면으로 위배했기 때문이다. 그래서 조정에서는 이를 둘러싸고 저·포 겸행론과 저·전 겸행론으로 나뉘어 수차의 논란을 전개하였다.

저·포 겸행론자에게 있어 동전의 존재는 『경국대전』에 어긋났을 뿐만 아니라 실제로도 그 유통이 매우 힘들 것으로 전망하였다. 동전 원료인 동철이 불산물이라는 점은 젖혀두고라도 동전 자체가 지니는 결함, 이를테면 대·소의 차이로 인한 동전에 대한 불신이 동전 유통에 커다란 장애가 될 것으로 여겼던 것이다. 저화 유통은 영구적·한시적 저화 전용을 채택하여 소기의 성과를 거두고자 하였다. 『경국대전』에서 강제한 징속부문의 저화 전용은 계속 준행하기로 하고 가매부문에 한해서 악포가 금단될 때까지 한시적인 저화 전용을 제의하였던 것이다.

한편 포화 대신에 동전 통용을 주장하는 저·전 겸행론자들은 자모제를 주장하고 나섰다. 동전의 2중가와 동전·저화의 공존 가능성을 시사한 것이다. 이것은 저·포 겸행론자가 지적한 동전 자체의 물음에 대한 해답이기도 하였다. 동전의 경·중, 대·소의 차이로 발생하는 동전 값의 불균은 현실 그대로 수용하여 동전의 2중가 또는 다중가로 설정하면 된다는 입장이었다. 그리고 동전 값은 저화보다 높게 책정하여 상호 보완적 기능을 하도록 운영하면 별 문제가 없을 것으로 판단하였다.

이러한 견해들에 대하여 국왕이 보인 입장은 저·포 겸행론 지지였다. 그 까닭은 새로운 법 제정이 아니고 『경국대전』 준행을 강조하였기 때문이다. 그래서 이를 구체적으로 뒷받침할 수 있는 저화행용절목이 마련되고 곧 시행에 옮겨졌다. 그러나 절목 중에 문제가 내재해 있었다. 『경국대전』과 상치되는 내용, 그리고 절목 내용 간의 모순문제 등이 도사리고 있었던 것이다.

『경국대전』에서 저화 값은 분명하게 명시되었다. 가령 정포 1필의 값이 저화 40장이라면 이 교환가는 불변의 것이 되는 셈이다. 그런데 시장 기능에 따라 저화 값의 등락을 허용한다면 이것은 『경국대전』 뜻에 위배되는 것으로, 바로 이점이 문제로 부상하였다. 그리고 절목 간의 모순문제는 가매부문과 잡물의 종원 매매 사이에 발생하였다. 국가의 필요에 의해서 사들이는 가매는 비록 한시적인 조치였지만 저화 전용이 강제되고 있는데 비하여 시중의 잡물 매매는 백성이 원하는 화폐로 從願賣買할 수 있도록 규정하였다. 그러므로 가매의 대상물이 시중 잡물이고 그 소유주가 저화 아닌 다른 화폐를 원할 때에 문제가 발생될 수 있었던 것이다. 말하자면 절목 내용 간에 모순이 존재하였던 것이다.

저화 유통에서 나타난 여러 부작용은 저·포 겸행론자들에게도 영향을 미쳤다. 저화 통용에 회의를 품는 자가 늘어만 간 것이다. 그리고 현실에 있어서도 저화를 기피하는 현상이 심화되어 갔다. 저화 전용을 강제한 절목내용의 일부를 폐기하자는 주장과 저화 전용을 명시한 『경국대전』의 징속부문을 1/2 저화 수납으로 고치자는 주장이 제기된 것이다.

심지어는 공안·수교에 의하여 국폐를 임시 통행하자는 제안이 대두되었다. 이것은 기왕의 절목과 『경국대전』 내용을 전면 유보시키자는 발상이었다. 그럼에도 어떠한 반론이 제시되지도 않았고, 국왕 또한 이제까지의 저화 통용 노력을 한낱 과거의 일로만회상할 뿐이었다. 그만큼 저화에 대한 열의와 의지가 후퇴하였다는 의미일 것이다.

명종시기의 저화유통론은 1551년(명종 6)에 대두되었다. 이때의 저화 유통론은 앞 시기의 그것과 약간의 차이가 있었다. 악포의 금단과 결부된 것이 아니라 미·포의 절실한 필요성에서 제기된 것이다. 이 시기에는 계속된 흉재로 말미암아 민생과 국가재정 모두가 파탄에 직면하였다. 바로 이러한 상황에서 의식자료를 보존할 수 있는 별도의 화폐가 구상된 것이다. 그 중 동전 유통론과 저·포 겸행론이 주요 논의의 대상이 되었다.

동전 유통론은 당시 많은 사람들의 지지를 받았다. 그 까닭은 저화가 무용지물로 인식되고 포화 유통이 실제 힘든 상황이었기 때문에 동전 통용이 자연스럽게 거론된 것이다. 그러나 동전의 소재인 동철이 우리나라의 불산물이라는 점, 그리고 그 비축량이 적다는 이유 등으로 이후 논의에서 제외되었다.

이와 달리 저·포 겸행론은 그 입론의 근거가 이미 『경국대전』에 마련되어 있어서 별다른 반론도 제기되지 않았다. 다만 지난 날의 시행과정에서 나타난 문제점을 보완한다는 차원에서 다량의 저화 발행과 공급 등이 구상되었고, 포화 경우는 상포(3승포) 행용이 주장되었다. 이것은 『경국대전』으로의 회귀와 『대전속록』 내용을 부정하는 의미를 갖는다. 그러나 시중 사람들의 계속적인 반발로 모처럼 이루어진 저·포 겸행은 다시 원점으로 돌아가고 말았다.

이와 같이 16세기의 저화유통론은 중종과 명종 시기에 수차 제기되고 시행에 옮겨졌지만 별다른 성과 없이 실패하고 말았다. 그 이유는 저화제에 문제가 있었기 때문이다. 당시 내재가치가 결여된 악포가 널리 유통된 사실을 감안한다면 이와 똑같은 처지의 저화가 전혀 유통되지 못할 이유가 없는 것이었다. 이렇게 볼 때 저화제를 비롯한 국가의 화폐정책에 문제가 내재해 있었음을 알 수 있다.

# Ⅱ. 16세기 惡布禁斷策의 시행과 화폐 개혁 논의

## 1. 머리말

16세기의 화폐는 제도적으로 5승포·저화가 인정되었다. 그러나 실제에 있어서는 惡布라는 布貨가 유통수단으로 널리 이용되었다. 품질이 나쁘다는 의미를 갖는 이 악포는 단순한 그러한 뜻이 아니라 독자의 의미도 갖고 있었다. 당시 교환경제의 산물로서 변화하는 사회모습을 일정하게 반영해주는 점에서 이전과는 분명히 다른 화폐였다. 거의 무가치한 短布·2승포의 유통은 기존의 소재가치 중시에서 유통수단 기능을 중시하는 사회적 분위기에서 가능하였다. 그러나 변화가 이 시기에 점차적으로 확대되어 갔던 것이다.

악포의 유통은 이러한 사회적 여건 외에 그러한 결과를 이끌어 낼 수 있는 여러 조건이 존재할 때 그 기반이 더욱 공고해 질 수 있다. 그러한 점에서 이 시기에 전개된 공·사 부문의 5승포 강제와 5승포가 요구되는 공·사 무역의 성행 등은 악포의 재생산, 포화의 升·尺數 감축현상을 더욱 촉진시켰다. 더욱이 조선전기에 진전된 면화 생산기술이 늘어만 가는 포화수요를 해결하지 못함에 따라 악포의 유통은 필연적 추세가 되었다.

이러한 상황에서 惡布禁斷을 둘러싼 화폐제 개혁논의가 전개되었다. 그 중 楮·布 兼行論이 채택되었는데 이것은 『경국대전』과 『대전속록』의 내용을 충실하게 따르는 것으로 제 3차까지의 개정을 통하여 악포를 금단시키고자 하였다. 그럼에도 유통계에서의 악포지위는 여전하였고 도리어 악포의 승·척수 감축현상이 더욱 노골화되어 국가에서도 이를 용인하지 않을 수 없었다. 그 결과 布納部門 일부에서 3·4승포 상납이 허용되고 유통수단으로서의 3승포도 허용해야 한다는 의견이 제시되기에 이르렀다. 말하자면 저화유통론이 동요를 일으키고 실제에 있어서도 실패로 돌아갔다. 그래서 내용을 달리하는 저·포 겸행론과 동전 유통론이 대두되었으며 이것은 당시의 현실조건을 감안한 어쩔 수 없는 선택이었다.

악포에 대한 연구는 송재선의 글이[1] 자세하다. 물론 이에 앞서 김병하의 글이[2] 있기는 하지만 半物品貨幣로 규정한 포화가 구체적으로 어떤 이유에서 그러한 의미를 갖는지에 대해서는 구체적인 언급이 없다. 이에 비하여 전자의 글은 포화의 승·척수 감축현상과 포화 사이의 화폐체계 성립에 대하여 상세한 설명을 하고 있다. 포화 간의 等價가 승·척수 差率의 중첩계산으로 나타남을 증명하고 악포가 나름대로 화폐기능을 하고 있음을 밝힌 것이다. 그럼에도 사료에 대한 부적절한 해석과 부정확한 인용 등이 글의 가치를 반감시키고 있다.

이 글은 이러한 점을 보완하기 위하여 악포의 개념과 유통기반, 악포의 유통확대와 그것이 지니는 의미 그리고 악포를 금단하기 위한 국가의 조치와 내용상의 변화 등을 중점적으로 다루었다. 이 문제들은 이 시기의 악포 실상을 이해하는데 유용할 것이며 당시의 교환경제 수준을 파악하는데도 일조할 것이다.

## 2. 악포의 출현과 유통

### 1) 악포의 개념과 유통기반

16세기의 악포 용어가 처음으로 등장한 시기는 1515년(중종 10)경이다. 당시의 시중의 악포는 의복을 만들 수 없을 정도로 升數가 매우 성글어 쌀과 면포를 의식자료로 생각하고 있던 위정자들에게 커다란 충격

---

1) 송재선, 1985, 「16세기 면포의 화폐기능」『변태섭박사화갑기념 사학논총』, 삼영사.
2) 김병하, 1970, 「이조전기의 화폐유통 – 포화 유통을 중심으로 –」『경희사학』 2.

을 안겨 주었다. 비록 포화를 國幣의 하나로 운영하였지만 그것은 어디
까지나 5승포였고 의복을 만들 수 있는 포화였다. 그런데 소재가치가 거
의 결여된 악포가 유통수단으로 널리 이용되고 있다는 사실은 그들에게
의복자료의 낭비·소모 외에 달리 이해될 수가 없었다. 그래서 악포 직조
자를 制書有違律로 다스리자는 啓請과 의식자료인 쌀·면포 외에 별도의
화폐를 운영하자는 논의가 제기되었다.[3]

악포는 이처럼 의복을 만들 수 없는 추악한 포화로 추악면포, 추포라
고도 불리었다.[4] 악포의 실체는 바로 2승포로 1551년(영종 6) 영의정 沈
連源, 좌의정 尙震 등의 저·포 겸행론에서 확인된다.

> 거칠고 나쁜 常木은 본래 소용이 없으므로 금지해야 할 것이나 그 3승 면
> 포는 그래도 민간에서 옷을 만들어 입을 만하고 또 回俸과 같이 값이 비싸지
> 는 않으니 함께 사용한다면 그 유통 매매에 크게 편리함이 있을 것입니다.[5]

악포 중에서 3승포의 경우는 의복제조가 가능함을 역설하고 있음을
볼 때, 2승포 이하의 포화가 의복제조에 합당치 않음을 유추할 수 있다.

그러나 2승포 외에 길이가 짧은 短布, 승수가 상대적으로 많은 3·4승
포도 악포 범주에 들게 되었다. 단포 경우는 15세기 후반부터 조정의 논
란을 불러일으킨 것으로서 빈한한 백성들이 주로 이용하는 포화였다.[6]
이들은 단포로 몇 되의 쌀을 사서 조석의 끼니를 해결하고 있었는데 이
시기에도 그러하였다. 3·4승포 경우는 의복을 만들 수 있는 포화였고 특
히 3승포 경우는 『경국대전』에 5승포와의 교환비가 기재될[7] 정도로 국

---

3) 「中宗實錄」 卷22, 중종 10년 6월 기미조, 임신조.
4) 『中宗實錄』 卷22, 중종 10년 6월 기미조, 계해조.
5) 『明宗實錄』 卷12권, 명종 6년 9월 임인조. "麤惡常木固無所用 所當禁絶 如三升
緜布則民間猶可以作衣 亦不至回俸之價重 幷令參用其於流通貿遷 大有便益"
6) 권인혁, 1992, 「15세기 후반 저화제동요와 포화유통」『박영석교수화갑기념 한국
사학논총』(상), 799~802쪽.
7) 송재선, 1985, 앞의 글, 414~415쪽.

가에서 그 유통을 허용하고 있었다. 그러나 1493년(성종 24)『대전속록』
의 반포에 따라 승수 5승, 척수 35척, 폭 7촌에[8] 못 미치는 모든 포화는
공·사 행용의 포화로 인정받지 못하고 국가의 금단대상이 되게 되었다.

2승포에서 비롯된 악포에 대한 논란은 이제『대전속록』에서 규정된
포화가 아니면 모두 악포로 취급하게 되었다. 그런데 여기에서 고려해야
할 것은『대전속록』간행 이후 1515년 사이에 이 규정에 미달하는 포화
를 악포로 규정하여 금단하지 않았다는 사실이다. 短布, 常布, 3·4승포
가 유통되는 사실을[9] 알면서도 이에 대한 악포 명칭의 부여와 금단조치
가 나타나지 않고 도리어 악포의 중핵이라고 할 수 있는 2승포가 시중에
출현되고 있었다.

일명 '端葱臺綿布'라고 불리는 이 2승포는 1505년(연산군 11)서총대
를 축조할 때 役事에 불참한 役卒이 노역 대신 이것을 상납함으로써 그
실체를 드러내기 시작하였다. 본인이 입었던 바지의 솜을 빼내 그것을
포화로 직조하여 변상하였는데 이것이 서총대 면포인 것이다. 그러나 이
포화는 품질이 너무 추악하여 그 초기에는 유통수단으로 기능하지 못하
였다.

> 그때에 감역관이 부역하는 민정을 감독하는데, 혹 일을 빠졌다든지 혹 일
> 을 하여도 과정에 달[准]하지 않았다든지 하면, 문득 징벌이 매우 가혹하였으
> 므로, 백성들이 지탱하지 못하여 그 재산을 다 말리고는 떨어진 바지에서 헌
> 솜까지 빼내서 면포를 짜 변상하였지만, 무명이 너무 누추하여 쓸 수 없었으
> 므로 민간으로 流散하여 오래도록 없어지지 않았다. 뒷사람이 그 베 이름을
> 瑞葱臺라 하였으며, 장에서 팔려고 하여도 사는 사람이 없었다.[10]

---

8) 『大典續錄』「호전」, 잡령조. "公私行用綿布 升數則五升長則三十五尺廣則七寸以上"
9) 『燕山君日記』卷21, 연산군 3년 1월 무진조; 卷45. 연산군 8년 8월 기유조;『中宗
  實錄』卷4, 중종 2년 11월 신유조.
10) 『燕山君日記』卷61, 연산군 12년, 3월 계해조. "時監役官督赴役民丁 或闕役或役
  而不准課程 輒徵罰甚酷民不能支竭其財產 至抹其弊袴財絮織爲綿布以償之 布甚
  陋惡不堪爲用 故流散民間久而不泯 後人名其布曰瑞葱臺 凡市易不得爲售"

따라서 1515년에 제기된 악포문제는 앞 시기에 출현된 2승포가 점차 기반을 넓히고 단포, 3승포 등도 유통수단으로서 기능을 계속 발휘함에 따라 이에 위기의식을 느낀 위정자들이 이를 거론한 것이라고 볼 수 있다.

악포는 일반적으로 품질이 나쁜 포화를 지칭한다. 그러나 이러한 방식의 설명은 이 시기의 악포를 이해하는데 조금의 도움도 주지 못한다. 면포가 유통수단으로 계속 기능을 발휘하는 과정에서 승·척수 등에 의하여 포화 상호 간에는 등가가 발생하였다. 이를테면 포화 사이에 화폐체계가[11] 성립된 것이다. 이 때 값이 낮은 포화가 값이 상대적으로 높은 포화에 대하여 악포로 불릴 수 있고 어느 절대적 기준의 포화에 대하여 그에 못 미치는 포화를 악포로 규정할[12] 수도 있는 것이다. 그러나 어떤 의미이든지 간에 그러한 뜻의 악포는 역사성이 결여된 일반적 용어이다. 이 시기의 악포는 그러한 일반적 성격을 지니면서도 독자의 의미가 추가되고 있었다. 비록 유통이 금단되고 있었지만 3·4승포 경우는 그 자체로서 이미 하나의 상품이며 교환을 매개하는 일반적 등가물로 기능하고 있었고 2승포 경우는 소재가치가 거의 결여된 화폐로서 화폐가 반드시 실물화폐여야 한다는 고정관념이 점차 불식되어 감을 암시해주고 있다.

말하자면 16세기의 악포는 일반적 등가물인 3·4승포와 유통수단 기능만이 강조된 2승포가 서로 혼재되어 있었다. 그리고 불완전하지만 임의로 분할·합성할 수 있는 단포가 존재하여 합성(連尺)되면 일반적 등가물이 되고, 분할되면 유통수단으로서의 기능만이 강조되는 포화가 유통되어 이 시기의 화폐가 매우 다양한 양상을 띠고 있음을 알려 주고 있다.

이와 같이 16세기에는 서로 성질을 달리하는 화폐가 공존하여 당시의 교환경제가 이전과 다름을 시사하고[13] 있었고, 장차 한 단계 진전된 화

---

11) 이태진, 1989, 「16세기 동아시아 경제변동과 정치사회적 동향」『조선유교사회사론』, 지식산업사, 102~103쪽에는 이 시기의 화폐체계를 은 - 정포(5승포) - 상포 (3·2승포)로 설정하고 있다.
12) 『中宗實錄』卷22, 중종 10년 7월 갑인조.

폐(금속·명목화폐)가 시중에서 유통될 수 있음을 예고해주고 있었다. 따라서 이 시기의 악포는 단순한 의미의 악포로 그치는 것이 아니라 16세기의 교환경제가 당시까지 도달한 수준에서 배출한 화폐로서 이후 전개되는 조선후기의 상품화폐 경제를 맞이하는 과도기의 화폐로 그 기능을 발휘하고 있었다.

악포가 유통될 수 있었던 까닭은 두 말할 필요 없이 그것을 필요로 하는 수요자가[14] 존재하였기 때문이다. 이 시기에는 토지로부터 이탈되는 농민들이 속출하고 있었는데 이들은 佃戶, 소상인, 소상품 생산자 또는 番上兵의 代立人[15] 등으로 자신들의 생계를 도모하고 있었다. 특히 도시나 지방 場市로 유입된 농민들은 생계에 필요한 물품들을 화폐로 구입해야만 했고 그것도 그들 생활수준에 알맞은 소액화폐를 필요로 하였다.

> 법은 엄중하게 세워야 하나, 척수가 맞는 것도 모두 죄준다면 시중에서 쓴 물건이 없어질 것입니다. 지금 중외에서 다 거친 베를 쓰는데, 급박하게 금단하면 이 베는 끝내 쓸 데가 없어질 것입니다. 신포를 내더라도 반드시 쌓아두지 않을 것이니, 우선 한일을 물러서 세월이 점점 오래되면 자연히 신포가 많아질 것입니다."하니, 상이 이르기를, "법은 행해질 수 있는 것이 중요하거니와 엄하기만 하면 마침내 행해지지 못할 것이니 행해지지 못하는 것보다는 알맞게 하는 것이 낫다. 지금 연척한 것도 쓰지 못한다면 민간에서는 매매할 길이 없어서 의지해 살아 갈 수 없을 것이니, 이제 잠시 늦추어서 척수에 맞는 것은 금하지 말게 하면 자연히 단포가 없어지고 점점 긴 것을 쓰게 될 것이다."하매, 이유청이 아뢰기를, "쓰는 자는 그래도 말할 수 있겠으나, 악포를 짜는 자는 그 죄가 더욱 심합니다."하고, 조방언이 아뢰기를, "베가 나쁘더라도 이미 짠 것이라면 연척하여 써야 합니다. 엄금한다면 과연 쓸만한 것이 없을 것입니다."하고, 남세준이 아뢰기를, "지금 민간에서 서로 팔아서 의지하

---

13) 이태진, 1986, 「16세기 한국사의 이해방향」『한국사회사연구』, 지식산업사 291~292쪽.
14) 『中宗實錄』 卷43, 중종 17년 1월 계유조 ; 卷49, 중종 18년 9월 신미조.
15) 이태진, 1968, 「군역의 변질과 납포제 실시」『한국군제사 - 근세조선전기편 -』, 육군본부, 239~249쪽.

여 먹고 살아가는 것이 오직 이 베뿐인데, 하루아침에 엄금하면 소민(小民)에
게는 조석거리를 장만할 길이 없어질 것입니다."하였다.16)

악포는 이러한 요구에 부응할 수 있는 시의적절한 화폐로서 4승포로
부터 3·2승포, 단포 등 다양한 화폐가 존재하여 고액에서 소액에 이르기
까지 이들의 요구를 적절히 해결해주었다.

악포 중 2승포, 단포는 소재가치가 거의 결여된 화폐임에도 하나의
유통수단으로 널리 이용되었다. 이것은 화폐에 대한 관념이 소재가치를
중하게 여기는 것 외에도 유통수단으로서의 기능을 중시함에서 초래된
당연한 결과였다. 이러한 사회적 여건 속에서 거의 무가치한 악포가 광
범위하게 유통될 수 있었던 것이다.

16세기 부역의 포납화 경향도 악포 유통의 한 기반이 되었다. 貢物
경우는 방납(대납)에 의하여, 身役과 軍役은 자의적인 편의에서 출발하
여 후에는 강요에 의하여 포납이 폭넓게 진행되었다.17) 또한 대외무역
의 결제수단으로서 포화 비중이 커짐에 따라 포화에 대한 수요는 더욱
증대되었다. 특히 대일무역에서 포화의 지출 규모는18) 엄청나게 늘어나
1494년(성종 25) 무렵에는 1회 지출량이 무려 1천여 동(5만여 필)에 달
하였다. 그래서 그로 인한 국내 포화부족이 심각하게 논의되었고19) 심
지어는 국내 포화가 모두 일본으로 유출된다는 우려가 나타나기도 하였
다.20)

---

16) 『中宗實錄』卷40, 중종 15년 윤 8월 계묘. "(洪)淑曰立法嚴重可也 而尺准者幷皆罪
　 之則市中無物可用 今者中外皆用麤惡之布 若急迫禁斷則此布終無可用之地也(中略)
　 (南)世準曰今者民間相賣資食者唯此布也 若一朝痛禁小民無以備朝夕之資也"

17) 이태진, 1986, 앞의 글, 234쪽, 241~253쪽.

18) 김병하, 1969, 「직물생산과 대일수출」『이조전기 대일무역연구』, 한국연구원,
　 57~59쪽 ; 이태진, 1989, 앞의 글, 106~107쪽.

19) 『成宗實錄』卷289, 성종 25년 4월 계해조 ; 『中宗實錄』卷54, 중종 20년 4월 무
　 신조.

20) 이제신, 「청강선생 후청쇄어」『大東野乘』卷57, "我國綿布盡歸敵土(日本) 良可痛甚."

포화에 대한 수요증대는 면작지 확대와 면화 생산량의 증가를 동반하
였다. 그래서 전국 8도에 면화를 재배하지 않는 곳이 없다고[21] 할 정도
로 그 재배지가 늘어났고 생산량도 위에서 언급한 수요를 어느 정도 해
결할 수 있었다. 그러나 생산량의 증가는 어느 시점에 접어들면서 한계
에 도달한 것 같다. 그것은 생산량을 제고하는 재배기술이 뒷받침해줄
수 없기 때문일 것이다.

면화는 백성들의 의복자료로 유용했기 때문에 일찍부터 국가의 주목
을 받았다. 그래서 재배지역을 확대시키려는 움직임과 생산을 권장하는
재배기술의 보급이 국가정책으로 추진되기도 하였다. 그럼에도 조선전
기에 편찬된 農書 중에는 오직 姜希孟 편찬으로 추측되는 「사시찬요초」
만이 면화재배에 관한 기록을 남기고 있다. 그러나 그 내용도 너무 소략
하여 면화재배를 권장하기에는 충분치가 않았다. 비록 국가정책으로 추
진된 북부지방의 면화재배와 관련하여 耕治之法, 種植之法 등이 있기는
했지만[22] 이 또한 앞의 경우와 크게 다를 바 없었다.

이처럼 면화재배에 유용했던 기술들이 15세기 후반이후부터는 증가
추세의 포화수요를 감당하기에는 역부족이었다. 생산량이 담보되고 혹
증가되었다고 하더라도 원만한 상승추세를 보이고 있었던 면화생산은
결국 포화(면포)의 수급 불균형을 초래하여 포납부문에서의 악포 상납,
유통수단의 악포화를 결과하였다. 이것은 일정량의 포화로 늘어나는 포
화수요를 충족시키기 위한 어쩔 수 없는 대응모습이기도 하였다. 특히
포납에서의 5승포 강제는 그 요구가 여의치 못하게 되자 그와 동일한
액수, 그 이상의 악포남징을 유발하여 포화의 승·척수 감축현상을[23] 더

21) 이육, 「청파극담」『大東野乘』卷6.
22) 김용섭, 1988,「조선후기 농학사연구」, 일조각, 92~105쪽 ; 민성기, 1988,「조선
    농업사연구」, 일조각, 286~287쪽.
23) 『中宗實錄』卷26, 중종 11년 10월 병진조 ; 卷65, 중종 24년 4월 갑오조 ; 卷
    65, 중종 24년 5월 기미조.

욱 심화시켰다.

> 選上奴의 番價가 당초 定式이 없어서 외람된 지경에까지 이르렀습니다. 그러므로 한 달의 값을 처음에 常木綿 5필로 정하였는데, 그것도 오히려 지나친 폐단이 있는 것입니다. 그런데 이를 五升木綿 3필로 바꾸고 사섬시로 하여금 수반하게 하였으니, 오승목면 3필은 곧 상목면으로는 6필입니다. 그렇다면 5필이란 수를 넘는 것입니다. 청컨대 오승목면 반 필을 감하여 2필 반으로 하소서.[24]

이와 같이 악포의 유통기반은 도처에 산재되어 있었다. 악포를 필요로 하는 수요자가 존재하였고 소액·소량거래에 알맞게 악포 자체가 나름대로의 화폐체계를 갖추고 있었다. 그리고 소재가치가 별로 없다 하더라도 이를 수용하는 사회적 분위기가 조성되어 있었고 부역의 포납화, 대외무역의 성행 등이 악포 유통의 한 몫을 담당하고 있었다. 포납·대외무역의 진행은 포화 공급량을 훨씬 상회하는 과다한 수요량을 창출하여 포화의 수급 불균형을 초래하였고 면화 생산량의 한계는 이러한 상황을 더욱 심화시켜 악포의 재생산과 질적 저하를 촉발하였다.

### 2) 악포의 유통확대와 의미

악포는 일반적 등가물인 3·4승포와 유통수단 기능만이 강조된 2승포, 단포가 있었다. 3승포 경우는 1403년(태종 3) 무렵 5승포와 더불어 시중에서 유통되고[25] 있었고 세조 연간에는 그 유통이 활발하여 常布라고도 불리었다.[26] 그래서 당시의 「대전」에 中等貨幣로 규정되었고 성종 시 『경국대전』에는 5승포와의 등가도 기록되었다. 2승포는 일명 '서총대

---

24) 『中宗實錄』卷31, 중종 12년 12월 정묘. "選上奴子番價 初無定式至於猥濫 故一朔之價定常木綿五匹猶有猥濫之弊 易以五升木綿三匹今司贍寺收頒也 五升木綿三匹則常木綿乃至於六匹 然則過於五匹之數 淸減五升木綿半匹以二匹半"
25) 『太宗實錄』卷6, 태종 3년 8월 을해조.
26) 『世宗實錄』卷21, 세조 6년 8월 을묘조.

면포'로 불린 것으로 연산군 말기에 출현하였다. 그러나 출현 초기에는 시중에 팔려고 해도 사는 사람이 없는 실정이었고,[27] 그 후 점차 차익을 도모하는 자가 나타나면서 그 이용이 날로 늘어감에 따라 2승포 존재가 낯설지 않게 되었다.[28] 단포 경우는 15세기 후반에 널리 유통되었다. 포화의 속성상 분할, 합성이 가능했기 때문에 소액·소량거래에 부응하는 여러 형태와 단포가 출현하였다. 2단, 3단 또는 4단(端)이 1필을 이루는 短布가[29] 나타났던 것이다.

16세기에는 이러한 악포가 다양하게 존재하여 지불수단으로서 收贖, 選上價布로서 널리 이용되었다.[30] 비록 악포금단책이 추진되었다고는 하지만 禁令을 어기면서까지 이를 이용해야만 하는 백성들이 다수 존재하였고,[31] 포납 경우도 악포의 대납이 암묵적으로 허용되었기 때문에 이의 유통은 돌이킬 수 없는 추세가 되었다. 당시 番上兵의 代立價는 본래 5승포(정포)로 3필이었는데 이것이 7~8필, 30~50필, 100필 등으로 나타나는 것은 5승포 마련이 어려운 상황에서 악포로 대납했기 때문이다.

번상병 대립가 변동표[32]

| 시기 | 대립가(1개월) | 자료 |
|---|---|---|
| 성종 24년 | (정) 3필 | ○『成宗實錄』卷278, 24년 윤 5월 신축조. (대립절목) |
| 연산군 3년 | (악) 7.5~8월 | ○『燕山君日記』卷28, 3년 11월 기유조 |
| 중종 13년 | (악) 7~8필 | ○『中宗實錄』卷62, 23년 8월 을묘조, 卷88, 33년 9월 경자조 |
| 〃 23년 | (악) 50필 | ○『中宗實錄』卷62, 23년 9월 계축조 |

---

27)『燕山君日記』卷61. 연산군 12월 2월 계축조.

28)『中宗實錄』卷22, 중종 10년 6월 계유조 ; 卷22, 중종 10년 7월 갑오조.

29) 권인혁, 1992, 앞의 글, 799~802쪽.

30)『燕山君日記』卷45, 연산군 8년 8월 기유조;『中宗實錄』卷4, 중종 2년 11월 신유조.

31)『中宗實錄』卷54, 중종 20년 7월 신유조 ; 卷55, 중종 20년 10월 무신조.

32) 이 <표>는 이태진, 1986, 앞의 글, 243~247쪽의 내용을 첨삭, 보완한 것이다.

| 시기 | 대립가(1개월) | 자료 |
|------|--------------|------|
| " 24년 | (약) 30~50필 | ○『中宗實錄』卷65, 24년 5월 갑인조 |
| " 31년 | (약) 100필 | ○『中宗實錄』卷81, 31년 1월 정묘조 |
| " 32년 | (약) 150필 | ○『中宗實錄』卷84, 32년 10월 정묘조 |
| " 36년 | (약) 3. 5필 | ○『中宗實錄』卷95, 36년 4월 경신조 |
| " 39년 | (약) 60필 | ○『中宗實錄』卷103, 39년 5월 병진조 |

그리고 국가재정 지출부문에서도 악포가 이용되었다. 兩界지역의 군
량미확보를 위하여 국가소유의 악포(상포)를 보내기도 했는데,[33] 이것은
악포수납과 더불어 악포유통을 확대시키는 결과가 되었다.

악포의 유통은 공간적으로도 확대되었다. 앞서의 포납시책이 그러한
현상을 촉진시키기도 하였고 장시확대, 행상활동이 그러한 역할을 담당
하기도 하였다. 16세기의 장시는 전국 방방곡곡에서 생겨날 정도로 널리
확산되고 있었고 그것을 이용하는 자 또한 무려 수 만 명에 이를 정도였
다. 매달 두 번 씩 열리는 장날은 2·3회 내지 3·4회로 늘어났고 한 고을
에 3·4개 이상의 장시가 열려 한 달 내내 장이 들어서는 상황이 전개되
기도[34] 하였다. 행상활동도 이와 관련하여 장시 내에서 이루어지기도
하고 장시와 장시간의 유통권을 매개함으로써 유통차익을 꾀하기도 하
였다.[35] 이러한 장시와 행상활동을 통하여 악포는 자신의 유통기반을
계속 넓혀갔던 것이다.

악포는 이와 같이 그 유통영역을 넓혀 중외 모두가 이를 이용한다는
말이 나올 정도로 일상적인 화폐가 되었고 이를 뒷받침이나 하듯이 외방
에서는 계속 악포를 직조하였다.[36] 그래서 흉년을 당하여 常平倉을 이

---

33)『中宗實錄』卷49, 중종 18년 9월 정축조 ; 卷56, 중종 20년 12월 을유조.

34) 이경식, 1987, 「16세기 장시의 성립과 그 기반」『한국사연구』57, 한국사연구회,
43~91쪽.

35) 박평식, 1993, 「조선전기의 행상과 지방교역」『동방학지』77·78·79 합집, 343~344쪽.

36)『中宗實錄』卷40, 중종 15년 윤 8월 계묘조; 卷55, 중종 20년 10월 계축조.

용하려는 백성들이 貿穀에 필요한 5승포가 없어서 생계유지에 지장을 초래하는 상황이 나타나기도 하였다.37) 그러나 이러한 사실에 구애받지 않고 악포는 여전히 유통되었고 도리어 악포의 승·척수 감축현상이 더욱 노골화되어 현재의 3필이 예전의 1필만도 못한 결과가 초래되었다.38) 그 뿐 아니라 시중에서는 승수를 따지지 않고 척수만 헤아리는 현상이 나타나는가 하면,

> 이행이 아뢰기를, "악포를 금단할 것은 없고 잣수가 짧은 것만 금해야 합니다. 요사이 물건 값으로 받는 자들이 베가 거친 것은 헤아리지 않고 긴지 짧은지만 헤아리기 때문에 베가 아무리 거칠더라도 길이가 准尺만 되면 반드시 받기를 싫어하지 않을 것입니다."39)

악포의 길이가 10~20여 척에 불과한 단포가 유통되기도40) 하였다.

이러한 일련의 변화는 악포에 대한 국가의 입장을 변하게 하였다. 악포금단책이 민폐, 민원만을 유발하고 별 효과가 없게 됨에 따라 그 정책을 완화하기에 이른 것이다. 비록 일정부문에 국한된 것이었지만 이제까지 강요한 포납부문에서의 5승포가 馬價 경우는 4승포, 船價 경우는 3승포로도 상납이 가능하게 되었다.41) 이러한 조치는 대립가 등에서 나타난 악포의 대납현상과 맥락을 같이 하는 것으로 악포 유통에 대한 국가의 입장이 점차 동요됨을 의미하는 것이다. 이러한 과정에서 시중 유통수단으로 3정포를 허용하자는 주장이 대두되었다.

---

37) 『中宗實錄』 卷55, 중종 20년 11월 신사조; 卷56, 중종 20년 12월 을유조.
38) 『中宗實錄』 卷55, 중종 20년 11월 기묘조, 경진조.
39) 『中宗實錄』 卷65, 중종 24년 4월 갑오. "李荇曰惡布不必禁之而須禁其尺短也 近來凡物價受之者 不計其布之麤惡惟計其長短 故布雖極爲麤惡長若准尺則必不厭其受之也"
40) 『中宗實錄』 卷55, 중종 20년 11월 기묘조 ; 卷65, 중종 24년 5월 기미조 ; 어숙권, 「패관잡기」 『大東野乘』 卷4.
41) 『大典後續錄』 「호전」, 세공조.

우리나라는 면포를 사용하는 풍습이 이미 오래되어 전적으로 폐지할 수 없습니다. 거칠고 나쁜 常木은 본래 소용이 없으므로 금지해야 할 것이나 그 3승 면포는 그래도 민간에서 옷을 만들어 입을 만하고 또 回俸과 같이 값이 비싸지는 않으니 함께 사용한다면 그 유통 매매에 크게 편리함이 있을 것입니다.[42)]

악포는 국가에서 금단하는 포화로 貨權在上 관념과 거리가 먼 화폐였다. 일찍이 국가에서 楮貨나 동전을 유통시킬 목적으로 그 때마다 포화 사용을 금단하였지만 그러한 기도는 모두 실패로 돌아갔다. 그래서 포화에 대한 기존의 시책을 포기하고 포화 사용을 일정 범위에서 허용하는 조치를 취하였다. 着稅法, 布帛稅, 포화의 척수(35척) 규정 등이 바로 그 것이었다. 그러나 포화에 대한 이러한 통제가 국가가 원하는 대로 진행되지 않고 포화가 계속 유통되자 이제는 보다 강력한 규제를 강구하게 되었다.[43)] 그 결과 『대전속록』에 보이는 승수, 척수, 폭에 대한 통제가 나타나게 된 것이다. 척수에 대한 통제는 이미 시행 중에 있었기 때문에 승수, 폭의 내용이 추가되었다. 포화에 대한 이러한 통제는 화권재상 관념의 발현이었다. 그러나 앞에서 이미 밝혔듯이 그 결과는 신통치 않았고 통제에서 벗어난 악포가 전국적으로 유통되고 있었다.

악포가 전국을 대상으로 계속 유통되었다는 사실은 매우 중요하다. 이것은 유통수단에 대한 기존의 관념이 바뀌어 화폐의 소재·상품가치를 더 이상 고집하지 않았다는 의미와 동일하다. 3승포 이상의 포화 경우는 소재·상품가치를 모두 갖추었기 때문에 유통계에서 받아들일 수 있는 것이었지만 2승포·단포 경우는 사회적 용인이 있어야만 가능했다. 15세기 후반에 그러했듯이 16세기 들어와서도 단포는 계속 유통되었고 그

---

42) 『明宗實錄』 卷12, 명종 6년 9월 임인. "我國綿布之用習俗已久不可全廢 麤惡常木 固無所用所當禁絶 如三升綿布則民間猶可以作衣 亦不至回俸之價重 幷令參用其 於流通貿遷大有便益"

43) 권인혁, 1992, 앞의 글, 787~803쪽.

외에 2승포 마저 출현하여 널리 통용되었다. 이러한 사실은 이 시기의 교환경제가 앞 시기와는 다른 양상을 띠고 있음을 입증해주는 것이고 그리고 한 차원 높은 단계로 나아갈 수 있음을 시사해주는 것이다.

## 3. 악포금단책의 시행과 결과

### 1) 악포금단책의 마련과 시행

악포의 유통확대는 국가의 화폐제를 근저로부터 위협했다. 『경국대전』에 규정한 징속에서의 楮貨專用, 價買에서의 저·포 병용이 전혀 준행되지 않고 『대전속록』에서 강제한 5승포 사용도 악포에 그 지위를 넘겨주어야 할 상황이었다. 이러한 현상은 화폐에 대한 국가의 통제가 전적으로 무력함을 입증하는 것이고 나아가 화권재상의 명분이 한낱 허울로만 존재함을 의미하는 것이다. 그래서 위정자들 사이에는 악포금단과 더불어 화폐제에 대한 전반적 개혁을 둘러싸고 여러 논의를 전개하기에 이르렀다.

악포금단을 포함한 화폐제 개혁 논란은 크게 구분할 수 있다. 하나는 楮·布 兼行論이고 다른 하나는 楮·錢 兼行論이다. 전자는 『경국대전』에 근거한 견해로서 가매부문의 개혁을 주장하였다. 『경국대전』에서 규정한 저·포 병용이 악포금단에 별 도움을 주지 못할 것이라는 판단에서 악포가 금단될 때까지 저화전용을 한시적으로 운영하자는 주장이었다.

> 다만 사고파는 경우에 포화와 반반씩 사용하면 麤布를 금단하기 어려울 것이니, 지금부터 경외의 속전 징수나 사고 파는 데에는 오로지 저화만을 사용하게 해야 합니다.[44]

---

44) 『中宗實錄』卷22, 중종 10년 6월 임신, "但價買與布一半用之 則麤惡之布禁斷爲難 自今京外徵贖價買專用楮貨"

　시중에 유통되는 악포에 대해서는 먼저 악포 값을 산정하고 그것을
저화로 和賣하되 사들인 악포는 양계 防戍軍의 衲衣로 충당하고 또 각
도에 저화를 분급하여 악포를 수매할 것과 민간의 악포직조를 엄금할 것
을 주장하였다. 나아가 외방에서 상납하는 選上奴 價布의 대부분이 추
악했기 때문에 該曹로 하여금 節目을 마련케 하고 사섬시에서 직접 점
검, 수납할 것을 아울러 제시하였다.[45]

　한편 저·전 겸행론은 악포는 두말할 것도 없고 모든 포화의 유통을
일체 금단시켜야 한다는 주장으로서 세 가지의 이유를 들었다. 우선 포
화유통을 허용하는 한 저화가 유통되지 않을 것이라는 전망과 다음에는
면포가 화폐로 이용되면서부터 곡물재배 기피와 綿作을 통한 末利追求
현상이 대두되고, 마지막으로는 악포 유통에 따르는 의복자료의 손모현
상이 예상되었기 때문이다. 그리고 저화보다 비싼 동전을 주조하여 저화
와 겸행하면 백성에게 편리하고 민폐도 없을 것이라는 견해를 내세웠다.

　　　지금의 저화는 지극히 가벼운 것으로 다만 한 되 쌀값에 준하여 貿遷과
　　교역에 유독 이 화폐만을 사용하나, 너무 가벼운 것 같습니다. 또 두텁게 묶
　　은 것을 여러 번 겹쳐 쌓으면 먼 곳에 가져가는 데 방해가 되어 사용하기 불
　　편하니, 동전을 주조하여 저화보다 조금 귀하게 하여서 저화와 함께 행용하게
　　하는 것이 나을 것 같습니다. 그리하여 경중이 서로 균평하게 된다면 이것은
　　실로 백성에게 편리하고 폐단이 없을 것입니다.[46]

　이처럼 양 논의는 악포금단에는 서로 일치하면서도 구체적인 내용에
서는 상호간에 차이를 드러내고 있었다. 그러나 그들 주장에서 나타난
중요한 사실은 시장기능에 의하여 형성된 5승포 - 3승포 - 2승포·단포의
화폐체계를 의도적으로 단순화시켜 5승포 - 저화, 또는 동전 - 저화라는

---

45) 『中宗實錄』 卷22, 중종 10년 6월 임신조.
46) 『中宗實錄』 卷22, 중종 10년 6월 임신조. "今之楮貨至輕只准升米 貿遷交易獨用
　　此幣 似乎太輕厚編累積 又妨致遠恐不便於用也 莫若始鑄銅錢差貴於楮貨并行 而
　　輕重有所相濟此實便民而無弊"

화폐체계로 재편하려는 구상을 하고 있었다는 점이다. 이것은 당시의 교환경제 산물이었던 화폐체계를 부정하는 것으로 시대추세에 역행하는 발상이었다.

악포금단에서 출발한 화폐제 개혁 논란은 1515년(중종 10) 국왕의 입장 표명으로 정리되었다. 국왕은 본래 이들 주장에 모두 반대하는 입장을 취하였는데 저·전 겸행론에 대해서는 세 가지 이유를 들어 반대 의사를 표명하였다. 먼저 백성들이 불편하게 여기기 때문에 시행하기가 힘들 것이라는 점, 그리고 새로운 立法에는 반드시 폐단이 수반되어 紛擾가 초래될 것이라는 점, 마지막으로는 그러한 결과 때문에 법에 대한 백성의 신뢰가 없어질 것이라는 점을 들어 거부의 의사를 나타냈다.[47]

저·포 겸행론에 대해서는 두 가지 이유를 들어 반대하였다. 우선 백성의 동향이 포화를 소중하게 여기고 저화를 가볍게 여기기 때문에 이들 화폐가 겸행하기 어려울 것이라는 점, 다음에는 민간에 포화가 많고 저화가 적기 때문에 저화유통의 곤란과 민폐가 예상된다고 하면서 역시 반대의 입장을 나타냈다.

> 『大典』의 법을 비록 거듭 밝혀야 할 것이지만, 베는 무겁고 저화는 가볍기 때문에 오래되면 事勢가 저절로 행용되기 어렵다. 민간의 綿布는 매우 많고 저화는 심히 적다. 만약 徵贖을 전부 저화만을 사용한다면 楮幣도 또한 즉시 준비하기 어려울 것이니 그 폐단이 어찌 적다고 하겠는가?[48]

그러나 양 논자들은 계속 자신들의 입장을 굽히지 않았다.[49] 특히 저·포 겸행론자들은 자신들의 주장이 다만 옛 법을 밝히는 것일 뿐 새로운 입법이 아님을 강조하고 사섬시에 쌓여있는 저화를 화폐로 하여 유통

---

47) 『中宗實錄』 卷22, 중종 10년 6월 을해조.

48) 『中宗實錄』 卷22, 중종 10년 6월 을해조. "大典之法雖可申明 然布重楮輕故久則勢自難行 民間綿布甚多楮幣甚稀 若於徵贖全用楮貨則楮貨幣亦難卽備 其弊豈少乎"

49) 『中宗實錄』 卷22, 중종 10년 6월 경진조.

하게 한다면 금단하기 어려운 악포를 거두어들임과 동시에 무용의 저화를 散給할 수 있고 그리고 이 악포로 군사의 衲布로 제조할 수 있는 이점이 있음을 역설하였다. 이러한 주장은 국왕이 밝혔던 우려를 다소 불식시키는 것이었기 때문에 국왕도 이 견해를 수용하지 않을 수 없었다.50) 다만 저·포 겸행론자들이 주장한 징속의 저화전용이 현 상황에서 적극 추진할 수 없음을 지적하고 저화행용 시기에 대한 신중한 결정을 지시하였다.

> 그러나 근래에 저화를 사용하지 않은 것이 오래다. 값을 주고 물건을 사는 경우에는 그만이지만, 徵贖할 때에 만약 저화를 사용하게 한다면 백성이 반드시 저화를 마련하기 어렵다는 근심이 있을 것이니, 기한을 정하여 행용하게 하는 것이 어떻겠는가? 기한을 정하고 정하지 않는 일을 승지가 적당히 헤아려서 하라.51)

악포금단과 관련된 화폐제 개혁 논의는 이제 저·포 겸행으로 낙착되고 그 구체적 시행 방안만이 남게 되었다. 이 방안은 비록 호조에서 마련하였지만 저·포 겸행론자인 柳洵의 의견이 상당하게 반영52)된 것으로서 楮貨行用節目이라는53) 이름으로 나타났다. 전문 8개 항목을 구성된 이 절목은 악포와 관련된 것이 4개 항목으로 그 내용의 대략은 아래와 같다.

○ 백성으로 하여금 官에 포화를 바치게 하고 時直(시가)에 따라 저화로 화매한다. 징속의 저화전용 시기는 京中各司 경우에 오는 10월 1일부터, 外方各官은 내년(1516년 : 중종 11) 1월 1일부터 시행한다.
○ 한성부에서 이미 악포통용 기한을 정하였지만 이외에도 악포의 准尺(35

---

50) 『中宗實錄』 卷22, 중종 10년 6월 경진조.
51) 『中宗實錄』 卷22, 중종 10년 6월 신사조. "然近來不用楮貨久矣 如用於價買則己於徵贖若用楮貨則百姓必有難辨之患 定限行用何如定限與否承旨酌量爲之"
52) 『中宗實錄』 卷22, 중종 10년 7월 갑오조의 細註에 의하면 이 절목내용이 柳洵의 주장에 의하여 마련되고 있음을 시사해주고 있다.
53) 『中宗實錄』 卷22, 중종 10년 7월 갑오조.

척) 2필을 정포 1필에 준하도록 한다. 가매 경우는 악포가 금단된 후 포
화(5승포)·저화를 『경국대전』에 의거하여 병용한다.

○ 화매한 악포는 衲衣로 제조한다. 민간에 유통되는 악포는 내년 3월까지
기한하여 통용할 것을 허용했으므로 各司·各官의 면포도 이때까지 사용
하도록 한다.

○ 악포 직조자와 2·3승 바디를 제조한 匠人 등은 남·녀를 불문하고 造惡米
例54)로 치죄한다.

저화행용절목에 나타난 악포금단책은 『경국대전』과 『대전속록』의 내
용을 적절하게 혼용한 것으로서 5승포 미만의 포화를 전적으로 금단하
고 있다. 『경국대전』에서는 國幣의 내용(포화·저화)을 취하고 『대전속
록』에서는 5승포 통용 강요를 채택하여 저·포 겸행의 성공을 기약하고
자 하였다.

### 2) 악포금단책의 변화와 결과

악포금단책의 제 2차 개정에서는 악포 직조자, 准尺을 자른 자에 대
한 처벌이 강화되어 재범에 대해서는 종전의 전가사변 이외의 장 1백이
추가되었다. 그리고 악포를 많이 가지고 있고 斂·散으로 이익을 꾀하는
자에게도 위의 처벌을 하도록 규정하였다.55) 이렇게 악포금단책이 강화
되면서 악포를 이용하는 백성들은 더욱 어려운 처지에 놓이게 되었다.
소지한 악포를 몰수당했을 뿐만 아니라 장형이나 收贖價를 지불해야56)
했기 때문이다. 그래서 한 두 端의57) 포화에 생계를 걸고 있는 백성들은
의복을 팔아 수속을 해야 하는 경우가 발생하기도 하였다. 그럼에도 위

---

54) 악미는 쌀에 잡찌꺼기, 가는 모래를 섞거나 물에 불린 쌀로서 1500년(연산군 6)에
장 1백, 도 3년으로 처벌하였다 ; 『成宗實錄』卷132, 성종 12년 9월 갑술조 ; 卷
269, 성종 23년 8월 임진조 ; 『燕山君日記』卷37, 연산군 6년 3월 병진조.
55) 『中宗實錄』卷44, 중종 17년 2월 경진조.
56) 『中宗實錄』卷50, 중종 19년 2월 계축조, 신사조 ; 卷51, 중종 19년 9월 신미조.
57) 권인혁, 1992, 앞의 글, 799~802쪽.

정자들은 지난날의 惡米禁法의 實效를 거론하면서 장기간의 법 시행만
이 악포금단의 효과가 있을 것이라는 입장을 보였다.

> 特進官 李自堅이 아뢰기를, "전에 惡米의 금법을 처음 세울 때에는 민간
> 이 매우 소요하였으나, 이제 와서는 아주 없어져 쓰지 않습니다. 대저 구습을
> 이어 내려와 풍속이 된 것은 한두 달 안에 반드시 그 효험을 볼 수 없으니,
> 오래 기다려야만 합니다."[58]

이러한 조정의 분위기에서 악포금단책의 제3차 개정이 이루어졌다.
이 내용은 기존의 금단책 이외에 赦宥에 관한 것을 추가한 것이다. 국가
에 農事가 있을 때에 죄인을 석방하는 조치가 사유로서 公·私賤 경우에
도 수속가를 지불하고 그 혜택을 받을 수 있었다. 그런데 간사한 무리가
이를 악용한다는 이유 때문에 악포금단을 어긴 자에게는 종전처럼 처벌
할 것과 여인이 범금자인 경우에는 家長을 대신 치죄하자는 내용을[59]
담았다.

이상에서 나타난 악포금단의 범금자에 대한 처벌내용을 간추리면 다
음의 <표>와 같다.

〈범금자 처벌내용의 변화〉

| 시기 | 범금자 | 처벌내용 |
|---|---|---|
| 최조 절목<br>(중종 10년 7월) | 악포 직조자<br>2·3승 바디 제조자 | • 造惡米例<br>• 중종 6년 : 장 1백, 도 3년(수속)<br>• 제1차 개정전 : 전가사변(7·8인) |
| 제1차 개정<br>(중종 15년 9월) | 악포 직조자<br>2·3승 바디 제조자<br>단포 제조자<br>단포 이용자 | • 초범 : 장 1백, 도 3년<br>• 재범 : 전가사변 |

---

58) 『中宗實錄』 卷49, 중종 18년 9월 신미조. "特進官李自堅曰 前者惡米之禁初立法
也 民間至爲騷擾及今時則永絶不用 大抵因循成俗則不可一二月內必見其效 當悠
久而待之"
59) 『中宗實錄』 卷49, 중종 18년 10월 기유조.

| 시기 | 범금자 | 처벌내용 |
|---|---|---|
| 제2차 개정<br>(중종 17년 2월) | 악포 직조자<br>단포 제조자<br>악포 斂散資利者 | ● 재범 : 전가사변, 장 1백(수속) |
| 제3차 개정<br>(중종 18년 10월) | 범금자 (남)<br>범금자 (여) | ● 사유에서 제외<br>● 가장을 치죄 |

1525년(중종 20) 이후는 악포금단책의 완화, 동요시기로서 악포금단의 强度가 떨어지고 금단 내용도 완화되는 추세를 보였다. 이러한 현상은 금단책의 강행에도 불구하고 악포가 지속적으로 유통되었다는 데에 일차적 요인이 있었고 그 외에 有司의 단속이 허술했다는[60] 점이 상정될 수도 있을 것이다. 이러한 상황에서 1525년에 발생한 흉작은 악포금단의 변화를 재촉하여 악포 이용자에 대한 이제까지의 속공과 치죄를 오직 치죄(장형 또는 수속가 지불)만 하도록 조치하였다.[61]

그러나 이것은 어디까지나 표면상의 이유에 불과하고 실제로는 악포의 광범위한 유통 때문이었다. 이 무렵에는 외방의 악포직조가 지속적으로 이루어지고 있었고 그 품질도 현저하게 떨어지고 있었다.[62] 특히 이 시기에는 연이은 흉작으로 토지에서 방출되는 농민들이 상업으로 轉業하고 경중으로의 인구유입이 가속화되었다.[63] 그리고 국가재정과 민생이 모두 궁핍해져[64] 악포에 대한 금단을 재고하지 않을 수 없었다. 그래서 악포 중에서도 오직 단포만을 금단시키자는 의견이 대두되기도[65] 하였다.

1551년(명종 6)에 발생한 흉작은 백성들의 생활을 근저로부터 위협하

---

60) 『中宗實錄』 卷55, 중종 20년 8월 정미조.
61) 『中宗實錄』 卷55, 중종 20년 8월 정미조 ; 『中宗實錄』 卷55, 중종 20년 10월 무신조.
62) 『中宗實錄』 卷55, 중종 20년 10월 계축조 ; 卷55, 중종 20년 11월 기묘조, 경진조.
63) 『中宗實錄』 卷56, 중종 21년 1월 계묘조.
64) 『中宗實錄』 卷58, 중종 22년 3월 을유조, 기축조, 경인조.
65) 『中宗實錄』 卷65, 중종 24년 4월 갑오조.

여 열 집중에 아홉 집이 굶주리는 결과를 초래하였다.[66] 땔나무·꼴·어염·채소·과일 등 소소한 잡물이 예전 같으면 악포로 교환되던 것이 이제는 곡물로만 유통되고 번상병의 범죄수속도 쌀로 이루어지게 되었다.

> 따라서 땔감·꼴·물고기·소금·채소·과일 등 작은 물품을 반드시 곡식을 가지고 교환해야 되고, 番을 선 군졸이 죄를 범했을 거두는 贖도 모두 쌀로 하며(⋯)[67]

이러한 현상은 저·포 유통의 강요가 전혀 지켜질 수 없음을 의미하고 동시에 화폐제에 대한 재검토를 요구하는 것이기도 하였다. 또한 악포금단과 같은 비현실적 조치보다 현실에 토대한 탄력적 조치가 더욱 절실함을 뜻이기도 하였다. 이러한 배경에서 저·포 겸행론과 동전 통용론이 대두되었다. 이 중 전자의 경우는 지난날의 그것과 내용을 달리한다. 이전에는 공·사 부문에서의 5승포 유통을 강요하면서 악포를 금단하였는데 이제는 의복제조가 가능한 3승포 경우는 유통수단으로서 허용하여 교역의 편의를 제공하자는 내용으로[68] 전환되었다. 이러한 사실은 분명히 전보다 한 단계 발전된 대안으로서 『경국대전』 국폐조에 충실한 견해이기도 하였다. 그러나 이 견해는 당시에 발생한 면화 흉작으로 실현되기 어려웠고[69] 대신에 동전 통용론이 줄기차게 전개되었다.[70]

명종시기에 포화가 희귀해진 것은 면화 흉작 외에도 여러 이유가 있을 수 있다. 인구증가, 포납확대, 국내 상업과 대외무역의 성행 등은 포화수요를 날로 증대시켜 綿作의 확대에도[71] 이바지하였다. 그러나 면화

---

66) 『明宗實錄』 卷12, 명종 6년 9월 갑오조.
67) 『明宗實錄』 卷12, 명종 6년 9월 갑오. "如薪蒭魚塩菜果徵物 必握粟而貿之 赴番軍卒之犯罪徵贖者 亦皆以米"
68) 『明宗實錄』 卷12, 명종 6년 9월 임인조.
69) 위와 같음 ; 『明宗實錄』 卷12, 명종 6년 10월 무인조.
70) 권인혁, 1993, 「16세기의 저화유통론과 그 배경」 『建大史學』 8.
71) 민성기, 1988, 「조선면작연구서설」 『조선농업사연구』, 일조각, 305~312쪽.

생산량이 답보되거나 완만한 상승추세를 보였는데 비하여 포화수요는 급신장했기 때문에 양자 간의 균형이 깨져 포화가 귀하게 되었다. 이러한 상황에서 5승포 강요는 어느 의미에서는 한정된 포화의 대부분을 국가가 독점하려는 기도였고 잔여 포화로 유통부문에서의 요구를 해결하도록 한 일종의 횡포였다. 5승포에 대한 강요가 심하면 심할수록 포화의 악포화 현상은 심화되었고 2승포·단포의 유통은 필연적 추세가 되었다.

면화생산의 증대는 그것을 뒷받침할 수 있는 재배기술이 존재할 때 가능하다. 특히 이 시기에 문제가 되었던 포화수급의 불균형은 조선전기에 성립된 재배기술이 한계에 도달했음을 입증해주는 것이다. 따라서 새로운 재배기술이 요청되었고 이에 부응하여 '昌平縣開刊'의 刊記가 명시된 『農事直說』과 복각본 『四時纂要』가 간행되었다. 이 농서들은 선조 초 또는 그 이전의 호남지방과 1509년(선조 23) 영남지방에서 간행된 것으로 '新增種綿'과 '種木綿法'을 각각 수록하고 있었다. 그 내용은 지역 실정에 알맞은 재배기술을 각각 기술하고 있었고, 특히 『농사직설』 경우에는 면화를 처음으로 생산하려는 농민들에게 매우 유익했을 것으로 추측된다. 쉽게 이해하고 이에 따라 면화를 경작할 수 있도록 그 방법이 구체적으로 제시되고 있었던 것이다.

16세기 후반의 이러한 모습들은 당시 심화되고 있었던 포화의 부족현상을 타개하는데 일정한 기여를 했을 것이다. 지역실정에 알맞은 재배기술과 누구라도 쉽게 생산할 수 있는 내용 수록은 이전의 농서에서 볼 수 없는 전혀 새로운 모습이었다.

## 4. 악포금단책의 시대적 의미

16세기의 화폐를 이해하기 위해서는 당시에 널리 유통된 악포 실체를 파악하는 것이 무엇보다 긴요하다. 이 시기의 악포는 5승포에 못 미치는 모든 포화를 일컫는 것으로 3·4승포와 2승포·단포가 해당된다. 전자의 두 포화는 소재·상품가치가 있는 일반적 등가물이었고 후자의 두 포화는 그러한 가치가 거의 결여된 단지 유통수단으로서의 기능만이 강조된 포화였다. 소재가치를 중시하는 기존의 관념에서 볼 때 후자의 경우는 분명히 이질적인 존재였고 그것이 널리 유통되었다는 사실은 그러한 화폐를 수용할 수 있는 사회적 여건이 충분히 성숙되었기 때문이다.

이처럼 속성을 달리하는 두 포화가 동시에 혼재해 있었던 것은 당시의 교환경제 실상이 종전과 다름을 입증하는 것이고 장차 한 단계 진전된 화폐가 시중에 유통될 수 있음을 예고해 주는 것이었다. 달리 표현하자면 이 시기의 악포는 단순한 의미의 악포가 아니라 16세기의 교환경제가 배출한 화폐로서 당시의 사회가 새로운 사회로 나가려는 과도기적 상태에 있음을 시사해주는 것이었다.

악포의 유통은 그것을 필요로 하는 수요자가 상당수 존재했기 때문에 가능하였다. 고액(4승포)에서 소액(2승포·단포)에 이르기까지 악포 사이에는 나름대로 화폐체계가 성립되어 수요자의 다양한 요구에 적절하게 부응할 수 있었고 장시확대, 행상활동, 부역의 포납화, 대외무역의 성행 등은 악포유통에 긍정적 요소로 작용하였다. 이러한 여건 속에서 중·외 모두가 악포를 이용한다는 표현이 나타나고 외방에서는 이를 뒷받침이나 하듯이 악포를 계속 직조하였다. 그러나 날로 증대되는 포화수요는 포화 공급량을 훨씬 상회하여 포화수급의 심각한 불균형을 초래하였다. 즉 조선전기에 성립하였던 면화 재배기술이 당시의 포화수요를 해결할 수 없었던 것이다.

이러한 상황에서 시중에 유통되는 악포는 그 제한된 포화량으로 말미암아 악포의 재생산과 승·척수 감축현상이 더욱 심화되어갔다. 그 결과 유통계에서는 승수를 불문하고 척수만 헤아려 그 값을 정하는 현상이 전개되고 포화의 길이도 더욱 짧아져 10여 척 남짓한 단포가 유통되기도 하였다. 그래서 위정자들 사이에는 소재·상품가치가 있는 3승포의 경우에는 유통수단으로 허용하자는 주장이 나타나기도 하였다.

악포의 유통확대는 국가의 화폐제를 근저로부터 위협하여 악포금단을 둘러싼 화폐제 전반에 대한 개혁논의를 불러 일으켰다. 저·포 겸해론과 저·전 겸행론이 주요 내용으로서 양자 모두가 악포금단에는 동의하면서도 구체적 실천방법에서는 입장의 차이를 보이고 있었다. 그러나 이들 논의에서 나타난 중요한 사실은 시장기능에 의하여 성립된 5승포 - 3·4승포 - 2승포·단포의 화폐체계를 의도적으로 단순화시켜 5승포 - 저화, 또는 동전 - 저화로 개편하려는 움직임을 보이고 있었다는 점이다. 이것은 당시의 교환경제 산물이었던 화폐체계를 일방적으로 파기하는 것으로 현실에 대한 무감각과 화권재상의 관념에서 비롯된 것이었다.

악포금단에서 야기된 논의들은 『경국대전』, 『대전속록』 내용을 충실히 따르려는 저·포 겸행론으로 낙착되고 저화행용절목(악포금단책)을 마련해 본격적인 악포금단에 돌입하게 되었다. 그러나 졸속 마련에서 빚어진 문제·미비점의 돌출로 말미암아 제3차에 이르는 개정작업을 통해 악포금단책을 보완, 강화해야만 했다. 그러나 악포금단책이 강화됨에도 불구하고 시중에서는 여전히 악포를 이용하였고 명종시기에 발생한 대흉작은 화폐제에 대한 검토를 다시금 요구하기에 이르렀다. 이 때 제기된 논의는 저·포 겸행론과 동전 유통론으로 전자의 견해가 채택되었다. 이 저·포 겸행론은 앞서의 그것과 질적으로 차이가 있는 것으로 3승포 유통을 허용하고 있었다. 이것은 악포금단책의 동요를 의미하는 것이었고 실제로도 악포금단의 强度가 떨어져 처벌 내용이 대폭 완화되고 있었다.

# 제4장 18세기 화폐유통의 一端과 조선후기 사회

## Ⅰ. 화폐 유통권의 확대

18세기는 舊來의 전통적 질서가 동요되고 새로운 움직임이 발아되던 시기였다. 특히 농업부문에서의 농업경영양식과 토지소유관계의 변화, 상업계에서의 시전상인과 사상인의 도고활동, 그리고 수공업 분야에서의 선대제 현상 등은 구질서의 해체를 주도하였고, 아울러 자생적인 근대자본주의에로의 능력을 보여 주었다.

이러한 18세기의 개별적인 현상들은 화폐라는 매체에 의해 보다 적극적인 양상을 띠었고 상호 긴밀한 유대관계를 맺어 상품유통경제의 발전을 가능케 하였다. 따라서 18세기의 화폐유통 연구는 조선 후기의 사회·경제상의 변질과 깊은 연관성이 있기 때문에 시급히 연구 진척되어야 할 문제 중의 하나였다.

그런데 금일까지의 기술된 화폐관계 논저들을 접해 보면 대체로 통사적이고 제도사적인 면이 지나치게 강조되어[1] 본 문제의 핵심에서 벗어난 감이 있다. 말하자면 화폐의 역사를 개략적으로 파악하였기 때문에 조선사회의 변질과 어떤 연관성이 있는지에 대해서는 자세히 알 수가 없

---

1) 柳子厚, 1940, 『朝鮮貨幣考』, 學藝社 ; 高承濟, 1954, 「韓國貨幣流通史序說」『서울大論文集』 1 ; 崔虎鎭, 1974, 『韓國貨幣小史』, 瑞文堂.

다. 그러나 다행스럽게도 元裕漢 교수와 宋贊植 교수의 노작에[2] 의해 다소나마 그 편린을 窺知할 수 있었다. 그렇지만 상기 업적들도 화폐유통에 관한 전적인 논구가 아니라 화폐자체의 연구로 끝났기 때문에 전자와 크게 다를 바 없었다.

그래서 본고에서는 화폐유통의 실체를 해명키 위한 전초작업으로서 화폐가 지속적으로 유통되기 시작한 18세기를 연구 대상기간으로 설정하고 이 기간에 전개된 화폐 유통권의 확대과정과 배경, 금납화의 배경과 전개과정, 그리고 화폐유통상에 나타난 전천·전귀현상을 추출, 구명해 봄으로써 18세기의 화폐유통에 관한 일단을 정리해 보기로 하겠다.

1678년(숙종 4) 화폐가 주조, 유통되기 이전에 개성과 인근지방에서는 이미 화폐를 사용하고 있었다. 본래 개성은 고려왕조의 수도로서 정치·경제·문화 등 제반 문물제도의 중심지일 뿐만 아니라 성종 때(996) 철전이 주조·행용된 이후 각종 화폐의 유통이 시도된 곳이기도 했다.

조선시대에 들어와서도 개성은 상업도시로서의 기능을 발휘하여 국내의 여타 지방보다 가장 먼저 화폐가 유통될 가능성이 많았다. 실제 개성에서는 동·전이 地銅形態로서 통화기능을 발휘하고 있었고[3] 이에 자극을 받은 많은 정책 담당자들은 개성에서부터 화폐유통을 시작하여 전국에 점차 확대시키고자 하였다.[4] 그러나 이와 같은 노력은 17세기 중엽에 이르러 중단되고 개성을 중심으로 한 인근지방에서만 화폐가 통용되었다. 그렇지만 이와 같은 사실은

> 송도의 경우에는 돈이 통용된 지 오래되어서 인근 읍에 있어서도 모두 통용되고 있으며 사람들은 편리하다 하니 어찌 송도에만 편리하고 다른 곳은

---

2) 元裕漢, 1975, 『朝鮮後期貨幣史硏究』, 韓國硏究院 ; 宋贊植, 1975, 『李朝의 貨幣』, 한국일보사.
3) 元裕漢, 1975, 앞의 책, 19~20쪽.
4) 元裕漢, 1975, 앞의 책, 19~20쪽.

불편하겠습니까? 헛된 논의에 동요되지 말고 오래 시행하면 두어 해가 지나
지 않아 전국적으로 통용될 것입니다."5)

라고 한 바처럼 1678년에 이르면 타 지역에의 유통 가능성을 제기하여
지속적인 화폐 사용만이 화폐의 전국적인 통용을 가능케 한다는 신념을
낳았고, 이것은 곧 화폐 주조로 나타나게 되었다.

그렇지만 이때에 주조된 화폐는 경중에 무난히 유통될 수는 있었지만
지방에까지 확대, 통용시킬 만큼 충분치 않았다. 그래서

> 좌참찬 吳挺緯가 아뢰기를 "錢文을 현재 유통시키고 있는데 백성들이 모두
> 즐겨 사용하고 있어 유통이 어려움을 걱정하는 일은 없을 듯합니다. 그러나 주
> 조된 것이 많지 않아 널리 유통시킬 수 없습니다. 팔도 감·병영에도 그 편의
> 여부를 물어서 주조하여 통용시킬 것을 대신들에게 물어 처리하는 것이 어떻겠
> 습니까?" 하였고, 영의정 許積이 아뢰기를 "타도의 경우는 먼저 그 편의여부를
> 물어야 할 것이나, 평안도는 통용에 가장 편리하고 全州는 인물이 번성하여 상
> 인들의 통행으로 쉬 유통될 수 있습니다." 하니, 상이 말하기를 "평안 감·병영
> 과, 전라 감·병영도 모두 주조하게 하는 것이 좋겠다." 하였다.6)

라고 하여 지방 監·兵營에게 화폐사용의 가능성을 묻고 중앙에서 주조·
통용의 결정을 내리기로 하였다. 그러나 평안도와 전주는 인물 번성과
상가 통행이 활발하다 하여 그 곳 감·병영으로 하여금 화폐를 주조토록
하였다.

한편 화폐 통용에 대한 국가의 공신력을 부여하여 이에 대한 국민의
신뢰도를 높이고 공·사간의 화폐출입을 더욱 늘리고자 3司(형조, 사헌

---

5) 『備邊司謄錄』34, 숙종 4년 1월 24일조. "松都則用錢已久 至於傍近之邑 皆得用
之 而人爲便 豈有獨便於松都 而不便於他處乎 毋動浮議 持久行之 則不出數年 庶
可通行於國中矣"

6) 『備邊司謄錄』34, 숙종 4년 6월 4일조. "左參贊吳挺緯所啓 錢文今已行之 民皆樂
用 似無難行之慮 而所鑄不多 不得廣行 八道監兵營 亦問其便否 鑄造行用之意 問
于大臣處之何如 領議政許曰 他道則先問其便否 平安道則最便於行用 全州 人物繁
盛 商賈通行 亦可易行矣 上曰 平安監兵營 皆令鑄之可也"

부, 한성부)의 贖木 외에 진휼청 還上 일부를 전납토록 하였다.[7] 이같은 금납화의 문호는 1679년(숙종 5)에 이르러서 더욱 개방되었으니

> 외방에도 유통할 만하다고 말하고 있습니다. 그러나 民役 중에서 收米는 당초에 정한대로 쌀로만 받지 동전으로 대신 받을 수 없다 하더라도 大同木綿이나 각사노비의 신공, 기병·보병의 價布는 동전으로 받아야 할 것입니다. 따라서 혹 절반을 받는다든지 혹 전액을 다 받는다든지 事目을 마련하여 올려야 할 것 같습니다."[8]

라고 한 바처럼 民役 중에서 米로 수납하는 것은 錢文代捧을 금하고 大同木과 각사의 노비신공·騎步價布에 한하여 납세액의 절반 또는 전부를 화폐로 대봉하자는 것이었다. 이때의 전납여부는 백성의 원에 따라 시행하고 화폐가 없어 전납을 못하는 자는 상경하여 구득할 수 있도록 조치하였다.[9]

한편 화폐의 유통확대를 위해 行錢差人을 각 도에 파송하였는데 이들은 買賣之際에 있어 소량의 화폐를 지불하고 많은 이익을 보고자 하는 모리배 행동을 자행했기 때문에 지방과 경중간의 화폐가치가 상이하게 나타났다. 따라서 軍匠役布·奴婢貢木을 전문으로 대납코자 하여도 지방에서의 一疋價가 京司에 세납할 1필가에 미치지 못했기 때문에 지방에서의 화폐유통은 부진함을 면치 못했다. 그렇기 때문에 양남지방에 화폐가 보급된 지 수 년이 지났지만 실제적인 매매에 화폐가 행용되지 못했던 것이다.[10]

---

7)『備邊司謄錄』34, 숙종 4년 윤 3월 24일조, "應行節目. 一. 只捧三司贖木 則公私出入之路 殊涉不廣 賑恤廳還上收捧時 以錢文依定式量宜代捧爲白齊."

8)『備邊司謄錄』35, 숙종 5년 4월 9일조. "今若通行外方 而民役中收米則依當初所定 不可許令代捧錢文 而大同木綿及各司奴婢身貢騎步價布 則當以錢文代捧 而或折半 而或盡數捧之之事 從當磨鍊以啓矣"

9)『備邊司謄錄』35, 숙종 5년 4월 9일조. "左議政權曰 今可以通行於京外 而但其中不願行者 則不必强令行之 只令願用者用之宜當 而如或有無錢 而不能行者 則許令上京貿去似好 以此爲先付諸道何如 上曰 依爲之."

그래서 국가에서는 행전차인의 폐단을 제거하고자 1683년(숙종 9)에

　　지금 마땅히 양남에 보낸 차인을 혁파하고 본도의 감사·수령으로 하여금
　전문의 유통을 전담하게 하여 돈 가치를 서울의 시세와 같게 하여 서울과 지
　방이 다르지 않게 하면 시골에 유통되고 서을 관사에 상납하는데 막히고 난
　처한 폐단이 없을 것입니다.[11]

라고 하여 양남지방에 파송된 行錢差人制를 혁파하고 본도의 감사·수령
이 행전에 관한 전적인 책임을 지도록 했으며 전가가 경시와 같도록 하
였다. 그리하여 지방 향촌까지의 화폐유통과 경사에의 세납을 원활하게
하였다.

　1686년(숙종 12)에는 평안도의 寧邊城 신축자금과 軍餉米 매입에 필
요한 재원을 마련코자 安州에서 화폐 주조를 하게 되었는데[12] 이것은
바로 화폐유통과 관련된 것이다.

　한편 강원도에서는 극심한 흉작으로 인하여

　　영동의 전세와 대동은 으레 베로 마련하는데, 혹 곡물이나 혹은 魚物을 영
　서에서 베로 바꿀 때에 쓰이는 경비가 항상 많습니다. 영서의 목화와 生麻가
　또한 흉작을 면치 못해 마련하기가 더욱 어려워 모두 돈으로 값을 정해 대신
　납부하기를 원하는데 그렇게 하면 나라에 손해됨이 없고 백성들이 입는 은혜
　는 많기 때문에 (…)[13]

---

10) 『備邊司謄錄』37, 숙종 9년 1월 15일조, "領敦寧府事 閔維重所啓 所謂差人者 皆
　是常漢车利之輩 凡於買賣之際 必欲小出錢而多得利 以此外方錢價 與京中市直
　多少懸絶如上納軍匠役布·奴婢貢木 雖欲以錢代納 以鄉村一疋價所賈之錢 不能準
　備司所納一疋之價 軍民輩以布作錢而上納者 必致狼狽而歸 故兩南行錢 已至數
　年 實無買賣行用之事."
11) 『備邊司謄錄』37, 숙종 9년 5월 15일조. "今宜革罷兩南所送差人 而令本道監司守
　令 專幹行錢 錢價高低 一如京市 俾無內外異同 則其流行鄉村及上納京司 必無窒
　碍難處之弊矣"
12) 『備邊司謄錄』37, 숙종 12년 1월 24일조.
13) 『備邊司謄錄』40, 숙종 12년 12월 15일조. "嶺東田稅 大同例爲作布 而或以穀物
　或以魚物 換得布木於嶺西之際 身費常多矣 嶺西之木花生麻 又未免不實 措備尤

라고 제안한 바와 같이 전세의 전문대납을 원하게 되었다. 즉 영동의 전세는 대동의 예와 같이 작포 혹은 곡물·어물로서 세납하는데 포목의 경우에는 영서지방에서 換得하기 때문에 그 비용이 항상 많이 든다는 것이다. 그런데다가 영서지방의 목화·생마가 부실하기 때문에 그것마저 마련하기가 더욱 난처하다는 것이다. 이리하여 전문으로 折定代納하면 국가에 손실되는 바 없고 백성에게는 은혜 끼치는 바가 클 것이라는 것이다. 바로 이와 같은 사실은 강원도 일부 지역에 화폐가 이미 유통되고 있음을 나타내 준다 하겠다.

1687년(숙종 13)에는 전국적인 목화 흉작으로 이에 대한 대책논의가 활발히 전개되었는데 이때 우의정 李端夏는

> 신의 생각으로는 금년 군민의 요역으로서 부득이 베로 받아들여야 할 것을 제외하고, 노비의 신공과 같이 베로 납부하는 모든 것을 돈으로 대신 받아들인다면, 국가에서는 심한 손해가 없이 백성들은 실제 혜택을 받을 수 있을 것입니다.[14]

라 하여 금년 군민요역 중 반드시 포로 捧納해야 되는 것은 제외하고 노비신공과 같은 제반 납포지류는 전문으로 대봉하자고 하였다. 이에 영의정 南九萬은 양남지방은 그 재황이 전실에 이르지 않았고 또 화폐가 널리 유통되지 않았으니 목화가 전실에 가까운 충청·강원·황해 삼도에 한해서 부득불 木으로 상납해야 될 布保 등은 제외하고 그 외 각종 身布만 화폐로 대봉하자고 하였다.[15] 이에 대해 병조판서 李師命은

---

難 皆願以錢文折定代納 國家似無所損 而民之蒙惠則甚"

14) 『備邊司謄錄』41, 숙종 13년 10월 16일조. "臣意則今年之軍民徭役 除不得不以布捧納者外 如奴婢身貢諸般納布之類 以錢代捧 則在國家無甚所損 而民可蒙實惠矣"

15) 『備邊司謄錄』41, 숙종 13년 10월 16일조. "兩南則木花 猶不至於全失 錢貨亦且時來流行 而公洪道以上 則木花之無實同然云 公洪·江襄·黃海三道 除砲保等不得以本木上納者外 凡于身布 皆以錢代捧似可矣."

> 비록 돈으로 대신 납부하게 하더라도 공홍도에는 돈이 미처 유행하지 못
> 하는 곳도 있으니 난처할 염려가 없지 않을 것입니다.16)

라 하여 비록 전문으로 대납코자 하여도 충청도 일부 지역에서는 화폐가
아직 유통되지 않은 곳이 있으니 획일적인 전납은 곤란하다고 하였다.
이와 같은 여러 의견의 제示와 토론이 전개된 끝에 충청·황해·강원 삼
도에 한해서 부득불 捧木해야 될 것은 제외하고 그 외의 것은 木·錢·米
중에서 자원상납토록 하였다.17)

이러한 전국적인 木凶에 대한 대책수립 통정에서 양남지방과 충청도
일부 지역에서는 화폐가 아직 유통되지 않고 있음을 알 수 있겠다. 1691
년(숙종 17) 이조참판 李玄逸의 所啓에 의하면

> 현재 영남은 상주, 예천 등지에는 이미 돈을 통용시켰고 대구도 돈을 비축
> 하였다 합니다. 조정에서 비록 돈을 옮기는 일은 없으나 한 번 돈을 유통시키
> 라는 명령이 있으면 상인들의 왕래 매매에 반드시 전폐유통의 잇점이 있으며
> (⋯)18)

라 하여 영남지방의 상주·예천 등지에서는 이미 행전되고 있는데 비하
여 대구는 貯錢을 하고 있어 행전지령이 있기만 하면 商賈가 왕래·매매
하여 반드시 화폐가 유통될 것이라는 가능성을 보여주고 있다. 그래서
적극적인 행전책으로서 대동·전세의 綿布徵捧을 전문으로 대납하면 그

---

16) 『備邊司謄錄』 41, 숙종 13년 10월 16일조. "雖使以錢代納 而公洪一道 錢文有未
及流行處 不無難處之慮矣"

17) 『備邊司謄錄』 41, 숙종 13년 10월 16일조. "南(九萬)曰 公洪道錢貨 設或有未及通
行之處 一道之內 何可區而別之乎(中略) 或本木或錢或米中 使之從自願上納 似爲
便當矣 上曰除不得不捧木者外 許其代捧事 以此所啓 分付於公洪·黃海·江襄三道
可也."

18) 『備邊司謄錄』 45, 숙종 17년 11월 14일조. "目今嶺南 尙州醴泉等地 則已行錢
而大丘亦爲貯錢云 朝家雖無移錢之事 一有行錢之令 則商賈往來買賣 必有錢貨流
通之利"

와 같은 소기의 목적을 달성할 수 있다는 의견을 아울러 제시하고 있
다.[19]

이처럼 화폐의 유통은 사람의 왕래와 물자의 소통이 원활한 곳은 국
가의 적극적인 유통장려가 없다 하더라도 활발히 진행될 수 있지만 그렇
지 못한 경우에는 강권적인 금납화를 통해서만 보다 넓은 화폐 유통권을
설정할 수 있다는 것이다.

한편 평안도는 1695년(숙종 21)에 극심한 재황으로 인해서 호조의 노
비신공을 전납토록 하였는데

> 평안도의 龍川·鐵山·宣川·郭山 등 4읍의 노비 신공을 본감영에서 돈으로
> 먼저 바친 뒤에 내년 가을에 추후로 받아 감영의 소용으로 비축해 두기로 하
> 였으나 貢木 1필의 대금을 동전 1냥 8전으로 절가한 것은 너무 과중한 것 같
> 다 하여 돈의 액수를 감소하는 일을 해사로 하여금 품의하여 처리하게 하라
> 는 명을 내리셨습니다.[20]

과 같이 용천·철산·선천·곽산 사읍의 노비신공은 지방관아에서 화폐로
선납하고 가을에 추봉하도록 하였다. 그리고 지방관아의 재정을 보충하
기 위해 양남과 관서지방의 철전을 허락하고 영동과 북관지방에는 화폐
를 지급해 주도록 했으며 호서·해서 양도는 진휼청에서 주전한 전문 1
만량을 각각 주도록 하였는데,[21] 이는 화폐 유통권의 확대와 지속적인
화폐사용에 중요한 의미를 지닌다.

---

19) 『備邊司謄錄』 45, 숙종 17년 11월 14일조. "吏曹參判 李玄逸所啓 大同, 田稅綿布
之徵捧 使之以錢代納 則庶幾蒙利矣."

20) 『備邊司謄錄』 49, 숙종 21년 12월 13일조. "平安道龍川鐵山宣川郭山四邑 奴婢身
貢 自本營以錢先納之後 明秋追捧 留備營需 而貢木一匹之代 錢文一兩八錢 以爲
大重 量減錢數事 令該司稟處事 命下矣"

21) 『備邊司謄錄』 49, 숙종 21년 11월 21일, "領議政南(九萬)所啓 湖西·海西兩道 旣
不可與兩南·關西 一體許鑄 又不得與嶺東·北關 一體及錢 則殊非朝家均惠之道
此兩道 亦自賑廳鑄錢 各給一萬兩 以爲移充民役之地 似不可已矣(中略) 上曰 依
爲之."

　1703년(숙종 29) 황해도에서는 각읍의 전세와 軍門保米를 作錢하여
칙사 향응비로 취용케 하고 후에 還償토록 하였는데22) 이는 농사 흉작
에 따라 이전곡의 징봉상납이 곤란해져서 종원전납하자는 사실과23) 같
이 황해도내의 화폐유통 없이는 전혀 거론될 수 없는 것이었다. 또한 경
상도에서는 木凶으로 인해 전세목·대동목·군병신포를 전문으로 대봉케
하였는데

　　　각 고을의 전세목과 대동목 및 군병의 신포가 매우 많습니다. 그러나 시장
　　에 포목이 아주 귀하여 납부할 수가 없으므로 (…) 혹 동으로 대신 납부케 한
　　다면 국가에서는 손해될 것이 없고 온도의 호소하는 폐단도 없앨 수 있겠습
　　니다. 통영·병영·수영 및 각 진포의 방군신포는 먼저 돈으로 대신 받을 것을
　　한편으로 분부하고 치계하는 바입니다.'라고 하였습니다. 이것은 조정에서 벌
　　써 돈으로 환산하여 대신 받을 것을 허락한 것이며 또 회계할 일도 없습니다.
　　하니, 임금이 그렇겠다 하였다.24)

라 하여 시장의 木·布가 절귀해짐에 따라 전문대납을 통해서 국가의 손
실을 막고 납세자의 호원지폐를 제거해 보자는 것이다. 그래서 우선적으
로 統·병·수영과 각진·포의 방군신포를 화폐로 수납케 하였다. 이 사실
은 황해도의 경우와 같이 도내의 화폐유통을 전제로 한 것이고 적극적인
의미에서는 화폐의 강권적인 침투를 나타내 주는 것이라 하겠다.
　한편 평안도 강계 지역은 인삼이 많이 산출되는 까닭에 매년 봄·가을

---

22)『備邊司謄錄』53, 숙종 29년 5월 21일. "右議政 申琓所啓 田稅及軍門保米作錢
　　使之取用 勑使後推移還償似宜矣 上曰 依爲之."
23)『備邊司謄錄』53, 숙종 29년 9월 3일. "行吏曹判書 李濡所啓 今年本道農事 又未
　　免凶歉 則移轉穀徵捧上納 其勢誠難 而其中山郡尤甚 海邊則稍勝云 民情或不無
　　慮其 日後之弊 欲爲作錢以納者 則從願施行 亦無不可."
24)『備邊司謄錄』53, 숙종 29년 10월 17일. "領議政 申琓所啓 各邑田稅木·大同木·
　　軍兵身布甚多 而市上木布絶貴 無以徵納(中略) 若或以錢代納則國家無所損 而可
　　除一道呼冤之弊 統·兵·水營·各鎭·浦 防軍身布 爲先以錢代捧事一邊分付而馳啓
　　云 比則朝家 業已許以折錢收捧 又無回啓之事矣 上曰 然矣."

마다 백성들로 하여금 입산채취케 하여 공부에 충당하고[25] 그리고 매
가호 당 약간의 전문을 稅로 수취했다는 기록[26]을 볼 적에 1707년(숙종
33) 경에는 서북지방 강계지역까지 이미 화폐가 유통되고 있음을 알 수
있겠다. 그리고

> 이제는 돈을 통용한 지 이미 30년이 되고 먼 지방에도 두루 통용하였는데,
> 수년 전에 돈이 흙처럼 천하였으므로 冶人이 혹 돈을 녹여 기구를 만들어서
> 오늘날처럼 귀하게 되었다 합니다.[27]

이라 한 바처럼 1716년(숙종 42)경에는 한반도 거의 전 지역이 화폐 유
통권으로 들어간 것 같다. 이와 같은 사실은

> 卽今錢貨之絶貴 亦無異於木綿之難辨 盖錢貨之造已久 窮海深峽莫不遍用
> 以此之故場市間錢貨絶稀傷農病民 莫甚於此[28]

라 하여 산간과 궁벽한 어촌까지 화폐가 유통되고 있다는 기술에서도 여
실히 나타난다. 1724년(경종 4)의 기록을 보면 서북지방의 궁황지지로부
터 동남지방의 빈해지처에 이르기까지 화폐가 모든 교역에 미치는 절대
적인 지위가 나타나 있는데[29] 이 사실은 화폐사용의 보편화를 뜻한다
하겠다.

1727년(영조 3)에 주전에 관한 논의가 활발히 전개될 적에 行司直 張

---

25) 李重煥,「八道總論」『擇里志』.
26) 『備邊司謄錄』58, 숙종 33년 3월 2일. "右議政 李頤命所啓 故每藏蔘節 稱以拾橡
   仍採人蔘 本府收 稅每戶若千錢."
27) 『肅宗實錄』60, 숙종 42년 10월 계축. "右議政 李頤命所啓 今則行錢已三十年矣
   流行遍於遠方 數年之前 錢賤如土 冶人或鎔錢成器 以致今日之貴云."
28) 『備邊司謄錄』58, 숙종 43년 9월 2일. "領議政 金(昌集)所啓."
29) 『備邊司謄錄』75, 경종 4년 1월 14일 "戶曹判書 金演所啓 我國行錢 甚來已久 當
   初則只行於京中與近道 故足以通行 今則如西北窮荒之地 東南濱海之處 貿遷交易
   莫不以錢通行 錢貨之設局鑄成 今幾五十年 八路通行."

鵬翼은

> 소신이 연전에 북도로 귀양갔을 때만 해도 전화는 다만 吉州 경내에서만
> 썼는데 2주년이 지난 뒤에 귀양이 풀리어 나올 때쯤에는 회녕 이남까지 통용
> 되고 있었습니다. 전화가 희귀하게 된 것은 대체로 당초에 쓰지 않던 곳까지
> 통용되고 있기 때문입니다.30)

라고 하여 그가 辛壬士禍(1723)의 화를 입어 북쪽지방 鍾城에 유배될 적
에는 화폐가 단지 길주부근에 까지만 통용되었는데 2년 후 풀려 나올
적에는 회령 이남까지 화폐가 북상 유통되고 있다는 사실, 그리고 1731
년(영조 7)에

> 江邊에는 평소 돈을 쓰는 일이 없어서 백성들에게 부과하는 것은 쌀과 포
> 뿐이었습니다. 근년 이래로 전화가 통행되어 이르지 않은 곳이 없는데, 변방
> 에서 돈을 쓰는 일은 마땅히 엄금해야 합니다.31)

이라 하여 변경지방에는 본래 화폐를 사용하는 일이 없고 백성들에 부과
하는 것은 단지 미·포와 같은 현물뿐인데 근래에 와서 화폐가 강변 도처
에 유통되고 있으니 이를 당연히 엄금해야 한다는 진술 내용은 화폐의
보급·유통이라는 측면에서 실시된 금납화가 그 소기의 목적을 성취했다
고 하겠다.

그러나 변경지방에서의 화폐유통은 당시 전귀현상으로 고심하는 위
정자들을 또  한번 경악케 하여 함경도의 육진과 평안도의 강변지역에
대한 行錢禁止의 명을 내리게 하였다.32) 그럼에도 불구하고 함경도의

---

30) 『備邊司謄錄』 81, 영조 3년 5월 11일조. "小臣年前北謫時 錢貨只用於吉州境矣
　　二周年後 蒙放出來時 則亦行於會寧以南 錢貨之稀貴 盖由於當初不用處 通行之
　　故也"
31) 『備邊司謄錄』 90, 영조 7년 6월 7일, "文郞廳 李宗城所啓 江邊素無用錢之事 賦
　　於民者 只是米布兩物而已 近年以來 錢貨通行 無處不到 邊地用錢 所當嚴禁"
32) 『備邊司謄錄』 90, 영조 7년 6월 7일조.

端川 이북과 평안도의 강변 각 읍에서는 화폐가 계속 유통되었다. 그래서 조정에서는 道臣으로 하여금 위법 행전의 죄가 막중함을 특별히 효유케 하고 그들이 소유하고 있는 전문을 관아에 납입하면 그 市直에 따라 곡물을 주도록 하였다.33) 이 같은 방안은 흉년에 대한 구민지책으로서 또 금행전책으로서 즉시 시행되었으며 당시의 전귀현상을 극복하는 소극적 방법이 되기도 하였다. 그러나 지방 수령들이 장인이나 무녀들의 각종 세금을 화폐로 督捧하는 위법행위를 자행함에 따라 민간의 행전 금지시도는 실효를 거둘 수 없게 되고 閭里酒幕에서는 예전처럼 화폐가 유통되게 되었다.34)

또한 백성을 위한 화폐주조가 상고를 위한 것으로 변전되어 이들의 이익추구 활동에 의한 변경지방에의 화폐유입 현상이 초래되었다.35) 그리고 세납상의 모순, 즉 북관지방의 어민들은 선염분세를 純布로 備納해야되기 때문에 그들이 채취한 魚藿을 타 지역에서 교환하지 않으면 안 되었다. 그러나 전문은 얻기 쉬워도 막상 세납해야 할 순포는 구하기 어려웠고 설령 포를 구득했다 해도 중간에서 점퇴·정채의 폐해가 있었기 때문에 어민 모두가 전문대봉을 원해야만 하는 사실이36) 발생하였다.

---

33) 『備邊司謄錄』102, 영조 13년 9월 26일. "右議政 宋寅明所啓 北關之端川以北 西路之江邊各邑 使不得行錢法禁至嚴 盖出於謀國之長慮 近來江邊 莫不行錢(中略) 今年江邊失稔 民心難食 今若令道臣 先以違法行錢罪重 當禁之意 別爲曉諭後 使之各納其所有錢 從市直受穀."

34) 『備邊司謄錄』109, 영조 17년 12월 26일조. "又所啓 此平安監司李周鎭狀啓也 以爲渭原郡守李鎭嵩 匠人巫女所納之稅 以錢督捧於九十月之內 不但民怨之載路 民間禁錢 此解弛閭里酒幕 依舊行用云."

35) 『備邊司謄錄』123, 영조 27년 8월 17일조. "今者鑄錢 實爲爲民 而今聞其無效云 此不過不及於小民 滲漏於商賈之致(中略) 況利於商賈之際 轉流於邊邑 其涉可悶."

36) 『備邊司謄錄』124, 영조 28년 9월 5일. "北關事 南泰會所啓 北關海民 屬均役廳之後 均役廳以北關之不用錢貨 缸塩盆 令以純布備納 此雖出於爲北民之意 而又爲北民難堪之弊海尺採魚藿 轉貨於德源·元山 故得錢易得布難 而且布則上納之際 不無點退鹿細 徵素情債之獘 而錢則無此獘 沿路海民皆願 以錢備納."

환언하자면 화폐유통과 밀접한 관련이 있는 전납을 채택하지 않음으로
써 해당 지역의 行錢을 막아 보자는 의도는 시대착오적인 발상이었고
그 실효성도 전혀 없었던 것이다. 비록 세납상에서는 강제적인 현물수납
이 성립되었다 하더라도 유통계에서의 화폐지위는 점차 상승되어 갔다.

화폐가 전국 도처에 확산·통용됨에 따라 모든 상거래는 화폐를 유일의
매개수단으로 삼게 되었고 백성들의 생명이라 할 수 있는 토지도 화폐에
의해 거래되게 되었다. 이같은 사실은 국립중앙도서관에서 나온『고문서해
제Ⅰ』의「土地文記」편을37) 살펴보면 더욱 확실해 진다. 본「토지문기」편
에서 화폐유통과 관련된 사실들을 추출해 도표로 작성하면 다음과 같다.

| 시기＼분류 | 총 기간 | 총 문기수 | 순전거래 문기수 | 순전거래 年當문기수 |
|---|---|---|---|---|
| 1679년(숙종 5)~1719년(숙종 45) | 41 | 201 | 179 | 5 |
| 1721년(경종 1)~1723년(경종 3) | 2 | 21 | 21 | 7 |
| 1725년(영조 1)~1775년(영조 51) | 51 | 565 | 565 | 11 |
| 1777년(정조 1)~1799년(정조 23) | 23 | 290 | 290 | 13 |

우선 위 도표에 관한 설명을 한다면 좌단에는 본 논문의 설정기간인
숙종 때부터 정조 대까지를 각 왕별로 구분했고 상단에는 총기간과 총문
기수, 순전거래문기수 그리고 순전거래의 년당 문기수를 표시했다. 불충
분한 분석이지만 위 표에서 알 수 있는 것은 1678년(숙종 4) 이후 주조·
유통되기 시작한 화폐가 경종 대부터는 모든 토지거래(비록 한정된 자료
이지만)에 있어서 이제까지의 전통적 거래수단(나무·포·말·소·正租·
쌀·은 등)을 물리치고 독점적인 지위를 확보했다는 사실, 그리고 후대로

37) 1972,「土地文記」『고문서해제』, 국립중앙도서관.

내려올수록 토지매매가 보다 빈번히 행해지고 있다는 사실이다. 이처럼 화폐는 토지매매를 포함한 모든 거래에 있어서 자연경제 하의 대표적 거래수단이었던 미·목을 대신하여 절대적인 지위를 점유하게 되었다.[38] 이와 같은 사정은

> 백성이 엽전을 사용한 지 오래되매 늘 보고 늘 써 왔기 때문에 다른 화폐는 무시하고(…) 모든 거래에 있어 엽전이 아니면 안 되게 되었다.[39]

라고 한 바와 같이 백성들은 錢文 외의 다른 화폐의 존재를 모를 정도로 만들었다.


## Ⅱ. 금납화의 배경과 전개


### 1. 금납화의 배경

　1678년(숙종 4) 전에 행해진 조치로서 전세의 절반을 대봉코자 했던 시도는 화폐가 아직 널리 유통되지 않았기 때문에 그 실현성이 희박했을 뿐만 아니라 경중서의 방납 폐단이 발생되어 도리어 민원을 유발시켰다.[40] 그래서 이와 같은 과거의 경험을 바탕으로 하여 영의정 許積은 점차적인 화폐유통을 모색하는 과정에서

> 이번에 먼저 3司의 贖錢 징수 및 推考贖木(속죄 대신 내는 무명 )을 돈으

---

38) 『備邊司謄錄』 98, 영조 11년 12월 13일조.
39) 朴趾源,「賀金右相履素書」,『燕巖集』. "民之用錢旣久 則目熟手慣 不識他幣(中略) 凡所貿遷 非錢莫可."
40) 『備邊司謄錄』 34, 숙종 4년, 1월 24일. "領議政 許積所啓 前者議行錢時 田稅一半 以錢代捧 則鄕曲之民 猝難得錢 不得不防納於京中 故致有民怨 未免中止."

로 수봉하고, 점차로 통용되게 하는 것이 어떻습니까?[41]

라고 하여 우선 삼사(형조·사헌부·한성부)에서 받아들이는 속목·추고속
목을 화폐로 수봉함으로써 점진적인 화폐유통을 꾀하자는 구체적인 제
안을 하게 되었다. 이 제안은 즉시 채택·보완되어서 형조·사헌부·한성
부 그리고 의금부의 각종 속목과 진휼청의 환상을 전문으로 수봉하도록
하였다.[42] 그러나 1678년(숙종 4)에 주조된 화폐는 주로 한양의 민간 상
거래에서만 행용되었고 또 금납화의 범위도 매우 협소하였기 때문에 영
속적인 화폐유통에 의구심이 제기되었다. 이에 따라

> 병조에서 받은 騎步兵 價布나 한성부의 公私 徵債, 각 아문에서 발매한
> 價本 및 호조의 온갖 가본은 모두 은전이나 베로 받고 동전은 유독 민간에서
> 만 행해지고 있기 때문에 민간에서는 혹 오래지 않아 폐지되지나 않을까 의
> 심하여 믿지 않는다고 합니다.[43]

라고 하여 병조·호조·한성부 등 각 아문에서 수납하는 모든 세금은 베·
동전 중에서 민원에 따라 수봉하도록 하였다. 이와 같은 종원수납의 원
칙은 1679년(숙종 5) 한양 외의 화폐유통을 논하는 자리에서 보다 다양
하게 구체적인 모습으로 나타났다.[44] 즉

> 一. 병조의 보병 등 두필을 세납하는 자는 元數 내의 반을 전문으로 비납하
> 고 忠贊(衛) 등 한필을 세납하는 자는 원에 따라 본목 혹은 전문으로 비
> 납한다.

---

41) 『備邊司謄錄』 34, 숙종 4년, 1월 24일. "今則先於三司收贖 及推考贖木 以錢捧之
　　以爲漸次通用之地"
42) 『備邊司謄錄』 34, 숙종 4년 윤 3월 24일조.
43) 『備邊司謄錄』 35, 숙종 5년 2월 20일. "左參贊 吳挺緯所啓 自今以後 兵·戶曹·漢
　　城府各衙門所收 皆以錢文捧上 而或有願納銀布者 亦爲許捧事 捧承傳施行何如
　　金錫冑曰 定價之際 必有掣肘之患 一匹之價 姑以五錢定式 代捧則民必便之矣 上
　　曰 以木以錢 從自願捧之."
44) 『備邊司謄錄』 35, 숙종 5년 4월 9일조.

一. 공조·繕工監·상의원·군기사·교서관의 唱准匠人 등과 각 아문의 제원으로 두필을 응납하는 자는 元數 중 반을 전문으로 비납한다.

一. 의정부의 서리, 이조·留曹의 서리로 두필을 세납하는 자는 모두 전문으로 비납한다.

一. 호조에 속한 寺奴婢, 종친부·의정부 등 제 上司, 각 아문에 直貢하는 노비공목으로 두필·한필반·한필을 세납하는 자는 모두 전문으로 비납한다.

一. 내수사 노비공목으로 한 필 반을 세납하는 자는 本木 혹은 錢文의 비납 여부를 內司에서 참작 稟處한다.

一. 내시·환관의 保卒로 두필을 세납하는 자, 장악원의 악공·악생 등 保는 本木 혹은 錢文으로 원에 따라 비납하되 내시부의 노비공목은 각 사의 예에 따라 시행한다.

一. 양계의 寺奴婢·內司奴婢의 貢紬布를 토산으로 비납하는 것은 거론치 않는다.

一. 각종 면포의 錢價를 만약 정식화하여 영구히 준행한다면 수시의 高下之事가 없고 혹은 窒碍·난행의 폐단이 있으니 그 해의 풍흉과 목면의 귀천을 관망하여 임시로 가감한다.

一. 미진한 조건들은 차차 마련한다.

그러나 화폐유통을 목적으로 실시한 금납화는 그 초기부터 순탄치 않았다. 다음의 인용에서와 같이

지금 전부 동전으로 대신 받으면 본조에서 경상적으로 쓰는 쌀은 繼用할 길이 없습니다. 그러니 삼남 山郡의 노비 공목은 동전으로 대신 받고 연해의 각 고을은 전과 같이 쌀로 받아 수요에 보태 쓰도록 하는 것이 어떻겠습니까?"하니, 그렇게 하라고 답하였다. 45)

라 하여 쌀의 필요성에 따라 삼남지방의 산군 노비공목을 전문으로 연해 각 읍의 노비공목은 쌀로 수납한 사실, 그리고 황해도의 奴婢貢紬를 평안도의 예처럼 계속 현물로 받아들인 내용46) 또한 확인되는데,

---

45)『備邊司謄錄』35, 숙종 5년 5월 23일. "同知事 睦來善所啓 今若盡爲代捧錢文 則本曹經用之米 將無以支繼 三南山郡奴婢貢木 則以錢代捧 沿海各邑 依前作米 以爲需用之地何如 上曰 依爲之"

46)『備邊司謄錄』35, 숙종 5년 5월 23일.

생각해 보건대 서울 都民의 고통은 근래에 와서 특히 심합니다. 봄·여름에 받아먹은 진휼청의 환상이 여러 차례에 달하였으며 지금 곧 거두어야 하나 도민의 경우는 지방의 농민과 달라 반드시 은전을 가지고 지방에서 미곡을 무역해야만 갖추어 바칠 수 있습니다. 이를 무역하여 바칠 때에 어찌 헛되이 소비하는 폐단이 없겠습니까? 신의 생각으로는 경기에 이전할 것은 마땅히 본래의 물건으로 도로 거두어야 하나 도민의 경우는 특별히 은전으로 대신 거두면 별로 공가에 손해되는 것이 없습니다.[47]

는 도민들이 진휼청 還上을 수납할 때 외방에서 미곡을 貿得·비납하는 과정에 낭비가 많이 발생하니 도민들에게는 특히 은·동전 대봉을 허락하자는 사실, 바로 이것은 1678년(숙종 4) 화폐유통을 위해 마련한 진휼청 환상의 전문대봉을 사문화시킨 것으로서 화폐유통을 목적으로 한 금납화가 당초 의도대로 진행되지 못함을 의미하겠다. 보다 효과적인 금납화는 현물수봉이 어려운 흉년을 맞으면서 성립하는데,

금년에는 목화의 부실이 전국이 마찬가지입니다. (…) 금년 군민의 요역으로서 부득이 베로 받아들여야 할 것을 제외하고, 노비의 신공과 같이 베로 납부하는 모든 것을 돈으로 대신 받아들인다면, 국가에서는 심한 손해가 없이 백성들은 실제 혜택을 받을 수 있을 것입니다.[48]

라 한 바와 같이 목화의 전국적인 흉작에 따라 군민요역 중 반드시 포납해야 할 것은 제외하고 그 외 노비신공 등 제반 納布之類를 錢文으로 대봉하여 국가에 손실되는 바 없고 백성에 실제적 혜택을 베풀자는 생각에서 흉년 때마다 거론·시행되었다. 따라서 금납화는 흉년을 당하여 현

---

47) 『備邊司謄錄』 37, 숙종 9년 8월 11일조. "第念都民之困苦 近來特甚 春夏間受食賑恤廳還上 至於累度 今當收捧 而都民異於外方農民 必以銀錢 貿得米穀於外方而後 可以備納 其貿納之際 豈無虛費之弊 臣意則畿旬移轉 則固當以本色還捧 而都民則特以銀錢代捧 別無所損於公家矣"

48) 『備邊司謄錄』 41, 숙종 13년 10월 16일. "右議政 李(端夏)所啓 今年木花之不實 八路同然(中略) 今年之軍民徭役 除不得不以布捧納者外 如奴婢身貢諸般納布之類 以錢代捧 則在國家無甚所損 而民可蒙實惠矣"

물수납의 대봉이란 형태로 그리고 국가에 손실되는 바 없다는 관점에서
소극적으로 진행되었다. 그리고 또 다른 형태로는 관아의 시급한 경비조
달을 위해 실시되었다.

> 이것은 황해감사 申鈺의 장계인데 이르기를 본도는 현재 구제를 베풀어
> 물력이 탕갈된 나머지인데 두 번의 칙사가 거듭 오게 되었으니 각 고을에서
> 는 지탱해 지낼 길이 만무하므로 일찍이 서울 관아의 미포나 은전을 요청하
> 였습니다. 이에 조정에서 획급하겠다고 하였으나 날짜가 급박하여 미처 운반
> 해다 쓰지 못하였습니다. 각 고을에는 전세와 세 군문의 保米를 돈으로 환산
> 해 받아서 京司에 상납하지 않은 수량이 있습니다. 이를 먼저 칙사 소용에 갖
> 다 쓰고 후일에 가서 주선하거나 (…) 임금이 그렇게 하라고 일렀다.[49]

라고 하여 設賑으로 인한 지방 관아의 物力 탕진으로 사신 來到에 따른
필요 경비가 부족해지자 각 읍의 토지세·삼군문 보미를 作錢 수봉하고
있다. 후술하겠지만 토지세는 국가의 惟正之供이라 하여 전납이 쉽게
허락되지 않은 부문이다.

그리고 풍흉에 관계없이 세납물의 운송 불편으로 전납하는 경우가 있는
데 황해도의 長山 이북지방과 山郡四邑 그리고 경상도의 嶺底七邑[50]이 이
에 속한다. 다음은 현물수봉에 따른 제 폐단을 막기 위해 실시되었는데 북
관지방은 본래 作布地域으로서 포를 산출하지 않은 관계로 이것을 구득하
기 위한 많은 애로와 수납상의 제 폐단이 뒤따랐기 때문에 민원에 따라
錢文備納이 행해지게 되었다.[51] 이처럼 다양한 사정에 의해 실시된 금납

---

49) 『備邊司謄錄』53, 숙종 29년 5월 21일조. "此黃海監司申鈺狀啓也 以爲本道時當
   設賑 物力蕩殘之餘 兩勑疊到 各邑萬無支過之路 故曾請京司米布銀錢矣 朝家雖
   有劃給 日勢急迫 未及運用 各邑田稅及三軍門保米作錢已捧 未上納之數 先爲取
   用於勑需 從後拮据(中略) 上曰 依爲之."
50) 『備邊司謄錄』81, 영조 3년 윤 3월 6일. "特進官 黃龜河所啓 黃海道山四郡田稅
   當初設置右水站 使之船運上納矣 遠路轉輸之際 民弊固有其極 故中間爲此變通."
   『備邊司謄錄』124, 영조 28년 12월 20일조.
51) 『備邊司謄錄』124, 영조 28년 9월 5일조. "北關海民 入屬均役廳之後 均役廳 以

화는 국가이익과 便民之政에 부합될 때 더욱 활발히 전개될 수 있었다.

## 2. 금납화의 전개

숙종 초기에 주조·유통되기 시작한 화폐는 여러 사정에 의해 실시된 금납화에 힘입어 보다 광범하고 적극적인 성격을 띠게 되었다. 금납화는 그 세납 대상에 따라 다양한 형태를 취하게 되는데 여기서는 주로 국가 주요재원이라 할 수 있는 木·布·米의 전납화 과정만을 살피기로 한다.

기술한 바처럼 숙종 초기에는 3司의 贖木·推考贖木 그리고 진휼청의 還上에 대해서 처음으로 금납화가 시행되었고 1679년(숙종 5)에는 보다 구체적인 전납대상과 방법이 거론·채택되었다. 즉 각 관아의 필요에 따라 奴婢貢木 등을 純錢 혹은 錢木參半으로 하되 민원에 따라 종원수납케 하자는 것이다. 그러나 화폐에 대한 認識 부족으로 야기된 전가의 저하와 화폐유통이 서울과 그 주변지역에만 통용되는 현상으로[52] 인해 금납화의 지방 확대는 시기상조였다.

1687년(숙종 13)에 발생한 전국 규모의 목흉현상은 목납을 곤란케 하여 木을 대신할 수 있는 세납물을 강구케 하였다. 이리하여

> "조정에서는 일체로 분부하지 않을 수 없습니다. 다만 백성들의 소원이 각자 다르니(…) 베나 돈 혹은 미곡 중에서 자원에 따라 상납하도록 하는 것이 편리할 듯합니다."하니, 임금이 이르기를 "부득이 베로 받아야 할 것을 제외하고 그 대신을 받도록 허가하는 일에 대해서는 이번에 아뢴 대로 공홍·황

---

北關之不用錢 貨缸塩盆 令以純布備納 此雖出於爲北民之意 而又爲北民難堪之弊 海尺採魚藿 轉貨於德源·元山 故得錢易得布難而且布則上納之際 不無點退麤細 徵索情債之弊 而錢則無此弊 沿路海民皆願以錢備納擁馬齊訴 若以錢收捧 則實爲 公私兩便之道矣 上曰 令均役廳 從民願收捧."

52) 『備邊司謄錄』 35, 숙종 5년 4월 9일, "行大司憲 吳挺緯所啓 錢文 朝家旣已定式 與銀同價 而市民私 自加給錢文 此無他 銀貨貴 鑄錢多 而只用於京中故也."

해·강양의 세 도에 분부하라"53)

고 한 바와 같이 필히 木으로 수봉해야 할 것은 제외하고 그 외 모든
納木之類는 木·錢·米 중에서 종원상납케 하였다. 이때에 錢文收捧은 화
폐의 유통을 전제로 한 것이었기 때문에 동 13년경에는 충청·황해·강원
도 지역에서는 화폐가 널리 유통되고 있음을 알 수 있다.

1695년(숙종 21)에는 평안도의 목흉으로 인해 그 곳 제반 신역을 折
錢 상납케 하였는데,

> 지난번 상의원에서 비국에 논보하기를 평안도의 실농이 우심하기 때문에 제
> 반 신역을 모두 본도로 하여금 돈으로 折價하여 상납하도록 하였으나 (…)54)

이러한 사실들로 확인되는 흉년의 빈번한 錢文代捧은 현물상납이 현실
적으로 어려웠을 때 이루어졌다. 그 후 1699년(숙종 25)에 이르게 되면
납포지류에 대한 錢布參半이 기호·호남·강원지방에서 행하여졌다. 이는
당시 좌의정 徐文重의 啓에서 명확히 확인할 수 있는데,

> "각 도의 군포와 身布를 처음에는 무명으로 거둘 것을 결정하였습니다. 그러
> 나 가을이 된 뒤에야 비로소 목화의 부실을 알았고, 또한 모든 도의 보고서로 인
> 해 돈과 베로써 반반씩 거둘 것을 분부하였습니다. (…) 경기·충청·전라도에는
> 벌써 반반씩 거두도록 허락하였습니다. 그렇다면 강원도의 失農도 여러 도와 다
> 름없는데 이곳에만 허락하지 않는다면 불균등한 탄식이 있을 듯합니다. 강원도에
> 도 마찬가지로 돈과 베를 반반씩 납부하라는 뜻을 분부하는 것이 어떻겠습니까?"
> 하니, 임금이 이르기를 "마찬가지로 분부하는 것이 좋겠다." 하였다.55)

---

53) 『備邊司謄錄』41, 숙종 13년 10월 16일조. "自朝家不可不一體分付 而但民之情願
　　各自不同(中略) 或本木·或錢·或米中 使之從自願上納 似爲便當矣 上曰 除不得不
　　捧木者外 許其代捧事 以此所啓 分付於公洪·黃海·江襄三道可也."
54) 『備邊司謄錄』49, 숙종 21년 11월 15일조. "頃者尙衣院 論報備局 以爲平安道 失
　　稔尤甚 故諸般身役 皆令本道折錢上納"
55) 『備邊司謄錄』50, 숙종 25년 11월 6일조. "各道軍布及身布 初以本木收捧之意定
　　奪矣 秋成後 始知木花不實 且因諸道狀聞 以錢布參半收捧之意 分付矣 (中略) 畿

라 하여 각 도의 군포·신포를 처음에는 本木으로 수봉하도록 했으나 나
중에 木花 不實이 판명되어 기호·호남·강원지방에 錢布參半을 시행토
록 했다는 사실이다. 그리고 1702(숙종 28)의 전국적인 재황으로 인해
<各道新舊還上及諸般身役收捧定式別單>을 마련하여 재해가 극심한 지
역은 전·포 중 종원상납 하게 하였다.56) 이같이 다종다양하게 행해진 錢
文代捧은 1707년(숙종 33)에 이르러 <錢木參半法>으로 確定되었으니,

> "田稅는 正供(정당한 백성의 부담이라는 뜻)입니다. 국가에서 매양 백성의
> 곤궁을 진넘하여 환상곡을 탕감한 일이 있었기 때문에 심지어 세를 감하자는
> 청이 있게까지 된 것이나 신은 그 불가함을 확신하고 있습니다. 신포에 있어
> 서는 기왕에 돈과 베를 반반씩 곁들여 받은 전례가 있으니(…)"57)

라고 한 바처럼 신포대가는 전목참반법이 시행되고 있음을 보여주고 있
다. 이러한 전목참반법은 이후 준수되어 일부 지역의 작황이 부진하다
해도 그대로 강행된 것 같다.58) 이같이 잘 이행된 배경에는

> "木花는 흉년이 들었다고 하니 서울의 수용이 또한 염려되지 않을 수 없
> 습니다. 그러므로 삼남에서 錢과 목면을 참반으로 상납하는 것으로 분부해야
> 하겠습니다. 만약 純錢으로 바치게 되면, 서울 貢物人이 원망을 호소하는 폐
> 단이 없을 수 없습니다. 순전의 一件에 대하여 마땅히 허락하지 않아야 될 듯
> 합니다. 該廳에서 推移할 형세가 있더라도 이와 같이 곡식이 천한 때, 쌀로
> 거두어 받음이 편당할 듯합니다. 요즘 국가에 쌓아 둔 것을 베풀지 않으면,

---

湖·湖南 旣許參半收捧 則江原失稔 無異諸道 而獨爲不許 似有不均之歎 江原道亦
　爲一體 以錢布參半捧納之意 分付何如 上曰 一體分付可也"
56) 『備邊司謄錄』 52, 숙종 28년 9월 29일조.
57) 『備邊司謄錄』 58, 숙종 33년 10월 12일, "戶曹判書 尹世紀所啓. 田稅則惟正之供
　國家每軫念民困 惟還穀蕩減之事 故至有減稅之請 臣則決知其不可矣 至於身布
　旣有錢木參半之規"
58) 『備邊司謄錄』 58, 숙종 33년 11월 15일, "領議政 崔(錫鼎)所啓 海西一道 慘被災
　荒 山邑尤甚 野邑爲次 諸般身布 併許作錢爲請 而旣於諸道 許令錢木參半 則決不
　可獨許於海西."

변통하기 어려움이 있습니다. 또한 조정의 명령을 자주 변경할 수 없으므로 목면과 전을 참반으로 하는 令을 다시 거듭 밝혀 분부해야 하겠습니다." (…) 임금이 이르기를 "作米 一件은 사세로 보아 편리하고 좋지만, 또한 편리하기 어려운 단서가 있다. 전과 목면을 참반으로 하는 일은 전년 겨울 정탈에 따라 신칙하여 분부함이 좋겠다." 하였다.[59]

라고 하여 경중 수용의 필요와 공인들을 보호하기 위해서 그리고 국가 명령의 수시 변개를 피하기 위한 노력이 개재되어 있었던 것이다. 그러나 이와 같이 엄격히 시행하고자 했던 전목참반법도 1717년(숙종 43)에 이르러서는

종전에 釐正廳의 절목에는 돈과 베를 참반한다고 분명하게 규정되어 있었습니다. 그러나 그 뒤에 돈이 귀하면 순전히 베로만 받고 베가 귀하면 순전히 돈으로만 받아 당초의 규정을 끝내 굳게 지키지 못하였는데 (…)[60]

이라 한 것처럼 전귀현상에 따른 순목수봉과 목귀현상에 따른 순전수봉이 행해지게 됨에 따라 제대로 지켜지지 못했다. 더욱이 전귀·목귀 현상이 동시에 발생한 1720년(숙종 46)에는 전세를 제외한 대동·신역대가를 錢·布 중 종원상납케 함으로써 전목참반법은 形骸化되고 말았다.[61] 이같은 현상은 화폐의 공급·유통량의 부족으로 야기된 전귀현상이 계속되는 한 어쩔 수 없는 상황이기도 하였다.

그러나 전·포 중 종원상납도 1727년(영조 3)에 이르면 순목만으로 수봉

---

59) 『備邊司謄錄』 59, 숙종 34년 1월 19일, "領議政 崔(錫鼎)所啓. 木花雖曰失稔 而 京中需用 亦不可不慮 故三南則以錢木參半上納事 分付矣 若以純錢捧納 則京中 貢物人 不無呼冤之弊 純錢一款 似不當許之 (中略) 且朝家命令 不可數數變改 木 錢參半之令 更爲申明分付矣 (中略) 上曰 作米一款 事勢便好 而亦有難處之端 錢 木參半事 依前多定奪 申飭分付可也"

60) 『備邊司謄錄』 70, 숙종 43년 9월 2일, "行禮曹判書 閔鎭厚所啓. 曾前釐正廳節目 以錢布參半 嚴明定式矣 其後錢貴則捧純木 木貴則捧純錢 終不能膠守初法"

61) 『備邊司謄錄』 73, 숙종 46년 4월 2일, "今聞外方 以木錢俱貴之故 不能依定式措 備 田稅外大同及身役錢布中 從其所願 卽捧上納之意 卽爲分付于諸道及各衙門 何如 答曰 依."

케 했는데 이는 후술하는 바처럼 전귀현상을 극복하려는 의도와 화폐에 대
한 부정적 입장에서 비롯된 것이다. 이러한 현물 수납은 1729년(영조 5)에
재차 강조됨으로써[62] 일부 지역에서는 심각한 상황에 놓이게 되었다. 즉

> "또 지방 산골 마을의 목화가 생산되지 않는 곳은 목화가 錢에 비해 도리어
> 비쌉니다. 그러므로 수령은 백성들의 실정에 따라 보고하여 전으로 상납하기를
> 청합니다. (…) 앞으로 전과 목을 반반씩으로 하거나, 혹은 순전으로 혹은 순목
> 으로 하여 모두 민원에 따라 받아서 상납한다는 뜻을 다시 분부함이 어떻겠습
> 니까?"하니, 임금이 이르기를 "민원에 따라서 받아 상납함이 좋다."하였다.[63]

라고 한 바와 같이 외방 협읍과 목화를 생산하지 않는 지역에서는 목화
가가 올라 순목상납이 전납보다 더 큰 부담을 강요하였다. 그래서 이러
한 세납상의 모순을 타개하고자 전목참반·순전·전목 중 민원에 따라 종
원상납케 하였다.
  그런데 便民之政의 의도에서 실시한 종원상납은

> 외방 각 고을에서는 백성들의 원에 따르라는 명을 빙자하여 일찍이 純錢
> 이나 혹은 무명과 돈으로 절반씩 받은 고을도 모두 순목으로 바치고 돈으로
> 바친 자는 전혀 없습니다. (…) 듣건대 외읍의 戶首와 監色 무리들이 민간에
> 서는 돈으로 받아 무명으로 바꾸어 바치는 자가 흔히 있다 합니다. 목화가 생
> 산되지 않는 고을에서는 지나치게 두꺼운 돈을 받아서 가장 나쁜 무명으로
> 바치는 자 역시 많으니, (…)[64]

---

62) 『備邊司謄錄』86, 영조 5년 10월 24일, "上曰 當此米賤錢貴之時 身布大同不可以
   錢收捧 依所達專以米布收捧事 分付各道 道臣處可也."
63) 『備邊司謄錄』88, 영조 6년 9월 2일, "兵曹判書 金在魯所啓. 且外方峽邑 不産木
   花處 木花比錢 反爲翔貴 故守令或有從民情論報 請以錢上納者 (中略) 今後則或
   錢木參半 或純錢或純木 一從民願 收捧上納之意 更爲分付何如 上曰 從民願收捧
   上納可也"
64) 『備邊司謄錄』90, 영조 7년 1월 16일, "宣惠廳啓言. 外方各邑 憑藉從民願之令 曾
   於純錢或木·錢參半之邑 皆以純木上納 納錢者比無 (中略) 似聞外邑戶首·監色輩
   以錢收捧於民間 而換木上納者絶比有之 木花不産之邑則收其過厚之錢 而貿納最
   劣之木者亦多"

라고 한 바처럼 지방 관리 등의 부정이 개재될 소지를 만들었다. 즉 외방 각 읍에서는 從願上納을 빙자하여 순전, 혹은 목·전 삼반이 가능한 지역인데도 불구하고 모두 순목으로 상납함으로써 전문대봉이 전혀 없는 기현상을 초래케 하였다. 이러한 현상은 외방의 戶首·監色輩들이 백성에게는 전문으로 수봉하고 상납 시에는 품질이 저급한 나무로 상납함으로써 중간에서 모리를 추구하려는 행위에서 제기된 것이었다.

이러한 행위의 발생은 극심한 전귀현상에서 야기된 것이었기 때문에 화폐의 공급·유통량부족현상을 해소만 한다면 그와 같은 부등가의 利를 취하는 모리행위는 점차 사라질 수 있었다. 그래서 화폐 공급·유통량의 부족현상을 타개하기 위한 방법으로 누차 거론되어 왔던 전문주조를 1731년(영조 7)에 단행하게 되었다.

이와 같이 하여 극심한 전귀현상이 다소 해갈됨에 따라 영·호남의 木凶에 따른 納布之類의 상납이 곤란해질 때 병조의 騎保布, 금·어영의 保布, 각 아문의 身貢布를 민원에 따라 전문대봉으로 하도록 하고 砲保布·大同木의 목전삼목은 1728년(영조 4)의 예를 따르도록 하였다.[65]

그러나 화폐 공급·유통량의 부족현상이 다시 대두됨에 따라 이와 같은 錢文代捧은 난관에 봉착하였다. 즉 1734년(영조 10)의 전귀현상이 전국적으로 확대됨에 이르러 대동목과 각종 군포는 순목상납으로 변개되었고, 그 승수와 척수는 구제에 따르도록 하였다.[66] 이처럼 便民之政에 근거한 순목상납은 都民들이 원성을 초래하였고, 외방민에게도 불편을 가져다주었다.[67]

---

65) 『備邊司謄錄』 91, 영조 8년 9월 30일조. "本道綿田 皆爲赤地 各樣上納木 無路備納 兵曹騎步布·禁御保布·各衙門身貢布 並請依前例從民願 以錢代捧 砲保布·大同木 木半參半者 亦依戊申例 代捧事爲請矣 此事旣許於嶺南 則湖南亦不可異同 一體許施何如 上曰 依爲之"

66) 『備邊司謄錄』 96, 영조 10년 8월 23일, "大司諫 金始烱所啓 大同木及各樣軍布初 以三十五尺定式 而今則各衙門皆以準四十尺者擇捧 有違於詳定本意 今雖以純布許捧 升數尺數一依舊制 申明知委."

67) 『備邊司謄錄』 98, 영조 11년 12월 13일, "知中樞府使 申思喆啓言. 當初木變通 其

　이러한 폐단의 발생은 앞에서도 지적한 바처럼 화폐가치의 급등에 따른 지방 관리의 모리행위에서 비롯된 것이었다. 이때에 상납되는 품질이 열악한 麤木은 공인 수중으로 들어감으로 인해 이들은 자연 失利하게 되고 국가에 대한 원망을 하지 않을 수가 없었던 것이다. 그래서 1735년(영조 11)에는 대동·전세목은 전목참반으로 상납토록 하고 외방에서 중간에 모리행위를 저지른 자는 食臟之律로서 금고종신에 처하도록 하였다.[68]

　그리고 木産邑에서는 그 소원에 따라 나무로 상납하고 軍布身布는 종원상납케 하였다. 그런데 이러한 조치가 제대로 시행되기도 전에 각지에서는 목산·민원이라고 하여 그 請報하는 바가 심히 분분하였다.[69] 그리하여 좌의정 金在魯는 木의 귀·천에 관계없이 전목참반법을 지속적으로 시행하는 것이 합당하다고 주장하게 되었고,[70] 이 제안은 즉시 채택되었다.

　그러나 화폐가 전국을 그 유통권으로 삼고 모든 거래에서의 절대적 지위를 확보하게 됨에 따라 세납상에서의 화폐지위는 점차 배타적인 힘을 발휘하였다. 이러한 화폐지위의 상승은 전문사용의 일상화와 세납상의 제 폐단을 극복할 수 있는 유일한 것이기에 더욱 당연시 되었는지도 모른다. 金在魯가 군포와 목화에 대한 상납의 啓에서와 같이[71] 군포는 반드시 순목으로 상납토록 하였으나 목화의 흉작에 따라 純錢代捧으로

---

　　意盖出於便民 而到今都民之呼冤如此 外方之民 亦皆以爲不便 則便民之策 反歸
　　於胎害也"
68)『備邊司謄錄』98, 영조 11년 12월 13일, "此時此弊不弛 而將何爲之 大同·田稅
　　依前使之錢木參半上納 外方之中間幻弄者 繩之以食臟之律 禁錮終身 木産邑 隨
　　所願以木上納 軍布身布 則一從民願爲之事"
69)『備邊司謄錄』99. 영조 12년 12월 24일, "(左議政) 金曰 今春各邑 稱以木産 或民
　　願 其所請報 極爲紛紛 惠廳實爲難處."
70)『備邊司謄錄』99, 영조 12년 12월 24일. "臣意則毋論不貴木賤 參半之政 最是均
　　平之道 一例使之參半似宜矣 (中略) 上曰 依爲之."
71)『備邊司謄錄』107, 영조 16년 10월 17일, 領議政 金在魯所啓. "軍布之必令以純
　　木上納者 出於軫念貧民之意 而今年木花全失如此 純錢代捧 無損於軍門 有益於
　　疲氓 依狀聞許施何如 上曰 軍門之純錢代捧 別無所損矣 依爲之"

바뀌게 되었고, 이 같은 조치는 군문에 손실되는 바 없고, 백성에 이로울 것이라는 견해에 바탕을 둔 것이다. 이와 같은 사례는 이후에도 종종 시행되었고 무방한 것으로 받아들여졌다.[72]

이처럼 화폐의 보편화에 따른 전문대납의 빈번한 시행은 1750년(영조 26)의 균역법 시행을 가능케 하였다. 1752년(영조 28)의 기록에 의하면 선세·염분세를 純布로 상납해야 되는 북관지방에서 현물상납 시 발생하는 諸 폐단에서 벗어나고자 純錢備納을 청하고 이를 허락하는 문구가 보이는데,[73] 이는 전술한 바처럼 錢文 收捧이 국가에 손실되는 바 없다는 사실, 즉 화폐 사용의 일상화에 따른 화폐 지위의 상승에 기반하는 것이라 하겠다. 그래서 균역법 시행에 따른 結米 수세에 있어서 전문상납은 편하나 米納은 불편하다는 諸道 백성들의 의견에 따라 전납을 이제까지 준행해 왔는데도 경외에 아무런 폐단이 없었다는 내용과[74] 綿農의 흉작으로 인해 현물상납이 지극히 어렵게 되자 전문으로 시가의 배납을 원하게 되었다는 사실이[75] 나타날 수가 있었다. 이와 같은 순전수봉 추세는 정조 대에 이르러 경상도 상주지역의 砲保·樂工保·禁御保·工曹保의 순전 折定을[76] 낳게 하였다.

이와 같은 신역대가의 금납화 경향은 대동목·포의 경우에서도 유사하게 진행되었다.

---

72) 『備邊司謄錄』 109, 영조 17년 10월 25일, "領議政 金所啓 軍布之以錢代捧者 當此木貴之時 不可禁遏."
73) 『備邊司謄錄』 124, 영조 28년 9월 5일조.
74) 『正祖丙午所懷謄錄』 서울大學校 古典叢書, "均役廳堂上徐有隣·趙時俊以爲 均役之初剙出結米 每結收米二斗 定爲令式 而諸道民情便於錢 而不便於米 故結米寢而不行 每結以錢徵捧 至今遵行 京外無弊."
75) 『備邊司謄錄』 131, 영조 32년 10월 15일, "漢城判尹 閔百祥所啓 湖南之民 本不以綿農爲業 而換用嶺南木花矣 當此綿農荐歉之時 貧殘納布之類 尺布旣難自辦 則皆願以代錢倍數 備納 民情誠爲矜惻."
76) 『備邊司謄錄』 176, 정조 14년 2월 17일, "司啓曰 則見慶尙道尙州居民金石宗等上言 則以爲本邑有砲保·樂工保·禁御保·工曹保 五名色之役 (中略) 俱以純錢折定矣."

대동미·전세·무명의 징수를 돈으로 대신 바치게 하면 거의 이익을 볼 것
입니다.77)

는 기사와 같이 숙종 초기에는 화폐 유통을 보다 활성화하기 위해 대동·
전세의 면포 징세부문을 錢文으로 收捧하자는 의견이 나오곤 하였다.
그리하여 간간히 作錢하는 사례도78) 발생하였다. 그러나 신역부문에서
비록 전목참반이 행해지고 있다 해도 대동목은 그렇지 못했었는데

"이것은 충청감사 許墀의 장계입니다. 본도의 민력으로는 돈과 베를 반반
씩 곁들여서 내기가 어렵다 하고 또 대동목도 돈으로 내게 해달라고 청하였
습니다. 그러나 兩南에는 허가하지 않았는데 호서에만 허가하기는 사세에 어
려운 바가 있으니 다른 도의 예대로 돈과 베로 반반씩 곁들여서 내게 하고
대동목을 작전하는 일은 해청으로 하여금 품처하게 하여야 하겠습니다. 移轉
穀을 本所에 수납하는 일에 있어서는 비록 해청의 관문에 의해서 분부한 바
가 있기는 하였으나(중략) 임금이 이르기를 "아울러 그대로 하는 것이 좋겠
다." 하였다.79)

는 사실은 충청도에서는 木凶에 따른 신역대가의 전목참반이 어렵다는
것과 대동목의 작전을 요청해 왔을 때, 중앙에서는 타도의 경우와 같이
신역대가는 전목참반으로 상납토록 하고 대동목의 錢文收捧은 관계관청
에 품처토록 하였다. 이와 같은 대동목의 금납화부진현상은 목면의 흉작
에 따른 순목비납이 여의치 못했을 때, 그리고 화폐가 상거래에서 차지
하는 비중이 커져갈 때 비로소 타개될 수 있었다.

---

77) 『備邊司謄錄』45, 숙종 17년 11월 14일조. "大同·田稅綿布之徵捧 使之以錢代納
則庶幾蒙利矣"

78) 『備邊司謄錄』57, 숙종 32년 10월 12일, "行戶曹判書 趙泰采所啓 嶺南·湖西兩道
監司 以山郡大同·田稅作木邑 許令作錢事(中略) 而故相臣閔爲戶曹判書時 以爲大
同 或有間間作錢之事."

79) 『備邊司謄錄』58, 숙종 33년 11월 15일조. "此則忠淸監司許墀狀啓也 本道民力
難於錢木參半 且以大同木作錢爲請 而旣不許兩南 則獨許於湖西 勢有所難 依他
道例 錢木參半上納 而大同木作錢事 令該廳 稟處(中略) 上曰 並依此爲之 可也."

화폐가 한반도 거의 전 지역에서 유통될 무렵인 1719년(숙종 45)에 공인에 지급할 목면의 결핍현상과 木凶에 따른 현물상납이 곤란해지자

> "각종 신역을 모두 돈과 베로 반반씩 바치게 하였으나 금년은 목화가 아주 귀하니 대동세에 있어서는 베는 3분의 1, 돈은 3분의 2를 거둬들이는 것이 민간에서 편리하다면 그대로 하는 것이 마땅할 듯합니다." 하니, 그렇게 하라고 슈하였다."80)

라 하여 대동목에 한하여 포로 1/3, 전문으로 2/3를 수봉토록 하였다. 그러나 이러한 조치도 목귀·전귀현상이 나타난 다음 해에 전·포 중 종원 상납으로 변개되었다.81)

이처럼 세납상에 있어서 상당한 변화를 초래케 한 전귀현상은 그 영향력이 국가·국민경제에 큰 비중을 점유함에 따라 이 현상의 극복을 위한 수많은 논란이 제기되었다. 이 때 영조는

> 외방에서 받아들이는 것은 순목으로 바치게 하고 공물의 지출은 전화로 내주어 이렇게 1, 2년을 시행한 뒤에는 저절로 무명은 귀해지고 전화는 천해질 것이다. 공납을 순목으로 내는 것은 별다른 일이 아니고 전화를 없애는 것은 외방의 폐단을 없애는 것이다. 지금 삼남에서 올라오고 있는 대동도 作錢 (전화로 바꾸는 것)하지 못하게 하는 것이 좋겠다.82)

라고 하여 외방에서의 수납은 순목으로, 공가지불은 전문으로 하여 1~2년간 시행하면 목귀전천현상이 나타날 것이라는 전망이었다. 계속해서 그는 국가에서 순목수봉하는 것은 특별조처가 아니며, 도리어 전귀현상

---

80) 『備邊司謄錄』 72, 숙종 45년 12월 22일조, "各樣身役 皆令錢布參半 而今年木花極貴 大同則布則三分之一 錢則三分之二 收捧民間 果便則依此爲之似宜矣 令曰依爲之"

81) 『備邊司謄錄』 73, 숙종 46년 4월 2일조.

82) 『備邊司謄錄』 81, 영조 3년 5월 11일조, "方外所納 則以純木輸納 貢物應下 則以錢用之 如此一二年後 自可木貴錢賤矣 公納純木 非別件事也 除錢亦是除方外之弊也 卽今三南大同上來者 勿令作錢可也"

과 그에 따른 외방에서의 제반 폐해를 제거할 수 있다는 것이다. 이리하여 그는 삼남지방에서의 대동목은 作錢收捧치 못하도록 하였다.

그러나 이러한 의도도 제대로 시행될 순 없었다. 즉 목화를 산출하지 못하는 외방 峽邑에서는 세납을 위한 木을 마련하려면 많은 폐단이 뒤따랐기 때문에 다른 방도를 강구치 않으면 안되었다. 그래서 전목참반·순전·순목 중에서 민원에 따라 상납케[83] 하였다. 그렇지만 전귀현상을 틈탄 지방 관리의 모리행위, 환언하자면 전가의 급등으로 야기된 등가비율의 혼란을 틈타 중간 차액을 노리는 작폐가 발생되어 외방의 세납이 순목으로만 상납되는 기이한 현상이 빚어졌다. 이래서

> 무명이 귀한 해인가, 돈이 귀한 해인가를 논하지 말고 무명과 돈을 반반씩 바치는 법을 더는 흔들어 고치지 말고, 그 받아들인 것을 헤아려 섞어서 지불하면 京廳의 용도가 거의 탕갈되는 근심을 면할 수가 있게 되고, 각사의 공인들 역시 보존하여 지탱하는 방도가 있을 것입니다. (…) 금년의 대동 收租는 전례에 따라 무명과 돈을 반반씩 받아서 올려 보내라는 뜻을 삼남 감사에게 분부하는 것이 어떻겠습니까?"하니, 윤허한다고 답하였다.[84]

고 하여 목귀·전귀에 구애없이 전목참반법을 지속적으로 준행하고 수봉한 것을 적절히 交下하면 京廳 용도의 부족현상이 해갈되고 각사 공인도 支保之道를 누릴 수 있다는 논리로 대동수조를 예전과 같이 전목참반으로 하도록 하였다.

이와 같은 전목참반법은 이후 수시 변개되기도 했지만 대체적으로 잘 지켜졌다. 더욱이 1736년(영조 12)에 이르면 관동·삼남 山郡地域의 작목 수봉이 전목참반으로 정식화 되었다.[85] 그러나 대동목의 전목참반법은 신

---

83) 『備邊司謄錄』 88, 영조 6년 9월 2일, "今後 則或錢木參半或純錢或純木 一從民願 收捧上納之意 更爲分付何如 上曰 從民願收捧上納可也."

84) 『備邊司謄錄』 90, 영조 7년 1월 16일조. "勿論木貴錢貴之年 木錢參半之法 更勿 撓改 以其所捧量宜交下 則京廳用度 庶可免渴乏之患 各司貢人亦可有支保之道 (中略) 今年大同收租 依前例 木錢參半上送之意 三南監司處 分付何如 答允"

역대가의 금납화 과정에서 살핀 바와 같이 점차 순전대봉의 성향을 띠게
되었다. 즉 1755년(영조 31)에 충청지방의 목화 흉작으로 인해 대동목을
상납할 방도가 없게 된 각 고을에서는 전문대봉을 청하게 되었다. 이때에
대동목의 參半事目이 심히 엄격하다 해도 窮民을 구휼하는 의도에서 또
순전대봉의 전례도 있다고 하여 純錢 來納의 청은 곧 허락되었다.[86]

이와 같이 현물상납이 어려울 때마다 매번 전문대봉이 거론되었고 곧
시행되었다.[87] 반면 대동포는 대동목처럼 금납화가 활발치 못했다. 영남
지방의 거창·안의·함양·산청·삼가·합천 그리고 호남지방의 진안·장수·
무주·용담 등 10읍은 麻布 소산지로서 현종 때 개정된 대동법에 따라
모두 순포로 상납하고 전포참반은 없었다.[88]

그러다가 1751년(영조 27)에 이르러 이들 지역에 대한 전포참반
법을 시행하게 되는데, 순포수납이 국가에 손실을 끼치는 범위가 크다는
이유에서였다.[89] 그 후 1792년(정조 16)에 이르면 양남지역의 순포상납
을 전문상납으로 정식화하였다.[90]

이제까지는 국가 필요에 의해 금납화 추세가 가장 활발히 전개되었던

---

85) 『萬機要覽』「財用篇」3, "大同作貢 作木布錢條 關東·三南山郡 作木布 木則錢木
參半(一疋代錢二兩 布同. 英宗丙辰 因禮曹判書 趙顯命所奏 無論貴賤 錢木參半)."

86) 『備邊司謄錄』128, 영조 31년 5월 2일조, "湖西昨年木花段告歉 作木邑大同民間
形勢 實無以木辦納之路 各邑以純錢來納之意. 報請本廳重臣所奏 乃是有司之臣執
法之言也 其言固是矣 而大同雖重 窮民亦不可不恤在前如此之時 多有純錢代捧之
例矣(中略) 何可不許乎(中略) 令曰 依爲之."

87) 『備邊司謄錄』132, 영조 33년 5월 1일조.

88) 禹禎圭,「嶺湖南布産邑 大同弘舊之議」『經濟野言』. "嶺南之居昌·安義·咸陽·山
淸·三嘉·陜川湖南之鎭安·長水·茂朱·龍潭等十邑 處於峽中 麻布所産也 昔在顯廟
大同變通之初 此十邑大同 則皆以純布上納 而未或有以錢參半矣"

89) 禹禎圭,「嶺湖南布産邑 大同弘舊之議」『經濟野言』."向於先大王朝辛未 廟堂之
臣謂以麻布一匹直不滿二兩錢 則十邑捧以純布 朝家之所失不少云 乃以錢布參
半 始爲定制 至今遵行"

90) 『萬機要覽』「財用篇」3, "大同作貢 作木布錢條 布則 關東純布 兩南代錢(正宗壬
子 因道啓布代純錢 定式)."

신역대가의 木·布 부문, 대동목·포 부문을 살펴보았다. 그런데 기술한 바처럼 금납화 과정에서 다양한 형태가 등장되고 그것은 서로 수시 변개 되는데 이러한 현상의 발생은 현물(木·布)과 화폐 간의 등가비율이 혼란 해짐에 따라 제기되는 필연적 현상이라 하겠다. 즉 화폐가 그 영역을 서 서히 넓혀 일반 거래에서의 독보적 지위를 형성하고 세납상에서의 화폐 대봉이 가능해짐에 따라 이제까지 독점적 지위를 구가했던 현물은 그 자 신이 내포한 여러 모순으로 인해 그 지위가 불투명하게 되었다. 그러나 계속적인 화폐 주조로 야기된 전가의 불안정과 자연력에 의한 현물 생산 의 불확실은 화폐와 현물의 등가비율을 교란시키고 이어 세납상의 혼란 을 유발시켰다. 그러므로 수납상의 수시 변개는 물가와 전가의 불안정을 의미하는 것이고 나아가서는 물납과 전납이 미분화된 상태에서 나타나 는 자연발생적 현상이라 하겠다.

다음에는 세납미의 금납화 과정을 살펴보기로 하겠다. 세미에는 여러 종류가 있으나 그 중 대종을 이루는 것은 전세미와 대동미라 하겠다. 전 세미와 대동미는 숙종 전에 이미 화폐유통의 보급을 위해 거론되었고, 또 실시되기도 했지만[91] 화폐 求得의 곤란과 방납 폐단의 발생으로 도 리어 민원을 초래하였다.[92] 그래서 숙종 초기에는 화폐유통을 위한 금 납화의 점진적 전개를 위해 贖木과 제반 納木之類에 한해서만 전문대봉 을 시도하게 되었고, 收米之類에 대해서는

> 외방에도 유통할 만하다고 말하고 있습니다. 그러나 민역 중에서 收米는 당초에 정한대로 쌀로만 받지 동전으로 대신 받을 수 없다 하더라도[93]

라고 하여 전납을 금하였다. 이와 같은 조치의 배경에는 당시의 국민경

---

91) 宋贊植, 1975, 『李朝의 貨幣』.
92) 『備邊司謄錄』 34, 숙종 4년 1월 24일조.
93) 『備邊司謄錄』 35, 숙종 5년 4월 9일조. "今若通行外方 而民役中收米則依當初所 定 不可許令代捧錢文"

제가 자급자족 단계에서 상품유통경제 단계에로 진입되지 못함을 의미하는 것이고, 그와 같은 경제질서 하에서의 국가재정은 그 존립의 필요성으로 인해 전통적으로 주요한 미류의 세입을 전납으로 전환시킬 수는 없었던 것이다. 이는

> (田稅)는 正供이어서 변통하기가 어렵고, 대동 역시 해청에서 막아 허락하지 않았습니다.[94]

라고 한 바와 같이 전세는 유정지공으로서 전문대봉으로 변통하기가 힘들고 대동미 역시 該廳에서 방색·불허한다는 내용에서 잘 나타난다. 이러한 국가의 기본 입장은 그 후에도 계속 천명되었고 고수되었다. 다만 흉년을 당하여 수미수봉이 지극히 어려울 때[95] 그리고 칙사를 향응하기 위한 긴급 소요경비가 필요할 때에는[96] 간혹 전문대봉이 행해졌고, 세미의 운수가 대단히 불편한 해서 산군지역에는 일찍부터 금납화가 진행되었다. 즉 新溪·谷山·瑞興·遂安의 쌀·田米·太와 鳳山의 太는 1713년(숙종 39)에 작전 수봉토록 정식화하였다.[97]

그런데 1677년(숙종 23) 이후 화폐 주조의 중단과 유통권의 확대에 따른 전귀현상이 제기되고 심화되어 가면서부터는 당시까지 현물 수봉이 고수되어 왔던 전세가 수취상의 변화를 일으켰다. 즉,

> 국가의 貢賦 중에 전세가 더욱 중요합니다. 그전에는 구호자료 때문이거나 혹은 軍需 때문에 대동미는 간혹 적당하게 바꾸었으나 전세는 바꾼 일이 없었습니다. 근래는 사체가 점점 어그러져 전세에 대해서도 외방에서는 돈으로 만들어 구호에 보충하자는 요청이 있기도 하며, 혹은 군문에서 바꾸어다

---

94) 『備邊司謄錄』 37, 숙종 12년 12월 15일조. "田稅則以惟正之供 難於變通 大同亦
   自該廳 防塞不許矣"
95) 『備邊司謄錄』 53, 숙종 29년 12월 5일조.
96) 『備邊司謄錄』 53, 숙종 29년 5월 21일조.
97) 『萬機要覽』 「財用篇」 2, 山郡田稅作木布錢條.

쓰는 일이 있어 그 동안의 폐단을 이루 말할 수가 없습니다.98)

고 한 것처럼 대동미 경우에서는 賑資·군수의 명목으로 간혹 전환지사
가 있었으나 전세에서는 그런 일이 없었다는 것이다. 그런데 근래에 와
서는 補賑이란 이름으로 전세의 전문 수봉을 청하고, 군문에서는 전문으
로 상환하여 수용하는 일까지 발생하게 되어 많은 폐단이 야기되었다는
것이다. 이와 같은 사실은 화폐가 전국에 널리 보급되고 모든 거래에서
의 그 비중이 커짐에 따라 제기된 필연적 현상이라 할 수 있겠다. 그래
서 영조는 전귀현상에서 비롯된 제 폐단을 제거하고 나아가서는 세납상
에서의 화폐 존재를 불식코자 호조가 매년 작전 취용하는 평안도 전세까
지 전환지사가 없도록 하였다.99)

그러나 흉년과 운수상의 불편으로 야기된 현물 상납의 어려움은 영조로
서도 어쩔 도리가 없었다. 그래서 1753년(영조 29)에는 황해도 長山이북
지역에 대한 전세의 作田을 정식화하고100) 1755년(영조 31)에는 영남의 5
읍에 대해 作錢을 수락케 하였다.101) 이와 같은 경향은 정조시에도 계속되
어 海西의 長山 이남지역에 대한 대동미 作錢 수봉이 시행되었으며102)
1792년(정조 16)에는 관동의 영서 5읍에 대한 전세·대동미의 作錢 대납
이,103) 그리고 1796년(정조 20)에는 개성 주변 3읍이 別作錢되었다.104)

---

98) 『備邊司謄錄』72, 숙종 45년 11월 29일조. "國家貢賦之中田稅尤重 曾前或因賑資
　　或因軍需 大同則時或推移相換 而田稅則曾無轉換之事矣 近來事體漸垂 至於田稅
　　或自外方有作錢補賑之請 或自軍門有相換需用之事 其間弊端有不可盡達"
99) 『備邊司謄錄』81, 영조 3년 10월 8일조.
100) 『備邊司謄錄』125, 영조 29년 1월 10일조, "當初折價則米一石 折錢五兩 田米折
　　錢四兩一錢七分 乙丑因審理使陳達 一依詳定例改折定以米一石 錢四兩五錢 田
　　米一石 錢三兩五錢(中略) 戶曹判書趙榮國曰 然則以乙丑改折之價 仍爲定式作錢
　　何如 上曰 依爲之"
101) 『萬機要覽』 「財用篇」 2, 山郡田稅作木布錢條.
102) 『萬機要覽』 「財用篇」 3, 大同作貢 作木布錢條.
103) 주 101), 102) 참조.
104) 주 101) 참조.

이처럼 세미의 금납화 과정은 국가의 의도적인 현물수납 원칙으로 말미암아 세목의 그것보다 부진하였다. 그와 같은 현상은 조선 후기에 있어서 제반 분야의 급격한 움직임과는 퍽 대조적인 사실이라 하겠다.

## Ⅲ. 화폐유통상에 나타난 諸현상

### 1. 錢賤現象

전천현상은 화폐에 대한 수요에 비해 화폐 유통량이 상대적으로 많을 때 야기되는 화폐가치의 하락현상을 말한다.

1678년(숙종 4) 민간 거래의 원활을 도모하고자 주조하기 시작한 화폐는,

> 각 아문으로 하여금 주조하도록 한 것이 지금 1천관에 달하니 비록 부족한 듯하나 계속 주조한다면 통용될 수 있을 것입니다. 4월 초 1일부터 시행할 것도 결정하였으므로,(…)[105]

라고 한 바처럼 천관에 달하는 주조량을 보았으나 적절한 유통량에는 미치지 못한다 하여 계속 주조하기로 하고 1678년(숙종 4) 4월 1일을 기해 시행하기로 하였다. 이때의 錢價는 대명률 내용과 개성에서 준용되는 예규를 참작하여 전 400문의 가치를 은 1냥으로 하였다. 그리고 米價는 풍·흉에 따른 차이가 있어 일정한 등식을 마련할 순 없지만 당시 시가에 따라 전 400문의 가치를 쌀 10두로 정하기로 했다.[106]

---

105) 『備邊司謄錄』 34, 숙종 4년 윤 3월 24일조. "令各衙門鑄成 今至千貫 雖似不足 繼鑄不掇 則自可通行 四月初一日爲始行之之意 亦己定奪爲白有等"

106) 『備邊司謄錄』 34, 숙종 4년 윤 3월 24일조. "應行節目 就考大明律所定之直 參以松都卽今行用之規 每肆百文准銀一兩 四十文准銀一錢 四文准銀一分爲白乎矣 米價則自有豊凶高下之不同 雖不可一定恒式 姑從卽今市直 每四百文准米十斗."

그러나 이때의 화폐 명목가치가 소재가치보다 낮게 책정되었기 때문에,

> 돈의 가치는 낮고 鍮器의 값은 높기 때문에 동철이 유기 만드는 데에 많이 들어간다. 그리하여 주조한 돈이 유기 주조에 들어가 녹아져 버리니 앞으로 中外에 널리 퍼져 영구히 유통될지 기약하기 어려운 점이 있다'고들 합니다. 참으로 염려스럽습니다.[107]

고 하여 주전 원료인 동·철 대부분이 유기를 제작하는데 들어가고 심지어는 주조된 錢文이 기물제작에 투입되는 이식행위가 발생되었다. 이 같은 현상은 화폐의 중외 보급과 전격적인 통용에 막대한 지장을 초래하여 국가에서는 사후 대책을 마련치 않으면 안 되었다. 그리하여 국가에서는 전 200문을 은 1냥에 준하도록 새로운 조치를 취하였고 유기 사용도 15종으로 제한시켰다.[108] 그러나 銀價에 대한 錢價의 상대적 평가절상은,

> 가치를 개정했는데 이는 비록 편의적으로 輕重을 조정하려는 데서 나온 조치이나 항간에 떠도는 말을 들으면 새 법령이 반포되기 전에 미리 그러한 기미를 안 자는 銀貨를 많이 풀어 앞질러 동전을 거두어 들여 몇 곱절의 이익을 취했기에 여러 아문에서 주조한 돈이 몽땅 부호의 집으로 들어가고 시민들은 대부분 참여도 못하여 서로 원망과 비방을 일삼고 있다 합니다.[109]

이라고 하여 新令이 공포되기도 전에 기밀이 누설되어 제 아문에서 주조한 모든 화폐가 富厚之家에 집적되는 현상이 발생하였다. 이 같은 錢

---

107) 『備邊司謄錄』35, 숙종 5년 2月 3일. "司 啓辭用錢變通事. 錢文價輕 鍮器價重 故銅鐵多歸於鑄器 以致所鑄之錢 或不免鎖入鑄器之中 前頭廣布中外 永久通行 有不可必 試爲可慮"

108) 주 107) 참조.
  『備邊司謄錄』35, 숙종 5년 2월 19일. "持平 申所啓 臣得見鑄錢事目 則民間鍮 器十五種外 並皆一切祭斷."

109) 『備邊司謄錄』35, 숙종 5년 2월 19일조. "改定其價 雖出於便宜輕重之道 而窃聞 閭巷相傳之言 則新令未頒之前 豫知其幾者 多出銀貨 先爭鈞取 倍筮其利 故諸衙 門所鑄錢文 專歸於富厚之家 而市民多不與焉 競相怨謗云"

價의 개정은 화폐에 대한 불신을 조장하였고, 또 각 관청의 징세·공사채의 수납도 모두 은·포로 수봉하였기 때문에 지속적인 화폐 통용에 대한 의구심이 나타났다. 그리하여 상거래 시에는 2전을 더 가급해야 될 만큼110) 화폐 가치는 저하되기 시작하였다. 그래서 국가에서는 화폐 불신에 따른 경중에서의 전천 현상을 타개하기 위해 화폐 유통의 지방 확대를 서두르게 되었다. 그러한 노력의 일환으로 米類를 제외한 대동목·각종 身布의 전문대봉을 시도하였다.111)

그러나 경중 외의 화폐 유통권 확대 부진과 錢價에 대한 불신이 고조됨에 따라 전천현상은 더욱 심화되어 갔다. 이리하여,

> 법을 자주 고치는 것은 좋은 일은 아니나 지장이 많아 백성들이 모두 불편하다 하면 빨리 고쳐 백성들의 의사에 따르지 않을 수 없으니 40문으로 통용하되 이후로 법령에 따르지 않는 자는 중죄로 논하기로 하고 각별히 거행하라 하였다. 112)

하여 전가를 시정 전가로 환원하여 전 40문을 은 1전에 준하도록 하였다. 하지만 전가에 대한 불신은 여전하였고 외방에서 주조된 화폐가 그 지역서 유통되지 않고 경중에 집중됨에 따라 전문 800문이 은 1냥에 교환되는 극심한 전천현상이 노정되었다. 그래서 국가에서는 이에 대한 대책으로 어영청 소유의 목면 수백 동을 방출하여 시중 전문을 회수하고 나아가서는 외방의 화폐 주조를 금지시켰다.113)

그렇지만 중앙 관아의 재정 補用과 지방의 화폐 유통을 목적으로 경·

---

110) 『備邊司謄錄』 35, 숙종 5년 2월 20일. "左參贊 吳挺緯所啓 頃者錢文價改定之後 通用不如當初之便利 自中買賣之際 私自加給二錢云."
111) 『備邊司謄錄』 35, 숙종 5년 4월 9일조.
112) 『備邊司謄錄』 35, 숙종 5년 9월 15일조. "變法太數 雖非美事 勢多窒碍 民皆不便 則不可不急時變通 以順民情 依前以四十文行用 而此後不從法令者 當論以重律事 各別擧行"
113) 『肅宗實錄』 卷9, 숙종 6년 2월 계해조.

외의 화폐 주조가 다시금 행해짐에 따라,

> 동전을 통용시키는 법은 본래 백성의 편리를 위한 것이었습니다. 그러나
> 지금 돈이 매우 흔해져서 은 1냥의 값이 돈 2냥 반에 이르는데, 이 같은 일이
> 그치지 않는다면 결코 영구히 통용될 길이 없을 것이니 매우 염려스럽습니다.
> 우선 경외에서의 동전 주조를 일체 중지시키고, 진휼청에서 관할하는 別隊營
> 의 미곡 수천 석으로 시가에 따라 계산하여 동전을 바꾸어 사들여 저장시켰
> 다가 동전이 귀해지기를 기다려 다시 내어다 쓰게 하면 동전을 통용시키는
> 방법에 합당할 듯합니다.[114]

는 기록은 전천현상이 가속화되어 은 1냥의 가치가 2냥 반의 가치로 급
등하게 되었다. 이러한 은가의 급락은 화폐 유통의 전도를 어둡게 만들
어 국가에서는 경외의 錢文 주조를 중단시키는 한편 진휼청 소관의 쌀
수 천 석을 발매하여 시중 錢文을 환수케 하였다.
　그러나 이 같은 화폐 유통량의 조정을 통한 화폐 안정 시책도 헛수고
로 돌아가고 말았다. 즉,

> 돈을 주조하여 통용함에 있어 일찍이 사목을 결정하여 재가를 내린 일이
> 없었으므로 비단 주조하여 유통시킬 때에 많은 폐단이 있을 뿐만 아니라 민
> 간에서도 그 영구유통을 믿지 않고(…)[115]

이라고 한 바처럼 주전·행전 사목도 없이 화폐를 주조하고 통용하였기
때문에 자연히 많은 폐단을 유발시켰고 항간에서는 그 지속적인 유통을
불신하게 되었다. 특히 중앙의 각 아문과 외방에서 주조된 화폐는 중량
미달과 다량의 잡철 혼입으로 인해 전문의 무용지물 현상과 전천현상을

---

114) 『備邊司謄錄』36, 숙종 8년 3월 28일. "領議政 金(壽恒)所啓. 行錢之法 本爲便
　　民 而到今錢文甚賤 銀一兩之直 至於二兩半 若此不已 則決無永久通行之路 誠極
　　可慮 京外鑄錢 姑令一切停罷 以賑恤廳所管別隊營米數千石 從市直酌定 換貿錢
　　文 姑爲臟置 稍待錢貴 而還爲出用 似合歛散之道"
115) 『備邊司謄錄』37, 숙종 9년 1월 29일. "左議政 閔(鼎重)啓言. 鑄錢行錢曾無事目
　　定奪 啓下之事 故不但鑄成行貨之際多有弊端 民間亦不信其永久通行"

더욱 심화시켜 나갔다.[116] 설혹 주전사목이 마련되었다 하더라도 동·철
과 같은 주전 원료가 부족하였기 때문에[117] 품질이 조악한 화폐의 주조
는 필연적이었는지도 몰랐다.

이처럼 화폐가치의 안정을 위한 국가의 제반 노력은 상술한 여러 요
인들이 상호 작용함으로써 별 성과를 거두지 못했다. 이와 같은 전천현
상은 1677년(숙종 23)에 전국적인 주전 정지시책[118]에도 불구하고 계속
되었으니 이는,

> 아문에서의 돈 주조를 모두 정지시켰는데도 날로 돈이 천해지는 것은 실
> 로 민간에서 사사로이 주조하기 때문입니다. 서울에서도 사사로이 주조하는
> 데 산간이나 섬 중에서는 그 폐단이 더욱 심합니다. 심지어 바다에 배를 띄워
> 놓고 배 안에서 몰래 주조하는데, 사사로운 주조가 매우 많아진 것은 실로 이
> 런 때문입니다.[119]

이라고 한 것처럼 민간 사주에 그 원인이 있었던 것이다. 이때의 私鑄現
象은 경중뿐만 아니라 峽中·島中에서 심지어는 해상에 배를 띄어 놓고
船中에서 까지 盜鑄할 정도였다. 이러한 민간의 사주현상은 이미 1678
년(숙종 4) 화폐 주조 이후에[120] 계속 발생된 것이었다. 사주는 사사로이
화폐를 주조하여 명목가치와 소재가치의 차액을 노리는 위법행위로서
그 차액의 利를 많이 획득하려고 하기 때문에 동전의 품질·중량은 항상
조잡·경박하기 마련이었다. 이로 인해 유통계에는 악화가 양화를 구축
하는 현상이 만연되어 銀은 퇴장되고 품질이 조악한 錢文만 유통되는

---

116) 주 115) 참조.
117) 『備邊司謄錄』 47, 숙종 19년 7월 4일조.
118) 『肅宗實錄』 卷30, 숙종 22년 8월 병술조;『肅宗實錄』 卷31, 숙종 23년 4월 9월
　　임진조.
119) 『備邊司謄錄』 50, 숙종 25년 5월 17일. "刑曹判書 金構所啓. 衙門鑄錢 皆已停
　　止 而錢貨日賤 此實由於民間私鑄之致 京中亦有私鑄 而至於峽中島中 其弊尤甚
　　甚至浮船海上 而盜鑄於船中 私鑄之甚多 實由於此云"
120) 宋贊植, 『李朝의 貨幣』, 1975, 156-173쪽.

銀貴錢賤 현상이 발생하였다.[121] 이러한 전천현상은 1708년(숙종 34)에
도 나타나는데,

근래 돈이 천하에 그릇을 만드는 데 이용할 뿐만 아니라, 비록 다시 통화
를 허락하더라도 私鑄할 염려는 없는 듯하다고 합니다.[122]

고 한 바처럼 錢價가 하락하여 鑄器之利 만도 못하게 되었고 주전 원료
인 주물을 다시 통용한다 해도 사주의 염려가 없을 정도로 되었다. 즉
소재가치와 명목가치가 비슷할 정도로 전가가 폭락한 것이었다.

　그렇지만 이와 같은 전천현상도 화폐 유통권의 확대와 세납상에서의
화폐 지위가 상승함에 따라 점차 해소되기 시작했다. 환언하자면 1702
년(숙종 23) 이후 화폐 주조의 중단에 따른 화폐량의 한정은 점증되는
화폐 수요에 의해, 그것이 금납화에 의한 것이든, 화폐 경제의 성장에
기인한 것이든, 또는 양자의 상보적 결합현상에 의하든지 간에 이제까지
의 전천현상을 완화시켜 갔고, 나아가서는 화폐 유통량의 부족에 따른
전가의 등귀, 즉 전귀현상을 초래케 하였다.

## 2. 錢貴現象

　전귀[錢荒]현상은 전술한 전천현상에 상반되는 개념으로서 화폐에 대한
수요에 비해 화폐유통량이 상대적으로 부족할 때 발생되는 화폐가치의 상
승 현상을 말한다. 이러한 현상은 1714년(숙종 40) 이후 자주 나타나는데,

우리나라는 한 번 돈을 주조하고는 그만두었습니다. 때문에 현재 돈이 아
주 귀하고 외방 백성들의 곤궁은 날로 더욱 심해졌습니다.[123]

---

121) 주 119) 참조.
122) 『備邊司謄錄』 59, 숙종 34년 5월 15일. "左議政 李(濡)所啓. 近來錢賤 非如鑄器
　　之利 雖許復通 似無私鑄之慮云"

이라고 하여 1677년(숙종 23) 이후 주전 정지에 따른 화폐의 희귀현상으로 말미암아 외방 소민의 생활은 날로 궁핍해져 갔다. 이와 같은 화폐의 極貴는, 화폐 사용이 오래되고 그 유통 범위가 점차 확대되는데도 그 수요를 충족시킬 만한 화폐 공급도 없고 심지어는 화폐 주조마저 중단하여 발생된 것이다.124) 錢文 주조가 중단된 상태에서 이미 주조된 화폐는 그 유통과정에서 나날이 耗縮되어 일반 거래상에서는 銀·錢間의 귀천, 경중 구별이 없을 정도로 되어 버렸다. 그리하여,

> 전부터 목화가 품귀한 해를 당하면 각양 身布를 돈으로 대신 받았었습니다. 그런데 지금 전화의 품귀함이 목화를 구하지 못할 때와 다름이 없습니다. 대체로 전화를 鑄造한 지가 이미 오래고 외딴 섬이나 깊은 산골에서까지 동전을 쓰지 않는 곳이 없어 이 때문에 시장에서 돈이 절대로 모자라니 농사를 그르치고 백성을 병들게 함이 이보다 더 심한 것이 없습니다.125)

이라고 한 것처럼 각종 신포의 전문대봉 가능성마저 배제해 버렸다. 이러한 제 사실은 위에서도 언급한 바 있는 화폐 유통권의 확대, 즉 행전 이후 30여 년 기간에 궁황절도에 이르기 까지 화폐가 보급되고 그 사용이 일상화된 데 기인한 것이다.

그 후 영조는 전귀현상 극복을 위한 주전요청에 대해,

> 진휼청의 재력이 다하였다는 것을 내 어찌 모르겠는가? 다만 주전의 폐해는 심히 커서 온갖 奸計가 나오는 것이 모두 돈에서 유래하였다. 지금 비록

123) 『備邊司謄錄』67, 숙종 40년 9월 29일. "戶曹判書 趙泰耉啓言. 我國則一番鑄錢 而止 卽今錢貨極貴 外方小民之窮因 日以益甚"
124) 『備邊司謄錄』69, 숙종 42년 12월 25일조. "錢貨行用旣久 流布漸廣 而久不可鑄 則有限之物 日致耗縮 勢所然也 近來市肆之間銀錢 幾乎相將 殆無貴賤輕重之別 若以錢爲有弊而停罷不用則己 若仍行用則必須加鑄 可資用度"
125) 『備邊司謄錄』70, 숙종 43년 9월 2일. "領議政 金昌集啓言. 自前若當木花絶貴 之歲 則各樣身布 或以錢代捧 而卽今錢貨之絶貴 亦無異於木綿之難辨 盖錢貨之 造己久 窮海深峽 莫不遍用 以此之故 場市間錢貨絶稀 傷農病民 莫甚於此"

민속을 순후하게 할 수는 없다 하더라도 어떻게 주전으로 민속에 해를 끼치게 하겠는가? 또 돈이란 것은 먹지도 입지도 못하는 것이며, 돈은 천하고 물건은 귀한 폐단을 隋나라의 고사에서도 엿볼 수 있는 일이다.[126]

고 하여 화폐에 대한 배타적 입장을 취하였다. 즉 주전에 따른 폐해가 너무나 크고 모든 奸僞之類는 화폐로부터 연유되기 때문에 지금 민속을 敦厚하게 못할 지라도 어찌 화폐를 주조하여 민속에 해독을 끼칠 것이냐는 것이다. 그리고 이어서 화폐는 가히 먹지도, 입지도 못하는 것이고 전천물귀에 따른 폐단은 隋國의 예에서 알 수 있다는 것이다. 이처럼 영조는 화폐주조와 그 유통에 따른 제 폐단을 깊이 의식하여 신하들의 주전 요청을 불허하였다.

그러나 화폐 존재에 대한 배타적 입장을 취했던 영조도 1731년(영조 7)에 팔도 전역에 걸친 대흉황에는 어떨 도리가 없었다. 즉 국가 재정의 궁핍을 타개하고 백성들을 진휼하며 공인들에 대한 공가지급을 위해 호조와 진휼청으로 하여금 화폐를 주조토록 한 것이다.[127] 그렇지만 이때의 화폐 주조는 심화된 전귀현상을 극복하기에는 너무나 미흡하였고 그나마 공급되었던 화폐는,

들건대 外邑의 戶首와 監色 무리들이 민간에서는 돈으로 받아(…)[128]

라 한 것처럼 외읍의 호수·감색배들의 수중에 들어갔다. 따라서 이 같은 일시적 화폐주조와 외읍 奸吏의 농간에 따른 錢文 수봉은 1735년(영조 15)부터 다시 전귀현상을 야기시켰다. 더욱이 경·외의 각 관아소유 화폐가,

臣聞兵曹封不動木綿 六十餘同錢七十萬兩 統營別備與新鑄餘錢 合爲七萬

---

126) 『備邊司謄錄』78, 영조 1년 10월 20일조. "賑廳財物之竭乏 予豈不知 但鑄錢之弊甚多 凡諸奸僞之百出 皆由於錢 今雖不能厚民之俗 豈可以鑄錢 胎害於民俗乎 且錢者 非可食可衣者 而錢賤物貴之弊 隋國之古事可鑑也"
127) 『備邊司謄錄』91, 영조 8년 5월 13일조.
128) 『備邊司謄錄』98, 영조 11년 12월 13일조. "似聞外邑戶首監色輩 以錢收捧於民間"

餘兩 兩南監營賑恤庫錢 亦當爲十數萬兩 惠廳與諸軍 則雖不能的知數灸[129]

라고 한 바와 같이 그대로 창고에 사장되어 있었고 화폐를 주조했다 하
더라도 그 것이 곧 화폐의 공급·유통을 의미하는 것이 아니기에[130] 전
귀현상은 더욱 깊어만 갔다.

이처럼 화폐의 공급·유통량의 부족에 따른 전귀현상은 정조 시기에 들
어와서도 그칠 줄 몰랐다. 계속적인 화폐 퇴장행위와 전가 등귀에 따른
고리대행위는 공인들의 자금난을 유발시켰고[131] 나아가 국가재정 궁핍과
민생의 간고는 날이 갈수록 더욱 심화되어 갔다.[132] 그래서 국가에서는
전황의 타개책으로, 각 아문에서 지불하는 군문봉족의 삭포를 순전으로
지출하여 목하의 전핍현상을 극복하고자 하였다.[133] 그리고 공시인에 대
한 구제책도 마련하여 五營門의 보유 錢文 중 15만량을 대여하되 이식과
구전을 받지 못하게 했다.[134] 또한 1785(정조 9)에는 화폐를 주조하여 화
폐의 공급량을 배가시키고자 했다. 그러나 주조된 화폐가 민간에 공급·유
통되지 않게 됨에 따라 공·사의 용도는 다시 간핍하게 되었다.[135]

---

129) 『備邊司謄錄』 120, 영조 25년 9월 20일. "內局提調 李宗城所啓. 臣聞兵曹封不
動木綿 六十餘同錢七十萬兩 統營別備與新鑄餘錢 合爲七萬餘兩 兩南監營賑恤
庫錢 亦當爲十數萬兩 惠廳與諸軍 則雖不能的知數灸

130) 『備邊司謄錄』 134, 영조 34년 10월 6일. "洪鳳漢曰 摠廳鑄役 今已經年 臣於中間
待罪本廳 亦嘗句管矣 所鑄旣多 停役且久 不可不及今行錢 以捄目下錢荒之弊矣."

131) 『備邊司謄錄』 165, 정조 6년 2월 5일. "錢貨 旣非水火耗失者 而近來京外 錢荒
式甚 此專由於內而軍門 外而營邑 俱爲藏置不散之致 雖不如前過多 若量宜從略
放債 則庶可爲一分救弊之道矣.

132) 『備邊司謄錄』 163, 정조 5년 12월 25일, "京外徵債 雖有嚴防之朝禁 貨殖者擧皆
富豪 假貸者多是貧殘."

133) 『備邊司謄錄』 165, 정조 6년 11월 7일조, "領議政徐曰 捄弊之策 臣亦猝難思得
而吏判每以各司朔下軍門奉足 皆以純錢上下 則庶可爲目下捄急之道云 此旣非
大段變通 而以公以私 有益無損 爲先知委各衙門 量其留儲多寡 限幾朔純錢上下
之意 報備局施行事 分付何如 上曰 依爲之"

134) 『正祖實錄』 卷17, 정조 8년 3월 갑진조.

135) 『備邊司謄錄』 173, 정조 12년 8월 18일조.

이러한 근간의 사정에 관해 禹禎圭(1718~?)는 매년 백성들로부터 국가기관에 들어가는 錢文, 즉 중앙에는 선혜청·균역청·각 군문, 지방에는 각 영·진의 所取가 수십만 꾸러미가 되는데 그 소산은 불과 十分에 一, 二에 지나지 않아 전귀현상이 발생하였다는 주장을 폈다.[136] 아울러 이러한 현상이 영조 때보다 정조 때에 더욱 극심했던 이유로 영조 때는 균역청과 각 군문에서 간혹 미곡을 마련하기 위해 민간에 다량의 화폐가 공급되었지만, 정조 때는 공적으로 나가는 것 외에는 散錢之路가 없고 오직 민간에서만 錢文을 수봉하였으니 그와 같은 현상이 더욱 심화되었다는 것이다.[137] 따라서 그는 전귀현상의 극복을 위해 국가 보유 전문을 공시인에 散代할 것을 주장하고 있다.[138]

한편 柳壽垣(1694~1755)은,

> 서울의 재력 있는 아문과 지방의 營鎭 등은 전화를 많이 저축하고 있다. 돈이 국가 창고에 쌓인 채 아래로 유통되지 못하여 귀해지고 있는 것이다.[139]

라고 하여 우정규의 견해와 같이 하고 있다. 즉 전귀는 중앙·지방 각 관아의 맹목적인 화폐집적으로 말미암아 원활한 화폐 유통이 조해받는 데에서 비롯된다는 것이다. 그래서

> 군병의 餉費, 관리의 俸資, 국가의 市易들을 돈으로 배정하여 지급하면, 돈이 公家에 들어왔다가 다시 민간에 흩어지게 될 것이다. 이것이 곧 推移하

---

136) 禹禎圭, 「錢貨變通之議」 『經濟野言』. "顧今錢貴之弊非在乎他 一歲之中錢之出於民 而入於公者不可勝計 內而惠廳·均廳·各軍門之所捧 外而各營各鎭之所取 已過屢十萬緡 而京外之公用所散 歲不過十分之一二矣."

137) 禹禎圭, 「錢貨變通之議」 『經濟野言』. "均廳及各軍門 或爲貿米 多以官錢散於都民 故公私兩利 貨財通行矣 今則公下之外 不復有散錢之路 而一向徵出於民間 則錢安得不貴乎"

138) 禹禎圭, 「錢貨變通之議」 『經濟野言』.

139) 柳壽垣, 「論錢弊」 『迂書』. "內而財力衙門 外而營鎭等處 多蓄錢貨 錢積於公帑 不能不流 故錢貴"

고 출입하는 방법으로서 有司(어떤 업무를 전담하는 관청, 또는 사람)가 아니
면 행할 수 없는 것이다. 그런데 軍門과 營鎭은 그렇지 못하다. 이같이 추이
하고 출입할 길이 없어서 다만 '封不動'이라는 석 字의 死法을 갖고 있을 뿐
이니, 그 폐해가 어찌 錢荒에 이르지 않겠는가. 이제 만약 각 아문과 영진의
사사로운 저축을 모두 없애고 이를 유사의 담당 관원에게 귀속시킨다면, 출납
에 방도가 있어서 전법이 저절로 통행될 것이니, (…)[140]

라고 하여 군향비·관리봉자 그리고 국가 시역을 화폐로 지급하면 국가에 들
어온 錢文이 다시 민간에 환류되어 가히 전황을 이겨낼 수 있다는 것이다.
또한 상업을 진흥시켜 일부 부실에 적체되어 있는 사화를 전환시키고 합리적
인 주전·行錢制度를 마련하여 화폐의 지속적인 유통을 기하자고 하였다.[141]

　　이처럼 1714년(숙종 40) 이후 유통계에 대두되기 시작한 전귀현상은
국가와 부호들의 끊임없는 퇴장행위로 인해 더욱 심화되었고 국가·국민
경제의 폭을 위축시켜갔다.

---

140) 柳壽垣,「論錢弊」『迂書』. "軍兵餉費 官吏俸資 國家市易 以錢派給 則錢入於公
　　而復散於民 此其推移出入之法 非有司莫能行也 軍門營鎭則不然 無此推移出入
　　之路 只有封不動三字死法而已 其弊安得不至於錢荒乎 今若悉罷 私財之蓄 而歸
　　之有司之臣 則出納有方 錢法自通"
141) 柳壽垣,「論錢弊」『迂書』.

# 맺음말

　이상에서 조선시대 화폐정책의 推移와 화폐유통에 대하여 살펴보았다. 고려시대부터 논의되고 시행된 바 있는 각종의 화폐정책은 조선 건국 이후 본격적으로 시행되었다. 이는 국가 재정의 안정을 꾀하고, 사회를 반석 위에 올리고자 하였던 태종, 세종대에 본격적으로 이루어졌다. 이에 앞서 고려시대에는 常五升布와 銀甁이 주요 유통수단으로서 화폐의 기능을 발휘하였다. 그러나 이 화폐들은 자체의 문제 즉 常五升布는 승수가 줄어들고 銀甁은 銅甁化됨에 따라 그 기능을 자연 상실하고 나아가 유통계의 혼란을 초래하였다.

　조선 건국 이후 태종은 왕조의 기반확립을 위한 강력한 통치체제의 구축과 민생안정에 착안하여 司贍署를 설치하고 저화를 발행하였다. 저화를 유통시키기 위한 국가 공신력 부여와 국고미 교역을 허가하였으나, 유통수단으로서의 오승포 지위가 동요를 일으키지 않는 한 실질가치가 결여된 저화의 유통은 이미 제약을 받고 있는 것이다. 이 과정에서 사섬서의 혁파와 저포겸용을 공포하게 되었다. 그러나 동 10년에 이르면 저화유통이 다시 전개되는데, 이러한 저화유통책은 당시의 경제수준과 민생을 고려하지 않은 일방적인 강제행위였기 때문에 그 시행상에서 많은 오류를 노정하였다. 이 때 실시된 획기적인 저화유통책으로는 부분적인 금납화와 저화수속법을 손꼽을 수 있지만, 소기의 성과를 얻지는 못하였다.

이러한 저화유통의 부진은 태종대의 경제상황과 저화자체의 문제에 기인했다. 우선 당시의 경제수준이 농업을 근간으로 하는 자급자족단계에 있었고 화폐에 대한 백성들의 인식도 그 자체의 실질, 실용가치를 매우 중시하고 있었다. 또한 저화는 자체의 크기와 紙質問題 그리고 소액 거래엔 하등의 도움을 줄 수 없는 명목가치로 인해서 유통수단으로서의 기능을 제대로 발휘할 수가 없었다. 때문에 태종의 저화유통 노력은 성공을 거둘 수가 없는 것이었고 오히려 麗末에 들어온 목면이 주요 유통수단으로서 각광을 받게 되었다.

한편, 세종 초기의 저화유통은 태종대의 적극적이고도 지속적인 저화통용책의 결과로 어느 정도의 日常的 流通을 보이지만 태종말과 세종초에 도래한 연이은 凶歉과 기근의 발생으로 말미암아 통행상 제약을 받게 되었다. 즉 京中商人들은 저화 대신 현물로 교역하는 양상을 보이고 지방은 저화의 부족과 지방관아의 특수사정이 겹쳐 이의 원활한 유통이 저지되었다. 또한 저화가 일상적인 통용을 보이긴 했어도 유통수단으로서의 독점적 지위를 확보한 것이 아니었기 때문에 정부의 계속적인 관심에 의존하지 않으면 안되었다. 그래서 정부는 저화유통에 대한 백성들의 의구심을 불식하기 위해 모든 국용물의 매매를 저화로 하도록 하고, 別例所貢物은 陳米豆, 布貨, 楮貨로 무역 상납토록 하였으며 아울러 물가에 대한 정부의 통제와 저화의 적절한 歛·散策을 강구하였다.

이러한 저화 전용책의 변화 속에서 저화는 계속적인 甚賤現象을 보이면서 시세가 폭락하였다. 특히 저화의 전국적 유통을 위해 강제했던 戶楮貨가 세종 5년부터 戶米로 대납됨에 이르러선 유통계에서의 저화지위는 이미 그 존재의의를 상실치 않을 수 없었다. 이러한 정부의 저화흥용 노력에도 불구하고 대민행정을 직접 담당한 일선 관아에서는 징세·화매상에서의 錢·楮收納을 기피하고 화폐와 같은 현물 수납을 강요하여 납세를 통한 백성들의 저화이용 기회를 봉쇄하고 있었다. 이에 국가에서는 이러한 저화수납 기피현상을 불식시킬 필요성에서 강력한 규제조치를 마련, 시행하게 되는데 그 결과는 미미하였다.

조선시대에 동전을 화폐로 사용하자는 논의는 소액거래 편의를 위해 처음으로 제기되었다. 世宗代에 발행된 저화가 당초 의도한 데로 원활히 유통되지 못하고 도리어 유통계의 혼란과 침체를 초래하면서부터 이의 극복을 위한 제반 노력이 집중적으로 전개된 것이다. 특히 저화의 名目價가 오승포 1필로 정해져 그 미만의 거래엔 하등의 도움을 주지 못하고 또한 布帛稅 징수 가능성을 모색하는 과정에서 동전·소저폐 이용 문제가 제기된 것이다.

그러나 정부의 동전 유통을 위한 각종 규제행위가 민간교역의 마비와 거래질서를 어지럽히고 도리어 전가의 폭락을 가져왔고, 동전에 대한 인식도 변질시켜 銷錢鑄器와 전문의 國外流出 현상을 조장시켰다. 이는 전문 유통량의 점차적 감소를 초래하고 나아가 전귀현상을 유도해 속죄·징세상의 전납을 어렵게 했고, 수납된 전문도 모두 濟用監에서 퇴장됨으로써 전문 유통량의 점차적 감소를 초래했고 市准法을 통한 楮貨·銅錢 布貨使用의 허용으로 동전에 대한 국가의 적극적 관심은 사그러들고 말았다.

15세기 전반기에 나타난 국가의 저화 유통시도와 그 유통실상은 저화와 동전에 대한 관심에서 비롯되었다. 우선 태종대의 저화통용은 민간교역의 활성화와 민생안정에 착안하여 실시되었지만 그 이면에는 貨權在上이라는 논리가 작용하고 있었다. 그러나 정부가 강제한 저화는 당시의 경제수준과 민생을 고려하지 않은 일반적 조치였기 때문에 많은 부작용을 수반하였다. 그래서 국가에서는 기존의 유통수단인 포화의 사용도 허용함으로써 민폐를 제거하고 저화의 자연스러운 유통도 도모하려 하였다.

한편 동전의 유통은 소액거래의 편의를 위하여 구상되었다. 저화의 명목가치가 5승포 1필로 정해져 그 이하의 거래에는 하등의 도움을 주지 못하자 소액의 동전 이용 문제가 제기된 것이다. 그러나 동전이 유통 된 후 나타난 현상은 저화 강제 때와 같은 현상이 되풀이 되었다. 더욱 이 銷錢鑄器와 동전의 국외유출과 같은 현상이 나타났다. 이러한 상황 에서 국가가 취할 수 있는 유일한 조치란 민간거래에서의 포화사용을 허 용하는 것뿐이었다. 이것은 거꾸로 저화·동전에 대한 국가의 입장을 철 회하는 것이기도 하다.

15세기 후반에는 저화에 대한 기피현상이 보다 심화되어 갔다. 그 이 유는 먼저 당시의 교환경제 실상과 저화제가 유리되었다는 점이고 그 외 에 태환성의 결여, 관계 법령의 수시 개·폐, 저화 지질의 문제 등이 지적 될 수 있다. 그래서 저화제의 지속적 시행을 둘러싸고 여러 논란이 전개 되었던 것이다. 저화제를 반대하는 입장에서는 포화의 우수성을 열거하 면서 포화의 사용을 주장한 데 비하여 저화제를 지지하는 입장에서는 저 화 사용을 오랫동안 그리고 강력하게 시행하면 저화가 원활하게 유통될 것이라는 주장을 펼쳤다.

이러한 논의는 저화제의 지속적 시행으로 결정되고 이를 보완하는 시 책으로 세공저화의 재시행, 화매 범위의 확대, 신저화 발행이 뒤따랐다. 특히 신저화는 구저화에 비하여 크기가 작아 휴대, 보관하기에 편리하였 다. 그러나 그 발행량이 적었기 때문에 여러 문제를 야기시켰다.

한편, 포화에 대한 국가의 입장은 종전에 비하여 많은 변화가 있었다. 우선 법정화폐로 인정하여 그의 자유로운 유통을 보장하였다. 그러나 그 렇다고 해서 포화에 대한 통제가 전혀 없었던 것은 아니다. 35척의 척수 를 규정하여 공·사의 행용을 허락한 것이다. 그러나 35척에 못 미치는 짧은 포화가 바로 나타났다. 이러한 단포의 출현과 유통은 단순한 흉재 의 결과로, 아니면 시중 상인의 농간으로 이해할 성질의 것은 아니었다. 그것은 당시의 농민 존재 실상과 밀접하게 관련되어 있기 때문이다.

16세기의 저화유통론은 당시 유통되고 있던 악포를 금단할 필요성에서 처음으로 제기되었다. 1515년에 제기된 이 견해는 저화 외에도 동전 행용을 주장하고 있었기 때문에 문제의 발생 소지를 안고 있었다.『경국 대전』에서 규정한 저화·포화의 겸행을 정면으로 위배했기 때문이다. 그 래서 조정에서는 이를 둘러싸고 저·포겸행론과 저·전 겸행론으로 나뉘 어 수차의 논란을 전개하였다.

이러한 논란에 대하여 국왕이 보인 입장은 저·포겸행론 지지였다. 그 까닭은 새로운 법 제정이 아닌『경국대전』준행을 강조하였기 때문이다. 그래서 이를 구체적으로 뒷받침할 수 있는 저화행용절목이 마련되고 곧 시행에 옮겨졌다. 그러나 절목 중에 문제가 내재해 있었다.『경국대전』 과 상치되는 내용, 그리고 절목 내용 간의 모순문제 등이 도사리고 있었 던 것이다.

명종시기의 저화유통론은 1551년에 대두되었다. 이 때의 저화유통론 은 앞 시기의 그것과 약간의 차이가 있었다. 악포의 금단과 결부된 것이 아니라 米·布의 절실한 필요성에서 제기된 것이다. 이 시기에는 계속된 흉재로 말미암아 민생과 국가재정 모두가 파탄에 직면하였다. 바로 이러 한 상황에서 의식자료를 보존할 수 있는 별도의 화폐가 구상된 것이다. 그 중 동전 유통론과 저·포겸행론이 주요 논의의 대상이 되었다.

이와 같이 16세기의 저화유통론은 중종과 명종 시기에 수차 제기되고 시행에 옮겨졌지만 별다른 성과 없이 실패하고 말았다. 그 이유는 저화 제에 문제가 있었기 때문이다. 당시 내재가치가 결여된 악포가 널리 유 통된 사실을 감안한다면 이와 똑같은 처지의 저화가 전혀 유통되지 못할 이유가 없는 것이었다. 이렇게 볼 때 저화제를 비롯한 국가의 화폐정책 에 문제가 내재해 있었음을 알 수 있다.

한편, 16세기의 화폐를 이해하기 위해서는 당시에 널리 유통된 악포 실체를 파악하는 것이 무엇보다 긴요하다. 이 시기의 악포는 5승포에 못 미치는 모든 포화를 일컫는 것으로 3·4승포와 2승포·단포가 해당된다.

이처럼 속성을 달리하는 포화가 동시에 혼재해 있었던 것은 당시의 교환경제 실상이 종전과 다름을 입증하는 것이고 장차 한 단계 진전된 화폐가 시중에 유통될 수 있음을 예고해 주는 것이었다. 달리 표현하자면 이 시기의 악포는 단순한 의미의 악포가 아니라 16세기의 교환경제가 배출한 화폐로서 당시의 사회가 새로운 사회로 나가려는 과도기적 상태에 있음을 시사해주는 것이었다.

그러나 악포의 유통확대는 국가의 화폐제를 근저로부터 위협하여 악포금단을 둘러싼 화폐제 전반에 대한 개혁논의를 불러일으켰다. 화폐제도의 졸속 마련에서 빚어진 문제점의 돌출로 말미암아 제3차까지 가는 개정작업을 통해 악포 금단책을 보완, 강화해야만 했다. 하지만 악포금단책이 강화됨에도 불구하고 시중에서는 여전히 악포를 이용하였고 명종시기에 발생한 대흉작은 화폐제에 대한 검토를 다시금 요구하기에 이르렀다.

18세기에는 화폐 유통권의 확대과정과 배경, 금납화의 배경과 전개과정, 그리고 화폐 유통상에 나타난 錢賤現象과 錢貴現象의 이해를 통해 새로운 근대사회로의 지향을 확인할 수 있다.

1678년 이전에는 개성과 인근지방에서만 화폐가 통용되고 있었다. 이는 다른 지방에서의 유통 가능성을 제시하여 드디어 화폐를 주조케 하였다. 그러나 이때 주조된 화폐도 지방에까지 확대, 통용시킬 만큼 충분치 않아, 사람의 왕래와 물자의 소통이 편리한 일부 지역에 한해 화폐를 주조케 하였다. 그리고 화폐 유통에 대한 국가의 공신력을 부여하고자 三法司·義禁府의 贖木類와 진휼청의 還償에 대한 전납을 서둘렀고 1679년에는 전납의 문호를 더욱 개방하여 米類를 제외한 대동목, 노비신공, 각종 군·신포를 錢文代捧토록 하였다.

그 후 중앙과 지방의 財庫를 보충하기 위한 화폐 주조와 흉년을 당하여 민원에 따른 현물·전문간의 종원상납 등은 화폐 유통의 확대와 원활한 화폐통용에 큰 기여를 하였다. 그리하여 1714년경에는 한반도 거의 전 지역이 화폐유통권에 포용되었다. 이처럼 화폐가 널리 유통됨에 따라 모든 물화는 전문을 통해서만 교역이 가능해졌고, 이전의 교환수단인 木·布·米·銀과 같은 것은 그 기능을 상실하게 되었다.

요컨대 화폐는 18세기 초에 이르러 교환수단상의 독점적 지위를 확보하였다. 비록 물납과 전납이 미분화된 상태에 있었지만 세납상의 화폐 지위는 점차 상승되어 1750년에 공포된 균역법의 시행을 가능케 하였다. 한편 화폐 유통 초부터 발생한 錢賤現象은 화폐 통용의 초기적 현상으로서 화폐유통권의 확대와 밀접한 관계를 맺었다. 이러한 한계성 때문에 1697년 이후 화폐 주조의 중단으로 제기된 유통량의 한정은 점차적인 유통권의 확대에 따라 錢賤現象을 해소하고 나아가서는 錢乏現象을 초래케 하였다. 화폐 수요량의 증가와 유통권의 확대에 따른 전귀현상은 화폐 주조를 단행토록 했지만 그 주조량이 곧 유통화되지 못하였다. 이는 국가의 보유로 전화되어 공적으로 지출되는 이외에는 계속 퇴장되기만 하였다. 그래서 전귀현상은 극복되지 못한 채 경제의 악순환만이 조장되었다.

# 조선후기 제주도의 사회경제

# 머리말

　본서의 제2부는 조선후기 제주도의 사회경제를 주제로 하여 구성하였다. 이는 제주지역을 중심에 두고 역사적 맥락을 파악하고자 함에 있기 때문이다. 조선후기 사회가 종전과 달리 여러 부문에서 급격한 변화를 겪었다. 농업분야에서는 이앙법의 전국적 보급으로 농촌사회의 계층 분화와 無田無佃農民의 量産이 촉진되었고 수공업분야에서는 놋쇠공업이나 야철공업 부문에서 새로운 공장제 수공업이 출현하였다. 상업분야에서는 시전체제에 대항하는 亂廛과 京江商人 그리고 전국을 활동무대로 한 松商 등의 都賈활동이 크게 나타났다.

　제반 산업의 변화에 관련하여 賦稅制, 신분제도 또한 변질되었다. 대동법·균역법과 같은 수취체제의 변화는 摠額制 운영과 共同納이라는 새로운 부세 형태로 나타나고 이 시기에 만연된 신분제의 동요는 수령권으로 상징되는 국가 권력의 향촌 통제 방식을 다르게 변모시켰다. 그러나 총액제, 공동납으로 표현되는 수취체제의 성립이 국가재정 안정을 우선적 목표로 삼았던 한 향촌사회의 안정과 지방관아의 재정 안정은 전적으로 지방관 몫이었다. 18·19세기에 만연된 吏額의 증가와 지방 행정기구의 남설은 향촌민으로부터의 불법적 過徵·濫徵을 필연적으로 초래하여 향촌사회의 불안은 날로 확대, 심화되었다.

　조선후기 제주사회도 이러한 범주에서 예외일 수 없었다. 국가재정과 향촌사회 안정이 공존될 수 없는 시대적 상황 속에서 방만한 행정기구 운영은 제주민의 부담을 가중시켰고 결국에는 제주 민란으로 연결되었다. 철종조의 제주 민란은 이러한 상황 속에서 이해되며 이의 빌미를 제공한 특수적 요인에 대해서는 별도의 연구가 요청된다. 그간 조선후기 제주사회의 경제 분야에 대한 몇몇 논문들이 발표되었고 필자 또한 이에 동참하였다.

제1장은 조선후기 제주지역의 수취체제와 주민 경제를 주제로 한다. 이 시기 제주지역의 수취체제와 주민 경제생활에 대한 문제는 중앙에서 시행한 일부 수취제도(삼정·잡역세 등)가 제주지역에서는 어떻게 운영되고, 주민들로부터 받아들인 세금이 어떻게 쓰였는가에 있다. 이와 함께 제주민의 생활과 이 시기 주요 산업의 하나로 떠오른 양태수공업에 대해서도 종합적으로 살펴볼 것이다

제2장은 조선후기 제주 『事例』의 사료적 가치를 확인하는 데 두었다. 지방사를 이해하기 위한 전제 중에는 해당 지역의 상황을 전하는 각종 문서들에 대한 파악이 요청되기 때문이다. 이를 토대로 당시의 사회상을 재구성하고 중앙과의 관계를 설정하는 과정에서 지역사의 핵심 사안에 대한 접근이 가능하기 때문이다.

때문에 필자가 소개하려는 『事例』는 읍지와는 전혀 상관없는, 별도의 사례로 읍지에 부록되어 있는 사례에 비해 사료적 가치가 높다. 이러한 유형의 사례는 여러 곳에 분산되어 있기 때문에 자료수집에 애로가 많고, 작성 시기나 작성목적을 파악하는데 어려움이 뒤따른다. 그러나 그 내용의 풍부함으로 인하여 당시 지방관청의 행정·재정실상을 파악하는 데 커다란 도움을 주고 있다. 읍의 연혁과 읍세, 부세제 운용 내역과 그 변화, 잡세의 실태 그리고 조선후기에 증설되는 각종 직임과 기능·액수 등이 소상하게 기록되어 당시의 지방사를 연구하는데 중요한 자료가 되고 있다. 그러나 필요에 따라 작성되고 같은 시기의 것이라도 수치상의

차이가 있기 때문에 인용시에 세심한 주의가 요구된다. 『耽羅事例』・『耽羅營事例』・『濟州事例』(가칭)가 그것으로 구체적인 작성 시기, 작성 목적 등이 나타나 있지 않다. 때문에 내용 검토를 통하여 그 시기나 목적 등을 유추할 수밖에 없지만, 조선후기 제주사회를 이해하는 시발점이 되기에 모자람이 없겠다.

제3장은 조선후기 지방재정의 운영 실상을 앞 장에서 분석한 제주의 『事例』를 기반으로 검토하였다. 특히 지방관아의 재정을 검토하고 타 지역과의 계열성을 확인해 볼 수 있기 때문이다. 이 장에서 다루고자 하는 내용은 19세기 제주지방 관아의 『사례』를 중심으로 하여 수취기구의 운영과 재정내역을 분석하는 데 중심을 주었다. 이를 통해 제주지방 관아의 전반적 재정상황과 수취체제의 특수성, 그리고 앞에서 제기한 수취기구에 대한 고찰을 진행하였다. 조선후기의 지방관아 재정의 연구는 시대적 상황을 바탕으로 연구되어야 한다. 재정경비를 충족시키기 위하여 시행되는 수취체제에 관해서는 양적, 질적으로 많은 연구가 있어 왔지만 그것을 기초로 하여 운영되는 재정에 관한 연구는 상대적으로 빈곤한 실정이다.

이제까지 나온 기존의 연구성과를 보면 조선시대 또는 조선후기의 일부 지방만을 대상으로 하여 과세종류(세목), 세액, 수세물 내용, 용도 등을 살펴서 해당 지방의 수입·지출 규모를 상정하고, 그 결과를 당 시기의 전체적인 추세로 논의하고 있다. 그러나 이것이 당시의 전체적 추세를 파악하는 데에는 도움을 줄 수 있겠지만 여기에서 추출된 결과를 조선시대 모든 지방에 획일적으로 적용할 수 없을 것이다. 따라서 각 지방의 재정실상을 파악하기 위해서는 별도의 연구가 요청된다고 하겠다.

# 제1장 조선후기 제주지역의 수취체제와 주민 경제

　조선후기 사회는 종전과 달리 여러 부문에서 급격한 변화를 겪었다. 농업분야에서는 이앙법의 전국적 보급으로 농촌사회의 계층 분화와 無田無佃農民의 양산이 촉진되었고 수공업분야에서는 놋쇠공업이나 야철공업 부문에서 새로운 공장제 수공업이 출현하였다. 상업분야에서는 시전체제에 대항하는 난전과 경강상인 그리고 전국을 활동무대로 한 송상 등의 도가활동이 크게 나타났다.

　제반 산업의 변화에 관련하여 부세제, 신분제도 또한 변질되었다. 대동법·균역법과 같은 수취체제의 변화는 총액제 운영과 공동납이라는 새로운 부세 형태로 나타나고 이 시기에 만연된 신분제의 동요는 수령권으로 상징되는 국가 권력의 향촌 통제 방식을 다르게 변모시켰다.[1]

　그러나 총액제, 공동납으로 표현되는 수취체제의 성립이 국가재정 안정을 우선적 목표로 삼았던 한 향촌사회의 안정과 지방관아의 재정 안정은 전적으로 지방관 몫이었다. 18·19세기에 만연된 吏額의 증가와 지방 행정기구의 남설은[2] 향촌민으로부터의 불법적 과징·남징을 필연적으로

---

1) 정석종, 1994, 「중세사회의 해체 1」『한국사』9, 한길사, 61~62쪽.

초래하여 향촌사회의 불안은 날로 확대, 심화되었다.

조선후기 제주사회도 이러한 범주에서 예외일 수 없었다. 국가재정과 향촌사회 안정이 공존될 수 없는 시대적 상황 속에서 방만한 행정기구 운영은 제주민의 부담을 가중시켰고 결국에는 제주 민란으로 연결되었다.[3] 철종조 제주 민란은 이러한 상황 속에서 이해되며 이의 빌미를 제공한 특수적 요인에 대해서는 별도의 연구가 요청된다. 그 간 조선후기 제주 사회경제분야에 대한 몇몇 논문들이 발표되었고 필자 또한 이에 동참하였다.[4]

이 시기 제주지역의 수취체제와 주민 경제생활에 대한 문제 파악은 위 논문들에 대한 이해를 전제로 하고 주로 졸고 내용을 중심으로 해서 서술될 것이다. 그리고 논제가 시사해주듯 전반적 내용이 다뤄질 것이다. 취급될 주요 내용은 중앙에서 시행한 일부 수취제도(삼정·잡역세)가 제주지역에서는 어떻게 운영되고 그리고 주민들로부터 받아들인 세금이 어떻게 쓰였는가의 문제가 핵심이 된다. 이와 맞물려 제주민의 생활과 이 시기 주요 산업의 하나로 떠오른 양태수공업에 대해서도 종합적으로 살펴볼 것이다. 이러한 내용들이 어느 정도 성과를 거둔다면 조선후기 제주사회를 이해하는데 조그만 보탬이 되리라 생각한다.

---

2) 김필동, 1982, 「朝鮮後期 地方吏胥集團의 組織構造(上·下)」『韓國學報』 28·29 ; 張東杓, 1993, 『19세기 地方財政 運營의 實態에 관한 硏究』, 釜山大學校 博士學位論文.

3) 金鎭鳳, 1969, 「哲宗朝의 濟州民亂에 대하여」『史學硏究』 21 ; 權仁赫, 1985, 「哲宗朝 濟州民亂의 檢討」『邊太燮博士華甲紀念 史學論叢』, 三英社 ; 權仁赫, 1988, 「19세기 초 梁濟海의 謨變實狀과 그 性格」『耽羅文化』 7.

4) 權仁赫, 1986, 「19세기 前半 濟州地方의 社會經濟構造와 그 變動」『李元淳教授華甲紀念史學論叢』, 教學社 ; 姜昌龍, 1992, 「濟州啓錄에 나타난 濟州農業과 還穀」『濟州島史硏究』 2 ; 조성윤, 1992, 「조선후기 제주도 지배세력에 관한 연구」『濟州島史硏究』 2 ; 金東栓, 1995, 『18·19世紀 濟州島의 身分構造硏究』, 檀國大學校 博士學位論文 ; 權仁赫, 1996, 「朝鮮後期 地方官衙 財政의 運營·實狀」『耽羅文化』 16 ; 高昌錫, 1996, 「朝解後期 濟州島 土地賣買의 實狀」『耽羅文化』 16 ; 朴贊殖, 1996, 「19세기 濟州지역 進上의 실태」『耽羅文化』 16 ; 高昌錫 외, 1997, 『19세기 濟州社會 硏究』, 一志社.

# I. 수취체제 실상과 주민생활

## 1. 삼정의 실상과 운영

제주관아의 재정은 전정·군정·환곡과 잡역(잡세)에 의존하고 있었다. 그러나 제주지역의 농경조건은 타 지역에 비해 매우 열악했음으로 수취 방식 또한 달리 전개되었다.

전세의 경우 대부분의 지역이 水田 1결에 미 4두, 旱田 1결에 太(大豆, 黃豆) 4두의 세곡을 부과하고 세곡을 모두 호조에 상납토록 하였지만 제주지역은 1결당 2두를 수납하고 그 곡물은 제주 元會穀으로 삼게 하였다.[5] 이러한 국가의 특별 배려는 제주지역의 자연조건에 기인한다. 즉, 지표 거의가 돌로 덮여 있어 深耕과 김매기가 어려웠고 土性이 찰지지 못해 파종 후에는 우마를 가지고 답전을 해야 하는 등 어려움이 있었다. 그리고 예기치 못한 기상조건으로 파종시 종자가 날리거나 그것이 빗물에 유산되는 상황이 초래되기도[6] 하여 결국 제주민의 궁핍을 촉진시켰다.

조선전기의 이러한 전세 收稅式은 조선후기의 稅摠制 시행과 더불어 그 의미를 상실하였다. 군현을 단위로 한 세총제는 국가의 허락 없이는 이의 증감이 불허되었기 때문에 한 번 정해진 세총은 어떠한 일이 있어도 모두 부담해야[7] 했다. 실제로 세총의 기초가 되는 田摠(結摠) 경우에

---

5) 『經國大典』 2, 전, 수세조, 『萬機要覽』, 재용편2, 수세조 ; 李相伯, 『韓國史: 近世後期』, 乙酉文化社, 172쪽.

6) 『備邊司謄錄』 211, 순조 23년 계미 3월 20일, 21책, 450쪽 ; 『濟州牧關牒』(규장각도서 No, 15125) 道光 29년 1월 4일조 ; 『日省錄』 철종 계해년 6월 2일 정축조 ; 『耽羅誌』 제주목 풍속조·地瘠民貧條, 亞細亞文化社 邑誌6, 1983, 18쪽.

7) 金容燮, 1983, 「前近代의 土地制度」 『韓國學入門』, 學術院, 410쪽 ; 金容燮, 1983,

『濟州邑誌』(정조 4~정조 13년), 『濟州·大靜·旌義邑誌』(정조 17년), 『耽羅誌』(헌종 7~헌종 9년)[8]의 한전, 수전의 전총(결총) 내용이 거의 동일한 것으로 보아서 일단 책정된 세총은 크게 변하지 않은 것 같다. 그리고 『제주·대정·정의읍지』『탐라지』의 전세 항목에 있어서 실결수 기재 없이 上·中·下摠年으로 年分하고 각기 고정된 세액을 책정하고 있다는 점에서 더욱 확인된다.

대동법의[9] 경우에는 두 가지 측면에서 다른 지역과 차별성을 갖는다. 매 결 백미 12두를 수봉하여 각종 진상·공물가와 관아 재정 운영에 충당했던 대동법은 제주의 경우, 토지 대신 男丁을 대상으로 대동세를 부과하고 있었다. 연간 田米 5승을 받아들여 수납액 모두를 관아 운영에 충당하였던 것이다. 지출 내용은 각종 진상가와 各房上下, 官用油價 등으로 배정하였고 그 액수는 자연재해 때 1승을 감면하기도[10] 하였다. 그러나 잇따른 흉재로 전미 5승의 수세식은 준행되지 않고 나아가 1승 감면이 상례화 됨에 따라서 정조 17년경부터는 전미 3승에 참깨 또는 녹두, 참밀 등이 代捧되었다. [11]

헌종 7년~9년에 이르면 海村 남정에게서 참깨 8합, 山村 남정에게는 들깨 1승, 그리고 山·沿村을 불문하고 모든 남정에게서 菜種 1승을 징수하는[12] 새로운 양상으로 바뀐다. 이러한 변화는 곡물 생산과 관련된

「純祖朝의 量田計劃과 田政釐正문제」 『金哲埈博士華甲紀念史學論叢』, 知識産業社, 746~747쪽.

8) 『濟州邑誌』, 『濟州·大靜·旌義邑誌』는 亞細亞文化社 邑誌 6, 1983의 것을 『耽羅誌』(李源祚)는 濟州大 耽羅文化硏究所 耽羅文化叢書 4, 1989를 참고하였다.

9) 金榮國, 1978, 「大同法의 實施」, 『한국사』 13, 국사편찬위원회, 146~215쪽.

10) 1983, 『濟州邑誌』 제주목·대정현·정의현 대동조, 亞細亞文化社 邑誌6, 210쪽, 227쪽, 245쪽.

11) 1983, 『濟州·大靜·旌義邑誌』제주목·대정현·정의현 대동조, 亞細亞文化社 邑誌6, 274쪽, 311쪽, 328쪽.

12) 李源祚, 1989, 『耽羅誌』 2, 제주목 대동조, 濟州大 耽羅文化硏究所 耽羅文化叢書4, 127쪽, 앞으로 이 자료 인용에서 발행기관은 생략한다.

토지와 그 생산량이 보잘 것 없고 또한 이와 관련하여 제주민의 생활이
불안하다는 데에 기인한다. 그 결과 관아 재정에 도움이 되면서 제주사
정에 알맞은 다른 대체물과 그 액수가 조정되는 과정에서 위의 사실들이
나타났으리라 짐작된다.

둘째는 대동법의 입법 취지가 戶役으로서의 각종 공납과 雜役을 전세
화하고 이로써 관아 수요를 민간으로부터 貿用, 雇立하는 것이었는데
제주관계 『邑誌』들 중에는 「俸廩 : 요역내용 포함」, 「俸廩」, 「徭役」조
에서 관수미 및 요역 내용을 계속 기술하고 있다. 이는 앞의 내용에서와
같이 제주의 대동미 수입이 신통치 않음과 밀접한 관계가 있을 것이다.
숙종 시대 제주목사 李衡祥은 「濟州民瘼狀」에서[13] 제주의 대동미 수입
이 극히 적은데다가 연간 대동세·전세·둔조 수입이 불과 4백여 석에 지
나지 않아 각종 察享과 領料 지급이 매우 힘든 실정임을 피력하고 그
때마다 임시변통하고 있음을 토로하고 있다. 이는 결국 대동법 시행 전
의 전결·인정·호 단위의 수취체제로 환원됨을[14] 의미하는 것이고 그 결
과 「봉름」「요역」조가 계속 설정될 수밖에 없었던 것이다.

군정은 봉건적 신분제와 공동체적 향촌사회를 바탕으로 한 정군 입역
과 보인수포의 원칙으로 운영되었다. 그러나 그 간의 작폐로 인한 민원
유발과 향촌사회의 혼란으로 良役變通論이 제기되었고 이것이 균역법
(영조 26년)으로 낙착되었다. 그래서 군포 부담자는 연간 1필을 세납하
면 되었고 이로 야기된 국가 재정의 부족은 어·염·선세와 결미 또는 결
전으로 충당하게 되었다.[15]

---

13) 李衡祥, 1982, 『瓶窩全書』병와선생문집 濟州民瘼狀, 韓國精神文化硏究院, 311쪽.

14) 金錫翼, 1918, 『耽羅紀年』4, 以文호, 102쪽. 순조 26년 목사 沈英錫은 인정에
   부과한 架·草·하 役을 반으로 줄이고 쌓는 每圉에 小米 6승을 지급해 이를 사들
   이도록 하였다.

15) 車又燮, 1978, 「均役法의 실시」『한국사』13, 국사편찬위원회, 216~275쪽 ; 金
   容燮, 1982, 「朝鮮後期 軍役制의 動搖와 軍役田」『東方學志』32.

제주사회의 군정은 이와 다르게 전개되었다. 이는 두 갈래로 살펴볼 수 있는데, 하나는 균역법 성립 이전에 관아의 재정 확충과 고역처의 부담을 완화시킬 필요성에서 출발했다는 점이고, 또 다른 하나는 인정을 대상으로 하되 곡물을 과다하게 徵捧했다는 점이다. 위의 내용은 1738년(영조 14) 濟州御使로 파견된 李度遠의 활동에서 확인할 수 있다. 제주에 도착한 그가 먼저 착수한 것은 균역청(훗날 平役廳) 설치와16) 前將官·假率·旗牌官·兼司僕·鄕吏·忠翊衛·學·定虜·甲士·鎭撫·旗手·書記·漢生·倭生·書員·醫生·訓導 등의 除番이었다. 이들 중 목사와 判官 관할로 있었던 營除番과 牧除番 인원은 약 3천 7백 명으로 이들로부터 각각 연간 10두씩을 징수, 총 2,465석의 미를 거둬들이고 이 수봉미는 고역처인 牧子·鮑作(鮑漢)·船格·席匠 등과 各所(工禮房所·行禮房所·首工房所 등)에 지급하였다17)

이 때 제번된 각색 保率과 軍官·將校·各樣生 등은 정원 외의 避役者들로서 본래의 군역 부담자로 돌리는 것으로 군정 개혁을 뜻하는 것이기도 하였다 그런데 이 군정 개혁은 1778년(정조 2) 경 軍役米(平役米)를 담당한 관청이 도리어 군역도피 소굴로 변함에 따라 군정개혁의 당초 기도는 실패로 돌아갔다. 즉 이곳에 한 번 들어가기만 하면 요역부담 감소와 지위 상승이 보장되어 혹 전장관을 칭하다든가 또는 군역미 減類額 射講 免除의 혜택이 뒤따랐다.18) 더욱이 힘 있거나 부유한 자는 吏校나

---

16) 이때의 제주 균역청은 중앙의 균역청과 하등 관계가 없다. 정조시기에 작성된 『濟州·大靜·旌義邑誌』, 274쪽, 311쪽, 328쪽을 보면 균역조 내용이 '무'로 기록되어 있고 그 명칭이 중앙의 그것과 같았기 때문에 훗날 평역청(평역고)로 개칭되었다. 『備邊司謄錄』 142, 영조 38년 임오 9월 4일, 13책, 766쪽 ; 정조 2년 무술 5월 23일, 15책, 586쪽 ; 정조 10년 병오 2월 6일, 16책, 602쪽 참조.

17) 1983, 『濟州邑誌』 제주목 균세조, 亞細亞文化社 邑誌6, 210~211쪽. 이때의 개혁은 민역 균등과 군역개혁도 동시에 추구했기 때문에 이 때 받아들인 곡물을 군역미, 제번군납미, 평역미라고 불렀다.

18) 『備邊司謄錄』 159, 정조 2년 무술 5월 23일, 15책, 586쪽.

校·院生의 額外願屬으로 들어가 군역 도피와 부담 감소를 계속 도모했기[19] 때문에 평역미를 받아 고역처에 지급키로 한 평역 본래의 취지는 퇴색되기에 이르렀고, 고역처에 지급해야 할 例下米는 吏屬들의 농간으로 점차 없어지게 되었다.[20]

한편, 미 10두의 책정은 民役을 균등히 한다는 除番軍納米法(平役法) 취지에 어긋난 것으로[21] 그 실효가 처음부터 의문시되었다. 미 10두의 부담은 다른 지역에서 부담하는 군포 1필(미 10두가 안됨)보다 고액이었고 그리고 제주의 농업 조건으로 보아서 큰 부담이었기 때문에 이의 시정이 시급히 요청되고 있었다. 그래서 1762년(영조 38)에 8두 징봉을 시작으로 해서 1838년(헌종 4)에 7두 2승, 이후에도 수시 감봉 되어 1863년(철종 14)경에는 6두로 수봉되었다.[22] 그러나 이러한 일련의 감액 조치도 중간에 담당 色吏들의 비리가 개재됨에 따라서 그 효과가 반감되었다.[23]

그러나 군역미 6두 수봉은 당초의 10두에 비한다면 분명히 제주민에게 유리한 것이었다. 그럼에도 문제가 된 것은 제주의 곡물 생산량이 그리 넉넉하지 못한 형편이었고 그리고 위에서 언급한 것처럼 징세과정에서의 각종 불법적 수탈행위가 자행되었기 때문이다. 이처럼 제주의 군정은 여타 지역에서와 같이 문란해가기만 하였다.

---

19) 『備邊司謄錄』 178, 정조 15년 신해 2월 20일, 17책, 738쪽 ; 『備邊司謄錄』 201, 순조 11년 신미 3월 27, 20책, 322쪽 ; 『備邊司謄錄』 247, 철종 11년 경신 3월 9일, 25책, 488쪽.

20) 『備邊司謄錄』 164, 정조 6년 임인 1월 15일, 16책, 115쪽 ; 『備邊司謄錄』 168, 정조 10년 병오 2월 6일, 16책, 602쪽.

21) 『備邊司謄錄』 141, 영조 38년 임오 3월 22일, 13책, 678~679쪽.

22) 李源祚, 1989, 『耽羅誌』 2, 제주목 창고조 평역고, 耽羅文化叢書 4, 130~131쪽 ; 『日省錄』 철종 계해년 6월 2일 정축 別單; 『備邊司謄錄』 250, 철종 14년 계해 6월 22일, 26책, 64쪽.

23) 『備邊司謄錄』 204, 순조 14년 갑술 5월 28일, 20책, 80I쪽에는 법으로 인정한 l승 색 외에 2승을 더 받는 소위 색3승 비리가 자행되었다.

환곡은 還上, 還餉, 糶糴이라고도 하는 것으로 본래는 진대구휼의 기능을 갖고 있었다. 그러나 取耕補用과 還摠制가 시행됨에 따라 많은 문제점이 노출되었는데[24] 제주지역 또한 그러하였다. 1668년(현종 9) 제주목사 李寅(?)에 의해 설치된 賑恤庫는 진대구휼의 기능을 담당했던 것으로 추측된다.[25] 그러나 거듭된 자연재해로 元穀이 줄어드는 결과가 초래되어 그 운영에 지장을 초래하였다. 그 후 1731년(영조 7) 목사 李守身이 自備穀과 羅里舖米를 합침으로써 진휼고의 정상적 기능을 되찾게 되는데 이때부터 취모보용이 이루어져[26] 여타 이름의 환곡보다 관아재정 운영에 주요 지위를 차지하게 되었다. 이 진휼고는 賑恤庫, 營賑倉, 營賑廳, 營賑庫라고도 불린 것으로 제주목 내 州倉·東倉·西倉 그리고 大靜倉·旌義倉에 그 환곡이 나뉘어졌다.[27]

이와 더불어 제주목의 州補倉·동창·서창 그리고 대정창·정의창에 記付되었던 補民庫 환곡은 補民倉, 營補庫라고도 불린 것으로 1766년(영조 42) 목사 尹蓍東에 의해 설치되었다. 제주민의 진상 부담을 완화시킬 필요성에서 설치된 이 환곡은 그 후 蠲役庫, 覃恩庫 환곡이 옮겨짐으로써 그 규모가 더욱 커지게 되었다.[28]

진휼고, 보민고 환곡은 그 운영과정에서 여러 폐단을 낳고 있었다. 특히 환곡을 주고 되받는 과정에서 정한 양보다 적게 주고 갑절 가까이 되받는 捧厚分薄 현상이 공공연하게 나타났다.[29] 또한 환곡의 안정적

---

24) 金容燮, 1982,「還穀制의 釐正과 社會法」『東方學志』34.

25) 金錫翼,『耽羅紀年』2, 以文堂, 1918, 59쪽에 의하면 현종 8년 賑貸 후 남은 곡물을 別庫에 저장했다고 하는데 이 별고가 동 9년의 진휼고가 아닌가 생각된다.

26) 1983,『濟州邑誌』제주목 조적조, 亞細亞文化社 邑誌 6, 209쪽 ; 李源祚, 1989,『耽羅誌』2 제주목 창고조, 耽羅文化叢書 4, 129쪽.

27) 1983,『濟州邑誌』제주목·대정현·정의현 조적조, 亞細亞文化社 邑誌6, 209쪽, 226쪽, 245쪽.

28) 1983,『濟州邑誌』제주목 조적조, 亞細亞文化社 邑誌6, 209쪽 ; 李源祚, 1989,『耽羅誌』2, 제주목 창고조 蠲役庫, 覃恩庫, 耽羅文化叢書 4, 130쪽.

29)『備邊司謄錄』204, 순조 14년 갑술 5월 28일, 20책, 801쪽.

운영을 도모코자 가난한 민호에게는 환곡을 주지 않으려 하고 설사 분급
했다 하더라도 빠른 시간 내에 받으려는 纏分旋捧 현상이 나타나기도
하였다.30) 그럼에도 이러한 단기간의 환곡 운영은 관아의 의도대로 진
행되지 않고 도리어 받을 수 없는 지경에 이르러 元穀이 줄어드는 최악
의 상태가 발생되기도31) 하였다.

환곡의 分捧과 관련하여 또 다른 폐해가 나타나기도 하였다. 현지 농
작물을 전혀 고려치 않은 환곡운영이 그것이었다. 즉 도내의 연안지역에
서 모·맥을 생산하고 산간지역에서는 稷·粟을 경작함에도 불구하고 환
곡을 징봉할 때는 산간지역 경우는 여름에 모·맥으로 督納하고, 연안지
역에서는 직·속을 가을에 받아드리려는 작태가 발생해 민생의 어려움이
가중되고32) 있었다.

취모보용을 통한 관아재정 운영은 이 시기의 일반적 현상이었다. 還
摠(환곡의 총량)증가에 따른 戶少還多 폐해가 각지에서 발생하였고33)
이것은 늘어나는 관아재정과 맞물려 더욱 확대되는 모습을 띠었다. 제주
지역에서도 取耕率의 인상과 耕上生耕, 盡分을 통한 환총의 증대가 나
타나고 여타 곡물을 元還에 첨부하거나 또는 加入米를 환곡에 덧붙임으
로서 환총은 날로 늘어나기만 하였다.34)

환총의 증가는 얼마 되지도 않는 가호에 8, 9석 내지 6, 7석이라는
과다한 곡물을 수봉토록 하였다. 그리고 독납 시 이를 제대로 갚지 못하
면 이웃, 친족에게서 대신 징봉하는 隣徵, 族徵이 상례화되어 환곡을 둘

---

30) 『備邊司騰錄』 219, 순조 31년 신묘 12월 25일, 22책, 256~257쪽.
31) 『濟州牧關牒』(규장각도서 No, 15125) 咸豊 2년 12월 25일.
32) 『濟州牧關牒』(규장각도서 No, 15125) 道光 28년 4월 19일.
33) 梁晉碩, 1988, 『18, 19世紀 還穀運營에 관한 硏究』, 서울대학교 문학석사학위논
   문 ; 고석규, 1998, 「환곡;취모보용과 환총제」『19세기 조선의 향촌사회연구』, 서
   울대학교출판부.
34) 『日省錄』 철종 계해년 6월 2일 정축 別單 ; 『濟州牧關牒』(규장각도서 No,15125)
   道光 26년 5월 28일, 이 때 元還에 첨부된 모조를 客穀이라 불렀다.

러싼 소요가 비일비재하였다. 더욱이 극빈자에게도 분급하고 반드시 받아들였기 때문에 집안이 파탄에 이르고 자녀들이 죽으로 끼니를 잇는 상황이 전개되기도[35] 하였다.

## 2. 잡역의 실상과 운영

제주지역은 인구가 적은데 비하여 역이 번다하게 많았다. 예컨대 진상공물, 관아 支供은 물론이려니와 牧子役, 船格役 등 헤아릴 수 없을만큼 많은 역이 있었다. 그래서 1인이 10역을 겸해야 하는 상황이 나타났고 여자도 身役을 지고 갓난아이도 바로 역에 충당되는 형편이었다.[36] 이러한 과중한 역부담은 지방관의 노력 등으로 다소 완화되기도 했지만 근본적인 변통은 후일을 기다려야만 했었다.

목자역은 신역 중에 가장 힘든 역으로 연중 分番守直해야 했다. 그래서 국가에서는 위전을 지급해 그들의 생활 안정을 획책했지만 그 규모가 보잘 것 없어 큰 도움이 되지 못하였다. 더욱이 役多民少한 상황에서 그 충원은 기대할 수가 없었고 도리어 인정에 부과된 柴・炭・草의 요역이 이들에게 전가되고 있어서 그들의 부담은 날로 커져가고 있었다. 그러나 무엇보다도 그들을 가장 힘들게 한 것은 遺失馬가 발생했을 경우였다 이러한 경우 반드시 同色馬로 채워 넣어야 했기 때문에 빈한한 목자는 부모, 처자, 또는 동생을 팔거나 자신이 머슴살이를 해야 하는 극한적 상황에 놓여야 했다.[37]

---

35) 『濟州牧關牒』(규장각도서 No,15125) 道光 26년 5월 28일 ; 『濟州牧關牒』(규장각 도서 No,15125) 咸豊 1년 10월 28일.

36) 李衡祥, 1979, 『南宦博物』誌貢, 韓國精神文化研究院, 134~136쪽 ; 李衡祥, 1982, 『瓶窩全書』병와선생문집 濟州民瘼狀, 韓國精神文化研究院, 307쪽.

37) 李衡祥, 1979, 『南宦博物』誌俗, 市無賣買條, 韓國精神文化研究院, 111~112쪽 ; 李衡祥, 1982, 『瓶窩全書』병와선생문집 濟州民瘼狀, 韓國精神文化研究院, 308~309쪽.

그래서 이들의 고역을 완화시키기 위한 여러 구제책이 모색되었다. 그 중 환곡 일부를 떼어 내어 牧子庫를 설치한[38] 점이다. 이것은 환곡 운영으로 생기는 利息을 가지고 흉년 때 그들의 진휼자금으로 활용코자 함이었고, 또 다른 하나는 목자에게 平役庫 미 1석 1두를 지급해서 遺失馬 발생에 따른 동색마 責立 폐단을 제거코자 하였다. 그러나 이러한 조치들은 관계된 吏屬들의 중간 농간으로 말미암아 도리어 그들 주머니만 부풀리게 하였다.[39]

이외에도 牧馬場 犯耕處에 대한 수세를 단행해서 이를 馬監, 목자의 料米로 지급하거나,[40] 목자들의 장내 경작지에 대한 수세액을 하향 조정하여 常年에는 절반 감세, 點烙하는 해에는 전액 감세하는 구제책을 마련 시행하였다.[41] 그러나 이러한 일련의 조치들은 그 방향이 永除보다는 오히려 완화 쪽으로 추진되었기 때문에 그들 고역에 대한 근본적 대책이 될 수 없었다. 그렇기 때문에 목자들은 기회만 닿으면 피역을 도모하였고 그 결과 정원이 거의 비는 지경에 이르렀다.[42]

女役甚重과 관계된 潛女役은 해조류와 조개류 등을 채취해서 생활해 가는 잠녀의 역을[43] 일컫는다. 이들은 관아에서 작성한 潛女案에 의해서 채취물의 일부를 진상용, 관아용 명목으로 상납해야 했는데 그 액수는 연간 7, 8필에 달하는 고액이었다.[44] 여기에 輸納의 고통과 이속들의 농간이 작용할 때는 그들의 1년 작업으로도 능히 해결 할 수 없는 상황

38) 李源祚, 『耽羅誌』 2, 제주목 창고조 牧子庫·鐲役庫, 130쪽 ; 『濟州邑誌』 제주목 조적조, 209쪽 참조. 정조 15년에 견역고에 흡수되고 동 18년에는 보민고로 통합된다.
39) 『備邊司謄錄』 178, 정조 15년 신해 2월 20일, 17책, 738쪽.
40) 李源祚, 1989, 『耽羅誌』 2, 제주목 창고조 場稅庫, 耽羅文化叢書 4, 131쪽.
41) 『備邊司謄錄』 204, 순조 14년 갑술 5월 28일, 20책, 802쪽.
42) 『日省錄』 철종 계해년 6월 2일 정축 別單.
43) 李衡祥, 1979, 『南宦博物』誌俗, 土瘠民貧條, 韓國精神文化硏究院, 109쪽 ; 李衡祥, 1982, 『甁窩全書』 병와선생문집 濟州民瘼狀, 韓國精神文化硏究院, 310쪽.
44) 李衡祥, 1979, 『南宦博物』誌俗, 女役甚重條, 韓國精神文化硏究院, 110쪽.

이 전개되기도 하였다.45)

1794년(정조 18) 잠녀의 역 부담을 줄이기 위해 두 가지 결정이 내려졌다. 하나는 水稅藿 定額을 정하는 것이었고 다른 하나는 官貿藿 혁파였다. 전자는 곽 17근을 1秤으로 계량하여 매인 당 1속곽을 수봉하되 本牧은 515속, 本邑은 311속, 정의현 370속, 대정현 250속으로 관아별 수봉액을 규정하는 것이었고, 후자는 잠녀에 小米 1두를 분급하고 그들로부터 곽 2百立을 사들이는 것이 강제성을 동원한 매매와 다름이 없었기 때문에 이를 시정키 위함이었다.

그러나 이 문제는 차일피일 미뤄지다가 1814년(순조 14) 察理使 李在秀에 의해 정리되었다. 그 내용은 앞서 결정한 관아별 수봉액을 절반으로 확정하는 것이고 관무곽은 일체 혁파하는 것이었다.46) 이에 따라 잠녀에 고통을 안겨 준 관무곽은 사라지게 되고 단지 수세곽만이 잠녀역으로 남게 되었다. 그런데 이 역도 이듬해 혁파됨으로써47) 잠녀들을 괴롭힌 고역은 일단 사라진 듯 보인다. 그러나 철종 대까지도 그 폐해가 상존하여 관아용 해삼, 전복에 대한 이속들의 헐값 貿取와 求請을 빌미로 한 과다 징수의 폐단이 자행되고 있어서 잠녀 고역은 완전히 불식된 것이 아니었다.48)

진상용 搥鰒, 引鰒과 관아용 魚鰒 조달을 담당한 鮑作은49) 그들이 부담하여야 할 많은 진상액과 관리들의 憑公營私로 말미암아 목자 못지않

---

45) 金泰能 譯,「濟州風土記」,『耽羅文獻集』, 198쪽.
46) 『備邊司騰錄』 204, 순조 14년 갑술 5월 28일, 20책, 803쪽.
47) 『備邊司騰錄』 236, 헌종 15년 기유 3월 15일, 24책, l7쪽 ;『濟州牧關牒』(규장각
    도서 No.l5125) 道光 29년 3월 28일 成貼, 윤 4월 19일 到付.
48) 『日省錄』 철종 계해년 6월 2일 정축조 別單.
49) 어한, 포민, 포한, 포작 등으로도 불렸다. 李衡祥, 1979,『南宦博物』誌俗, 尙淫祠
    條·誌賦役, 韓國精神文化研究院, 115쪽, 138쪽 ; 李衡祥, 1982,『瓶窩全書』병와
    선생문집 濟州民瘼狀, 韓國精神文化研究院, 310쪽 ; 1983,『濟州邑誌』제주목 균
    세조, 대정현 봉름조, 亞細亞文化社 邑誌6, 211쪽, 227쪽.

은 고역을 치러야 했다. 그래서 포작은 그들에게 부과된 과중한 역의 부
담으로부터 벗어나기 위해 온갖 피역행위를 도모하였다. 그 결과 8백여
명의 정수가 80여 명으로 줄어드는 결과가 나타났다. 그렇지만 피역을
하지 못한 포작이 피역자의 몫까지 모두 부담해야 했기 때문에 그들이
겪는 고통은 매우 컸다.[50]

　1738년(영조 14) 평역청(평역고)을 설치하고 제번한 각색군관, 각양생
들로부터 받아들인 평역미를 이들에게도 지급토록 한 조치는[51] 이들의
부담을 덜어주기 위함이었다. 그러나 평역고 운영이 부실해짐에[52] 따라
이들에게 배려한 조치는 소기의 성과를 거두지 못하고, 헌종 9년경에 이
르러서야 포작역에 대한 근본적인 대책이 마련되었다.[53] 즉 포작이 부
담했던 진상역을 禮吏處가 대행하게 되고 관아용은 민간에게서 사들임
에 따라 포작역은 없어진 것처럼 보였다. 그럼에도 불구하고 포작은 이
와 성질을 달리하는 또 다른 선격의 역도[54] 수행해야 했기 때문에 그들
의 고통이 완전히 사라진 것이 아니었다.

　船格은 혹 格軍이라고도 부르는 것으로 진상공물과 貢馬를 바다 너머로
무사히 운반해야 하는 역 부담자였다. 이 일은 예상치 못한 해상사고로 말
미암아 익사, 표류의 결과를 초래하기도 하여 格軍案에 실린 160명의 정수
는 점차 감소 추세를 보이다가 종국에는 전무한 상태가 되었다. 그래서 필
요한 때마다 임시로 모집해 부리고 雇價를 添給하는 양상으로 변질되었
다.[55] 이 때 年例小貢馬 경우에는 5兩씩 지급되어 문제가 없었지만 式年

50) 李衡祥, 1982,『甁窩全書』병와선생문집 濟州民瘼狀, 韓國精神文化硏究院, 310쪽.
51) 1983,『濟州邑誌』제주목 균세조, 대정현 봉름조, 亞細亞文化社 邑誌 6, 210~211쪽.
52)『備邊司謄錄』159, 정조 2년 무술 5월 23일, 15책, 586쪽 ;『備邊司謄錄』178,
　　정조 6년 임인 1월 15일, 16책, 115쪽 ;『備邊司謄錄』201, 순조 11년 신미 3월
　　27일, 20책, 322쪽.
53) 李源祚, 1989,『耽羅誌』2, 제주목 공장조 鮑作, 耽羅文化叢書 4, 142쪽.
54) 李衡祥, 1982,『甁窩全書』병와선생문집 濟州民瘼狀, 韓國精神文化硏究院, 310쪽.
55)『耽羅啓錄』咸豊 21년 5월 26일, 7월 9일, 8월 25일, 10월 10일 ;『濟州啓錄』咸

大貢馬 경우에는 格價가 책정되어 있지 않아 문제를 야기하고 있었다.

격군을 모집할 때 진속, 이속들의 농간이 나타나고 이들의 말에 따라 격군이 되면 끝내 빠져 나올 수 없는 상황이[56] 벌어졌다. 격군에 든 부형이 병이 들어 格役을 이행치 못할 때에는 그 역이 자제에게 강제화되었기 때문에 이에 따른 폐해가 발생되고 있었다. 즉 격군 雇價 5, 6 필목을 내야지만 면제될 수 있었고, 관아에서는 이를 가지고 식년대공마 운송비용을 해결하고자 했던 것이다.

그러나 이들 代納者들은 거의 모두가 빈궁자였으므로 자식을 팔아 갚거나 그렇지 않으면 친족에게 피해를 끼치게 되었다.[57] 이 문제는 1846년(헌종 12) 진휼고 耕條 일부를 보민고에 옮기고 이 기관에서 식년대공마 격군 고가를 지급할 때까지 해결되지 않았다.[58]

# Ⅱ. 관아 재정의 지출 내역[59]

조선후기 제주관아는[60] 다른 지역에서와 같이 각종 행정, 수세업무를 보조하는 여러 기관(庫·廳·局·所)을 설치하였다. 이들 기관들은 각각 독립

---

豊27년 1월 l0일, 6월 16일 ; 李源祚, 『耽羅誌』 2·3, 제주목 공장조 舵工, 舊例條 船禁, 耽羅文化叢書 4, 142, 194~195쪽.

56) 『濟州牧關牒』(규장각도서 No,15125) 道光 26년 5월 28일 ; 『備邊司騰錄』 233, 헌종 12년 병오 7월 25일, 23책, 714쪽.

57) 『濟州牧關牒』(규장각도서 No, 15125) 道光 26년 5월 28일.

58) 『備邊司騰錄』 233, 헌종 12년 병오 7월 25일, 23책, 714쪽.

59) 이 부분은 전적으로 『耽羅營事例』에 의존했다. 『耽羅營事例』에 대한 해제와 글은 이미 발표한 바 있어 당시 미진하고 불명했던 부분을 재차 보완하는 차원에서 작성했다. 졸고, 1994, 「조선후기 제주의 『사례』와 사료적 가치」 『제9회 국사편찬위원회 사료조사위원회 – 발표요지 – 』 ; 졸고, 1996, 「朝鮮後期 地方官衙 財政의 運營實狀」 『耽羅文化』 16.

60) 金東栓, 1991, 「朝鮮時代 濟州島의 郡縣構造와 支配體制」 『濟州島史硏究』 1, 45~67쪽.

된 역할을 수행하였으며 그 일을 추진하기 위하여 독자적인 경비가 필요하였다. 그래서 각 기관들은 독립된 수세원을 확보하거나 또는 재정규모가 큰 다른 기관에 의존하든지 아니면 殖利活動을 전개해야[61] 했었다.

收稅源은 고유의 업무추진과 관계된 신역자나 민호 그리고 상인 및 선박 등이 대상이 되었고 수세물은 생산물이 중심을 이루면서 錢納도 이루어졌다.[62] 규모가 큰 기관으로는 진휼고(진휼청), 場稅庫, 평역고, 보민고 등이 있었으며 규모가 작은 기관으로는 戶庫, 元禮庫, 支禮庫, 工庫, 營繕庫, 軍器庫, 牙兵廳, 醫局, 承發所 등이 있었다.

진휼고는 州賑監, 東·西賑監(각 1명)과 都賑色, 州賑色, 東·西賑色(각 1명) 그리고 가장 아래에 위치한 州賑直(12명), 東·西賑直(각 9명)이 소속되어[63] 있었다. 주요 기능은 흉작 때 진대구휼이었지만 취모보용이 허용되고부터는 사정이 달라졌다. 날로 늘어나는 재정수요를 충족시키기 위하여 환곡을 적극적으로 이용하였고 그 운영을 통하여 取利를 극대화하였다.[64]

1838년(헌종 4)에는 그 규모가 3만 2천석에 이르렀고 『耽羅營事例』작성 시기(철종 5~14년)에는 취모할 수 있는 夏還米 13,053여 석, 秋還米 6,843여 석, 도합 19,897여 석의 운영으로 다른 기관을 보조하는 등 제주관아 재정운영에 없어서는 안될 존재가 되었다.

진휼고의 지출 내용은 대정, 정의현 馬·牛監 給料, 本州 反利木取利革罷代, 3읍 司倉의 婢貢 蠲減代, 營門 例下, 判官 察需費, 보민고 보조 등 각 기관 운영에 필요한 비용을 지원하고[65] 있었다.

---

61) 吳永敎, 1986, 「朝鮮後期 地方官廳 財政과 殖利活動」『學林』 8.
62) 『耽羅營事例』 호고, 원례고, 지례고, 공고, 영선고, 군기고, 아병청 참조, 그 중 현물과 전문을 수봉했던 기관은 원례고, 공고였다.
63) 『耽羅營事例』 영리방장·반액·군관방임 참조.
64) 姜昌龍, 1992, 「濟州啓錄에 나타난 濟州農業과 還穀」『濟州島史研究』 2, 85~108쪽.
65) 『耽羅營事例』 진고, 매년취모예하질.

　장세고는 중·산간지대의 10所場, 山場 3장(針場, 上場, 鹿山場) 모두 13장의 토지를 관할하며 그 안의 목장전, 加耕田, 화전으로부터 隨起隨稅(장세곡)하고 있었다.[66] 목장전과 가경전이 비록 명칭 상으로는 구분되지만 같은 13장 안에 있고 수기수세의 대상이 된다는 점에서 그 구분은 매우 힘들다. 화전의 경우는 개간과 경작이라는 일련의 과정이 앞의 토지와는 상이하고 별도의 세목으로 징세했을 것으로 추측된다. 그러나 중·산간지, 수기수세라는 공통점으로 말미암아 장세곡 범주에 포함되었을 것이다. 이러한 추정은 화전과 결부된 수취기구를 『邑誌』, 『事例』등에서는 찾아 볼 수 없지만, 후대 자료인 『濟州郡邑誌』(1899, 광무 3)의 '旱田 卽 火田'이라는 표현에서는 확인할 수 있기 때문이다.

　各場에서의 수세는 진휼고에서 파견된 監官, 色吏가 매년 수행하며 지출은 정기적 (매년 ·2년), 비정기적으로 급료, 진상공물가(騎鞍·紅鞍價 등), 例下, 移下, 기타 등의 명목으로 나가고 있었다. 그 중 정기적 지출 내용을 세분해 살펴보면 執事·軍官 급료, 진상 홍·기안가, 魚稅, 日藿代, 祭享米, 各班 예하미, 사창 예하미, 수세곽대, 반리목취리·私橘摘取혁파대, 향교·서원 예하미, 戶庫 元田稅혁파대·菜種本 色落條가 중심을 이루고 있었고 비정기적 지출은 營門·本官 등에 대한 기타(奇別債, 塗裹紙價, 候風糧料下, 迎護送 船什人價)의 이름으로 나가고 있었다.[67]

　보민고는 민호의 진상역 부담(白蠟 표고버섯)을 완화시킬 목적으로 설치되었고 견역고, 담은고의[68] 환곡이 합쳐짐으로써 그 규모는 더욱 커지게 되었다. 소속 관리로는 환곡을 검속·총괄하는 補民監과 州補色,

---

66) 李源祚, 1986, 『凝窩全集』 4, 「탐라록」 中, 麗江出版社, 47쪽.

67) 『耽羅營事例』 진고, 장세미매년상하질, 간년상하질, 불항상하질; 『耽羅營事例』는 장세고 명칭이 나오지 않는다. 다만 각장수세 진고 내용에 그 편린을 엿볼 수 있다. 그러나 목사 李源祚, 『耽羅誌』 2, 제주목 창고조, 131쪽에는 명시되어있다.

68) 1983, 『濟州邑誌』, 제주목 조적조, 亞細亞文化社 邑誌6, 209쪽 ; 李源祚, 1989, 『耽羅誌』 2, 제주목 창고조 견역고·담은고, 耽羅文化叢書4, 130쪽 ; 1982, 『국역 萬機要覽』 I, 재용편 6, 諸倉 담은고, 민족문화추진회, 650쪽.

東·西補色이 있었고 가장 말단에 위치한 州補直(12명), 東補直(14명), 西補直(13명)이 있었다.[69] 진휼고와 같이 취모보용이 가능했던 보민고 환곡은 『耽羅營事例』시기에 대략 5,891석에 달하였고 취모의 운영을 통하여 관아재정 경비를 조달하고 있었다.

戶役과 관계된 민호부담의 경감은 3읍(제주목, 대정현, 정의현), 원례고, 공고가 수행하는 진상공물가(백납, 어복, 표고 등)와 人情의[70] 보조로 나타났으며 그 외에도 格卒(격군)고가, 肉饌價·日用鰒價·生魚價와 같은 食費와 본관·양읍의 대동세 감액 조치에 따르는 보조, 공고의 문서지가·全漆價, 호고의 장료, 柴·草防給代 등 온갖 명목으로 매년 각 기관을 돕고 있었다.

한편 비정기적으로도 각 기관에 비용이 지출되고 있었다. 『耽羅營事例』「보민고」조의 '不恒上下秩'에 의하면 진상공물과[71] 여타의 명목으로 지출되고 있었는데, 그 중 식년대공마(大載馬)격졸 고가 비용이 거의 전부를 차지했고 그 다음에 輦杠船 격졸 고가, 到界進上 백랍가, 호적작성[72] 때 生産·物故紙價, 先生賻儀, 輦杠木 京人情·封裹紙席價 순으로 나타났다. 이 외에도 해당 일이 생길 때마다 지출되는 윤삭 진상가, 공성곡가 등이 있었다. 공성곡은 1823년(순조 23)어사 趙廷和에 의해 마련된 것으로 중앙에서 파견되는 관리들의 지대를 위한 것이었다.[73] 그 경비는 拮据米 47석을 司會에 붙여 그 취모활동을 통해 조달토록 하였으나 실제로는 보민고의 몫이었다.

평역고는 평역미를 관장하는 기관으로 裨將이 겸하는 平役內監, 敎練行首가 例兼하는 平役外監, 吏房所에서 윤차하는 東·西平役色(각 1명),

69) 『耽羅營事例』 영리 방장·반액·군관방임 참조.
70) 茶山研究會, 1983, 『譯註 牧民心書』Ⅱ, 創作과 批評社, 242쪽.
71) 朴贊殖, 1996, 「19세기 濟州지역 進上의 실태」, 『耽羅文化』 16, 255~272쪽.
72) 金東栓, 1995, 『18·19世紀 濟州島의 身分構造研究』, 檀國大學校 博士學位論文.
73) 李源祚, 1989, 『耽羅誌』 2, 제주목 조적조, 耽羅文化叢書 4, 128~129쪽.

그리고 최말단의 平役直 11명이[74] 있었다. 이들에 의하여 수봉, 관리되는 평역미는 취모보용이 불가능한 것으로 각종 부문에 번다하게 지출되고 있었다. 『耽羅營事例』에 의하면 당시 수봉미가 2,412석 정도에 불과했음에도 지출액은 그 이상이었다. 그 연유에 대한 구명은 보류하고라도 그러한 내용이 나타났다는 사실은 평역고에 대한 여타 기관, 관리들의 의존도가 매우 컸음을 의미하는 것이라 하겠다.

평역고의 설립 목적은 앞장에서도 설명한 바와 같이 군역변통, 苦役處의 부담 경감과 더불어 관아재정 확충이라는 구체적 내용을 갖고 있었다. 그러나 매년 지출되는 내용을 살펴보면 군역과 고역처에 관계가 된 것은 畓作人(畓漢),[75] 목자, 沙格(船格)뿐이고 그 외에는 관속과 관노비들에 대한 급료가 대부분이었다. 지출액 규모로 보아도 전자 대 후자의 대비가 약 3:7 정도였기 때문에 평역고의 당초 설립 목적이 어느 한쪽 방향으로 쏠리고 있음을 알 수 있다. 즉 관아 운영과 관련된 비용 지출이 중심을 이뤄갔던 것이다.

관노비에 대한 급료 지급은 조선후기 고립제 채택과 관계가 깊다. 17·18세기 이후, 내사노비의[76] 선상·입역제가 폐지되고 납공제가 시행됨에 따라 중앙 各司에서 필요한 노동력은 일정한 급료를 주고 동원해야만 했다.[77] 그러나 지방관아에서 사역되는 관노비는 1894년 갑오개혁 때까지 계속 노비 신분으로 남았다. 이들은 여타 관속과 같이 급가의 대상으로서 유상노동을 하였는데 그 까닭은 조선후기에 만연된 신분 질서 해이와 관계가 깊다. 여느 공천과 마찬가지로 冒避나 도망을 통하여 자신들이 지던 고역으로부터 이탈을 도모하였고, 그것은 관노비의 감소현상을 유발시키고 심화시키는 것이었다. 그 결과 지방관아 운영이 어려워

74) 『耽羅營事例』 군임·영리방장·진리방장·반액·군관방임 참조.
75) 김동전, 1993, 「18·19세기 畓漢의 신분적 지위와 그 변동」 『역사민속학』3, 61~89쪽.
76) 姜昌龍, 1991, 「18世紀 濟州 內奴婢의 土地所有」 『濟州島史硏究』1, 71~89쪽.
77) 金炯澤, 1989, 『朝鮮後期 奴婢身分 硏究』, 一潮閣, 82~119쪽.

지고 이의 타개를 위한 별도의 방법이 강구되지 않으면 안되었다. 지방마다 차이가[78) 있었겠지만 제주관아의 경우는 급가를 통하여 이 문제를 해결하고자 하였다. 따라서 관노 또는 관노적 성격이 짙은 吸唱, 房子, 汲水軍, 刀尺 그리고 각종의 匠人, 等牌, 庫子(庫直)들을 사역할 수가 있었고 관노, 관비들도 부릴 수가 있었던 것이다.

『耽羅營事例』「평역고」'불항상하질'에 기재된 평역고의 비정기적 지출은 지방관 교체에 따른 진상가(백랍, 皮物, 추자)·교체 소요비용(司命旗, 庖廚, 共需器皿, 改案紙), 京人情, 호고의 閏朔·排朔條(月廩), 裨將廳 饌價, 別方物 皮物價, 읍3리 修籍條 등으로 구분할 수 있다. 이러한 경비는 모두 관아 운영과 직결된 것으로 앞서의 정기적 지출 성격과 하등 다름이 없다.

이 외에 호고, 원례고, 지례고, 공고, 영선고, 군기고, 아병청 등 허다한 수취기구가 있었다. 이들 기관은 각자의 고유한 기능을 수행하기 위하여 독자적인 수세원을 확보하기도 했지만 그것만으로는 충분하지가 않아 재정규모가 더 큰 평역고, 보민고, 장세고에 의존하지 않으면 안되었다. 예컨대 호고의 경우는 일용품 조달기관으로서 답한으로부터의 수세와 陸商으로부터의 商賈稅 수입이 있었지만 평역고 보민고로부터의 재정보조가 더욱 컸다. 원례고는 각종 진상과 인정을 주관했던 기관으로 2把半船 船主로부터 船稅(捧藿에서 錢文 收捧), 官·私釜를 보유 또는 소유한 자로부터 현물(소금)을 징세하기도 하였다. 그러나 앞서의 경우와 같이 보민고, 평역고에 대한 의존도가 높았다. 여타 기관도 마찬가지로 자체의 수입원이 있었지만 移來, 代報의 형식으로 재정규모가 큰 다른 기관에서 재정보조를 받지 않으면 안되었다.[79)

---

78) 茶山研究會, 1982, 『譯註 牧民心書』Ⅰ, 創作과 批評社, 155~156쪽.
79) 『耽羅營事例』호고, 원례고, 지례고, 공고, 영선고, 군기고, 아병청, 의국, 승발소, 공피고.

## Ⅲ. 양태수공업의 실상

제주는 흉년의 피해가 심각하면 국가의 移轉穀에 의존하였고 실제로 숙종 시기에는 상당량의 곡물이 제주로 이송되기도 하였다.[80] 그러나 진휼청과 영·호남 연해읍의 곡물이 항상적으로 비축될 수 있는 것도 아니고 도리어 해당 지역의 민폐가 발생함에 따라 제주 진휼에 대한 효과적 방법을 모색하게 되었다. 그러한 과정에서 나리촌(공주·연기 부근)의 진휼창을 나리포로 개칭하고 이후 臨陂로 옮겨 제주 구휼에 만전을 기하도록[81] 하는 한편 이 곳 곡물과 제주 어곽 등 산물을 서로 교역토록 하였다.[82] 그러나 1727년(영조 3) 나리포 이전곡을 받은 제주에서 곽으로의 상환이 어렵게 되자 대신 다른 산물로의 代捧이 논의되게 되었다. 이 때 좌참찬 金興慶이 제의한 凉太가 채택되어[83] 이 후 양태는 앞서의 어·곽과 더불어 이전곡에 대한 상환물로 주요한 위치를 잡게 되었다.

그런데 당시의 곽 수확기간은 春期 3달인데 비하여, 양태 제조는 연중 가능했기 때문에 採藿보다는 이에 의존하는 바가 더욱 커지게 되었다. 게다가 양태 제조는 風雨寒暑라는 기후 조건과 관계가 없었고, 남녀노소 모두가 종사할 수 있다는 利點[84] 때문에 이에 대한 의존도는 날로 높아만 갔다. 또한 정조 시기에는 양태 생산으로 유명한 金提가 국가로

<hr/>

80) 鄭亨芝, 1995, 「조선후기 交濟倉의 설치와 운영 - 18세기 羅里浦倉 사례를 중심으로 - 」『梨人史苑』28, 206~208쪽.

81) 1982, 『羅里舖事實』(규장각도서 No,4559), 「나리포신설절목」 ; 『度支志』 20, 移轉各倉, 10책, 민족문화사, 468~471쪽.

82) 『備邊司謄錄』 78, 영조 원년 기사 11월 15일, 7책, 785~786쪽 ; 『備邊司謄錄』 80, 영조 2년 병오 12월 25일, 7책, 967~968쪽 ; 1974, 『大東地志』 12, 나주, 창고조, 亞細亞文化社, 265쪽.

83) 『備邊司謄錄』 81, 영조 3년 정미 6월 11일, 8책, 95~96쪽.

84) 『日省錄』 철종 계해년 6월 2일 정축조.

부터 防禁 조치를 받음에[85] 따라서 제주 양태가 이 분야의 독점적 지위
를 차지하게 되어 양태 생산은 더욱 생기를 띠게 되었다.

당시 제주 양태가 육지로 반출될 때는 주로 강진, 해남 등지를 거쳤으
므로 이곳은 양태의 집산지가 되었고 이곳에서 중간 상인에 의해 서울의
凉太廛으로 전매되었다. 그러나 19세기 초엽에 이르러서는 개성상인들
이 강진과 해남에 진출하여 제주에서 건너오는 양태를 매점하고 그것을
전국 각지에 직접 전매함으로써 서울의 양태전이 상품을 구입할 수 없는
상황이 발생하였다.[86] 이에 양태전은 사람을 직접 강진, 해남 등지에 파
견하여 바다를 건너 온 제주 양태를 모두 독점하고 이것을 다시 개성상
인, 각처에 전매하겠다고 나섬으로써[87] 제주산 양태와 개성상인은 한동
안 멀어지게 되었다. 그러나 개성상인들은 양태가 서울로 들어가는 길목
이나 그 외 주요 지역에서, 특히 개성·안성 등지를 중심으로 한 제주 양
태에 대한 도매활동을 펼쳐 양태전에 커다란 피해를 입혔다.[88]

한편 정조시기(辛亥通共)에 판매활동이 자유로워진 제주상인들은[89]
순조 이후 서울의 笠匠과 직접 거래를 한다던가 또는 散賣행위에 직접
관여함으로써[90] 서울에서의 판매활동을 보다 적극적으로 추진하였다.
그리고 이러한 적극적 활동은 商人 高尙葉의 경우에서와 같이 영남지역
까지 확대되고 있었다.[91] 그러나 이러한 양태수공업의 번창은 그 후 여
러 요인에 의해 점차 쇠퇴의 길로 접어들었다.

---

85) 『星湖僿說』 8, 인사문, 생재조 ; 『濟州牧關牒』(규장각도서No,15125) 道光 29년
    1월 4일.
86) 姜萬吉, 『朝鮮後期 商業資本의 發達』, 112쪽.
87) 『備邊司謄錄』 200, 순조 10년 경오 1월 10일, 20책. 164~165쪽.
88) 『備邊司謄錄』 215, 순조 27년 정해 1월 13일, 21책. 822쪽 ; 姜萬吉, 『朝鮮後期
    商業資本의 發達』, 112~113쪽.
89) 『濟州牧關牒』(규장각도서No,15125) 道光 29년 1월 4일.
90) 『備邊司謄錄』 218, 순조 30년 경 인 1월 11일, 22책. 102, 219쪽 ; 『備邊司謄錄』
    226, 헌종 4년 무술 2월 14일, 22책, 943~944쪽.
91) 『耽羅啓錄』 咸豊 23년 3월 7일.

우선 판매활동의 제약을 들 수 있는데 이는 서울 지역에서 분명히 드러난다. 정조시기 제주상인들은 전국을 상대로 한 판매활동이 허용되어 어디서든 자유로운 영업이 가능했었지만 헌종 시기에는 이러한 환경이 바뀌어 온갖 제약이 뒤따르게 되었다. 즉, 市人輩들이 전에 없었던 각종 규제를 만들어서 그들의 판매 행위를 亂廛이라 칭하거나 혹 都賈라고 칭하면서 그들의 활동을 크게 제약했다는 사실이다.

그리고 이들의 양태를 헐값에 매입하고 몇 년이 지나도록 대금을 갚지 않는 바람에 제주상인들의 영업활동에 지장이 초래되었다는 점이다. 특히 이 경우에는 판매 대금 회수를 위한 무작정 체류로 말미암아 외지에서의 비용이 한없이 들어갔고 그래도 대금을 받지 못할 경우에는 빈손으로 돌아가야 하는 매우 비참한 상황이 전개되었다. 이는 '貨泉�̇閼塞' '交易無物'의 표현처럼 제주사회 경제에 암운을 드리우는 조짐들이었다.[92]

다음에는 양태 제조에 필요한 箭竹(凉竹)이 점차 고갈되어간 사실이다. 이는 개성상인의 전죽 반출을 한 예로 들 수 있겠다. 1837년(헌종 3) 개성상인들은 엄청난 곡물과 白木을 제주에 보내 제주의 전죽을 매집하였다.[93] 이는 제주 양태수공업의 폐업을 초래할 정도로 큰 규모로서 지방관과의 결탁으로 가능한 것이었다. 당시 전죽은 도외로의 반출이 금지되었음에도[94] 불구하고 목사는 蓄財라는 입장에서 개성상인은 箭竹 散賣를 통한 이익 추구라는 점에서 양자가 긴밀히 연계되었던 것이다.

이러한 전죽의 도외 반출과 양태수공업의 활발한 발전은 제주도의 전죽자원을 필연적으로 고갈시켜 1862년(철종 13) 전죽刈取를 둘러싼 커다란 소요를[95] 불러 일으켰다. 이는 동년 3월 서울에 거주하는 高判官

---

92) 『濟州牧關牒』(규장각도서No,15125) 道光 29년 1월 4일.

93) 『備邊司騰錄』 225, 헌종 3년 정유 10월 5일, 22책, 895쪽.

94) 李源祚, 1989, 『耽羅誌』 2, 제주목 舊例 船禁, 耽羅文化叢書4, 194~195쪽.

95) 『壬戌錄』 濟州牧按覈狀騰錄, 116~119, 159쪽.

이란 자가 箭竹求請關文을 가지고 내려와 3읍의 箭竹을 베어 가려할 때 이를 적극 막으려는 3읍민과의 마찰에서 비롯된 것이었다. 이처럼 양태 제조에 필요한 전죽은 이 시기에 이르러 크게 모자라 도민들의 주요 관심사가 되었던 것이다.

마지막으로는 統營 양태수공업의 성장을 들 수 있다. 통영산은 1827년 (순조 27)까지만 해도 서울에서의 교역활동은 거의 없었고 단지 尙方(尙衣院)의 궁중 소요품으로 또는 御笠凉太로서만 쓰였을 뿐이다.[96] 그런데 철종 시기에 이르면 제주양태가 누린 지위를 통영양태가 이어받게 됨에 따라서 제주 양태수공업은 점차 쇠퇴하기 시작하였다.[97] 비록 곽, 魚鰒이라는 토산물을 통하여 생계에 필요한 물품을 교역할 수도 있었겠지만 양태에 의한 그것보다 수입이 적었기 때문에 제주민의 생활은 날로 힘들어 갔다.

# Ⅳ. 제주지역 수취체제로 본 주민 경제

조선후기 제주지역은 다른 여타 지역에서와 같이 삼정과 잡역세가 수취체제의 근간을 이루고 있었다. 그러나 제주만이 갖는 지리적, 자연적 조건으로 말미암아 그 운영에서 차이를 보였고 그 방향은 관아 재정 안정에 초점이 맞춰졌다. 그래서 민생 안정과는 거리가 있을 수밖에 없었고 도리어 제주민의 궁핍화와 사회 불안을 조성하고 있었다.

삼정이라고 불리는 전정·군정·환곡 중에서 전정과 군정은 앞에서도 언급한 것처럼 달리 운영되고 있었다. 전정 경우에는 토지(實結數)를 대상으로 한 징세였지만 토지가 워낙 척박하고 농작과 관계된 기상조건도

---

96) 『備邊司謄錄』 178, 정조 15년 신해 1월 7일, 17책, 704~705쪽 ; 『備邊司謄錄』 215, 순조 27년 정축 1월 13일, 21책, 822쪽.
97) 『日省錄』 철종 계해년 6월 2일 정축.

좋지 못해 加耕田, 牧場田, 火田에 대한 隨起隨稅가 주종을 이루고 있었다. 그래서 대동세의 경우에도 人丁을 중심으로 수세하였고 柴·草·炭役도 계속 부과하였다.

군정 경우에는 관아 재정 보충과 苦役處의 부담을 완화시킬 필요성에서 일찍부터 추진되었다. 정원 외로 들어 간 각종 保率과 各色 軍官·將校, 各樣生들을 除番시키고 대신 군역미(平役米)를 연간 10두 징봉함으로써 군정의 개혁을 도모하였다. 그러나 인정을 대상으로 한 과다한 징봉과 額外願屬 현상이 다시 대두됨에 따라 고역처에 대한 부담 완화는커녕 과다한 징세에 따른 폐해가 나타나게 되었다.

賑恤庫, 補民庫가 중심이 된 환곡 운영은 날로 늘어나는 관아 재정과 맞물려 온갖 폐단이 발생되고 있었다. 특히 分捧과정에서 取耗率 인상, 耗上生耗, 盡分 등의 폐단이 나타났고 온갖 곡물을 元還에 첨부하거나 또는 加入米를 환곡에 덧붙임으로써 還摠을 늘려갔다. 환총의 증가는 戶少還多 상황 아래에서 隣徵, 族徵을 초래해 환곡을 둘러싼 소요와 제주민의 궁핍을 더욱 촉진시켰다.

삼정과 더불어 잡역 운영도 문란하였다. 그 중 牧子役은 연중 分番守職의 고통과 遺失馬 발생시 同色馬로 채워야 하는 부담이 뒤따랐고 潛女들은 채취물의 일부를 水稅藿, 官貿藿 이름으로 상납하는 과정에서 吏屬들의 농간으로 그 부담이 늘어만 갔다. 그래서 국가에서는 이들의 고역을 완화시킬 필요성에서 목자에게 평역미·料米 지급, 그들 경작지에 대한 감세조치를 잇따라 취했고 잠녀에게는 수세곽, 관무곽을 완전히 혁파함으로써 이들의 고역은 사라진 듯 했다. 그러나 이속들의 농간과 여폐가 상존함에 따라 목자 경우에는 避役을 계속 도모하여 정원이 거의 비는 상태에 이르렀다.

한편 進上役과 船格(格軍)役을 부담했던 鮑作도 그 역이 큰 고통이었기 때문에 일찍부터 피역을 도모하였다. 그래서 이들에 대한 평역미 지

급, 禮吏處에 의한 진상역 대행, 선격역 혁파가 이뤄지게 되었고 선격이
필요한 때에는 수시로 募格하고 雇價를 지급하는 방식으로 변하였다.
그러나 年例小貢馬와 달리 式年大貢馬 경우에는 格價가 책정되어 있지
않아 문제가 야기되고 있었다. 즉 진속, 이속들의 감언이설로 격군이 된
자가 格役을 이행치 못할 때에는 그 자제가 역을 수행하거나 아니면 雇
價를 관아에 내야했기 때문에 이에 따르는 폐단이 발생되었던 것이다.
이 문제는 헌종 12년, 보민고에서 격가를 지급하기로 함으로써 해결되게
되었다.

조선후기 제주관아는 행정·수취업무와 관계된 많은 부속기관이 생겨
났다. 행정 보조기관도 그러하지만 특히 수취와 관련된 많은 기관이 조
직되어 독자적 수세원을 확보하거나 또는 상대적으로 재정규모가 큰 기
관에 의존하기도 하였다. 19세기 중반 것으로 추정되는 『耽羅營事例』에
의하면 취모보용할 수 있는 진휼고·보민고와 除番人으로부터 수세하는
평역고 그리고 중·산간지대의 경작지에서 수기수세하는 장세고 등이 비
교적 큰 수취기관으로서 다른 여러 기관, 즉 호고, 원례고, 지례고, 공고,
영선고, 군기고, 아병청 등의 작은 기관에 재정적 보조를 하고 있었다.

한편 가내수공업 제품으로서 전국에 널리 공급된 양태는 헌종 연간부
터 나타난 원료의 부족과 시인배들의 작간행위로 말미암아 그 제조 판매
상에서 많은 어려움에 부딪히게 되었다. 더욱이 궁중에 납품된 통영산
양태가 철종 무렵 일반인 사이에서 거래됨에 따라서 제주 양태 수공업은
보다 큰 곤경에 처하게 되었다. 본래 양태 제조는 연중 작업이 가능하고
누구나가 다 종사할 수 있다는 이점 때문에 주민 다수가 이에 종사하였
다. 그런데 위의 상황들이 출현되고 심화됨에 따라서 제주의 양태수공업
은 점차 몰락되고 폐업, 실업 사태가 이어져 제주민의 생활은 한층 불안
해져 갔다.

이처럼 조선후기 제주사회는 수취체제와 관아재정 운영과정에서 많

은 폐해를 들어내고 있었다. 이러한 현상은 현실에 맞지 않는 제도운영
에도 기인하겠지만 다른 한편으로는 지방관, 간리배들의 고질적 부정 비
리에 연유하는 바가 더욱 컸다. 이러한 상황 속에서 제주민들은 양태수
공업을 통해 자구책을 마련해 보기도 하지만 제조원료 부족과 시인배 작
간, 특히 통영양태에 대한 경쟁력 상실로 말미암아 제주민의 생활은 한
층 어려워져 갔다.

# 제2장 조선후기 제주 『事例』의 사료적 가치

事例에 대해서는 이미 누차 언급된 바 있다. 그 중에서 『규장각 한국본 도서해제(事例)』와 『한국지방사 자료총서(事例篇)』해제가 상세하다. 전자에서는 중앙·지방관청 사례 25종을 소개하고 있고, 후자에서는 규장각·국립중앙도서관·서울대도서관 소장의 사례 17종을 영인 소개하고 있다. 이에 따르면 사례는 중앙·지방관청을 막론하고 해당 관청에서 관장하는 업무 전반에 걸쳐 각종 규정 및 운영 내용을 담은 책이 사례가 된다. 『江界府事例』의 권두에 있는 「江界府事例釐整記」에 '自經始之詩 暨注措之間 數以行政 是以事也 以前人之述作 後來之則 守而勿失 是爲例也 名曰事例'의 글귀처럼 일이 시작되어 처리될 때까지의 과정을 '事'라고 일컫고, 전대에서 만든 규칙을 후대에서 잘 준행하는 것을 '例'라고 하였듯이 소관업무에 대한 각종 규정 및 구체적인 운영 실상을 담은 것이 事例이다.

그러나 이와 성격을 달리하는 사례가 있다. 19세기 후반에 지반관청에서 간행한 관찬읍지에는 간단한 형태의 사례가 부록되어 있다. 이것과 앞서의 사례와 구분짓기 위하여 읍지에 부록되어 있는 것을 邑事例, 개별적으로 작성된 것은 郡事例라고 부르는데, 이러한 구분은 도리어 혼란만을 초래할 수 있다. 왜냐하면 군사례로 열거한 것 중에 '○○邑例', '○○縣

新定事例'가 있듯이 읍과 군의 구분이 모호하기 때문이다. 따라서 '○○ 邑誌事例', '○○事例'로 부르는 것이 보다 타당하지 않나 싶다.

필자가 소개하려는 사례는 읍지와는 전혀 상관없는, 별도의 사례로 읍지에 부록되어 있는 사례에 비해 사료적 가치가 높다. 이러한 류의 사례는 여러 곳에 분산되어 있기 때문에 자료수집에 애로가 많고, 작성 시기나 작성목적을 파악하는데 어려움이 뒤따른다. 그러나 그 내용의 풍부함으로 인하여 당시 지방관청의 행정·재정실상을 파악하는데 커다란 도움을 주고 있다. 읍의 연혁과 읍세, 부세제 운용 내역과 그 변화, 잡세의 실태 그리고 조선후기에 증설되는 각종 직임과 기능·액수 등이 소상하게 기록되어 당시의 지방사를 연구하는데 주요한 자료가 되고 있다. 그러나 필요에 따라 작성되고 같은 시기의 것이라도 수치상의 차이가 있기 때문에 인용시에는 세심한 주의가 요구된다.

여기에서 소개하려는 사례는 『耽羅事例』·『耽羅營事例』·『濟州事例』(가칭)로 작성 시기, 작성 목적 등이 나타나 있지 않다. 때문에 내용 검토를 통하여 그 시기나 목적 등을 유추할 수밖에 없다.

# Ⅰ. 제주지역 『사례』의 현황과 내용

## 1. 『耽羅事例』의 현황과 수록 내용

『탐라사례』는 1책 28장의 필사본으로 가로 13cm, 세로 17cm(추정)이며, 작성 시기는 향교의 이건 기록으로 보아 1827년(순조 27)이후의 일로 생각된다. 표제·內題·목록은 없으며 해서체로 기록된 내용은 아래와 같다.

(1) 제주 3읍의 城 규모와 경제, 面里, 호구(10,343戶, 63,084口)

(2) 향교의 建置, 移建, 從享

(3) 橘林書院의 위치, 賜額時期, 配享人物

(4) 鄕賢祠·三姓祠의 建置, 配享人物, 役人

(5) 三泉書堂의 建置, 接生, 料米, 役人

(6) 軍丁(馬兵·束伍·攔後牙兵·大將所陪行軍·差備軍·旗幟軍·儀仗軍·留直軍·城丁軍)의 編制와 軍額

(7) 鎭堡(9처)·烽燧(24처)·烟臺(38처)의 위치·3읍별 편제와 軍額

(8) 貢獻의 月令別 物目, 수량, 上納月限, 上納處, 3읍별 分定額, 代納價(價米·錢文·價木)

(9) 營繕의 物目(燒木·炭·靑草·藁草)·수량, 海村·山村 男丁과 畓漢의 부담액, 營牧·本官·該 監에 대한 劃下와 每朔 지급 수량

(10) 軍器에 관계된 色目(弓·矢人·放砲手 등)·料米, 군기마련과 物種, 馳報 物種

(11) 牙兵廳의 善放米 혁과 내역, 所捧物(皮物·鹿茸) 備納, 審藥·醫生의 取用物目과 수량

(12) 別庫·各庫의 會計 방법

(13) 供彼庫의 설치 배경, 本錢(1,800냥) 取殖과 운용, 監官·色吏의 擇定

(14) 下浦時 越海糧饌의 3읍 分定額

(15) 京邸吏 役價의 營門·牧官·大靜·旌義 분담액

(16) 四名日 祭需(全鰒·凉太·脯·海蔘 등)의 代納物과 액수, 各庫(戶庫·平役庫·賑庫)의 분담 내역

(17) 進上 京人情 및 各樣文書上納 人情, 各方物(別方物·冬至方物·正朝方物 등)의 物目과 수량

(18) 軍官 4員의 朔料와 지급처(本官司倉·工庫·戶庫·支禮庫 등)

(19) 四學의 朔料와 지급처(支禮庫·元禮庫·工庫·本官司倉 등)

(20) 軍官房任(兵監·戶監·州賑監·補民監·船監·平役監·東賑監·西賑監·軍器監·馬監·工監·戶籍監·元禮監·支禮監·營繕監·紙筒監·會計監)의 임무와 所捧物·作錢 추정액

(21) 제주 3읍 定配罪人(19인)의 出來地·定配時期·所管官衙·罪目

(22) 進上品의 上納處·품목·수량의 月別 내역

## 2. 『耽羅營事例』의 현황과 수록 내용

『탐라영사례』는 1책 37장의 필사본으로 가로 23cm, 세로 33cm로 추
정된다. 작성 시기는 別儲庫·補民庫 細註의 내용으로 보아 1854년(철종
5) 이후의 일로 추측되며, 內題의 『탐영사례』 목록은 없다. 해서체로 쓰
였으며 내용은 아래와 같다.

(1) 제주 3읍의 城 규모와 경제, 面里, 호구(11,209戶, 80,841口)

(2) 學宮과 관계된 향교·橘林書院·永惠祠·鄕賢祠·三姓祠의 建置와 配
    享人物, 役人과 朔料, 大一觀의 建置와 기능

(3) 軍丁(馬兵·束伍·別牙兵·攔後牙兵·大將所陪行軍·儀仗軍·留直軍·城
    丁軍)의 편제·연혁, 軍額

(4) 鎭堡(9처)·烽燧(25처)·烟臺(38처)의 위치·3읍별 편제·軍額

(5) 軍任(外兵庫·侍變行首·平役外監·軍器外監·別牙兵領將·別將·千摠·把
    摠·城將·攔後領將·都執事·哨官·雉摠·實仕旗牌官·烽烟別將·馬監·牛
    監·萬戶·助幇將)의 설치·額數와 3읍별 分定

(6) 營吏房掌에서는 營吏(戶長·吏房·副吏房·公事戶房·番吏房·刑房 등)
    의 例兼差出과 額數

(7) 鎭吏房掌에서는 鎭吏(兵房·工房·都訓導·馬兵房·東西平役色·軍器色·
    軍兵房·監營·會計色書寫·右道貢馬色·番兵房·番禮吏)의 差任과 額數

(8) 鄕任(座首·別監·風憲)의 額數

(9) 班額에서는 官屬(假率·旗牌·鄕假吏·通引·鎭撫·醫生·漢生·倭生··琉
    球生·武學·定甲·旗手·羅卒·官奴·奴婢·官婢·東賑直·平役直·戶房
    直·紙匠·畓漢·船格 등)의 액수

(10) 貢獻의 月令別 物目과 수량, 措備處, 代納物, 四名日 祭需

(11) 馬政의 式例, 3읍 各所場의 牛·馬匹과 牧子額, 牛島·加波島의 許民
     入耕과 作錢上納, 山場 3場(針場·土場·鹿山場)의 監牧官 擇定 절차

(12) 各場收稅의 式例, 場監·牧子의 加給米(5斗) 철회배경, 場稅穀의 지출
     내역(魚稅代·日雇代·本官魚稅代·豕腥價·營各班例給米 등)과 운용

(13) 賑庫의 설치목적, 元穀마련과 還分取耗 내역, 夏·秋還米 규모(19,897
     石1合), 每年取耗上下(料下·例下·移下), 場稅米 每年上下(料布·別債·
     騎鞍價·魚稅代·例下·移下 등), 間年上下(紅鞍價), 不恒上下(營門遞等

時 塗褙紙價·潤朔奇別價 등)의 내역, 還上捧上時 色落米 수취와 용도

(14) 別儲庫의 연혁과 목적, 元穀마련, 別儲穀의 증감과 取耗·지출내역

(15) 補民庫의 설치 목적과 운영, 元穀마련과 첨부내역, 監官·色吏의 差任, 色落米 수취와 용도, 夏·秋米와 移來米 통계(5,891石 7斗9升1合), 每年取耗上下(肉饌價·日用鰒價·生魚價·雇價·文書紙價·匠料 등), 不恒上下(先生贈儀·募格價·人情條·紙席價·雇價·供價 등)의 내역

(16) 平役庫의 연혁과 설치목적, 案付各班人(10,052人), 實所捧米(2,212石), 每年上下(進上魚鰒價·方物皮物價·戶庫月廩·畓作人例下·承發所移下·元禮庫貿本 등), 不恒上下(移下·饌價·供需器皿價·皮物價·京人情·修籍 등)의 내역

(17) 戶庫의 기능, 3읍내 畓地(9처), 水種落·乾畓漢의 每斗 所出額과 色落米의 용도, 改打量 후의 戶庫 운영 내역, 時在畓漢(163名)과 所納額 例減, 頒料·日用品換貿價, 現物取用, 反利木의 設始目的과 時在木

(18) 元禮庫의 進上物 마련과 物目, 進上京人情(朔膳·橘果)과 各樣文書上納人情(軍器會案, 牛·馬籍 등)의 내역

(19) 支禮庫의 饌價 마련과 物目·수량, 代納價(錢文)

(20) 工庫의 貿用·捧用 물목과 액수, 代納價(米·木·錢文), 閣板匠人의 額數와 부담, 進上人情과 各樣文書上納人情의 내역

(21) 營繕에 필요한 柴·草·炭 應捧과 減給 내역, 代納價(小米)

(22) 軍器에 관계된 色目(弓·矢人·放砲手, 鐵匠 등)·料米, 군기마련과 代納物目

(23) 牙兵廳의 1년 所捧物(善放米), 牙兵의 物納, 善手의 貿納내역, 善放米 혁파와 牙兵 부담 경감내역

(24) 別庫·醫局·承發所의 所入·所出 내역

(25) 供彼庫의 설치 배경과 목적, 監官·色吏의 擇定과 料米 지급, 供彼庫의 운영과 除出利錢의 용도

(26) 頒料式例 : 官屬(軍官 4員·4學·兵房·平役外監·戶長·首奴 등)의 朔料 내역

(27) 下浦時의 越海糧饌의 3읍 分定額

(28) 京邸吏·全州主人 役價의 3읍 分定額

(29) 軍官房任(兵監·戶監·州賑監·補民監 등)의 임무와 所捧物, 作錢 추정액

(30) 下來路程에서의 中火와 宿所

## 3. 『濟州事例』의 현황과 수록 내용

가칭『제주사례』는 1책 63장의 필사본으로 가로 11cm, 세로 16cm로 추정된다. 작성 시기는 啓聖祠의 창건 내용으로 보아 1854년(철종 5) 이후의 일로 생각되며 표제·內題가 없는 초서·해서체의 사례로 내용의 대강은 아래와 같다.

(1) 제주 3읍의 城 규모와 경제, 面里, 戶口(11,209戶. 80,841口), 邑3里 戶口

(2) 學宮과 관계된 계성사·향교·橘林書院·永惠祠·鄕賢祠·三姓祠의 建置와 配享, 三泉書堂 건치, 居接生과 役人

(3) 軍丁(馬兵·束伍·別牙兵·攔後牙兵 등)의 편제·연혁, 軍額

(4) 鎭堡(9처)의 위치와 3읍별 편제·軍額, 鎭將料米, 烽燧(25처)·烟臺(38처)의 3읍별 편제·軍額

(5) 貢獻의 月令別 物目과 수량, 措備處, 四名日 祭需, 本官·大靜·旌義의 上納物과 上納處

(6) 馬政의 式例, 3읍 各所의 牛·馬匹과 牧子額, 山場 3場의 監牧官 擇定, 監牧官 朔料, 馬料 지급 내역

(7) 各場收稅의 式例, 場稅穀의 지출과 운용 내역

(8) 賑庫의 설치목적, 還分取耗 내역, 還米 규모(19,897石1合), 每年取耗 上下(例下·料下·移下), 場稅米 每年上下(料下·例下·移下 등), 間年上下(紅鞍價), 不恒上下(營門·本官迎護送時 船什價 등), 還上捧上時 色落米 取用

(9) 別儲庫의 설치연혁·목적, 비축곡의 증감과 取用 내역

(10) 補民庫의 설치·운영, 監色 差任, 色落米 取用, 비축곡 규모(4,232石8斗餘), 每年取耗上下, 不恒上下의 내역

(11) 平役庫의 설치목적과 연혁, 案付各班人(10,955), 實所捧米(2,272石), 每年上下, 不恒上下의 내역

(12) 戶庫의 기능, 3읍내 畓地와 每斗 所出額, 色落米의 取用과 改打量 후의 戶庫 운영, 時在畓漢(163名)과 所納額 例減 규모, 頒料·日用品換貿價, 現物取用, 反利木의 設始배경과 時在木

(13) 元禮庫의 進上物 마련과 物目, 進上京人情 및 各樣文書上納人情의

내역

(14) 支禮庫의 饌價 마련과 物目, 수량, 代納價(錢文)

(15) 幕況(貺)으로 戶庫·元禮庫·支禮庫·工庫·營繕(房)·賑庫·平役庫·司倉
      의 朔料 내용과 額數

(16) 明·淸의 年紀와 기간

(17) 조선왕조의 國忌日과 陵號

(18) 제주목의 各里別 洞里名

(19) 公兄文式과 8道 各邑의 里程

(20) 各邑 公兄開坼·各驛 公兄開坼

(21) 上京路程(中火·宿所)과 入島路文草

(22) 기 타


## Ⅱ. 제주지역 『사례』의 해제


　지금까지 소개한 濟州史 관계 사례 3종은 1827년(순조 27), 1854(철
종 5) 이후에 작성된 것으로 제주 행정·재정사 연구에 주요한 내용을 제
공하고 있다. 그 중 『耽羅事例』는 가장 이른 시기의 것으로 「진상품목」,
「제주3읍 정배죄인」이 수록되었는데 이것은 다른 사례에서 볼 수 없는
독특한 항목이기도 하다. 그러나 전체내용을 볼 때 같은 항목으로 묶을
수 있는 것을 별개의 항목으로 취급함으로써 체제의 일관성 결여와 내용
의 산만함을 초래하고 있다.

　예컨대 「貢獻」에서 다루어도 될 「4名日祭需」가 별개 항목으로 설정
되어 있거나 「軍官 4員」, 「4學」의 내용을 하나의 「頒料式例」로 묶어 취
급해도 무방한 것을 개별적으로 다룸으로서 위 내용에 대한 이해를 어렵
게 만들고 있다.

　그에 비해 『耽羅營事例』는 다른 사례에 비하여 비교적 정연한 체제
를 갖추었고 또 독자적인 내용을 수록하여 제주의 행정·재정사 연구에

커다란 도움을 주고 있다. 특히 행정사 관계 내용인 「營吏房將」·「鎭吏房掌」·「鄕任」·「班額」·「軍官房任」과 재정사 관계 내용인 「工房」·「營繕」·「牙兵廳」·「供彼庫」·「頒料式例」 등은 그 중 돋보이는 항목이다. 한편 『濟州事例』에는 「邑3里戶口」·「監牧官」·「本邑洞里」·「公兄文式」 등을 수록하여 앞서의 경우와 같이 이 방면 연구에 주요한 자료가 되고 있다.

『耽羅營事例』와 『濟州事例』는 서로 엇비슷한 시기에 작성된 것이므로 내용 또한 유사하다. 그러나 내용을 살펴보면 생략·누락·오기·첨가된 부문이 간혹 나오기 때문에 양 자료에 대한 대비 검토가 요구된다. 그리고 위의 사례들을 적극적으로 활용하기 위해서는 전·후 시기의 또 다른 자료들을 이용해야 한다. 왜냐하면 事例 내용만으로는 제주 행정·재정사에 대한 체계적 이해가 불충분하기 때문이다. 정조시기의 『邑誌』, 헌종시기 李源祚 목사의 『耽羅誌草本』·『耽羅錄』·『耽營關報錄』·『耽羅啓錄』, 헌종에서 철종시기까지의 『濟州牧關牒』·『濟州啓錄』 등은 이러한 미진한 부분을 보완하는데 크게 도움이 될 것이다.

# 제3장 조선후기 지방재정의 운영 실상과 제주의 『事例』

## I. 『사례』자료의 내용 및 토론

재정이라는 개념은 일반적으로 국가, 지방자치단체 및 기타 공공단체가 공공 욕구를 충족시키기 위하여 자원을 획득, 관리하고 처분하는 활동이라고 규정하며 또는 단순하게 정부 혹은 공공단체의 경제로 정의하기도 한다. 이렇게 볼 때 재정은 어느 시대에나 존재하였고 국가의 형태나 조직의 내용이 변화함에 따라 재정의 형태와 내용도 변화하였다고 말할 수 있다. 따라서 역사적으로 국가의 형태와 기능, 그리고 그 사회경제 조직이 각각 다르다면 당연히 각 시대의 재정의 특질은 그 역사적 사회적 성격에 의하여 파악되어야 할 것이다.[1]

조선왕조의 재정은 중세의 신분제 및 토지소유관계와 농업생산력의 발달정도를 배경으로 하여 마련되었고 군현제에 기초한 지방행정기구를 통하여 운영되었다. 17세기 이후 정부는 왜란으로 말미암아 파탄에 이른 국가의 재정을 회복하기 위하여 당시 진전된 농업생산력의 발달을 전제로 하여 전제 및 전세제와 공납제, 부역제 등 수취제도에 대한 개편을 단행하였다. 그 결과 지방관아도 이러한 국가의 시책과 관련하여 결역,

---

1) 이현재, 1986, 『재정경제학』, 박영사, 1~2쪽.

호역, 신역, 잡역, 환곡에 대한 세액과 과세방법(토지, 가호, 인정), 그리고 세액의 용도를 재조정하지 않으면 안되었다.[2]

18·19세기에 접어들면서 吏額의 증가와 행정조직의 분화는 행정, 군사, 수취업무와 관계된 각종 色吏와 倉·庫를 증액, 남설시켰다.[3] 그리하여 지방관아는 늘어난 재정수요를 충당하기 위하여 담세자로부터 강제적인 과징, 남징을 일삼았으며 심지어는 새로운 세목을 추가하여 징수하기도 하였다.

조선후기의 지방관아 재정의 연구는 이러한 시대적 상황을 바탕으로 연구되어야 할 것이다. 재정경비를 충족시키기 위하여 시행되는 수취체제에 관해서는 양적, 질적으로 많은 연구가 있어 왔지만 그것을 기초로 하여 운영되는 재정에 관한 연구는 상대적으로 빈곤한 실정이다.

이제까지 나온 기존의 연구 성과를 보면 조선시대 또는 조선후기의 일부 지방만을 대상으로 하여 과세종류(세목), 세액, 수세물 내용, 용도 등을 살펴서 해당 지방의 수입·지출 규모를 상정하고, 그 결과를 당 시기의 전체적인 추세로 논의하고 있다.[4] 그러나 이것이 당시의 전체적 추세를 파악하는 데에는 도움을 줄 수 있겠지만 여기에서 추출된 결과를 조선시대 모든 지방에 획일적으로 적용할 수 없을 것이다. 따라서 각 지방의 재정실상을 파악하기 위해서는 별도의 연구가 요청된다고 하겠다.

여기에서 다루고자 하는 내용은 19세기 지방관아의 『사례』를 중심으로 하여 여기에서 나타나는 수취기구의 운영과 재정내역이 주요 관심사가 될 것이다. 먼저 『사례』의 내용과 성격을 검토하고 제주지방관아의 전반적 재정상황과 수취체제의 특수성, 그리고 앞에서 제기한 수취기구

---

2) 김옥근, 1984, 『조선왕조재정사연구』, 일조각, 53~91쪽 ; 김용섭, 1984, 『증보판 한국근대농업사연구(상)』, 일조각.
3) 김필동, 1982, 「조선후기 지방이서 집단의 조직구조(上·下)」 『한국학보』 28·29 ; 장동표, 1985, 「18·19세기 이액증가의 현상에 관한 연구」 『부대사학』 9.
4) 김옥근, 앞의 책, 50~120쪽 ; 오영교, 1986, 「조선후기 지방관청재정과 식리활동」 『학림』 8.

에 대한 고찰이 있을 것이다.5) 그런데 미리 양해를 구해야 할 것은 인구,
면리제, 관제(행정·군사·조세) 등에 대한 상세한 고찰이 필요함에도 불
구하고 이 글에서는 생략되었다는 점이다. 아울러 수취기구에 대한 개별
적 고찰뿐만 아니라, 수취기구의 상호간의 관계를 구명하여 제주지방관
의 재정실상을 총체적으로 해명해야 함에도 불구하고 그렇게 하지 못한
점이 마음에 걸린다.

앞 장에서 소개한 바와 같이 제주지방 관아의 『사례』 2종은 1854
년~1863년(철종 5~14)의 것으로 제주 행정·재정사 연구에 주요한 내
용을 제공하고 있다. 그 중 『耽羅營事例』는 독자적인 내용을 수록하여
제주관아의 행정·재정사 연구에 커다란 도움을 주고 있다. 특히 행정사
관계 내용 중 '營吏房掌', '鎭吏房掌', '鄕任', '班額', '軍官房任'과 재정
사 관계 중 '工庫', '營膳', '牙兵廳', '供彼庫', '頒料式例' 등은 한층 돋
보이는 항목이다. 한편 『濟州事例』에는 '邑3里 戶口', '監牧官', '本邑洞
里', '公兄文式' 등을 수록하여 앞서의 경우와 같이 이 방면 연구에 주요
한 자료가 되고 있다.

『耽羅營事例』와 『濟州事例』는 서로 엇비슷한 시기에 작성된 것이므
로 그 내용 또한 유사하다. 그러나 내용을 살펴보면 생략·누락·오기·첨
가된 부문이 간혹 나오기 때문에 兩 자료에 대한 대비 검토가 요구된다.
그리고 위의 『사례』들을 적극적으로 활용하기 위해서는 전·후시기의 또
다른 자료들을 이용해야 한다. 왜냐하면 『사례』 내용만으로는 제주 행
정·재정사에 대한 체계적 이해가 불충분하기 때문이다. 정조시기의 『邑
誌』, 헌종시기 이원조 목사의 『耽羅誌草本』·『耽羅錄』·『耽營關報錄』·『耽
羅啓錄』, 헌종에서 철종시기까지의 『濟州牧關牒』·『濟州啓錄』 등은 이
러한 미진한 부문을 보완하는데 크게 도움이 될 것이다.

---

5) 졸고, 1994, 「조선후기 제주의 『사례』와 사료적 가치」 『제9회 국사편찬위원회 사
   료조사위원회 발표요지』 참조.

## Ⅱ. 지방관아의 재정실태와 특성

제주지방관아의 재정은 그 경비를 조달하기 위해 시행한 각종 부세를 살펴봄으로써 그 대강을 파악할 수 있다. 부세로는 전국과 같이 전정·군정·환곡의 삼정과 잡세·잡역이 그 주종을 이룬다.

전정은 토지(전·답)를 매개로 하여 국가에서 일정한 세액을 징수하는 것으로 전세의 경우 1결당 4~6두를 거두어 호조에 상납토록 하였다. 그러나 제주지역은 1결당 2두를 징수 本島의 군자창에 회록히어 지방재정에 사용하도록 하였는데 그것은 제주지역이 갖는 특성, 이를테면 본토로부터 바다를 중간에 끼고 멀리 떨어져 있다는 지리적 이유와 토질이나 토양, 그리고 기상조건 등이 농작물 경작에 결코 유리하지 않았기 때문에 내려진 조치일 것이다.6)

전세를 거둘 수 있는 토지로는 田案에 기재되고 그것도 실제로 경작되는 토지로 『읍지』에 나오는 실기경의 한전과 수전을 둘 수 있다. 그러나 아래 <표 1>에서 보는 바와 같이 한전의 경우에는 실제로 수세할 수 있는 실기경의 경수가 명목상의 원장부 결수보다 엄청나게 작다. 즉 시기결총 대 원장부 결총의 비율이 대략 1:130으로 나타나 관아재정 궁핍이 주요 요인으로 작용하고 있다. 그렇기 때문에 관아재정의 부족을 타개하기 위하여 별도의 조치가 필요했다. 다름 아닌 목장세(場稅), 加耕稅 그리고 火田稅를 부과하는 방법이었다.

---

6) 졸고, 1986, 「19세기 전반 제주지방의 사회경제구조와 그 변동」『이원순교수화갑기념 사학논총』, 284~285쪽.

<표 1> 『제주읍지』[7]의 지역별 한전규모

| | 제주목 | 대정현 | 정의현 | 제주 전지역 |
|---|---|---|---|---|
| 늠급<br>(원장부결총) | 약 3,992결 | 약 2,229결 | 약 3,383결 | 약 9,604결 |
| 실기경<br>(시기결총) | 약 25결 | 약 21결 | 약 28결 | 약 74결 |

　제주지역은 천신, 진상[8] 등과 관련하여 무수한 공물을 중앙에 상납해야 했다. 그 중 공마, 약재, 녹·피 등은 濟州의 중산간지대에서 얻을 수 있는 산물이었기 때문에 이 지역에서의 토지경작은 엄금의 대상이었다. 그럼에도 농민들은 당시의 열악한 생활조건에서 벗어나기 위하여 중산간지대의 토지를 개간, 경작하였다. 이때 공마를 양육하는 목장 안에서 불법적으로 경작하는 토지를 목장전(장전)이라고 부르고 공한지(목장내도 가능)나 진폐된 토지를 다시 개간, 경작하는 토지를 가경전이라고 한다. 화전은 중산간지대의 숲이나 산목을 불태워 경작하는 토지로,[9] 만약 이들 토지들이 매년 경작된다면 전안에 올라 항상적인 전세부과의 대상이 되지만, 그렇지 않고 비정기적인 경작을 할 때에는 경작할 때마다 납세해야 하는 隆起隨稅의 대상이[10] 된다. 이러할 때 내는 세목이 목장세(장세), 가경세, 화전세(화세)이다.

　이 밖에 지방관아에서 수세할 수 있는 토지로서 타 지역에는 아록전, 공수전 등이 있다, 이들 토지는 각자수세지로서 녹봉조달, 사객지대비, 그 밖의 관아경비를 충당할 목적으로 설정된 것이지만 조선후기에 들어오면 대부분의 지역이 그 이름만 남아 있을 뿐 실제로 수세되는 경우가 드물다. 제주지역의 경우에는 아록전·공수전이 지급되지 않은 것 같다.

7) 1983, 『한국지리총서, 읍지』 6, 「제주읍지」, 아세아문화사, 206~207쪽, 225쪽, 243쪽.
8) 박찬식, 1995, 「19세기 제주지역 진상의 실태」 『제주계록의 종합적 검토』, 29~43쪽.
9) 이원조, 1986, 『응와전집』 4, 「탐라록」 중, 여강출판사, 47쪽.
10) 이원조, 1986, 위의 책.

다만 아록전과 관계된 아록미라고 하는 이름만이 나타나는데 제주목의 경우 곡물 대신에 醬·太로 대봉되었다.[11]

한편 전세를 부과할 수 있는 또 다른 경작지로서 수전이 있다. 수전은 그 소유주체에 따라 민답, 관둔답으로 구분할 수 있는데 그 규모로 볼 때 민답은 거의 전무한 실정이었다.[12] 따라서 수전에 대한 과세도 극히 미미했을 것이고 지방관아의 재정운영에도 하등의 도움이 되지 못하였을 것이다. 관둔답(관둔전)은 자경무세지로서 각 관아에 예속된 관노비를 사역하는 것이 원칙이었는데 실제로는 인근 농민의 부역노동에 의해 경작되었고, 그 소출물은 관아재정 운영에 충당되었다. 그러나 제주지역에 산재해 있는 관둔답이, 부족한 관아재정을 충족시키기에는 그 규모가 너무나 보잘 것 없었다.[13] 그래서 중앙으로부터의 구제책을 상달하여 18세기 중엽에는 호남연해 저치미를 환급받아 제주관아 운영경비에 보태기도 하였다.[14]

관둔전의 운영은 타 지역의 경우에 賭租 수입을 목적으로 지주제 운영을 도모하였지만 제주지역의 경우에는 답한이라는 신역자를 두고 운영하였다. 그 내용을 살펴보면, 관아에서 종자를 봄에 지급해 주고 가을에 일정한 세액을 징봉하였는데 수답은 백미 2석, 건답은 백미 1석이었다.[15] 그러나 징봉하는 세액이 과중하고 토지를 경작하지 않았음에도 백지징세를 하는 늑탈현상이 만연되자 18세기 말에 두락 당 백미 12두, 6두로 조정되었다.[16] 그렇지만 조정된 내용이 답한이 고통을 해소시켜 주지는 못했다. 19세기 중엽의 자료에서 볼 수 있듯이 답한은 여전히 6고

---

11) 1983, 『한국지리총서, 읍지』 6, 「제주·대정·정의읍지」, 아세아문화사, 275쪽.
12) 1983, 위의 책, 「제주읍지」, 아세아문화사, 207쪽.
13) 위의 책, 「제주읍지」, 아세아문화사, 207쪽, 225쪽, 244쪽.
14) 『備邊司謄錄』 영조 33년, 정축 9월 27일, 10월 23일. 같은 책, 영조 35년 기묘 2월 11일.
15) 『서계집록』 4, 「제주순무어사 박천형서계」(서울대 규장각도서 No.15083).
16) 『備邊司謄錄』 정조 15년 신해 2월 20일.

역 중의 하나로 남아 있었고[17] 그렇기 때문에 기회만 있으면 피역을 서 슴지 않았다.

전세와 같이 토지에 과세 되는 부세로서 대동세가 있다, 이것은 민호 에 토산물을 부과하던 징수하던 종전의 공납을 토지의 결수에 따라 미·포·목·전화로 수세하는 것으로 제주지역은 과세대상이나 수세물에 있어 서 차이가 있었다. 그 까닭은 앞의 내용에서 살펴본 바와 같이 중앙에서 멀리 떨어져 있다는 점과 항상적으로 과세할 수 있는 토지가 거의 없었 다는 점이 중요한 요인으로 작용하고 있었다. 따라서 제주와 관련된 읍 지 중에 '本無結役所收'로 표시될[18] 수밖에 없는 것이었다. 대동세는 크 게 중앙상납분과 지방유치분으로 구분되는데 그 중 후자에서 지방관아 운영에 필요한 경비가 조달되어 관수미, 아록미, 공사지물비, 사객지공 비 등의 잡다한 이름으로 쓰였다.

제주지역의 대동세 과세대상은 인정(남정)으로 매년 田米 5승을 부과 하고 그 수봉액 모두를 관아재정 운영에 조달하였다. 그 지출내용은 각 양진상가, 각방상하, 관용유가 등으로 배정하였고 그 수봉액은 흉재 크 기에 따라 1승 또는 2승이 감면되기도[19] 하였다. 그러나 지속적인 흉재 로 말미암아 전미 5승의 법적 수세식이 제대로 지켜지지 않자, 정조 17 년부터는 전미 3승과 참깨, 녹두, 참밀을 함께 수봉하기에 이르렀다.[20]

그러나 이러한 사정도 중간에 전미 1승, 참밀 1승, 小豆, 녹두, 참깨, 들깨로 바뀌었다가 1801년(순조 1)에 이르면 田米(小米), 참밀, 녹두의 수봉이 혁파되고 대신에 참깨, 들깨, 菜種만이 수봉되었다. 참깨는 해촌

---

17) 이원조, 1986,『응와전집』,「탐라록」중, 여강출판사, 61쪽 ;『탐라영사례』「호고」조 참조.

18) 위의 책, 274쪽, 311쪽, 328쪽.

19) 위와 같음 ;『備邊司謄錄』정조 8년 갑진 11월 30일 ; 같은 책, 정조 14년 12월 14일.

20) 이원조, 1986,『응와전집』,「탐라록」중, 여강출판사, 61쪽 ;『탐라영사례』「호고」조 참조.

남정, 들깨는 산촌남정 그리고 채종은 해촌·산촌을 불문하고 각 촌의 남
정이 부담하였다.[21]

군정은 남정이 부담하는 군역과 관련된 것으로 양난 이후 남정의 대
부분은 납포군으로 바뀌었다. 그러나 군포액이 증가하고 수납과정에서
의 족징·인징·백골징포 그리고 황구첨정 등의 허다한 폐해가 만연됨에
따라 농가경제는 크게 위축되어 나갔다. 경제적으로 여유 있는 농민들은
납속·모칭·환부역조의 부담은 그만큼 증가되었다. 그 결과 중앙에서의
양역변통론이 제기되었고 이것이 균역법 제정으로 나타났다. 이 제도에
의하여 남정은 매년 군포 1필만을 납세하면 되었고 감해진 부분(군포 1
필)은 결작·어염선세·은결·선무군관포 등으로 보충되었다.

제주지역의 군정변화는 이와는 다른 모습으로 전개되었다. 지방관아
재정의 보용과 고역처의 부담을 줄일 필요성에서 균역법보다 빠른 시기
에 나타났던 것이다. 쓸데없이 증액된 각색 군관, 각종 보솔 그리고 각양
생 등을 제번시키고 매년 1인당 10두의 세곡을 수봉하도록 한 것이다.
이러한 조치는 1738년(영조 14) 어사 李度遠에 의하여 취해졌는데 민역
의 균등과 군역의 변통을 동시에 추구했기 때문에 그 세수미를 평역미
또는 군역미(除番軍納米)라고 불렀다.

본래 중앙으로의 군포부담이 없었던 제주지역은 위와 같은 변통을 추
진하기 위하여 균역청을 설치한 바 있었다. 그러나 그 명칭이 중앙의 균
역청과 동일했기 때문에 이의 개칭이 거론되어 평역청(평역고)으로 바뀌
게 되었다. 그렇지만 평역청이 군역도피의 소굴로 전락됨에 따라 군정개
혁의 의도는 점차 퇴색되었다. 즉 이곳에 한 번 들어가기만 하면 요역부
담이 줄어들고 지위상승이 가능해져 혹 전장관을 칭하던가 또는 군역미
부담이 줄어들었다.

---

21) 1989, 『탐라영사례』「호고」조 참조 ; 이원조, 『탐라지초본』「대동」조, 제주대탐
라문화연구소, 127쪽.

이외에도 이교나 교·원생의 액외원속으로 들어가 군역으로부터의 도피와 부담의 감소를 획책하였기 때문에 평역미를 수세하여 고역처에 지급하기로 한 평역 본래의 취지는 점차 그 명분을 잃게 되었다. 더욱이 이들 고역처에 지급해야 할 例下米가 이속들의 농간으로 줄어들게 됨에 따라 민역균등과 군역변통이라는 애초의 시도는 끝내 헛수고로 돌아가고 말았다.

한편 제번된 각색 군관, 보솔 그리고 각양생으로부터 받아들인 평역미 10두는 그 세액이 당초 높게 책정되었기 때문에 이후 감봉의 조치가 뒤따랐다. 1762년(영조 38)에 8두, 1838년(헌종 4) 7두 2승 그리고 1863년(철종 14)에 6두로 수봉되었다. 그러나 이러한 일련의 조치도 세미의 수납과정에서 정액 이상의 과징, 남징을 자행함으로 말미암아 그 효과가 반감되고 있었다. 그리고 흉작시에는 작전대봉이 이루어지기도 하였는데 이것이 도리어 담세자의 부담을 가중시켜 민원을 유발시켰다. 즉 평작시에 전화로 3냥이면 될 것이, 흉작시에는 곡가 상승에 따라 거의 갑절에 가까운 부담을 져야했다.[22]

환곡[23]은 본래 빈농이 구휼을 위해 마련되었으나 16세기 이후 취모보용이 허용되면서부터 부세적, 재정적 성격을 갖게 되었다. 중앙각사와 지방관아는 서로 앞 다투어 환곡을 설치하였고 그 운영을 통하여 자체의 재정문제를 해결하고자 하였다. 그러나 이것이 갖는 구조적 특질로 말미암아 각가지의 폐해발생과 농민의 부담이 늘어나기만 하였다.

그러나 제주지역은 타 지역에서처럼 중앙가사의 환곡이 없고 吏奴들의 흠포가 적어서 내륙지역과 같은 절급지환은 전개되지 않았다. 그러나 제주의 특수한 여건, 즉 자연적 조건에 기인한 곡물 소출량의 미흡함을

22) 졸고, 1986, 「19세기 전반 제주지방의 사회경제구조와 그 변동」『이원순교수화갑기념 사학논총』, 288~289쪽 참조.
23) 조선후기의 환곡운영에 관한 전반적 내용은 양진석, 1988, 「18·19세기 환곡운영에 관한 연구, 서울대 석사학위논문」 참조.

전제로 한다면, 환곡문란에 따른 충격은 타 지역 못지않게 컸으리라 예상된다.

1668년(현종 9)에 설치된 진휼고는 바로 환곡의 기능을 담당했던 것으로 추측되며 이는 加耕稅穀을 바탕으로 운영되었다. 그러나 누차의 흉년으로 인해 元穀漸縮의 현상이 발생된 것을 보면 그 운영은 원활치 못했던 것 같다, 그 후 1731년(영조 7)에 이르러 목사 李守身이 자비곡과 羅里浦米를[24] 첨설함으로써 그 정상적 기능을 되찾게 되는데 이때부터 매년 환분취모가 이루어져 이를 통한 官用添補가 가능해지게 되었다. 이 진휼고가 바로 진휼창, 영진창, 영진청, 영진고라고도 불린 것으로 그 환곡은 제주목 내 주창·동창·서창 그리고 대정창·정의창에 이록되었다.

진휼곡은 <표 2>에서 보는 것처럼 현종 7~9년 시기에 제주목 환곡의 41%를, 대정현의 경우에는 56%, 정의현은 69%를 나타내 여타 명색이 환곡보다 절대적 지위를 점하고 있었고, 이와 더불어 제주목의 州補倉·동창·서창, 그리고 대정창·정의창에 附記되었던 보민고 환곡은, 제주목 경우 전체의 20%를 차지하여 관아의 취모보용에 또 다른 한 몫을 담당하고 있다.

이 환곡은 보민창, 영보고라고도 칭하는 것으로 1766년(영조 42) 목사 尹耆東이가 민호의 진상역(표고버섯, 백납)을 완화시킬 필요성에서 자비곡 4백 여석을 병치함으로써 시작되었고 그 후 견역고·담은고 환곡이 이부됨으로써 그 규모는 더욱 커지게 되었다.

---

24) 나리포와 제주의 관계에 대해서는 정형지, 1995, 「조선후기 교제창의 설치와 운영 - 18세기 나리포창 사례를 중심으로 - 」『이대사원』 28 참조.

〈표 2〉 환곡과 환총(헌종 7~9년)

| 군현 | 환곡 | 환총 | 점유율 | 비고 |
|---|---|---|---|---|
| 제주 | 營賑倉會付米 | 6,561石 | 40% | 備賑資 |
| | 司倉會付米 | 2,516石 | 15% | 常平·軍資兩穀留貯 |
| | 補民庫記付米 | 3,333石 | 20% | 民役充補 |
| | 萬戶會付米 | 400石 | 2.4% | |
| | 供星穀 | 47石 | 0.3% | 使星支供費 |
| | 供彼錢 | 1,800兩(3,600石) | 22% | 異樣船漂到時民役充補 |
| | | 16,457石 | 99.7% | |
| 대정 | 縣倉會付米 | 1,060石 | 28% | |
| | 營賑庫會付米 | 2,157石 | 56% | |
| | 補民庫記付米 | 610石 | 16% | |
| | | 3,827石 | 100% | |
| 정의 | 縣倉會付米 | 780石 | 24% | |
| | 營賑庫會付米 | 2,262石 | 69% | |
| | 補民庫記付米 | 234石 | 7% | |
| | | 3,276石 | 100% | |

\* 자료: 이원조, 『탐라지초본』 제주·대정·정의, 조적·창고조

이러한 진휼청, 보민고 환곡은 그 운영상에서 여러 폐단을 낳고 있었는데 그 대부분이 환곡의 분봉과정에서 발생하였다. 그 중 捧厚分薄은 규정된 색락미 외의 剩穀 수탈을 확대해서 1斛을 분급할 때에는 10두에도 미달되었는데 수봉 때에는 거의 갑절인 20두를 수봉하는 폐해가 나타났다.

그리고 분봉과정과 관련한 또 다른 폐해로는 현지 농작물을 전혀 고려치 않고 엉뚱한 타 곡물로 징납했다는 사실이다. 즉, 도내의 연안지역은 牟·麥을 생산했고 산간 지역은 稷·粟을 경작했는데 매번 재촉할 때에 '山則以粟換牟而納夏 沿則以牟而納秋'와 같은 현상이 발생하여 관리의 농간이 개입되고 민고가 가중되고 있었다. 한편 환곡의 분봉장소가 서로 다름으로 인해서 移民의 越受의 폐해와 吏奸의 소지가 마련되고

있었고 민생안정을 위한 減耗 조치가 마땅히 還民에게 돌아가야 함에도 불구하고 이속들의 농간으로 말미암아 하등의 도움도 주지 못하였다.

또 간과할 수 없는 것은 균형을 잃은 夏·秋穀의 배정으로 인해서 민폐가 발생되고 있었다는 점이다. 제주는 留給相半이라는 일반적 분봉법과는 달리 환곡을 하·추곡으로 나누어 夏還은 半留半分, 秋還은 盡分이라는 형태로 운영하였는데 이때 하·추곡의 비가 거의 12:2로 정해져 '秋穀偏小 下穀偏多'라는 현상이 야기되었고 이는 결국 관아재정 운영에 심각한 불균형을 초래해 관리들의 중간 작폐를 용이하게 만들었다.

마지막으로 환총 증가에 따른 戶少還多의 폐해가 제기되고 있었다. 관아 비용의 원활한 공급을 위해서는 적기에 취모하는 것도 중요하지만 번다한 관아 비용을 충당하기 위해서는 별도의 방도가 필요하였다. 그래서 취모율의 불법적 인상과 耗上生耗, 盡分을 통한 환총의 증대가 나타나고 아울러 동시에 이뤄지기도 하지만 취모 중 公用上下 餘剩穀을 原還에 첨부하거나 또는 加入米를 添還함으로써 환총의 증대를 가속화시켰다.

이러한 환총의 증가는 매 가호마다 8, 9石 내지 6, 7石이라는 과다한 환곡을 강제하여 그 재촉 시에는 인징·족징이라는 폐단을 필연적으로 수반했고 그 결과 마을이 온통 시끄러운 현상이 대두되었다.[25]

바다를 사이에 두고 육지와 멀리 떨어진 제주는 그 지역이 좁고 인구가 적은데 비하여 그들이 부담해야 할 역은 너무나 많았다. 그래서 여자도 신역을 져야 했고 어린아이도 태어나자마자 바로 역을 부담해야 했었다. 이러한 과중한 역부담은 그 후 지방관의 노력으로 다소 완화되기도 했지만 보다 근본적인 변통은 후일을 기다려야만 했었다.

그 중 牧子가 지는 신역은 '最爲苦重'이라 할 정도로 그 역이 매우 고되었는데 位田이 별로 없어 생계가 매우 어려웠다. 그래서 이들의 고역을 완화시키기 위해 각종 구제책을 펼치게 되는데 그 하나가 牧子庫의 설치

---

25) 졸고, 1986, 앞의 논문, 291~294쪽, 참조.

이다. 이는 夏·秋 還上 일부를 확보해서 그 취모를 가지고 흉재 때 목자를 구휼하려고 한 것이고, 둘째는 목자 한 사람 당 평역고 미 1석 7두를 지급해서 遺失馬 발생에 따른 징마의 폐단을 제거하고자 한 점이다.

셋째는 목자내의 경작지에 대한 수세를 단행해서 이를 馬監, 목자의 料米로 대체한 사실이고, 넷째는 목자들의 場內 所耕地에 대한 세액을 조정해서 常年에는 절반 감세, 點烙之年에는 전액 감세로 확정해 목자의 생활안정을 도모한 점이다. 그러나 이러한 일련의 조치들은 그 방향이 목자역의 永除보다는 오히려 완화하는 방향으로 추진되었기 때문에 그들 고역에 대한 근본적인 대책이 될 수가 없었다.

다음으로 잠녀의 역을 살펴본다면, 이들은 관아에서 작성한 소위 潛女案에 의해서 그들 채취물의 일부를 진상용, 관아용 명목으로 상납해야 했는데 그 액수는 연간 7, 8匹에 달하는 고액이었다. 더구나 여기에 이속들의 부정이 개입할 때는 그들의 1년 작업으로도 능히 해결할 수 없는 상황이 전개되기도 하였다.

1794년(정조 18)에 이르러 水稅藿의 정액화와 官貿藿혁파를 통해 역부담을 해소하고자 하였지만, 이 문제는 1814년(순조 14) 찰리사 李在秀에 의해 다시 제기되었다. 그에 대한 결과로는 1794년결정한 官貿藿은 일체 혁파되었지만, 水稅藿은 여전히 잠녀의 부담이었다가 이듬해 완전히 혁파되었다. 하지만 담당 이속들의 작폐와 求請을 명분으로 한 배징의 폐단이 자행되고 있어서 잠녀의 고통이 완전히 불식된 것은 아니었다.

이와 함께 진상용 搥鰒·引鰒과 官用魚鰒의 役을 담당한 포작은 목자역 못지않은 고역을 치러야 했다. 이로 인해 죽음을 무릅쓴 피역행위가 빈번하게 되고, 잔여 포작 또한 피역자의 몫까지 모두 부담해야했기 때문에 그들이 겪는 고통은 엄청난 것이었다. 이를 해소하기 위한 조치가 1738년(영조 14) 평역청(평역고)을 설치였다. 그러나 소기의 성과를 거두지 못하고 헌종 9년경에 이르러서야 포작역에 대한 근본적 개혁이 마

련되게 되었다. 그럼에도 포작은 이와 성질을 달리하는 또 다른 船格의
역을 수행해야 했기 때문에 그들의 고통은 완전히 제거된 것이 아니었
다. 선격은 혹 격군이라고도 칭하는 것으로 진상공물과 공마를 운송할
때 이를 바다 너머로 운반해야 하는 막중한 임무가 부여되고 있었다. 이
운반은 예기치 못한 해상사고로 인하여 종종 익사, 표류의 결과 초래하
였으므로 格軍案에 기록된 160명의 정원은 그 후 점차 감소추세를 보이
고 종국에는 전무한 상태로 나타나 필요시마다 '臨時募格 添給雇價'의
양상으로 변질되게 되었다.26)

# Ⅲ. 수취기구의 운영과 재정내역

여기에서는 앞의 Ⅰ절에서 확인되는 제주관아27)의 수취기구 운영을
토대로 지출입과 재정내역을 살펴보겠다. 대체로 제주관아의 재정은 진
휼고·장세고·보민고·평역고를 중심으로 이루어지고 있음을 확인할 수
있는데, 이를 구체적으로 보면 진휼고는 그 주요 기능이 흉작 때 빈민구
휼이었지만 취모보용이 허용되고부터는 사정이 달라졌다. 궁핍한 관아
재정을 보용하기 위하여 환곡28)을 적극적으로 이용하였고 그 운영을 통
하여 취리를 극대화하였다. 그래서 1838년(헌종 4)에는 그 규모가 3만
2천 석에 이르렀고 『탐라영사례』의 작성시기에는 취모할 수 있는 夏穀
米 13,053여 석, 秋穀米 6,843여 석, 도합 19,897여 석의 운영으로 다른

---

26) 졸고, 1986, 앞의 논문, 295~300쪽 참조.
27) 김동전, 1991, 「조선시대 제주도의 군현구조와 지배체제」 『제주도사연구』1,
   45~67쪽.
28) 제주지역의 환곡운영에 대해서는, 강창용, 1992, 「『제주계록』에 나타난 제주농업
   과 환곡」 『제주도사연구』2, 85~108쪽, 참조.

기관을 보조하는 등 제주관아 재정운영에 없어서는 안될 존재가 되었다.
위의 자료에 의하면 매년 지출되는 내역은 아래의 <표 3>과 같다.

〈표 3〉賑恤庫의 매년 지출내역

| 지출명목 | 지출액 | 피지급처 | 비고 |
|---|---|---|---|
| 料下(급료) | 43석 3두 | 兩縣 馬·牛監 | |
| 反利木取利革罷代 | 50석 6두 | 本州 馬·牛監 | |
| 婢貢?減代 | 500석 | 3邑 司會 | |
| 例下 | 88석 | 營門 | 春·秋等29) |
| 祭需條 | 12석 | 本官(판관) | 정조, 한식 |
| 移下 | 450석 | 補民庫 | |
| | 1,143석 9두 | | |

　지출명목은 급료, 혁파대, 건감대, 例下, 祭需費, 移下로 구분되며 다
른 기관에 경비를 보조해 주는 경우가 절대적 비중을 차지했다.
　장세곡을 수봉, 운영하는 장세고30)는 중산간지대의 10所場, 산장 3장
(침장, 상장, 녹산장) 모두 13장의 토지를 관할하며 그 안의 목장전, 가경
전, 화전으로부터 수기수세하였다. 목장전과 가경전이 비록 명목적으로
는 구분되지만 이미 앞에서 지적한 것처럼 동일 지역 내에 있고 수기수
세의 대상이라는 점에서 실제의 구분은 매우 힘들다. 화전의 경우는 개
간과 경작이라는 일련의 과정이 앞의 토지와는 상이하고 별도의 세목으
로 징세했을 것이라는 예상이 가지만 역시 중·산간지대, 수기수세라는

---

29) 『탐라영사례』에는 26석(夏等)으로 표기되어 있으나 <표 3>의 내용이 매년 지출
　　되는 것을 담고 있기 때문에 『제주사례』의 36석(夏等), 52석(秋等)을 통틀어 88석
　　으로 계산하였다.
30) 『탐라영사례』에는 장세고의 명칭이 나오지 않는다. 다만 그 내용이 「각장수세」
　　「진(휼)고」조에 언급될 뿐이다. 그러나 이원조의 『탐라지초본』 「창고」조에는 명
　　시되어 있다. 그리고 장세곡 수봉때, 진휼고 소속의 감관이 파견되었다고 해서 그
　　수봉액이 진휼고 곡물에 합쳐졌다고 생각되지는 않는다. 그 까닭은 稅目과 그 운
　　영방향이 서로 틀리기 때문이다. 『탐라영사례』 「군관방임」조 참조.

공통점으로 말미암아 장세곡의 범주에 포함했을 것이다.

各場에서의 수세는 진휼고에서 파견된 감관, 색리가 매년 수행하며 정기적(매년·2년), 비정기적으로 급료, 진상공물가(기안·홍안가 등), 예하, 移下, 기타 등의 명목으로 지출되었다. 그 내용을 정리하면 다음의 <표 4>와 같다.

〈표 4〉場稅庫의 지출내역

| 지출명목 | 지출액 | 피지급처 | 지출시기 | 비고 |
|---|---|---|---|---|
| 料下 | 26석 | 執事 | 매년 | |
| 料下 | 80석 | 軍官 | 〃 | |
| 料下 | 6척 10두 | 營門 軍官 | 비정기 | 윤삭 |
| 騎鞍價 | 41석 13두 3승 | 營門, 兩邑 | 매년 | |
| 紅鞍價 | 11석 10두 | 營門 | 2년 | |
| 紅鞍價 | 58석 5두 | 3읍 | 〃 | 본관, 양읍 |
| 自費紅鞍價 | 35석 | 營門 | 〃 | |
| 魚稅代 | 36석 | 營門, 本官 | 매년 | |
| 日藿代 | 3석 3두 | 營門 | 〃 | |
| 祭享 | 4석 | | 〃 | |
| 例下 | 85석 12두 | 各班 | 〃 | |
| 例下 | 190석 | 州司倉 | 〃 | |
| 例下 | 60석 | 정의현 사창 | 〃 | |
| 水勢藿代 | 24석 10두 | 본현 | 〃 | |
| 水勢藿代 | 11석 10두 | 대정현 | 〃 | |
| 反利木取利革罷代 | 63석 5두 | 보민고[31] | 〃 | |
| 私橘摘取革罷代 | 4석 | | 〃 | |
| 例下 | 2석 3두 | 향교 | 〃 | |
| 例下 | 3석 | 서원 | 〃 | |
| 例下 | 3석 | 정의현 | 매년 | 吳義士廟 |
| 元田稅革罷代 | 22석 10두 6승 | 戶庫 | 〃 | |
| 菜種本·色落條 | 56석 2두 8승 5합 | 戶庫 | 〃 | |
| 其他 | 12석 | | 〃 | 奇別責 |
| 其他 | 18석 | 營門 | 비정기 | 도배지가 |

| 지출명목 | 지출액 | 피지급처 | 지출시기 | 비고 |
|---|---|---|---|---|
| 其他 | 1석 | | 〃 | 윤삭기별채 |
| 其他 | 30석 | 營門 | 〃 | 候風糧料下 |
| 其他 | 15석 | 本官 | 〃 | 〃 |
| 其他 | 48석 | 營門, 本官 | 〃 | 迎護送 船什人價 |
| | 953석 5두 7승 5합 | | | |

보민고는 앞 장에서 이미 기술한 바와 같이 민호의 진상역 부담(백납, 표고)을 완화시킬 목적으로 설치하였고 그 후 견역고, 담은고의 환곡이 합쳐짐으로써 그 규모는 더욱 커지게 되었다. 소속 관원으로는 본고의 환곡을 검속·총괄하는 補民監과 州補色, 東·西補色이 있었고 가장 말단에 위치한 州補直(12명), 東補直(14명), 西補直(13명)이 있었다. 진휼고[32]와 같이 취모보용이 가능했던 보민고 환곡은 『탐라영사례』시기에 대략 5,891석에 달하였고 취모의 운영을 통하여 관아재정 경비를 충당하였다. 이제 매년 지출되는 내용을 살펴본다면 아래의 <표 5>와 같다.

〈표 5〉 補民庫의 매년 지출내역

| 지출명목 | 지출액 | 피지급처 | 비고 |
|---|---|---|---|
| 歲抄進上 白蠟價 | 26석 10두 | | |
| 歲抄進上 格卒雇價 | 65석 | | 수시변동 |
| 歲抄進上 京人情[33] | 31석 5두 2승 | | |
| 진상어복가 | 8석 5두 7승 | | |
| 〃 | 21석 13두 9승 | 대정현 | |
| 小載馬 격졸고사 | 81석 10두 | 정의현 | 수시변동(年例小貢馬) |
| 新蒪古價 | 4석 9두 | | |
| 晚蒪古價 | 6석 14두 4승 | | |
| 新蒪古價 | 5석 3두 | | 정의현 부담 혁파대 |
| 晚蒪古價 | 4석 2두 | | 〃 |

---

31) 보민고의 명칭은 『제주사례』「진(휼)고」조의 '장세미 매년 상하질'에 보인다.
32) 『탐라영사례』「영리장방」「반액」「군관방임」조.

| 지출명목 | 지출액 | 피지급처 | 비고 |
|---|---|---|---|
| 晩蔈古價 첨가34) | 5석 | | 〃 |
| 진상표고 人情 | 4석 | | 〃 |
| 涼太價 | 8석 | | |
| 人情·鰒儒 | 38석 | 元禮庫 | |
| 肉饌價 | 21석 | 支禮庫 | |
| 日用鰒價 | 39석 | 〃 | |
| 生魚價 | 6석 10두 | 〃 | |
| 文書紙價 | 2석 6두 | 보민고 | |
| 全漆價 | 12석 | 工庫 | |
| 文書紙價35) | 36석 | 〃 | |
| 匠料 | 60석 | 〃 | |
| 大同米代 | 18석 | 戶庫 | |
| 육찬가 | 10석 | 本官 | |
| 紙價 | 7석 5두 5승 | 〃 | |
| 大同米代 | 54석 4두 | 〃 | |
| 〃 | 11석 8두 5승 | 대정현 | |
| 〃 | 32석 2두 5승 | 정의현 | |
| 〃 | 30석 | 대정·정의현 | |
| 文書紙價 | 3석 | | |
| 丹骨債 | 12석 | | |
| 奇別債 | 55석 | 邑底 5리 | 윤삭 加 1석 |
| | 731석 4두 7승 | | |

　　보민고는 호역과 관계된 민호의 부담을 경감시키기 위하여 설립된 것
처럼 3읍, 원례고, 공고의 진상공물가와 인정을 보조하고 있다. 그러나
당초의 목적과 다르게 육찬가, 일용복가, 생어가와 같은 식비와 본관, 양
읍의 대동세 감액조치에 따르는 보조도 하고 있다. 아울러 진상과 관계
된 각색 장인들에 대한 급료와 문서지가, 단골채, 기별채, 시·초방급대

33) 다산연구회, 1983, 『역주 목민심서』Ⅱ, 창작과 비평사, 242쪽.
34) 위의 책, 246쪽.
35) 다산연구회, 1984, 『역주 목민심서』Ⅲ, 창작과 비평사, 74쪽 참조.

등 각종 명목의 비용도 부담하였다.

한편 보민고 곡물이 비정기적으로 지급되고 있었다. 『탐라영사례』「보
민고」조의 '不恒上下秩'에 의하면 진상공물과 여타의 명목으로도 지출
되고 있었는데 그 내용은 아래의 <표 6>과 같다.

〈표 6〉 補民庫의 비정기적 지출내역

| 지출명목 | 지출액 | 피지급처 | 비고 |
|---|---|---|---|
| 大載馬 各卒雇價 | 245석 12두 5승 | | 式年大貢馬, 從市直 |
| 輦?木 京仁情 | 11석 | | |
| 輦?木 封裹紙席價 | 9석 1두 8승 | | |
| 輦?木 各卒雇價 | 65석 | | |
| 윤삭 진상가 | | | 임시마련 |
| 到界進上 白蠟價 | 16석 10두 | | |
| 先生賻儀 | 13석 | | |
| 先生賻儀 첨부 | 7석 | | |
| 供星穀價 | | | 隨其供價上下 |
| 生産·物故紙價 | 14석 | | 戶籍時36) |
| | 381석 9두 3승 강 | | |

비정기적인 지출액은 외형적으로 381석 強이나 지출액이 미상인 윤삭
진상가, 공성곡가를 합치면 그 총액은 더욱 늘어날 것이다. 공성곡의 경우
는 1823년(순조 23) 어사 趙廷和에 의해 마련된 것으로 중앙에서 파견되는
관리들의 支待를 위한 것이었다.37) 그 경비는 拮据米 47석을 司倉에 붙여
그 취모활동을 통하여 조달하도록 하였으나 실제로는 보민고의 몫이었다.

평역고는 평역미를 관장하는 기관으로 補將이 겸하는 平役內監, 教鍊
行首가 예겸하는 平役外監, 吏房所에서 윤차하는 東·西平役色(각 1명),

---

36) 제주지역의 호적제도 운영에 관해서는, 김동전, 1995, 「18·19세기 제주도의 신분
    구조 연구」, 단국대 박사학위논문, 22~39쪽, 참조.
37) 이원조, 1989, 『탐라지초본』「조적」조, 제주대 탐라문화연구소, 129쪽.

그리고 최말단의 平役直 11명이 있었다.[38] 이들에 의하여 수봉, 관리되는 평역미는 취모보용이 불가능한 것으로 각종 부문에 번다하게 지출되고 있었다. 『탐라영사례』에 의하면 당시의 실제 수봉미가 2,412석에 지날지 않았는데, 그 지출비용이 엄청나게 초과하고 있어서 실로 의아하다. 일단 이 문제는 접어두고 그렇게 지출이 과다하는 사실은 여러 기관과 관원이 이에 상당하게 의존하고 있음을 반증해 주는 것이라 하겠다.

평역고의 지출내역은 앞의 경우와 같이 간명하게 도식화할 수가 없다. 그래서 매년 지출의 내용을 인건비 성격의 역가와 급료부문, 그리고 그렇지 않은 부분으로 나누어 살펴보고 이어서 비정기적 지출의 내용을 다뤄보기로 하겠다.

〈표 7〉 평역고의 매년 지출내역(1)

| 지급대상 | 지출액 | 지급대상 | 지출액 | 지급대상 | 지출액 |
|---|---|---|---|---|---|
| 吏房 | 9석 | 兩邑 營主人 | 4석 | 矢人等牌 | 2석 6두 |
| 牧公事戶房 | 18석 | 全州主人 | 4석 | 櫃匠等牌 | 2석 6두 |
| 公事戶房 | 10석 | 啓書色 | 10석 | 床匠等牌 | 4석 12두 |
| 禾北鎭將 | 12석 | 좌·우면 戶籍色 | 112석 | 竹匠等牌 | 3석 5두 4승 |
| 左別將 | 9석 9두 | 賑·補色(6) | 24석 | 熟皮匠等牌 | 2석 6두 |
| 別牙兵 領將 | 4석 12두 | 耗租色 | 2석 | 鐵匠等牌 | 2석 6두 |
| 待變行首 | 9석 9두 | 關報錄書堂 | 4석 12두 | 戶庫子 | 9석 |
| 平役外監 | 4석 12두 | 州司書員 | 2석 6두 | 戶庫子 | 6석(加給) |
| 船所外監 | 4석 12두 | 都쁠馬(2) | 6석 10두 8승 | 戶庫子 補役 | 15석 |
| 戶籍監 | 3석 5두 | 册手 | 3석 5두 4승 | 監掌補役 | 12석 |
| 馬·牛監(14) | 50석 6두 | 紙筒通引 | 4석 12두 | 工庫子 | 36석 |
| 長待使令(10) | 80석 | 番通引 | 19석 3두 | 禮庫子 | 8석 12두 |
| 都使令(4) | 9석 9두 | 番執事 | 14석 6두 | 肉庫子 | 6석 |
| 善手禮吏(5) | 24석 | 吸唱(2) | 6석 10두 8승 | 兵物庫子 | 2석 6두 |
| 長番禮吏 | 6석 | 房子 | 2석 6두 | 醫局庫子 | 4석 12두 |

---

38) 『탐라영사례』 「군임」 「영리장방」 「진리장방」 「반액」 「군관방임」조.

| 지급대상 | 지출액 | 지급대상 | 지출액 | 지급대상 | 지출액 |
|---|---|---|---|---|---|
| 番禮吏(18) | 4석 12두 | 衛監考 | 1석 10두 2승 | 首奴加料 | 1석 10두 2승 |
| 大一觀有司 | 4석 12두 | 形承發 | 13석 6두 6승 | 針妓(8) | 19석 3두 |
| 訓長 | 9석 9두 | 習啓書 | 2석 6두 | 茶妓 | 4석 4두 8승 |
| 書堂居接生(15) | 50석 6두 | 畓作人 | 49석 | 廳茶妓 | 2석 6두 |
| 鄕校居接生(6) | 28석 12두 | 牧子 | 293석 5두 | 色掌妓 | 4석 12두 |
| 三姓祠居接生(12) | 33석 9두 | 歲抄沙格·果直 | 6석 | 醬婢 | 2석 6두 |
| 三學通事 | 9석 9두 | 馬衣·諸綠 造匠 | 14두 8승 | 絲婢 | 2석 6두 |
| 풍헌(4) | 19석 3두 | 紙匠 | 18석 10두 | 洗婢 | 3석 5두 4승 |
| 武學所任 | 2석 6두 | 月羅匠 | 1석 9두 | 磨(전)婢 | 3석 5두 4승 |
| 定甲所任 | 2석 6두 | 唐鞋匠 | 1석 3두 | 食婢 | 3석 3두 |
| 長待旗手 | 2석 6두 | 汲水軍 | 48석 | 廳食婢 | 2석 6두 |
| 樂工(5) | 8석 | 刀尺 | 3석 3두 | 上下供子婢 | 2석 6두 |
| 京邸吏 | 43석 | 弓人等牌 | 2석 6두 | 廳洗婢 | 2석 6두 |
| 총 지출액 | | | | | 1,293석 8승 |

※ ( )인원

평역고의 설립 목적이 군역변통과 민역균등을 내세우면서 또 다른 한 편으로는 관아재정의 보용과 고역처의 부담을 경감시키려는 보다 구체 적인 방향을 갖고 있었다. 그러나 <표 7>에서 보는 바처럼 민역이나 군역에 관계가 있어 보이는 대상은 답작인(畓漢), 목자, 사격(선격)뿐이 고 그 외에는 관속과 관노비들로서 지급대상의 대부분을 차지하고 있다. 지출액의 규모로 보아도 전자가 418석 11두 8승이므로 총 지출액에서 차지하는 비중은 대략 32%에 달한다. 이러한 사실은 평역고의 목적이 변질됨을 뜻하는 것으로 궁핍한 관아재정의 보용이 시급했음을 의미하 는 것이다.

관노비에 대한 급료 지급은 조선후기의 고립제 채택과 관계가 깊다. 17·18세기 이후, 內寺奴婢의[39] 선상·입역제가 폐지되고 납공제가 시행

---

39) 제주지역의 내시노비에 관해서는 강창용, 1991,「18세기 제주 내노비의 토지소유」 『제주도사연구』1, 71~89쪽.

됨에 따라 종래 그들이 부담했던 무상의 부역노동은 하지 않아도 되었
다. 그래서 중앙각사에서 필요한 노동력은 일정한 급료를 주고 동원해야
만 했다.[40] 한편 지방관아에 소속되어 사역되는 관노비는 1894년 갑오
개혁 때까지 계속 노비의 신분으로 남아 있어야 했다. 그러나 <표 7>
에서 보는 바와 같이, 이들 또한 여타 관속들과 더불어 給價의 대상이
되었는데 그 까닭은 조선후기에 만연된 신분 질서의 해이와 관계가 깊
다. 公賤과 마찬가지로 冒避나 도망을 통하여 자신들이 지던 고역으로
부터 이탈을 도모하였고 그것은 관노비의 감소현상을 유발, 심화시키는
것이었다. 그 결과 지방관아의 운영이 어려워지고 이의 타개를 위한 별
도의 방법이 강구되지 않으면 안되었다. 지방마다 차이가 있겠지만[41]
제주관아의 경우는 給價를 통하여 이 문제를 다소 해결하고자 하였다.

앞의 <표 7>의 내용이 관아재정 보용과 관계가 깊은 것과 같이, 아
래 <표 8>의 내용 또한 그러하다.

〈표 8〉 平役庫의 매년 지출내역(2)

| 지출명목 | 지출액 | 피지급처 | 지출명목 | 지출액 | 피지급처 |
|---|---|---|---|---|---|
| 朔膳進上魚鰒價 | 177석 5두 | | 大同米代 (혁파) | 59석 7두 | 戶庫 |
| 3名日方物皮物價 | 21석 9두 | | 各畜改打量減給代 | 221석 5두 2승 8합[42] | 戶庫 |
| 兩邑進上魚鰒價 | 24석 5두 9승 5합 | 보민고 | 貿本 | 28석 | 元禮庫 |
| 生辰·正朝進排 | 4석 | | 貿本 | 180석 | 支禮庫 |
| 歲抄進上 皮物價 | 10석 12두 | | 貿本 | 168석 12두 5승 | 工庫 |
| 歲抄人情 雜種價 | 10석 | | 貿本 | 23석 | 軍器庫 |

40) 전형택, 1989, 『조선후기 노비신분 연구』, 일조각, 82~119쪽.
41) 다산연구회, 1982, 『역주 목민심서』Ⅰ, 창작과 비평사, 155~156쪽 참조.

| 지출명목 | 지출액 | 피지급처 | 지출명목 | 지출액 | 피지급처 |
|---|---|---|---|---|---|
| 騎鞍所入牛油價 | 10두 | | 貿本 | 30석 | 醫局 |
| 春秋祭享米 | 15석 12두 4승 | 州司倉 | （移下） | 391석 6두 4승 | 營繕庫 |
| 春秋各祭·執事 食饌價 | 11석 1두 4승 | | 作錢擧行條[43] | 200석 | 承發所 |
| 4名日祭需牛脯·해삼가 | 18석 8두 4승 | | 饌價 | 48석 | 裨將廳 |
| 祭享 국수本下 | 14두 | | 〃 | 48석 | 4學 |
| 穴祭 魚鱐本下 | 3석 6두 | | （移下） | 3석 | 향교 |
| 穴祭 祭米本下 | 6두 | | 抄器本下 | 8석 | 果床廳 |
| 月廩 | 695석 10두 2승 | 戶庫 | 園頭本下 | 36석 | |
| 眞荏蕩減代 | 14석 9두 8합 | 戶庫 | 燈油價 | 12두 | 향교 |
| 戶鷄蕩減代 | 13석 1두 8승 | 支禮庫 | 〃 | 1석 3두 | 서원 |
| 柴·木蕩減代 | 6석 6두 | 萬戶所 | 〃 | 9두 | 삼성사 |
| 柴·草木蕩減代 | 2석 14두 | 萬戶所 | 〃 | 1석 3두 | 서당 |
| 生鰒革罷代 | 4석 12두 | 支禮庫 | 文書紙價 | 5석 9두 | 本所 |
| 銀魚革罷代 | 3석 1두 2승 | 支禮庫 | 筆墨債 | 6석 6두 | 會計所 |
| 家幕稅革罷代 | 10두 | 향교 | 修理本下 | 60석 | |
| 反利木·耳錢革罷代 | 21석 | 本官 | 朔試射條下 | 14석 6두 | |
| 총 지출액 | | | | 2,560석 9두 6승 1합 | |

<표 8>에서 민역의 부담 감소와 관계된 내용은 진상공물가, 각종 蕩減·革罷·減給代를 열거할 수 있다. 진상공물가가 전체에서 차지하는 액수와 비중은 약 250석으로서 9.76%이고 그 외의 것은 약 384석으로 전

---

42) 『탐라영사례』의 기록을 따르면 100석이 더 추가되어야 한다. 그러나 같은 자료의 「호고」조와 『제주사례』의 동일 항목에 비춰보면 앞의 자료 내용이 틀렸음을 알 수 있다. 왜냐하면 白米 대 小米의 비율이 1:2이기 때문이다.

43) 곡물을 전문으로 바꾼다는 의미로 당해 승발이 담당하였다. 『탐라영사례』 「승발소」조 참조.

체의 13.58% 정도를 보이고 있다. 이것을 통틀어 살펴보자면 대략 598
석으로 전체의 23% 정도를 나타내고 있다. 이러한 수치는 앞서의 경우
평역미 수봉의 의도가 민역 균등·감소에도 있지만 그것보다는 재정비용
의 조달이 우선임을 시사해 주는 것이라 하겠다.

　　다음은 평역고의 비정기적 지출과 관련하여『탐라영사례』「평역고」
의 '不恒上下秩'을 중심으로 그 내용을 살펴보기로 하겠다. 이것 또한
<표 9>로 작성하면 아래와 같다.

〈표 9〉 平役庫의 비정기적 지출내역

| 지출명목 | 지출액 | 피지급처 |
|---|---|---|
| 別方物 皮物價 | 8석 9두 | |
| 遞任進上 白蠟價 | 48석 | |
| 遞任進上 皮物價 | 42석 9두 8승 | |
| 遞任進上 | 1석 1두 | |
| 遞任進上 京人情 | 31석 5두 2승 | |
| 輦?船·過海糧 | 6석 | |
| 閏朔·排朔條(월름) | 63석 8승 5합44) | 戶庫 |
| 饌價 | 4석 | 裨將廳 |
| 遞等時 司命旗本 | 20석 | |
| 遞等時 庖廚本 | 20석 | |
| 遞等時 供需器皿本 | 4석 | |
| 遞等時 改案紙價 | 10석 | |
| 箋文紙價 | 1석 | |
| 邑3里 修籍時 | 11석 6두 | |
| | 271석 1두 8승 5합 | |

___

44)『탐라영사례』「호고」조의 '월름 소미'항목과 수치상의 차이가 있지만『제주사례』
　　의 내용도 전자와 같아 그대로 채택한다.

비정기적 경비지출은 진상공물가와 그 밖의 관아경비로 구분할 수 있다. 앞의 경우와 다르게 민역부담과 관련된 진상공물가가 약 138석으로, 51% 가량의 점유율을 나타내고 있다. 이것은 비정기적인 경비지출에 있어서 민역의 부담이 그만큼 많았음을 뜻하기도 하겠지만 실제로는 평역미에서 지급되는 것이기 때문에 민역과 관계가 적다. 차라리 관아의 용도로 지출되는 약 134석의 49%가 관심의 대상이 될 수 있다. 왜냐하면 <표 7>, <표 8>에서 나타난 바와 같이, 평역미의 대부분이 민역과 관계가 적은 관아재정에 지출되었고 그 규모도 총지출 3,850여 석 중에서 3,050여 석으로, 79% 정도의 점유율을 보이고 있다.

<표 7>, <표 8>, <표 9>에 표시되어 있는 총 지출액을 합하면 약 4,125석이 되는데 이 중에서 매년 지출액이 차지하는 비중은 약 3,854석으로 93%이다. 다시 말해서 정기적으로 지출되는 관아용도의 비용과 그 총액은 거의 확정적인 것으로 별 문제가 발생하지 않는 한 불변적이고 항상적인 성격을 지닌다. 그렇기 때문에 비정기적 지출에서 민역과 관계된 내용의 비율이 다소 높게 나타났다 하더라도 그렇게 중요한 것은 아니다.

이 외에 호고, 원례고, 지례고, 공고, 영선고, 군기고, 아병청 등 허다한 수취기구가 있었다. 이들 기관은 각자의 고유한 기능을 수행하기 위하여 독자적인 수세원을 확보하기도 했지만 그것만으로는 충분하지가 않아 재정규모가 더 큰 평역고, 보민고, 장세고에 의존하여야 했다. 예컨대 호고의 경우는 일용품 조달기관으로서 답한으로부터의[45) 수세와 陸商으로부터의 商賈稅 수입이 있었지만 평역고, 보민고로부터의 재정보조가 더욱 컸다. 원례고는 각종 진상과 인정을 주관했던 기관으로 2把半船 선주로부터 船稅(捧藿에서 錢文 收捧), 官・私釜를 보유 또는 소유한

---

45) 畓漢의 지위와 신분변동에 대해서는 김동전, 1993, 「18・19세기 답한의 신분적 지위와 그 변동」『역사민속학』3, 61~89쪽 참조.

자로부터 현물(소금)을 징세하기도 하였다.[46] 그러나 앞서의 경우와 같이 보민고, 평역고에 대한 의존도가 높았다. 여타 기관도 마찬가지로 자체의 수입원이 있었지만 移來, 代報의 형식으로 재정규모가 큰 다른 기관에서 재정보조를 받아야만 했다.

---

46) 『탐라영사례』 「호고」 「원례고」조 참조.

# 맺음말

조선후기 제주지역은 다른 여타 지역에서와 같이 三政과 雜役稅가 수취체제의 근간을 이루고 있었다. 그러나 제주만이 갖는 지리적, 자연적 조건으로 말미암아 그 운영에서 차이를 보였고 그 방향은 관아 재정 안정에 초점이 맞춰졌다. 그래서 민생 안정과는 거리가 있을 수밖에 없었고 도리어 제주민의 궁핍화와 사회 불안을 조성하고 있었다.

삼정이라고 불리는 전정, 군정, 환곡 중에서 전정과 군정은 앞에서도 언급한 것처럼 달리 운영되고 있었다. 삼정과 더불어 잡역 운영도 문란하였다. 그 중 牧子役은 연중 分番守職의 고통과 遺失馬 발생시 同色馬로 채워야 하는 부담이 뒤따랐고 潛女들은 채취물의 일부를 水稅藿, 官貿藿 이름으로 상납하는 과정에서 吏屬들의 농간으로 그 부담이 늘어만 갔다. 그래서 국가에서는 이들의 고역을 완화시킬 필요성에서 목자에게 평역미·料米 지급, 그들 경작지에 대한 감세조치를 잇따라 취했고 잠녀에게는 수세곽, 관무곽을 완전히 혁파함으로써 이들의 고역은 사라진 듯했다. 그러나 이속들의 농간과 여폐가 상존함에 따라 목자 경우에는 避役을 계속 도모하여 정원이 거의 비는 상태에 이르렀다. 進上役과 船格(格軍)役을 부담했던 鮑作도 그 역이 큰 고통이었기 때문에 일찍부터 피역을 도모하였다.

한편 가내수공업 제품으로서 전국에 널리 공급된 양태는 헌종 연간부

터 나타난 원료의 부족과 작간행위로 말미암아 그 제조 판매상에서 많은
어려움에 부딪히게 되었다. 더욱이 궁중에 납품된 통영산 양태가 철종
무렵 일반인 사이에서 거래됨에 따라서 제주 양태 수공업은 보다 큰 곤
경에 처하게 되었다. 본래 양태 제조는 연중 작업이 가능하고 누구나가
다 종사할 수 있다는 이점 때문에 주민 다수가 이에 종사하였다. 그런데
위의 상황들이 출현되고 심화됨에 따라서 제주의 양태수공업은 점차 몰
락되고 폐업, 실업 사태가 이어져 제주민의 생활은 한층 불안해져 갔다.

　이처럼 조선후기 제주사회는 수취체제와 관아재정 운영과정에서 많
은 폐해를 들어내고 있었다. 이러한 현상은 현실에 맞지 않는 제도운영
에도 기인하겠지만 다른 한편으로는 지방관, 간리배들의 고질적 부정 비
리에 연유하는 바가 더욱 컸다. 이러한 상황 속에서 제주민들은 양태수
공업을 통해 자구책을 마련해 보기도 하지만 제조원료 부족과 시인배 작
간, 특히 통영양태에 대한 경쟁력 상실로 말미암아 제주민의 생활은 한
층 어려워져 갔다.

　제2장에서 소개한 濟州史 관계 『사례』 3종은 1827년(순조 27), 1854
년(철종 5) 이후에 작성된 것으로 제주 행정·재정사 연구에 주요한 내용
을 제공하고 있다. 그 중 『耽羅事例』는 가장 이른 시기의 것으로 「進上
品目」 「濟州3邑 定配罪人」이 수록되었는데 이것은 다른 사례에서 볼
수 없는 독특한 항목이기도 하다. 그러나 전체내용을 볼 때 같은 항목으
로 묶을 수 있는 것을 별개의 항목으로 취급함으로써 체제의 일관성 결
여와 내용의 산만함을 초래하고 있다. 그에 비해 『耽羅營事例』는 다른
사례에 비하여 비교적 정연한 체제를 갖추었고 또 독자적인 내용을 수록
하여 제주의 행정·재정사 연구에 커다란 도움을 주고 있다.

　『耽羅營事例』와 『濟州事例』는 서로 엇비슷한 시기에 작성된 것이므
로 내용 또한 유사하다. 그러나 내용을 살펴보면 생략·누락·오기·첨가
된 부문이 간혹 나오기 때문에 양 자료에 대한 대비 검토가 요구된다.

그리고 위의 사례들을 적극적으로 활용하기 위해서는 전·후 시기의 또 다른 자료들을 이용해야 한다. 왜냐하면 事例 내용만으로는 제주 행정· 재정사에 대한 체계적 이해가 불충분하기 때문이다. 정조시기의 『邑誌』, 헌종시기 李源祚 목사의 『耽羅誌草本』, 『耽羅錄』, 『耽營關報錄』, 『耽 羅啓錄』, 헌종에서 철종시기까지의 『濟州牧關牒』, 『濟州啓錄』 등은 이 러한 미진한 부분을 보완하는데 크게 도움이 될 것이다.

앞에서 분석한 『사례』를 기반으로 하여 검토한 제3장의 제주지방 관 아재정에 대한 연구는 조선후기의 제주지역이 다른 여타 지역에서와 같 이 수취·통치보조업무와 관계된 많은 기관이 있었음을 확인하는 작업 이었다. 행정보조기관도 그러하였지만 특히 수취와 관련된 기관이 많이 조직되어 독자의 기능을 수행하였고, 경비지출과 관련하여서도 독자적 수세원을 확보하거나 또는 상대적으로 재정규모가 큰 기관에 의존하기 도 하였다.

19세기 중반의 것으로 추정되는 『탐라영사례』·『제주사례』에 산견되 는 각 수취기관의 움직임은 취모보용할 수 있는 진휼고, 보민고, 평역고 그리고 중산간지대의 경작지에서 수기수세하는 장세고 등이 비교적 규 모가 큰 기관으로서 다른 여러 기관, 즉 호고, 원례고, 지례고, 공고, 영 선고, 군기고, 아병청 등의 작은 기관에 각각의 재정보조를 하고 있었다.

조선후기의 제주관아 재정운영은 토지, 인정 그리고 그 외의 가호로 부터 수세하여 거의 전적으로 관아재정 보용에 지출하였는데, 여기서 특 이한 점은 관아에서 부리는 관노비들에게도 '料下'라는 명목으로 급료 를 지불하였다는 사실이다. 이 점은 앞으로 더욱 파헤쳐 볼 흥미 있는 문제이다. 제주관아의 재정실상을 보다 구체적으로 파악하기 위해서는 여타 지역과의 비교 검토가 매우 필요하다. 그래야만 그 윤곽이나 규모 가 어느 정도 드러날 것이고 나아가서는 그 특성도 알 수 있기 때문이다.

# 찾아보기

## 차

## 타

## 파